유대인의 독수리인성교육 원리와 공식

〈한국인의 세계관: 다문화 속의 인성교육〉

현용수의 인성교육 원리 4

현용수 지음

2024

도서
출판 쉐마

현용수의 인성교육 원리 〈제4권〉

초판	1쇄 (서로사랑 2004년; 쉐마, 2005년)
수정증보2판	1-7쇄 (동아일보, 2008년; 쉐마, 2015년)
수정증보3판	1쇄 (쉐마, 2024년 10월 20일)
지은이	현용수
펴낸이	현용수
펴낸곳	도서출판 쉐마
등록	2004년 10월 27일
	제315-2006-000033호
주소	서울시 강서구 공항대로71길 54
	(염창동, 태진한솔아파트 상가동 3층)
전화	(02) 3662-6567
팩스	(02) 2659-6567
이메일	shemaiqeq@naver.com
홈페이지	http://www.shemaIQEQ.org
총판	한국출판협동조합(일반)
	생명의말씀사(기독교)

Copyright ⓒ 현용수(Yong Soo Hyun) 2024
본서에 실린 자료는 저자의 서면 허가 없이 복제를 금합니다.
Duplication of any forms can't be published without written permission.

ISBN 978-89-91663-21-3

값 25,000원

도서출판 **쉐마** 는 무너진 교육을 세우기 위한 대안으로
인성교육과 쉐마교육의 원리와 실제를 연구하여 보급합니다.

유대인은 어려서부터 교육의 내용으로 하나님 공경과 부모 공경을 가르치지만 이를 표현하는 교육의 형식으로 예절교육도 철저히 시킨다. 사진은 저자가 유대인 유치원 학생들의 공부방에 들어서자 모두 일어나 예를 갖추는 모습.

구약시대나 신약시대 모두 구원은 믿음으로 받지만 축복은 말씀(율법)대로 행해야 받을 수 있다. 신약시대 유대인은 아무리 선민교육을 잘 시켜도 예수님을 믿지 않기 때문에 구원이 없다. 따라서 유대인에게는 구원을 위해 예수님(복음)이 필요하고, 기독교인에게는 유대인의 선민교육, 즉 쉐마가 필요하다. 사진은 쉐마목회자클리닉에서 함께 동역하는 저자의 맨토 서기관 랍비 크레프트와 저자

한국인도 외국에서는 물론 한국 내에서도 다문화 속에서 살아야한다. 유대인을 모델로 한 다문화 속 자녀교육의 원리가 필요한 이유다.

저자는 미국의 다문화 속에서 타인종 문화에 동화되지 않고 한국인의 자랑스런 정체성을 지키기 위해 노력했다. 사진은 한복을 입은 저자가 저명한 정통파 유대인, 탈무드 학자 랍비 애들러스테인과 안식일 식탁에서 찍은 사진.

강원도 삼척에서 '예수원' 기도 공동체를 이끌어 온 대천덕(Torey) 성공회 신부는 항상 한복을 즐겨 입고 국악찬양대를 만들어 예배를 드렸다. 그의 딸은 당시 미국 필라델피아에서 한국 어린이들에게 한국의 장구 연주 등 국악을 가르치고 있었다. 사진은 대천덕 신부 부부와 저자(1999년 여름 쉐마교육 집회를 마치고).

한국은 각 성씨마다 족보가 있다. 이는 자신의 육적 뿌리를 알기 위해 자녀에게 가르쳐야 할 매우 주요한 자료다. 사진은 저자의 연주 현씨 족보.

저자의 네 아들은 미국에서 태어났다. 그러나 미국에서 뿐 아니라 한국에 데려와서 족보 교육을 시켰다. 사진은 서울 세종문화회관 뒤 현씨 종친회 입구에서 두 아들과 함께.

저자는 이제 손자들에게 족보교육을 시키고 있다.

사진은 미국에 사는 막내아들 가족과 함께 새로 이전한 한국의 현씨 대종회 사무실 현판 앞에서 찍은 사진.

다인종이 살고 있는 미국에서 유대인은 자신들의 신본주의 사상과 전통문화를 철저히 가르친다. 저자도 한국의 전통문화를 자녀들에게 가르치려고 노력했다. 사진은 저자의 둘째 아들(우)이 미국 초등학교에서 다문화 축제에서 한복을 입고 다른 인종과 어울리는 모습.

저자의 아들은 미국 뉴욕에서 다문화 목회를 한다. 아들에게도 각 민족의 문화를 존중하라고 가르쳤다. 사진은 미국의 저명한 복음주의 기독교 잡지 (Outreach)에 카버 스토리에 소개된 저자의 아들(Drew Hyun, 45세, Pastor).

아래는 한복을 입고 찍은 저자의 가족 사진.

인성교육은 착한 것은 기본이고 투철한 사상과 강인한 정신력을 키워주어야 한다. 사진은 미국에서 손자들에게 신본주의사상을 가지도록 가정식탁예배에서 성경공부를 하는 모습. 한국인의 정체성을 나타내기 위하여 모두 한복을 입고 있다.

성숙한 인성에는 생존경쟁에서 살아남기 위한 강인한 정신력도 포함된다. 저자의 아들들은 이를 위해 모두 격한 운동을 했다. 사진은 두 아들들이 미국의 고등부 미식 축구부에서 선수로 뛰었던 모습.

LA출신 한인 법무부 차관보 내정

14

현용수 교수 3남 피터 현 검사

연방법무부 차관보에 한인 피터 현(한국명 현상진·42·사진) 검사가 내정됐다.

피터 현 검사

현 내정자는 워싱턴DC 지역 로펌인 '와일리 레인'에서 변호사를 거쳐 연방상원 법사위원회의 다이앤 파인스타인 의원의 수석 법률 자문으로도 활동했다. 또, 연방법무부 버지니아주 동부 지검, 일리노이주 북부 지검, 뉴욕주 지검 등에서 검사로 근무하고 법무차관 수석보좌관을 역임했다. 현 내정자는 상원에서 인준 절차를 마치면 정식 차관보가 된다. 인준 절차가 마무리 될 때까지는 대행으로 근무한다.

LA출신의 현 내정자는 UC버클리와 뉴욕대학(NYU)을 졸업했다.

현 내정자는 쉐마교육연구원 원장인 현용수 교수의 4남 중 셋째다.

한국인은 미국의 다문화 속에서 자랑스러운 한국인 미국인으로써 미국 사회에 공헌해야 한다. 저자의 네 아들들은 미국에서 모두 훌륭한 시민으로 선한 영향력을 끼치고 있다. 좋은 인성교육은 선한 열매로 증명한다. 사진은 미국 연방정부 법무부 차관보로 승진한 저자의 셋째 아들에 관한 언론 기사.

15

다문화 속에서 한국인은 유대인처럼 자기가 속한 나라의 주류 사회로 진입해야 한다. 저자는 미국인과 유대인에게도 유대인 교육에 대하여 강의한다. 사진은 저자가 정통파 유대인 여학교에서 강의를 마치고 그들과 함께 찍은 기념 사진. 정통파 여학생들은 모두 긴 치마를 입었다. 유대인의 정숙교육을 어려서부터 받았기 때문이다.

Modeling Orthodox Jews

Principles of Character Development Series IV

⟨Education in a Multicultural Society Modeling Jews⟩

Vol. Four
Part 6 Chapter 2 ~
Part 7 Chapter 4

By
Yong Soo Hyun (Ph.D.)

Presenting
Modern Educational
Problems and It's Solution

2024

Shema Books
Seoul, Korea

차 례

칼라 화보 · 3

추천의 말씀 · 24

- 〈L.A. 타임스〉 현용수 교수 특집보도
- 이영덕 박사(전 국무총리)
- 김의환 박사(전 총신대 총장)
- 고용수 박사(전 장신대 총장)
- 랍비 마빈 하이어(로스엔젤레스 예시바 대학교 학장)

개정판 서문 현용수의 인성교육 원리 수정 증보판을 내며 · 34

저자 서문 유대인을 모델로 인성교육 원리 시리즈를 펴내면서 · 37
— 무너진 교육을 세우는 혁명적 대안을 찾아서 —

- 왜 인성교육 없는 IQ교육은 독소인가 · 37
- 왜 '수직문화와 수평문화' 이론은 인성교육의 본질과 원리인가 · 39
- 예수님 믿기 이전: 왜 인성교육은 Pre-Evangelism인가 · 40
- 왜 인성교육론이 'Know-Why'라면, 유대인 쉐마교육신학론은 'Know-How'인가 · 45

제6부 인성교육과 예절교육
동양과 유대인 인성교육의 내용과 형식

제1장 인성교육에 예절이 필요한 이유
인성교육에는 내용과 형식이 있다

Ⅳ. 한국인 예절의 근거: 삼강오륜(三綱五倫)과 신언서판(身言書判) · 50

1. 삼강오륜(三綱五倫): 인간관계의 기본 도리 · 50

A. 삼강오륜의 기본 뜻 · 51
1) 삼강(三綱) · 51
2) 오륜(五倫) · 51

B. 성경에도 삼강오륜(三綱五倫)이 있다 · 54
1) 성경의 삼강(三綱) · 54
2) 성경의 오륜(五倫) · 55

2. 신언서판(身言書判): 지도자의 기본 덕목 · 61

A. 지도자가 갖추어야 할 4가지 덕목: 신언서판 · 61
1) 신언서판의 내용 · 61
2) 신언서판의 비유: 씨줄과 날줄 · 65

B. 신언서판에 기(技, Technics)를 더하라 · 69

* 〈직업 간증〉 대졸생인 나, 왜 타일기공이 되었는가 · 72

3. 한국인과 유대인(기독교인)의 신언서판 비교 · 75

A. 한국인과 유대인(기독교인) 신언서판의 유사점 · 75
1) 성경에도 신언서판이 있다 · 75
2) 동서양의 인성교육 철학이 대동소이한 이유 · 80

* 〈알고 갑시다〉 조선시대 왕자의 하루는? · 83

B. 신언서판을 한국인 기독교인에게 적용 · 87
1) 양반이 예수님을 믿으면 양반교인, 상놈이 예수님을 믿으면 상놈교인이 된다 · 87
2) 선비목회 · 90

* 〈랍비 강의〉 악인이 회당에 간다고 해서 꼭 달라지지는 않는다 · 93

3) 고린도교회와 데살로니가교회 도덕 타락 차이 · 94

4) 고린도교회와 데살로니가교회의 Pre-Evangelism 교육 차이 · 95
  5) 성령 받은 대도 조세형, 조폭 두목 조양은과 김태촌의 예 · 98
 C. 부모가 자녀를 제자 삼는 3단계 · 103
 D. 왜 자녀가 말을 안 듣나: 잡견(雜犬) 이야기 · 105

제2장 추상적 언어와 구체적 언어의 차이

I. 기독교와 유대교의 언어 사용 차이 · 112

 1. 기독교의 추상적 언어 vs. 유대교의 구체적 언어 사용 · 112
 2. 유대교의 구체적 언어 사용은 구체적 율법에 근거한다 · 114

II. 인간이 지킬 수 있는 율법은 몇 개가 적당한가 · 118

 * 〈랍비 강의〉 거짓말쟁이는 뛰어난 기억력을 가져야 한다 · 120

III. 가정에서 한국인 남자와 유대인 남자의 차이 · 122

제3장 전인교육적 측면에서 본 바울 연구

Ⅰ. 바울의 아픔, 유대교에서 기독교로 개종 · 128

II. 바울의 이면과 표면: 마음의 할례와 육신의 할례 · 133

 1. 바울의 회심 이전과 후의 이면(교육의 내용)과 표면(형식) · 133
  A. 이면적 유대인과 표면적 유대인의 차이 · 133
  B. 바울의 회심 이전과 후의 이면과 표면 변화 · 135

C. 구원론적 입장에서 본 교육의 내용과 형식 · 138

　2. 바울과 베드로의 이면(교육의 내용)과 표면(형식) 비교 · 141

Ⅲ. 회심 이전 바울이 받았던 유대인 교육은 나쁜 것인가 · 144

　[질문 1]: 바울이 기독교인이 되기 이전에 받았던 유대인 교육은
　　　　　잘못된 것이었나? 잘못되었다면 무엇이 잘못되었나? · 144

　[질문 2] 왜 바울은 동일한 유대인 교육을 받았는데, 다윗이나
　　　　　예레미야처럼 되지 않고 표면적 유대인, 즉 율법주의자가
　　　　　되었는가? · 146

　[질문 3] 바울의 예로 보아 유대인 교육이 실패한 방법 같기도 한데
　　　　　정말 그런가? 그래도 바울이 받은 유대인 자녀교육에서
　　　　　본받을 점이 있다면 무엇인가? · 148

　[질문 4] 저자의 저서 '성경적 유대인 자녀교육(Biblical Family
　　　　　Education), IQ는 아버지 EQ는 어머니 몫이다' 시리즈의
　　　　　내용대로 가르친다면 예수님 믿기 이전의 바울 같은 사람은
　　　　　되지 않겠는가? · 150

　* 〈랍비 강의〉 눈물로 일생을 보내서는 안 된다.
　　　　　　그렇다고 웃고만 보내서도 안 된다. · 151

Ⅳ. 적용: '교육의 내용과 형식' 입장에서 본 도킨스의 '문화적 기독교인' 비판 · 152

제7부 한국인의 세계관: 다문화 속의 인성교육 원리
〈해외동포의 바른 자녀교육법〉

제1장 문제 제기: 지구촌에서 더불어 살아야 하는 한국인

Ⅰ. 왜 한국인은 세계화와 다문화권 자녀교육을 알아야 하는가 · 160

    1. 문제 제기 1: 다문화 속에서 살아야 하는 한국인 · 160

    2. 문제 제기 2: 한국 지방의 다문화 속의 자녀교육 문제점
       〈다문화 가정 자녀들에게 역차별 받는 한국인 자녀들〉 · 164

Ⅱ. 연구를 위한 질문 · 166

    *〈유대인 격언〉 실패한 일을 후회하기보다, 하고 싶었던 일을 하지
       못한 것을 후회하라 · 168

제2장 지구촌에서 한국인의 인성교육: 한국인의 세계화 원리와 다문화권에서 동화의 원리

Ⅰ. 세계화의 원리 1: 지구촌과 함께하는 한국인의 세계화 원리 · 170

    1. 보편적 세계화의 원리: 지식의 세계화와 복지의 세계화 · 170

    2. 한국인의 세계화 원리 1: 내 것을 세계화하라 · 172

       A. 한국인의 내면적 가치와 외면적 전통의 세계화 · 172

       B. 김치, 태권도, 한복, 국악, 대장금을 세계화시켜라 · 174

    3. 한국인의 세계화 원리 2: 남의 것도 내 것으로 승화하라 · 179

    4. 한국인의 세계화 원리 3: 언어학적 세계화
       〈유대인은 몇 가지 언어를 가르치나〉 · 183

       A. 유대인의 언어 정책과 한국에서 한자 병용의 필요성 · 183

       B. 교육학적 측면에서 본 한자 병용의 필요성 · 188

    *〈토막 상식〉 한국인만 잘 모르는 한글의 우수성 · 192

    5. 한국인의 세계화 문제점과 해결 방안 · 195

6. 세계화에 유리한 유대인, 민족과 국가 형성 과정이 다르다 · 197
* 〈토막 상식〉 앨 고어 "구텐베르크가 한국서 인쇄술 배워온 것"
　　　　　　　　"한국 디지털 혁명, 세계에 두 번째 선물" · 201

Ⅱ. 세계화의 원리 2: 다문화권에서 동화의 원리 〈유대인의 동화 원리 소개〉· 204
　1. '사회구조에의 동화'와 '문화에의 동화' 원리 · 202
　　　A. 유대인의 동화 모델 원리 · 202
　　　B. 한국인에게 적용
　　　　〈나는 미국에서 미국인으로, 혹은 한국인으로 살아야 하는가〉· 207
* 〈생각하며 갑시다〉 새로운 자유의 탄생 · 210
　2. 유대인은 소화가 안 되는 민족이다 · 214
　3. 다문화 속 코리안 아메리칸, 이렇게 살아라 · 216
　　　A. 이민자들은 미국의 평화와 번영을 위해 살아라 · 216
　　　B. 미국과 모국이 적대국이 되었을 때는 이렇게 살아라 · 221
* 〈생각하며 갑시다〉 대속죄(代贖罪) · 225
　4. 다문화 속에서 성경적 동화 모델: 예수님과 바울의 예 · 229
　5. 한국의 전통문화가 종교성에 주는 영향 연구 결과 · 234

제3장 코리안 디아스포라 2세의 인성교육

Ⅰ. 문화적 측면에서 코리안 디아스포라 2세가 부모세대를 섬기게
　하는 방법 · 240
　1. 문제 제기 · 240
　　　A. 왜 미주 한인 2세들은 성장한 후 부모 교회를 떠나는가 · 240

B. 세대차이로 인한 해외 동포 가정의 고통 · 242

　1) 미주 동포의 자녀교육 고통 사례
　　〈한인보다 한복을 자랑스럽게 여기는 이들의 정체는〉 · 242

　2) 브라질 동포의 자녀교육 고통 사례 · 247

2. 먼저 한국인으로 키워라: 자녀세대와 세대차이를 없애라 · 251

　A. 왜 문화는 신앙을 담는 그릇인가 · 251

　B. 서양문화를 무분별하게 받아들인 한국 교회의 결과 · 253

　C. 문화적 측면에서 유대인과 한국인 기독교인의
　　다음세대 교육의 차이 · 255

3. 대안, 한국인 기독교인이 다음세대에 전수해야 할 문화 · 258

　A. 한국의 보편 문화(전통 수직문화) · 259

　B. 한국인의 신앙생활 문화 · 260

　　1) 한국 교회의 교단 문화 · 260

　　2) 한국인 특유의 기독교문화 · 261

4. 한국인 기독교인으로 키우려면 4단계 교육을 시켜라 · 264

5. 각 인종에게 적용:
　성숙한 기독교인으로 키우려면 4단계 교육을 시켜라 · 270

6. 적용 사례 · 273

　A. 적용 사례 1:
　　한국 기독교에도 유대인 같은 교육의 형식이 있었다 · 273

　B. 적용 사례 2: 서양의 위인보다 한국의 위인을 먼저 가르쳐라 · 275

II. 족보를 자녀에게 가르쳐야 하는 이유 · 281

[질문 1] 인간에게 왜 족보교육이 필요한가? (한국인 기독교인도
　　왜 자녀에게 족보교육을 시켜야 하나?) · 281

1) 윤리학적 답변 · 282
　　　2) 종교심리학적 답변 · 283
　　　3) 신학적 답변 · 283

　　[질문 2] 유대인은 아브라함이 자신들의 조상이기에 선민의 족보를
　　　　　　잘 가르칠 수 있지만 한국인은 기독교 역사가 짧아 위의
　　　　　　조상들이 모두 우상숭배자들이었는데 어떻게 우상숭배자들
　　　　　　의 족보를 가르칠 수 있는가? · 283

　　[질문 3] 자신의 족보가 다른 성씨보다 자랑스럽지 못해도 가르쳐야
　　　　　　하는가? · 283

　　[질문 4] 족보가 없는 사람은 어떻게 해야 하는가? · 285

　　[질문 5] 바울은 그리스도를 안 이후 자신의 자랑스러운 족보를
　　　　　　배설물처럼 여겼다고 말했다(빌 3:8). 그런데도 왜 족보교육
　　　　　　이 필요한가? · 286

III. 제사상의 세 가지 과일에서 찾는 한국인의 핵심 인성교육 · 287

　　첫째, 제사상에 대추(棗)를 진설하는 이유 · 287

　　둘째, 제사상에 밤(栗)을 진설하는 이유 · 289

　　셋째, 제사상에 감을 진설하는 이유 · 290

　　* 토막 상식: '친부모 얼굴 한번만이라도…' · 295

IV. 조선족의 잘못된 정체성 문제와 유대인을 모델로 한 해결 방안 연구 · 297

　　1. 문제제기:
　　　 자신들은 중국인, 조국은 중국이라고 주장하는 조선족은 옳은가 · 297

　　2. 조선족의 잘못된 정체성 해결 방안 · 300

　　　 A. 조선족의 잘못된 정체성, 원인과 대책 · 300

1) 조선족의 잘못된 정체성의 원인 분석 · 300
　　　2) 유대인을 모델로 한 조선족의 잘못된 정체성의 해결 방안 · 301
　　B. 실례: 유대인 교육을 받은 조선족 김학송 교수의 민족관,
　　　　조국관 및 국가관의 변화 · 303
　3. 조선족이 고든의 두 가지 동화 모델에 맞지 않는 이유 · 308
　4. 결론: 조선족과 한국 정부(동포청)에 권하는 제안 · 311
　　A. 코리안 디아스포라 입장에서 조선족에 권하는 제안 · 311
　　B. 조선족 정체성이 주는 5가지 교훈 및 정부에 권하는 제안 · 312
　참고자료 · 314

제4장 한국인 기독교인은 동족 비기독교인보다 타인종 기독교인을 더 사랑해야 하는가

I. 문제 제기 · 322

　1. 한인 1세들의 강한 민족주의 · 322
　2. 한인 2세들의 약한 민족의식 · 323

II. 예수님과 바울의 동족, 유대인 사랑의 예 · 326

　1. 예수님의 동족, 유대인 사랑의 예
　[질문] 예수님은 동족인 유대인과 이방인 중 누구를 더 사랑하셨는가? · 326
　2. 바울의 동족, 유대인 사랑의 예
　[질문] 유대인 바울은 비기독교인 유대인과 이방 기독교인 중 누구를 더 사랑하였는가? · 330

III. 동족 사랑, 한국인에게 적용 · 334

1. 동족 사랑, 한국인 2세에게 적용 · 334
2. 다문화권에서 사랑의 우선순위 · 338

IV. 국수주의의 위험성과 샐러드 볼 이론 · 343

1. 기독교인과 비기독교인의 민족주의의 차이점 · 343
2. 다문화 속에서 함께 사는 샐러드 볼 이론 · 345
3. 한국인의 국제결혼 열풍, 세계화와 국익에 도움이 되는가 · 350
   A. 문제 제기: 한국에 급증하는 외국인 이주자들, 이대로 좋은가? · 350
   B. 이스라엘의 다문화 사회 대처 방법 · 352
   C. 한국의 급속한 다문화 사회 대처법 · 357

   첫째, 한국인의 혈통을 지켜라.
   둘째, 한국인의 정체성 교육을 시켜라.
   셋째, '잃어버린 유대인의 10지파'를 기억하라.
   넷째, 정부는 인종 차별 금지법을 만들어라.
   다섯째, 나그네를 선대하라.
   여섯째, 외국인 거주민에게 한국의 정체성을 가르치라.
   * 〈생각하고 갑시다〉 국제 결혼한 한국 여성의 딸 교육 · 367
4. 국수주의는 세계 평화의 적이다 〈전범국가 독일과 일본의 예〉 · 368
5. 전범국가 독일과 일본의 다른 점을 기억하자
   〈독일과 일본의 역사인식이 다르게 형성된 원인〉 · 371
* 〈생각하고 갑시다〉 독일인 친구의 충격적인 고백 · 374
* 〈랍비 강의〉 지식과 하나님의 말씀 · 376

V. 결론: 다문화 속 한국인의 바른 민족의식 · 378

1. 한국인의 쉐마 기도문 · 378

2. 쉐마동역자들의 기도 순서,
　한국인은 이스라엘보다 먼저 한국을 위해 울라 · 380

부록1 쉐마클리닉의 파워, 쉐마클리닉 참석자들의 증언

〈교육자의 증언〉
- 교육 현장에서 보낸 허송세월을 반성하며 · 388
  - 김지자 박사 (서울교육대학교 명예교수)

- '유대인의 쉐마독수리 인성교육'은 선택이 아닌 필수입니다! · 390
  - 최재연 교감 〈한국호텔관광고등학교〉

- 멘붕!! 충격과 회개의 연속! · 398
  - 박민정 교사 (영어 교사, 자수연 소속)

- 미주 한인 2세 교육의 대안을 찾았다 · 401
  - 함성택 박사 (중부개혁신학교 부학장)

- 잃어버린 꿈의 열쇠를 찾았다 · 404
  - 이상욱 박사 (목민리더스쿨 교장, 호서대학교 신약학)

- 왜 젊은 세대가 그토록 짧은 기간에 크게 변했는지 원인 발견 · 406
  - 김영규 목사 (정윤교회)

〈상담심리학자와 아버지의 증언〉
- 세 마리 토끼를 다 잡는 비법, 쉐마! · 409
  - 이병준 박사 (참행복교육원 가정사역자)

〈청년의 증언〉

- 쉐마교육은 제가 4년간 대학에서 배웠던 교육을 완전히 뒤엎었습니다 · 417
  - 박지현 자매 (부산대학교 국제학부 졸)

〈해외 유학생의 증언〉

- 유대인은 자신의 삶에 '왜?'를 설명했지만, 나는 못해 답답했는데… · 421
  - 조하은 (미국 NYU 간호학 유학생, 동상제일교회)

〈자녀의 변화〉

- "하나님 저는 벼랑 끝에 서 있는 이 민족을 위해 무엇을 해야 합니까" · 428
  - 이찬미 학생 (부산 은혜교회, 중학교 2학년)

- 말씀으로 받은 충격과 도전 · 431
  - 박찬우 학생 (경산 한빛교회, 중학교 3학년)

〈부모와 자녀들, 책만 읽어도 변한다〉

- 컴퓨터를 하지 못하면 밥을 못 먹은 것처럼 괴로웠던 나의 변화 · 432
  - 김평강 (초등 6학년)

부록2 쉐마 국악 찬양

참고도서 (References)

현용수의 인성교육 원리 제1권의 내용

제1부 서론

제1장 인성교육이란 무엇인가?
제2장 한국 자녀교육의 문제점과 유대인식 자녀교육의 필요성
제3장 유대인은 누구인가
제4장 대인의 선민교육

제2부 인성교육의 본질과 원리: 수직문화와 수평문화

제1장 인성교육과 세대차이: 세대차이는 교육의 적이다
제2장 인성교육의 본질과 원리: 수직문화와 수평문화

현용수의 인성교육 원리 제2권의 내용

제3장 대안 제시: 유대인이 수평문화를 차단하고 수직문화를 입력하는 방법
제4장 심리학적 측면에서 본 수직문화와 수평문화
제5장 수평문화를 이루는 4대 요소
제6장 대한국인은 왜 세대차이가 많이 나는가

제3부 인성을 해치는 현대 교육: 현대 교육과 유대인 자녀교육의 차이점

제1장 현대 교육과 유대인 자녀교육 무엇이 다른가
 - 인성교육 측면
제2장 인성교육과 공교육: 무너진 한국 공교육의 원인 분석과 대안 제시

현용수의 인성교육 원리 제3권의 내용

제4부 인성교육과 EQ(감성지수): IQ보다 EQ가 더 중요하다

- 제1장 EQ(감성지수)란 무엇인가
- 제2장 EQ를 늘리는 4가지 방법
- 제3장 한국인 EQ의 장단점 분석
- 제4장 결론

제5부 온전한 인간교육의 순서

- 제1장 왜 인성교육에 종교교육이 필요한가
- 제2장 인성의 뿌리는 사상이다: 인간은 빵만으로 살 수 없다
- 제3장 결론: 한국인의 바람직한 자녀교육

제6부 인성교육과 예절교육: 동양과 유대인 인성교육의 내용과 형식

- 제1장 인성교육에 예절이 필요한 이유: 인성교육에는 내용과 형식이 있다

현용수의 인성교육 원리 제5권의 내용

제8부 대한민국 국민의 민족관과 국가관 그리고 세계화

- 제1장 국가관과 애국심·정체성의 관계
- 제2장 대한민국 국민의 민족관과 국가관
- 제3장 분단 상황에서 대한민국 국민의 국가관과 대북관계
- 제4장 제7-8부 결론

제9부 인성교육학 개척기 〈전5권을 마치며〉

- 제1장 인성교육학 개척과 공헌
- 제2장 K-쉐마의 열매와 미래 비전

THE JEWISH JOURNAL
OF GREATER LOS ANGELES

Judaism by Example

Koreans study Jewish family values, traditions and history as secrets to longevity.

by JULIE GRUENBAUM FAX, Senior Writer

Thirty-five Korean ministers and professors visited the Los Angeles Jewish community last week, sitting in on high school Torah classes, attending morning prayers, joining a Shabbat meal and studying Jewish texts with local rabbis.

All devout Christians, these students of Judaism hailed not only from South Korea, but also from Korean communities in Russia, China, South America, Canada and across the United States.

They were not interested in converting to Judaism or in proselytizing Jews, but rather were here to learn the secret to Judaism's survival.

"Jews successfully conveyed the Torah, the traditions, the history — especially the history of suffering — and the family values based on Torah for 3,000 years with no generation gaps," said the group's leader, Yongsoo Hyun. "The Christian people lost the value of how to raise children who are holy. We are recovering that history to spread it all over the world."

Hyun, 62, a Presbyterian minister and professor who moved to the United States in 1975, has spent the last 18 years studying the Jewish community and spreading his Jewish gospel from his Mar Vista-based Shema Education Institute.

This is the ninth annual tour of Los Angeles Hyun has led, the culminating event of a three-semester course attended by 400 students each year at locations around the world. Hyun says 3,000 Koreans have graduated his class, paying $350 a semester, and he believes about 3 million people have been affected by his teachings through seminars led by his disciples or by reading one of his 22 books on Judaism, which have sold hundreds of thousands of copies in South Korea.

Hyun focuses on family, jumping off the biblical idea of keeping three generations together — as in Abraham, Isaac and Jacob, or the Torah's refrain of "you and your children and your children's children."

But some Jews might not recognize the Judaism Hyun teaches. He speaks of a Judaism with intact families and no faulty transmission lines between parent and child. He speaks of Jewish Nobel laureates gaining their wisdom through Jewish studies, though most did not have a Jewish education.

Yongsoo Hyun

His understanding of Judaism derives almost exclusively from observance of Orthodox families and studying with traditional rabbis. He believes the father is primarily responsible for transmitting texts and traditions to children, with the mother being responsible for the family's emotional well-being and helping the father.

"I don't get high grades in modern feminist literature, but I don't think this division of labor is clear cut. Both parents contribute appreciably to both the intellectual and the emotional training of their children," said Rabbi Yitzchok Adlerstein, who has been Hyun's mentor. "It is partially Dr. Hyun's reaction coming from a very man-centered society, where these divisions of labor still exist, and he thinks he spots them in traditional Judaism, but I don't see them in my home or in my community."

Adlerstein, a professor of Jewish law and ethics at Loyola Law School, said Hyun is as loyal a friend as the Jewish community and Israel will find, as well as a personal friend. Hyun pursues Jewish knowledge assiduously, and he knows more about Jewish texts and traditions than most Jews.

The visitors to Los Angeles, many of whom brought their families, toured the Museum of Tolerance, Beth Jacob Congregation in Beverly Hills, the Skirball Cultural Center, American Jewish University and YULA Boys High School and went on a shopping spree at 613 The Mitzvah Store before participating in a commencement ceremony at the JJ Grand Hotel in Koreatown at the end of their weeklong stay.

Koreans often compare themselves to Jews — a beleaguered people from a small country surrounded by enemies, which is, like ancient Israel, divided in two. Their brothers in North Korea are persecuted, while millions of Koreans in the Diaspora — and even those in the increasingly westernized South Korea — struggle to maintain their traditions and a standard of excellence for their children.

Hyun's interest in Judaism began in 1990 while working toward his Ph.D. in education at Biola University, a Christian school in Orange County. As part of his studies, he was moved by what he saw as the God-centered nature of Jewish education, compared to the student-centered nature of classical American education.

He started taking classes at the University of Judaism (now American Jewish University), but was turned off by the liberal approach he found there. He switched to Yeshiva University of Los Angeles and, after some persistent nudging, ended up talking with Adlerstein, who was teaching there at the time.

Adlerstein, currently director of interfaith affairs at the Simon Wiesenthal Center, invited Hyun to his home for Shabbat dinner. Now Hyun and his wife — and often dozens of Hyun's guests — regularly attend Adlerstein's Passover, Rosh Hashanah and Shabbat meals.

Hyun set up the Shema Education Institute in 1992, and has since become something of a cult figure among his followers in South Korea and in the Korean Diaspora.

"We have had great leaders like Moses, and Paul in the New Testament, and Dr. Hyun's discovery of the secret of Jewish survival is one of the greatest discoveries in human history," said Yeong Pog Kim, who with Hyun translating.

Kim has 2,000 members at his Presbyterian Church of Love and Peace near Seoul, and he said he is slowly introducing them to Jewish family values and educational methods.

He believes the Jewish give and take between teacher and student can revolutionize staid Korean classrooms. And it will make families stronger, as husbands learn to respect their wives and spend more time with their children.

Like many of Hyun's students, Chi Nam Kim, a pastor in Toronto, has modified how he observes the Lord's Day. Now, his wife lights candles every Sunday, and he says a prayer over the wine and the bread, and blesses his children and wife, all dressed in their best traditional clothes.

Chi Nam Kim explains this commitment by quoting Rabbi Abraham Joshua Heschel's observation, "More than the Jews have kept the Sabbath, the Sabbath has kept the Jews."

One student, Jin Sup Kim, prays three times a day, reciting the Shema and the biblical chapters that come after it, along with verses from the New Testament.

Jin Sup Kim is vice president of the divinity college at Baekseok University, a Christian school near Seoul with 30,000 students. Kim earned a Ph.D. in ancient near eastern studies at Philadelphia's Dropsie College, now known as the Center for Advanced Judaic Studies at the University of Pennsylvania.

Kim, who teaches Hebrew, named his children Salome, Emet and Chesed, Hebrew words for peace, truth and kindness. During summer and winter breaks, he studies the Bible with his children for hours every day and encourages his 950 divinity students to do the same.

Kim leads a division of the Shema Education Institute and his own organization, the Korean Diaspora Revival Foundation, with offices in Israel aimed at drumming up Korean support for Israel and Judaism. Addressing the anti-Semitism some Christian missionaries imported into Korea has been a clear benefit of the program.

"I didn't like the Jewish people because of what they did to Jesus and Paul in the New Testament," said Yeong Pog Kim, the minister from Seoul. "But now I turned to being pro-Israel. Now it opened my eyes to see the Jews positively, as a friend, and to see the Old Testament with a positive mind."

In the past decade, South Korea has sent more tourists — mostly Christian pilgrims — to Israel than the rest of Asia combined, and the political relationship between the two countries continues to improve, according to the Jerusalem Center for Public Affairs.

While Israel needs that kind of international support, and the attention the Shema Education Institute is offering the L.A. Jewish community is flattering, is this attention all positive?

Adlerstein isn't so worried about the Koreans' filtered interpretations of Judaism — they are, after all, not planning to become Jewish. But Adlerstein does worry about what some refer to as reverse anti-Semitism, something he has seen in many parts of the world.

"Putting Jews up on a pedestal for how they are educated or for their achievements is sort of nice, but at the same time, it sends the message that the reason why we like Jews or will tolerate them is because they act on a higher plane. And we don't always act on a higher plane, and these positive stereotypes are not always true," Adlerstein said. "We would rather be accepted because we are a people and all people deserve tolerance and acceptance."

Still, there is something compelling about the expectation, Adlerstein said.

"As a traditional Jew, I can't fight it too much because I do believe it is what the Ribbono Shel Olam [Master of the Universe] asks of us. He does ask of us to live on a higher plane, to be an *or lagoyim* [a light unto the nations]. I find this insistence in some people who are not anti-Semites, but who insist on Jews being different, to be disturbing and exhilarating at the same time."

추천의 말씀1

무너진 교육을 바로 세우는 최선의 대안

한국처럼 인성교육을 강조하면서 인성 발달이 잘 되지 않는 나라도 드물 것이다. 공교육이 무너진 지 오래다. 특히 인성교육에 관한 심증은 있었으나 뚜렷한 이론이 없었다. 그런데 이번에 현용수 교수가 성공집단 유대인을 모델로 이렇게 논리 정연한 인성교육의 본질과 원리는 물론 그 방법까지 제시했으니 그 노고를 치하하지 않을 수 없다.

제4권에서는 국제사회에서 인간관계와 경쟁에 취약한 한국인의 인성을 어떻게 양육해야 할지를 유대인을 모델로 이론과 실제를 정립했다. 그야말로 무너진 교육을 바로 세울 수 있는 최상의 교육 대안이다.

뿐만 아니라 현용수 교수가 성경적 유대인 자녀교육에 관한 《IQ는 아버지 EQ는 어머니 몫이다》란 책을 펴낸 지 8년 만에 유대인의 쉐마교육을 집대성한다니 기뻐하지 않을 수 없다. 쉐마교육은 성경적 유대인 자녀교육을 한민족 자녀교육의 방법으로 접목시킨 새로운 교육의 패러다임이다. 될 수 있는 한 많은 사람들이 꼭 읽고 연구하여 실제 자녀교육에 적용해 보도록 추천하는 바이다.

현용수 교수의 저서를 이와 같이 추천하는 데에는 몇 가지 이유가 있다.
첫째, 내가 한때 총장으로 있었던 대학에서 화학공학을 전공하고 미국에 가서 여유 있는 삶의 터전을 잡았던 그가, 신학을 공부하고 이어서 기독교교육을 연구했다는 점에서 그의 튼튼한 학문적 기초에 대해서 신뢰감을 갖는다.

둘째, 문헌 연구나 탐문에서 얻은 지식의 전달이기보다는 유대인들의 교육 현장인 탈무드 학교와 정통파 유대인 가정에서 그들과 같이 생활하면서 그들의 교육을 탐구해 얻은 지식을 토대로 한 책을 만들어 냈다는 점에서 존경이 간다.

셋째, 현대 교육이 발전했다고는 하지만 참으로 인간다운 인간을 길러내는 데는 계속 실패하고 있다는 것은 현대 교육이 대표하는 세속 교육의 한계를 드러내는 것이다. 그러한 효능 없는 세속 교육을 보완해 주거나 혹은 대체할 수 있는 새로운 교육의 대안을 찾고 있던 차에 강력한 시사점을 내포하는 유대인의 가정교육을 종합적으로 정리해서 우리들에게 제시해 준 점에서 현 교수의 저서를 높이 평가하는 바이다.

넷째, 부모를 공경하고 자녀를 노엽게 하지 말아야 하는 가정이 하나님의 법과 축복에서 멀어져만 가고 있는 오늘날, 우리에게 도움을 주는 성공 사례들이 애타게 요구되고 있는데, 현 교수께서 근거를 갖춘 많은 사례들을 제시해 주고 있으니 이 어찌 반갑지 않겠는가?

끝으로 인격 형성을 위한 교육은 학교에서보다는 가정에서, 그리고 사회의 모든 삶의 현장 속에서 이루어진다는 사실을 학교교육에만 매달리다시피 하는 한국의 부모들에게 이해시키고, 그들의 자녀교육에 대한 시야를 넓히는 기회가 된다는 믿음으로 이 책을 모든 부모와 교사들에게 권하고 싶다.

이영덕 박사(전 국무총리, 교육학 전공)

추천의 말씀2

기독교 2천 년 만에 발견한 개혁주의 교육의 획기적 쾌거

한 민족의 역사는 교육에 의하여 흥하고 망한다. 신약시대 교회사의 흐름도 기독교교육의 방향과 그 교육의 내용에 따라 흥하기도 하고 쇠하기도 했다. 유대인의 성공적인 삶 역시 그들의 교육에 있음은 주지의 사실이다. 그러나 구약성경과 탈무드에 의한 유대인의 생존과 천재교육의 비밀은 아직도 우리에게 충분히 알려지지 않았다. 그러던 차에 수년 전 현용수 교수의 《IQ는 아버지 EQ는 어머니 몫이다(부제: 성경적 유대인 자녀교육)》을 접하게 되었다.

그리고 이번에 새로 출간된 《현용수의 인성교육 원리》는 한국인과 유대인의 자녀교육을 비교 분석하면서 '현재 우리가 당면하고 있는 인간교육의 문제는 무엇이고, 그 해결책은 무엇이며, 그 교육의 방법은 무엇인가'란 질문에 명쾌한 답을 주고 있다.

예수님을 믿기 이전에 받은 인성교육이 마음을 옥토로 가꾸게 하므로 예수님을 믿은 후에 기독교교육을 시키는 데 지대한 영향을 미친다는 새 발견은 대단히 중요하다. 현 박사는 그것을 '복음적 마음의 토양교육(Pre-Evangelism)'이라고 명명했다. 이것은 그동안 복음(Evangelism)과 제자화 교육(Post Evangelism)만 강조해 왔던 2천 년 간 기독교의 약점을 보완하는 개혁주의 교육의 획기적 쾌거다.

이로써 그간의 의문점들, 왜 예수님을 믿는데도 근본 인간은 변하지 않는가, 왜 지구촌은 점점 현대화되는데 복음을 전하기는 점점 더 힘들어지는가에 대한 이유를 알고 그 대안을 찾게 됐다.

본인이 가까이서 아끼던 현용수 교수는 신학교를 졸업하고 기독교교육학을 전공한 후 랍비 신학교에서 수학하면서 유대인 자녀교육을 학문적으로 폭넓고 깊게 연구했을 뿐만 아니라 정통파 유대인의 탈무드 학교와 정통파 유대인 가정에서 그들과 함께 생활하면서 그들 교육의 비밀을 캐는 데 오랜 세월을 투자했다.

그리고 교육학적인 측면에서 새롭게 '유대인의 자녀교육'이란 주제를 학문적으로 정리했다. 따라서 이 저서는 이론과 실제를 겸한 기독교교육학의 새로운 패러다임을 구축한 방대한 연구의 결실이다.

뿐만 아니라 현 박사는 연구를 거듭한 결과 성경적 유대인 자녀교육도 해를 거듭할수록 완성도가 높아지고 있다. 천재적인 유대인 자녀교육 자체가 바로 토라 말씀이고, 말씀 속에 그들의 생존 비밀이 있음을 확인시켜 주고 있다. 저자는 개혁주의 신학이 '오직 성경(Sola Scriptura)'인 것처럼 기독교교육도 "성경으로 돌아가라."고 외친다. 따라서 이 저서는 자유주의 신학이 승하는 이때에 개혁주의 교육에 크게 공헌하리라 믿는다.

나는 개인적으로도 미국 '나성 한인교회'를 섬길 때 현용수 교수를 초청하여 교육 세미나를 개최해 크게 도전받은 바 있다. 목회자 및 신학생들에게는 물론 일반 평신도들에게도 이 저서를 꼭 권하고 싶다.

김의환 박사 (전 총신대학교 총장)

추천의 말씀 3

기독교교육의 블라인드 스팟(Blind Spot)을 발견한 역사적 쾌거

오늘날 우리 사회가 겪고 있는 가치관의 혼돈과 도덕적 무질서는 사회의 기본 단위인 가정의 뿌리가 크게 흔들리는 데서 비롯된다. 전래의 대가족 제도가 무너진 자리에 핵가족화가 박차를 가하면서 가정의 기본 체제가 혼란을 겪고 있다.

이러한 시대적 요청과 때를 같이 해서 미국에서 2세 교육에 깊은 관심을 갖고 연구해 오신 현용수 박사가 성경적 유대인 자녀교육에 관한 책을 출판하게 된 것을 매우 환영한다. '자녀교육을 어떻게 할 것인가'를 생각하면서 성경적 모델을 찾을 때, 우리는 구약의 쉐마(신 6:4-9)에 기초한 이스라엘 가정의 자녀교육에 주목하게 된다.

특히 이번에는 현 박사가 계속 연구해 오던 수직문화와 수평문화를 더 연구 개발하여 인성교육의 원리와 실제를 4권《문화와 종교교육》까지 포함하면 전5권)으로 정리했다. 이 책은 기독교 2천 년 동안 예수님을 믿은 이후의 기독교교육에만 관심을 가졌던 학계에 예수님을 믿기 이전의 인성교육(Pre-Evangelism)도 대단히 중요하다는 새로운 영역을 발견하고 이에 대한 이론을 개발했다.

현 박사에 의하면, 예수님께서 말씀하신 어려서부터 양육한 마음의 옥토가 복음을 받아들이는 데는 물론 그 이후 예수님의 제자화에도 지대한 영향을 준다는 논리다. 따라서 예수님을 믿기 이전에 인격적인 한국인 기독교인이 되기 위한 교육을 시켜야 한다는 것이다. 그리고 이에 대한 인성교육의 내용과 방법을 제시했다.

이것은 기독교교육의 블라인드 스팟(Blind Spot)을 발견한 역사적 쾌거다. 인성교육의 중요성은 강조했지만 인성교육의 원리를 몰라 인성이 파괴되는 현대 교육에 너무나 절실한 대안이다.

유대인들이 세계 역사상 최악의 조건에도 불구하고 가장 우수한 민족으로 생존해 온 그 배후에는 유대인 부모들의 헌신과 열정이 자리하고 있음을 우리는 본다. 그들은 토라와 탈무드에 기초한 신본주의의 절대 가치를 그들 문화의 중심에 두고 자녀들에게 철저한 사상교육을 행했다.

이 책의 저자 현용수 박사는 미국 동포 자녀들의 2세 교육에 특별한 관심을 가지고 유대인의 자녀교육에 관한 연구를 위해 랍비 신학교와 탈무드 학교에서 다년간 수학했다. 그리고 정통파 유대인의 가정에서 생활하면서 얻은 경험과 함께 방대한 자료를 수집해서 신학대학교와 교회들을 순방하면서 유대인의 자녀교육을 강의한 적도 있고, 지상에 많은 글을 연재하기도 했다.

저자의 확신은 신앙(사상)이 없는 민족은 일시적으로는 흥할 수 있지만 곧 망하고 만다는 역사적 교훈을 바탕으로 한 것이며, 유대인의 교육철학 속에 자리한 성경적 자녀교육 원리가 오늘의 흔들리는 기독교 가정의 자녀교육의 실제 지침이 될 수 있다는 것이다. 따라서 이 저서의 내용은 한국 교육의 근본 문제를 정확히 지적하고 그 해결 방법을 제시한 책이다.

부모 되기는 쉬우나 부모 노릇 하기는 참으로 어려운 시대에 살면서 자녀교육을 어떻게 할까 고민하는 기독교 가정의 부모들에게 이 책은 좋은 지침서가 될 수 있다고 믿고 이에 적극 추천한다.

고용수 박사 (전 장로회신학대학교 총장)

yeshiva of los angeles

Rabbi Marvin Hier
Dean
Rabbi Sholom Tendler
Rosh Hayeshiva
Director, Academic Programs
Rabbi Meyer H. May
Executive Director
Rabbi Nachum Sauer
Rosh Kollel
Mr. Paul S. Glasser
Director
Rabbi Yitzchok Adlerstein
Director,
Jewish Studies Institute
Rabbi Harry Greenspan
Coordinator,
Beit Midrash Programs

April 2, 1996

To whom it may concern:

Many scholars have been intrigued by the longevity of the Jewish people. Theories concerning the survival of the Jews despite millennia of persecution and exile fill volumes.

Dr. Yong-Soo Hyun should be congratulated for pointing to a factor that is unusual for a non-Jew to note. Dr. Hyun believes that the faithfulness of the Jews to the Torah - their corpus of Divine Law - conferred upon them the tools for survival, and the resolve to keep holiness afloat in a sea of unholy influences. He is intrigued with the educational technique that has distinguished the Jewish people for over three millennia - the method of oral transmission that passes on the message of Judaism from parent to child, from one generation to the next in an unbroken chain. He is attempting to distill some of these tools in a way that may help his own Korean people find the strength to preserve elements of their tradition and values.

Dr. Hyun has spent a few years of hard research studying the Orthodox Jewish community from the inside. He has studied Jewish educational theory, and investigated practical Jewish lifestyle by thorough observation. We are pleased that he has turned to the scholars associated with our own Yeshiva of Los Angeles, particularly Rabbi Yitzchok Adlerstein, a member of our Talmud and Jewish Studies faculty, for guidance in his research.

We wish him success in his endeavors to spread both morality and tolerance to large populations of the globe.

Sincerely,

Rabbi Marvin Hier
Dean

9760 West Pico Boulevard, Los Angeles, CA 90035/(310) 553-4478

추천의 말씀4

유대인 생존의 비밀을 밝히다

많은 학자들이 유대인 생존의 비밀에 관해 관심을 가져왔습니다. 수천 년의 박해와 유랑에도 불구하고 살아난 유대인의 생존에 관한 학설들은 수없이 많습니다. 현용수 박사가 비유대인으로 유대인의 생존의 비밀을 정확히 지적한 사실은 의외이며, 이를 축하합니다.

현 박사는 유대인에게는 토라(그들의 가장 신성한 율법서)에 대한 충성심이 생존의 도구였고, 죄악이 만연하는 바다를 표류하는 동안 성결을 지키게 한 결정체란 것을 확신하고 있습니다. 그는 3천 년 이상 유대인을 다른 민족과 구별되게 한 교육의 기법, 부모가 자녀에게 자자손손 끊어지지 않는 연결 고리로 유대주의의 메시지를 전한 구전의 방법에 주목하고 있습니다. 그는 이러한 방법의 핵심을 빌려 그가 속한 한국 민족이 그들의 전통과 가치를 보존할 수 있는 힘을 찾으려 합니다.

현 박사는 수년간 정통파 유대인 공동체에서 열심히 연구했습니다. 그는 유대인의 교육이론을 연구해 왔고, 철저한 관찰을 통해 실제적인 유대인의 생활 방식을 조사했습니다. 우리는 그가 우리의 로스앤젤레스 예시바의 학자들과 접촉하고 특별히 그의 연구를 지도하기 위해 탈무드와 유대학 교수인 랍비 애들러스테인과 만나게 된 것을 기쁘게 생각합니다.

우리는 그가 지구촌의 많은 사람에게 2가지, 도덕과 관용을 전파하려는 노력에 성공하기를 기원합니다.

1996년 4월 2일

로스앤젤레스 예시바 대학교 학장
진실한 랍비 마빈 하이어

수정증보 3판 서문

《현용수의 인성교육 원리》
제4권 *수정 증보판을 내며*
– 한국인의 세계관: 다문화 속의 인성교육 –

　동아일보사에서 2008년 펴냈던 제2판 유대인을 모델로《현용수의 인성교육 노하우》시리즈 전4권을 16년 만에 전5권으로 수정 증보하여《현용수의 인성교육 원리》이란 제목으로 3·4·5권을 출간하였다. 인성교육의 원리를 개발한 것은 저자가 세계 최초일 것이다.

　왜 현대교육은 더 발전하는데 자녀들의 인성은 더 타락하는가? 이에 대한 답은 제1권과 제2권에서 '수직문화와 수평문화' 이론을 근거로 설명했다. 이를 근거로 인성교육의 원리와 공식을 만들어 냄으로 현대교육에서 풀지 못하는 대부분의 인성교육의 문제들을 풀 수 있게 되었다.

　본서의 특징은 인성교육이 대부분 남을 존중하고 배려하는 착한 인성만 강조했는데, 본서는 착하지만 강하고 큰 그릇을 만들어내는 유대인의 '독수리 인성교육'을 모델로 했다는 점이다. 그 모델로 성경의 모세를 예로 들었다. 하나님은 왜 모세를 성경교육 대신에 사탄문화가 강한 애굽 바로의 궁중대학에서 40년 동안 교육시키시고, 이어서 미디안 광야대학에서 40년을 교육시키셨는가? 그를 독수리 같은 큰 지도자로 키우기 위함이었다.

　제4권에서는 제3권에 이어 한국인 예절의 근거로 삼강오륜(三綱五倫)과 신언서판(身言書判)을 소개했다. 그리고 이것을 유대인(기독교인)의 신언서판과 비교했다. 왜냐하면 대부분 한국인 자녀들은 우리의 옛 가치들은 모두 헌 것이라는 선입견을 가지고 있는 경우가 많기 때문이다. 그런데 의외로 매우 유사한 것들이 많았다. 이것은 동양의 인성이 세계 보편적 인성 가치에 부합한다는 것을 뜻한다. 그만큼 귀중한 것들이다.

그리고 특히 한국인의 추상적 언어와 유대교의 구체적 언어를 비교분석하면서 왜 한국인의 예절, 즉 인성의 형식이 약한지를 지적하고 이에 대한 대안을 제시했다. 특히 기독교인을 위하여 바울의 예를 들면서 구원론적 입장에서 본 교육의 내용과 형식을 설명했다.

그리고 본서에서 가장 중요한 주제들 중 하나는 AI시대에 한국인의 세계화의 원리를 정리했다는 점이다. 특히 지구촌에서 더불어 살아야 하는 한국인이 다문화 속에서 자녀의 인성교육을 어떻게 시켜야 할지(해외동포의 바른 자녀교육법)를 유대인을 모델로 설명했다. 여기에서 다문화권에 적용되는 동화의 원리, 즉 '사회구조에의 동화'와 '문화에의 동화' 원리를 소개했다. 그리고 한국인은 어떤 동화의 원리가 맞는지 유대인을 모델로 설명했다.

K-문화가 세계로 뻗어나가는 현실에서 유대인의 정체성(수직문화) 교육의 원리를 한국인의 정체성 교육에 많이 적용시켰다. 유대인은 자녀들의 정체성을 키우기 위해 세 가지 역사 교육에 주력한다. 1) 개인 가정의 역사와 2) 국가의 역사 그리고 3) 종교의 역사다. 개인 가정의 역사는 개인의 뿌리(족보)를 알게 하여 가정과 가문의 소중한 가치를 지키게 하고, 국가의 역사는 대한민국의 뿌리를 알게 하여 바른 국가관을 세워 국가의 소중한 가치를 알게 한다.

전자는 가족애를 키워 가족의 번성과 번영을 추구하게 하고, 후자는 나라를 지키고 부강시키려는 애국심을 갖게 한다. 그리고 종교의 역사는 자신이 믿고 있는 종교의 뿌리를 알게 하여 자신의 믿음을 더욱 굳건하게 해준다.

성경은 유대인의 가정(아브라함, 이삭, 야곱)의 역사와 국가(이스라엘)의 역사 그리고 종교(유대교)의 역사로 가득하게 채워져 있다. 그만큼 세 가지 역사 교육이 정체성 형성에 중요하다. 〈본서는 족보 교육과 다문화 속 자녀교육은 제4권, 대한민국 국가관은 제5권에 수록했다.〉 특히 본서에는 조선족의 잘못된 정체성 문제, 즉 그들의 민족관과 국가관을 지적하고 유대인을 모델로 해결 방안을 제시했다.

그리고 "한국인 기독교인은 동족 비기독교인보다 타인종 기독교인을 더 사랑해야 하는가"라는 주제에서는 예수님과 바울의 예를 들면서 왜 한국인은 한국인을 더 사랑해야하는지를 설명했다.

다만 자기 민족이 타민족보다 우월하다는, 지나친 국수주의(예: 과거 독일의 나치나 일본의 군국주의)를 경계하기 위하여 '국수주의의 위험성과 샐러드 볼 이론'을 소개했다. 그리고 "한국에 급증하는 외국인 이주자들, 이대로 좋은가"란 주제에서는 이스라엘의 다문화 사회 대처 방법을 소개하면서 대안을 제시했다.

2024년 10월 18일 쉐마교육연구원에서
현용수

저자 서문

유대인을 모델로
인성교육 원리 시리즈를 펴내면서
- 무너진 교육을 세우는 혁명적 대안을 찾아서 -

현용수의 인성교육 원리 시리즈(전5권)

제1권 인성교육 원리 Ⅰ (부제: 교육의 실패를 막기 위한 인성교육의 원리와 공식)
제2권 인성교육 원리 Ⅱ
      (부제: 교육의 바른 선택을 위한 한국·미국·유대인 교육의 장단점 비교)
제3권 인성교육 원리 Ⅲ (부제: EQ의 원리를 알아야 IQ교육을 살릴 수 있다)
제4권 인성교육 원리 Ⅳ (부제: 한국인의 세계관: 다문화 속의 인성교육)
제5권 인성교육 원리 Ⅴ (부제: 대한민국 국민의 민족관과 국가관)

왜 인성교육 없는 IQ교육은 독소인가

인성의 토양이 점점 더 황폐화되고 있다. 이런 토양 속에서는 훌륭한 민주시민은 물론 훌륭한 정치가나 경제인, 그리고 학자나 종교인도 기대하기 힘들다. 공교육이 무너진 지 오래다. 정말로 속수무책이다.

한국의 모 대학 인성교육 담당 주임 교수의 초청으로 그 대학 강당에서 700여 명의 학생들에게 강연을 했다(2000년 5월). 강연이 끝나고 교수가 저자에게 물었다.

"인성교육이 무엇입니까? 솔직히 저는 모르겠습니다."
"모르면서 어떻게 인성교육을 시킵니까?"

저자가 되물었다.

"그냥 이름 있는 분들을 초청하여 학생들에게 좋은 말씀을 듣게 해 주죠."

그의 답이었다. 그 교수는 아예 솔직하기라도 하지만 대부분은 그냥 넘긴다. 미국을 방문한 한 초등학교 교장 선생은 인성교육이 무엇이냐고 묻는 말에 '회초리'라고 대답했다. 회초리가 없어지면서 인성이 파괴되었다고 했다.

더 큰 문제는 인성교육의 필요성은 강조하지만 인성교육의 원리는 물론 그 내용이 무엇인지, 그것을 어디에서 누가 어떻게 가르쳐야 하는지를 모른다는 것이다. 막연히 《명심보감》이나 《성경》 혹은 효도나 예절을 가르치면 되는 줄 알고 있다. 물론 이것도 중요하다.

그러나 근본적으로 인성의 본질과 원리와 공식을 모르면 인성교육의 방향을 세우고 인성교육의 균형 잡힌 커리큘럼을 만들 수가 없다. 이는 한국이나 미국이나 전 세계가 동일하게 겪고 있는 문제다. 본서는 이에 대한 해결방안을 제시해 준다.

왜 현대 교육은 점점 더 발달하는데 인간은 더 타락하나? 저자는 이 명제를 풀기 위해 박사학위 과정에서 현대 교육의 근본 문제를 연구했다. 그리고 현대 교육의 철학적, 교육학적, 문화인류학적 및 신학적인 문제점을 발견했다.

그리고 그 해결 방안을 유대인의 교육에서 발견했다. 유대인의 성공적인 천재교육(IQ)과 감성교육(EQ)의 비밀은 성경과 탈무드의 가치에 기초한 전통적인 가정교육에 있었다. 그들은 특수한 인성교육의 내용과 방법을 가지고 있었다. 그것은 이방인들이 무조건 의존하는 학교의 현대 교육과 매우 달랐다.

그들의 교육을 저자가 발견한 인성교육의 원리와 공식에 적용해보니 의외로 정확하게 맞아떨어졌다. 따라서 본서의 책 이름이 유대인을 모델로 한 《현용수의 인성교육 원리》이다.

왜 '수직문화와 수평문화' 이론은 인성교육의 본질과 원리인가

왜 자녀교육이 1970년대 이전보다 힘든가? 왜 부모와 자녀 사이에 세대 차이가 많이 나는가? 왜 자녀들의 행동양식이 거칠어지며 기성세대와 다른가? 왜 부모와 자녀 사이에 가치관의 코드(code)가 맞지 않아 대화가 힘든가? 그 원인은 무엇이고 대안은 무엇인가? 유대인은 어떻게 세대차이 없이 수천 년 동안 자녀와 가치관의 코드를 맞추는 교육에 성공했는가?

왜 각 민족의 행동양식은 다르게 나타나나? 동일한 종교를 믿는 영국인 기독교인과 한국인 기독교인은 서로 다른 음식을 먹고 예절 등 다른 행동양식을 보인다. 아프리카 케냐에서 온 기독교인도 한국인 기독교인과 행동양식이 다르다. 성격도 한국인은 급하지만 다른 인종은 상대적으로 느긋하다.

문화 인류학자 히버트(Hiebert)는 한 인간, 혹은 한 민족의 행동을 가능케 하는 사고의 틀(Thinking System or Structure)이 다르기 때문이라는 사실을 발견했다(1985). 그리고 저자는 왜 각 개인이나 각 민족의 사고의 틀이 다른지, 그 이유를 알아냈다. 그리고 저자는 그 사고의 구조를 어떻게 형성해야 하는지를 인성교육학적 측면에서 연구했다. 그것이 바로 그 민족이 가지고 있는 수직문화와 수평문화 이론이다.

유대인은 역사적으로 검증된 뛰어난 민족이다. 따라서 본서는 유대인을 모델로 인격적인 한국인을 어떻게 배출할 수 있을까에 초점을 맞추었다. 그러나 이 원리는 다른 민족에게도 그대로 적용될 수 있다. 조직적이고도 반복적인 수직문화 교육 없이는 육(肉)을 따라 제멋대로 사는 수평문화를 막을 길이 없다.

이에 앞서 저자는 미주 한국인이 한국의 전통문화 가치를 지니고 있을 영향을 주는지를 알기 위해 실험 연구(Empirical Research)를 한 바 있다〈기독교교육학 박사(Ph.D.) 학위 논문: Biola University, Talbot Graduate School of Theology, 1990〉.

그 연구 결과에 의해 저자는 왜(Why) 한국인 자녀에게 한국의 전통문화 가치를 가르쳐야 하는지에 대한 확실한 이유를 찾았다. 그리고 이를 토대로 '2세 종교교육의 방향'을 제시했다. 이 연구에서 한국인의 수직문화가 한국인 인성교육의 본질과 원리라는 사실을 규명했다. 〈자세한 것은 저자의 저서 《문화와 종교교육》 참조〉

이때 왜 한국의 자녀들이 서구화되어 가는지, 왜 부모세대와 세대차이가 나는지, 그 원인을 발견했다. 따라서 본서는 한국인에게 맞는 인성교육의 원리와 방법을 제공해준다.

예수님 믿기 이전: 왜 인성교육은 Pre-Evangelism인가

〈저자 주: 본서의 원리와 공식은 모든 종교인에게도 그대로 적용된다. 그런데 저자가 기독교인을 예로 드는 이유는 그들이 예수님을 믿은 후 유대인의 경전인 구약성경을 동일한 경전으로 믿기 때문이다.〉

많은 기독교인들이 예수님만 믿으면 모든 인성교육이 잘 되는 줄 알고 있다. 그러나 반드시 그런 것은 아니다. 왜 유교교육을 받은 가정의 자녀들이 기독교교육을 받은 자녀들보다 더 예의 바르고 효자가 많은가?

왜 예수님을 믿는다고 하면서 사람의 근본은 잘 변하지 않는가? 예수님을 믿고 성령의 은사가 많았던 고린도교회는 왜 데살로니가교회보다 도덕적으로 문제가 더 많았나? 왜 성령 충만한 바울도 실라와 다투었나? 왜 현대(2000년대)에는 1970년대 이전보다 복음을 전하기가 더 힘든가? 아마 생각 있는 교육자라면 모두가 이런 고민을 안고 살았을 것이다.

힌트를 드리겠다. 옛말에 "양반이 예수님을 믿으면 양반 기독교인이 되고, 상놈이 예수님을 믿으면 상놈 기독교인이 된다."고 했다. 여기에서 저자는 오랜 연구 끝에 올바른 인간교육을 위해서는 크게 2가지 교육의 주제가 필요하다는 사실을 깨달았다.

진정한 기독교 자녀교육의 원리는 먼저 인성교육이 이루어진 바탕에 성경교육(쉐마교육)을 시켜야 한다는 것이다.

따라서 기독교교육은 시기적으로 2가지로 나누어 시켜야 한다. 예수님을 믿기 이전에는 인성교육을, 예수님을 믿은 후에는 성경교육을 시켜야 한다. 그래서 유대인 자녀교육 총서 'IQ는 아버지 EQ는 어머니 몫이다'는 1) 인성교육편과 2) 쉐마교육편으로 나누어 정리했다. 전자를 'Pre-Evangelism'(예수님을 믿기 이전의 복음적 토양교육) 그리고 후자를 'Post-Evangelism'(예수님을 믿은 이후의 복음적 토양교육)이라 명명했다.

예수님도 'Pre-Evangelism'의 중요성을 말씀하셨다. '씨 뿌리는 자의 비유', 즉 인간의 4가지 종교성 토양(길가, 돌밭, 가시떨기, 옥토)이다(마 13:3-7, 18-23; 막 4:1-25; 눅 8:4-15).

현대인에게는 왜 전도하기도 힘들거니와 설사 그들이 기독교인이 되었다고 하더라도 헌신도가 매우 약한가? 부모가 자녀에게 올바른 인성교육을 시키지 않고 수평문화에 물들게 방치하고 IQ교육만 시켰기 때문이다. 그래서 자녀들의 마음 밭(종교성 토양)이 황폐화되어 돌밭이 되었기 때문이다.

다른 말로 표현하면, 한 인간이 태어나 13세 이전에 복음을 접하기 전에 사람다운 사람이 되는 인성교육을 잘 받아, 마음 밭이 옥토가 되어야 복음을 영접하기도 쉽거니와 구원을 받은 후 예수님을 닮는 제자화도 쉽다는 것이다.

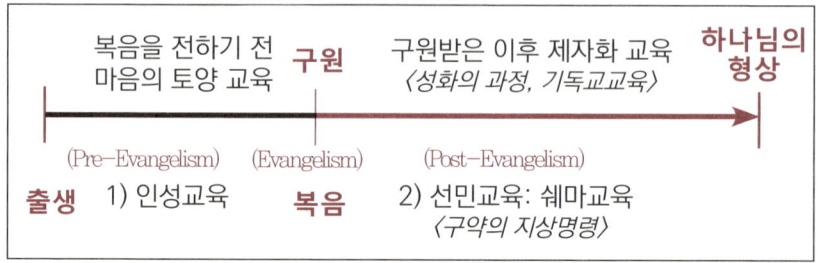

인성교육(Pre-Evangelism)이 부실하면 복음 받기와 제자교육(Post-Evangelism)이 힘들지만(상), 튼튼하면 복음 받기와 제자교육이 쉽다(하). 이 원리는 다른 종교(예, 불교)에도 동일하게 적용된다.

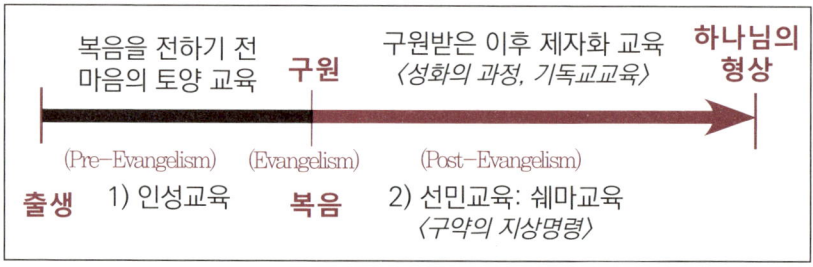

1)항과 2)항이 저자가 새로 개척한 학문의 영역이다. 자세한 것은 '현용수의 인성교육 원리' 제2권 제2부 제4장 II. 2 '기독교교육의 새로운 영역: 종교성 토양 교육' 참조.

왜 수많은 한국 기독교인 중에서도 주기철 목사, 손양원 목사, 박윤선 박사, 한경직 목사, 안창호 선생이 더 존경을 받고 있나? 물론 기독교의 영향도 있었겠지만 그들이 복음을 받아들이기 전에 한국의 양반 수직문화 교육, 즉 한국인다운 한국인의 인성교육을 잘 받았기 때문이다.

〈저자 주: 만약 자녀들에게 미국식이나 인도식 수직문화 교육을 시킨 후 복음을 전하면 '인격적인 미국인 기독교인'이나 '인격적인 인도인 기독교인'이 될 것이다.〉

그렇다면 왜 현대에는 그들과 같은 지도자들을 배출하기 힘든가? 위의 분들이 받으셨던 20세기 초 한국의 전통 양반의 수직문화, 즉 한국인다운 한국인의 인성교육을 잘 시키지 못하기 때문이다.

결론적으로 인성교육 원리 전5권은 다음 20가지 질문에 답을 제시한다.

〈교육학적 측면〉

첫째, 왜 현대 교육은 점점 더 발달하는데 인간은 점점 더 타락하는가?

둘째, 왜 자녀들이 부모나 어른들에 대한 예절이 점점 없어지나?

셋째, 왜 한국인은 한국인에게 맞는 인성교육을 시켜야 하나?

넷째, 똑똑한 우리 자녀, 어떻게 국제적인 인물로 키울 수 있을까?

다섯째, 왜 교회학교 출신들 중에 큰 인물 배출이 힘든가?

여섯째, 왜 한국에는 진보와 좌파세력이 계속 늘어나나? 〈올바른 한국인의 국가관은?〉

일곱째, 무너진 공교육을 세우는 최상의 대안은 무엇인가?

여덟째, 왜 미주 한인 2세가 일류대학을 졸업하고도 미국 주류사회 진출에 어려운가?

아홉째, 유대인은 어떻게 아브라함 때부터 현재까지 4000년 동안 성결교육을 시키는 데 성공했나? 〈왜 유대인은 세대차이가 없는데 한국인은 많은가?〉

열 번째, 유대인은 IQ교육의 성공을 위해 어떤 인성교육을 시키나?

〈교회 성장학적 측면〉

첫째, 왜 현대인에게 전도하기가 힘든가? 〈왜 교회의 성장이 멈추었나?〉

둘째, 왜 종교인(기독교인 포함)에게 Pre-Religion(Evangelism) 교육(종교를 믿기 이전 마음의 토양 교육)이 필요한가?

셋째, 왜 현대인은 복음을 받아들인 이후에도 제자화 하기가 힘든가? 〈왜 주님에 대한 헌신도가 약한가?〉

넷째, 왜 한국과 미국에서 2세들이 대학을 졸업하면 90% 이상 교회를 떠나나? 〈왜 교회학교 교육이 천문학적 투자에도 불구하고 90% 이상 실패하나?〉

다섯째, 미주 한인 2세 기독교인이 10% 정도 남는다고 해도, 왜 그들은 1세 교회를 떠나나?

여섯째, 왜 미국의 유대인 2세들은 대학을 졸업해도 100% 부모들의 회당에 남는가?

일곱째, 왜 신약교회들은 2천 년간 다른 나라에 선교하는 데는 성공했는데 자손 대대로 신앙을 전수하는 데는 실패했나? 그런데 유대인은 어떻게 아브라함 때부터 현재까지 4000년간 말씀을 전수하는 데 성공했나?

여덟째, 왜 한국의 선교사들이 해외에서 50% 이상 실패하나? (문화인류학적 측면)

아홉째, 왜 선교지의 원주민에게 복음을 전할 수는 있어도 그들을 성화하기가 힘든가?

열 번째, 왜 제3세계인은 복음을 받아들인 후에도 대부분 항상 가난한가?

〈* 앞의 원리는 다른 종교(예 불교)에도 동일하게 적용된다.〉

현용수의 인성교육론은
인성교육의 **원리**와 **공식**을 제공한다

왜 인성교육론이 'Know-Why'라면
유대인의 쉐마교육신학론은 'Know-How'인가

유대인 자녀교육의 우수성은 이미 역사를 거듭하면서 증명되었다. 그러나 두 가지 의문이 아직까지 남아 있다. 첫째, 그것이 왜 우수한지에 대한 교육학적, 심리학적 및 철학적 이유를 설명하지는 못했다. 둘째, 왜 유대인 자녀교육이 기독교교육에 필요한지 그 이유를 설명할 수 있는 확실한 교육신학적 해답을 제공하는 데 미흡했다.

두 가지 의문 중 전자에 대한 답이 '인성교육 원리 시리즈'라면, 후자에 대한 답은 '쉐마교육 시리즈'다. 왜 유대인 자녀교육의 원리와 방법이 한국인의 정체성을 세우는데 필요한지를 설명한 '인성교육 원리 시리즈'가 'Know-Why'라고 한다면, '쉐마교육 시리즈'는 'Know-How'가 될 것이다. 원인을 밝히고 당위성을 설명하는 'Know-Why'가 있기에 쉐마교육인 'Know-How'가 더 힘을 받아 자신과 자신의 가정, 그리고 교회에서 확신을 가지고 적용할 수 있다.

현재까지 천문학적 돈을 교육에 투자하고도 교육의 열매가 바람직하지 못한 것은 교육의 원리와 공식을 발견하지 못했기 때문이다. 물론 현대 기독교교육의 이론이 모두 필요 없다는 뜻은 아니다. 인간교육과 교회성장 위기의 근본 대안이 '인성교육 + 쉐마교육'에 있다는 뜻이다.

처음 국민일보에서 초판 2권(1996년, 23쇄), 조선일보에서 개정 2판 전3권(1999년, 19쇄)으로 출간됐던 유대인 자녀교육서 《IQ는 아버지 EQ는 어머니 몫이다》가 하나님의 은혜와 교계의 열화 같은 성원에 힘입어 지금까지도 스테디셀러인 것에 감사드린다.

그러나 소수이긴 하지만 목회자들과 신학자들께서 반론도 제기했다. 그도 그럴 것이 구원론과 관계없는 인성교육에 관한 '수직문화와 수평문화' 이론에 대해, 그리고 기독교가 2000년간 원수처럼 여겼던 복음도 없는 유대인의 교육을 이해하기란 쉽지 않았을 것이다. 덕분에 저자는 계속 연구에 연구를 거듭하여 더 완벽한 이론을 정리하게 되었다.

긴 학문의 순례를 마치는 기분이다. 처음 개척한 두 가지 학문의 영역이기에 앞으로 더 많은 연구가 필요하다. 그리고 쉐마가 주님의 종말을 준비하는 세계선교까지 가려면 갈 길은 아직 멀었다. 이제 하나님의 은혜로 많은 오해도 풀렸다. 많은 쉐마 동역자들이 협력하여 쉐마교육이 파도처럼 번지고 있다.

이 책을 집필하는 데 많은 정통파 유대인 학자들이 특별한 도움을 주었다. LA 예시바대학교 학장이시며 사이먼 위센탈 센터 국제 본부장이신 랍비 마빈 하이어(Rabbi Heir)와 랍비 쿠퍼(Rabbi Cooper) 부학장님, 탈무드 교수이며 로욜라대학교 법대 교수인 랍비 애들러스테인(Rabbi Adlerstein) 부부와 그 가정, 그리고 서기관 랍비 크래프트(Rabbi Krafts) 씨 부부와 그 가정에 심심한 사의를 표한다. 이들의 특별한 도움이 없었으면 저자의 연구는 완성될 수 없었다.

저자의 논문 지도교수이셨던 바이올라대학교 탈봇신학대학원의 윌슨 박사님과 풀러 선교신학대학원의 저자의 선교학(Ph.D.) 지도교수이자 유대교 교수였던 글래서 박사님에게 특별히 감사드린다. 그리고 저자를 물심양면으로 도와주신 이영덕 전 총리님과 김의환 총장님, 그리고 고용수 총장님 및 국내외 많은 교계 어른들과 쉐마교육연구원 동역자님들께 감사드린다.

그리고 저자를 키워주신 고인이 된 이순례 어머님과 큰형님 내외분께도 감사드린다. 지금도 내조를 아끼지 않는 아내 황(현)복희, 그리고 내일의 희망인 네 아들 승진(Stephen), 재진(Phillip), 상진(Peter), 호진(Andrew)에게도 감사한다.

이 책들은 방향 없이 혼란스러운 교육의 시대에 참교육을 갈구하는 독자들에게 뚜렷하고 확실한 대안을 제시할 수 있다고 확신한다. 이 연구는 분명히 하나님의 지혜로 하나님이 하셨다. 세세토록 영광 받으실, 오직 성삼위 하나님께만 감사와 찬송과 영광을 드린다.

2024년 5월 5일
미국 West Los Angeles 쉐마교육연구실에서

저자 현용수

중국의 고전에 다음과 같은 말이 있다.

"일년지계(一年之計·한 해의 계획)로는 농사를 짓고, 십년지계(十年之計)로는 나무를 심으며, 종신지계(終身之計) 또는 백년대계(百年大計)로는 사람을 키운다."
사람을 키우는 일이 그만큼 가정이나 국가에 중요하다는 뜻이다.

다 함께 생각해 봅시다

- 왜 인성교육에 예절교육이 필요한가?
- 왜 한국인은 한국인의 예절교육이 필요한가?
- 한국인과 유대인 인성교육의 내용과 형식은 무엇이 다른가?
- 유대인은 왜 그들의 교육의 내용과 형식을 고집하는가?
- 한국인이 예절을 잃어가는 이유: 추상적 언어와 구체적 언어의 차이
- 바울은 어떻게 교육의 내용과 형식을 가진 인물이 되었는가?

제6부

인성교육과 예절교육의 원리 :
교육의 내용과 형식

〈동양과 유대인 인성교육의 내용과 형식 비교〉

제1장
〈제1장은 제3권 말미에 있습니다〉
– 제1장 'Ⅳ.한국인 예절의 근거' 부터 제4권의 시작입니다 –

제2장
추상적 언어와 구체적 언어의 차이

제3장
전인교육적 측면에서 본 바울 연구

IV. 한국인 예절의 근거: 삼강오륜(三綱五倫)과 신언서판(身言書判)

제6부의 주제는 '인성교육과 예절교육: 한국인과 유대인 인성교육의 내용과 형식'이다. 그리고 제1장에서 '인성교육에 예절이 필요한 이유: 인성교육에는 내용과 형식이 있다'에 대해 설명하는 중이다.

앞에서는 왜 인성교육에 예절이 필요한지를 '교육의 내용과 형식'이란 논리로 설명했다. 그렇다면 이제 한국인의 예절에 대해 논해보자. 한국인의 기본 예절은 어디에 근거하는가? 대략 2가지에 근거한다. 첫째, 유교에서 인간관계를 위해 제정한 삼강오륜(三綱五倫)이고, 둘째, 지도자가 갖추어야 할 4가지 덕목, 신언서판(身言書判)이다.[1] 예(禮)는 삼강오륜(三綱五倫)과 신언서판(身言書判)을 잘 지키기 위한 교육의 형식이다. 그 내용을 살펴보자. 그리고 그것을 유대인 교육과 비교해보자.

1. 삼강오륜(三綱五倫): 인간관계의 기본 도리

---

1) 삼강오륜과 신언서판은 동양의 고전이다. 다양한 설명이 있으나 내용은 대동소이하다. 따라서 본서는 주로 국사편찬위원회와 위키백과 및 다음백과에서 편찬한 내용을 발췌했다. 그리고 저자가 그것을 인성교육학적인 입장에서 저자의 언어로 다시 설명했다. 출처: 국사편찬위원회, http://contents.history.go.kr/front/tg/view.do?treeId=&levelId=tg_003_1170&ganada=&pageUnit=10, 위키백과: https://ko.wikipedia.org/wiki/삼강오륜, https://100.daum.net/encyclopedia/view/26XXXXX00862, 주희의 오륜: https://m.cafe.daum.net/songteacher/7sUa/1781?

A. 삼강오륜의 기본 뜻

유교에는 인간이 지켜야 할 3가지 기본 강령과 5가지 실천적 도덕 강령, 즉 삼강오륜(三綱五倫)이 있다. 삼강오륜은 원래 중국 전한(前漢) 때의 거유(巨儒) 동중서(董仲舒)가 공맹(孔孟)의 교리에 입각하여 삼강오상설(三綱五常說)을 논한 데서 유래되었다.

삼강은 아버지와 아들, 임금과 신하, 남편과 아내의 기본 도리를 수직적인 관계에서 아랫사람이 윗사람에게 해야 할 도리를 언급했고, 오륜(五倫)은 인간 사회에서 지켜야 할 기본적인 5가지 인륜(人倫)을 언급했다.

이것은 중국뿐만 아니라 한국에서도 조선시대부터 오랫동안 사회의 기본적 윤리로 존중되어 왔다. 물론 오늘날 너무 현실에 맞지 않는 행동 지침들은 약간의 수정이 필요하나, 대부분 지금도 한국인이 마땅히 지켜야 할 윤리 도덕의 기본이다. 다음은 그 내용이다.

1) 삼강(三綱)
첫째, 군위신강(君爲臣綱): 신하는 임금을 섬기는 것이 근본이고,
둘째, 부위자강(父爲子綱): 아들은 아버지를 섬기는 것이 근본이고,
셋째, 부위부강(夫爲婦綱): 아내는 남편을 섬기는 것이 근본이다.

2) 오륜(五倫)
오륜은 삼강을 더 양적이나 질적으로 발전시킨 인간관계의 기본 도리를 가르친 것이다. 양적으로는 2가지를 더하고, 질적으로는 더 구체적으로 설명했다. 특히 송나라 때 주희(朱熹, 혹은 주자)가 오륜을 강조했다. 주희는 오륜에 대해 이렇게 말했다.

부자(부모와 자녀)와 형제는 천륜(天倫)이다. 후천적으로 어우러지는 관계는 3가지인데 부부와 군신(임금과 신하)과 붕우(친구 사이)의 관계다. 부부는 천륜을 지속시키는 것이고, 군신은 천륜이 그를 통해 완전하게 되는 것이다. 이것은 인도(人道)를 바로잡는 것이고, 인간 행위의 표준이 되는 것으로서 하루라도 없어서는 아니 되는 것이다. (과천향교, *바른 생활 멘토*, 2012, p. 29.) [2]

인간은 사회적 동물이며 공동체를 이루며 살고 있다. 이것은 가정과 사회, 그리고 국가라는 공동체의 질서, 사랑과 협력이 아름답게 이룰 수 있는 인간관계를 설명한 것이다. 이것들을 구체적으로 실천하기 위해 만든 교육의 형식들이 바로 예다(예: 부모에게 큰절하기, 상석에는 어른이 앉음, 어른에게 존댓말하기, 경조사에 축의금과 부조금 내기 등).

첫째, 군신유의(君臣有義): 임금과 신하의 관계에는 의리가 있어야 한다.
이것은 후천적인 인위적 결합에 의한 윤리규범이다. 군주는 통치의 주체이고 신하는 보좌하는 관계다. 따라서 임금과 신하의 관계를 결속하는 것은 의리라고 할 수 있다. 이것을 실현하기 위해 임금은 의로워야 하고, 신하는 충성해야 한다(君義臣忠).

둘째, 부자유친(父子有親): 아버지와 자식의 관계에는 애정이 있어야 한다.
이것은 혈연으로 맺어진 부모와 자식 간의 윤리규범이다. 따라서 아버지는 자식을 사랑하고 자식은 부모에게 효도해야(父慈子孝) 하는 구체적인 관계다.

---

2) 이 내용은 주희의 삼강오륜에도 있다. https://m.cafe.daum.net/songteacher/7sUa/1781?

한국인은 유교에 의한 충효사상이 강했다. 특히 군사부일체(君師父一體)에 대한 권위와 존경을 강조했다.
사진은 조선 말 서당의 교육 모습. 과거 우리 나라의 서당에서는 인간다운 인간교육을 위한 수직문화만을 가르쳤다. 세상학문은 가르치지 않았다.
사진 출처: 한국 고등학교 '교육학' 교과서 1995년

셋째, 부부유별(夫婦有別): 부부 간에는 분별이 있어야 한다.

이것은 부부 사이의 윤리규범이다. 남편과 아내는 가정을 이루는 기초다. 가정에서 남편과 아내가 해야 할 도리가 다르다. 따라서 아무리 부부라 하더라도 남편과 아내는 각기 할 도리를 지켜야 한다.

넷째, 장유유서(長幼有序): 장유(長幼)에는 차서(差序)가 있어야 한다. 이것은 연령적 질서를 확립하려는 윤리규범이다. 어른은 어린 사람을 잘 인도하고, 어린 사람은 어른을 잘 받들고 따라야 한다. 형제간에도 형은 아우를 사랑하고 아우는 공손해야 한다(兄友弟恭).

위 내용(1-4항)의 기본 개념은 윗사람과 아랫사람의 상하관계, 즉 수직적 관계다. 따라서 신하는 임금에게, 아들은 아버지에게, 아내는 남편

에게, 연소자는 연장자에게 순종하며 그들을 존경해야 한다. 그리고 윗사람들은 아랫사람들에게 의와 사랑을 베풀어야 한다.

다섯째, 붕우유신(朋友有信): 벗의 도리는 믿음에 있다는 뜻이다. 따라서 친구 간에는 신의가 있어야 한다.

B. 성경에도 삼강오륜(三綱五倫)이 있다

앞에서 동양의 삼강오륜의 기본 뜻을 간단히 설명했다. 이것은 기본적으로 성경의 가르침과 매우 유사하다.

1) 성경의 삼강(三綱)

먼저 성경에도 삼강(三綱)과 비슷한 말씀이 있는지 살펴보자.

첫째, 군위신강(君爲臣綱): 신하는 임금을 섬기는 것이 근본이다.
성경에는 하나님이나 예수님을 왕으로 비유했다(시 72:11, 74:12; 사 9:6; 렘 10:10; 눅 19:38).

> 오직 여호와는 참 하나님이시오, 사시는 하나님이시오, 영원한 왕이시라. 그 진노하심에 땅이 진동하며 그 분노하심을 열방이 능히 당치 못하느니라. (렘 10:10)

> 가로되 찬송하리로다. 주의 이름으로 오시는 왕이여, 하늘에는 평화요, 가장 높은 곳에는 영광이로다. (눅 19:38)

성경은 신하와 백성은 왕을 공경하며 섬기는 것이 기본이라고 했다
(벧전 2:17).

"뭇 사람을 공경하며 형제를 사랑하며 하나님을 두려워하며
왕을 공경하라. (벧전 2:17)

둘째, 부위자강(父爲子綱): 아들은 아버지를 섬기는 것이 근본이다.
성경도 부모를 공경하는 것이 약속 있는 첫 계명이라고 가르친다(출 20:12; 엡 6:2-3).

셋째, 부위부강(夫爲婦綱): 아내는 남편을 섬기는 것이 근본이다.
성경도 아내는 남편을 섬기는 것이 근본이라고 가르친다(골 3:18-19).

2) 성경의 오륜(五倫)

성경에도 오륜과 비슷한 말씀이 있는지 살펴보자.

첫째, 군신유의(君臣有義): 임금과 신하 사이의 도리
성경도 임금과 신하 사이의 도리(윗사람과 아랫사람 사이의 도리)에서 임금은 의로워야 하고, 신하는 충성해야 한다고 가르친다.

훌륭한 "왕의 능력은 공의를 사랑하는 것이다"(시 99:4). 왕이 가난한 자를 성실히 신원하면 그 위가 영원히 견고해진다(잠 29:14).

성경은 신하나 백성들은 왕을 공경하며 섬기라고 했다(시 72:11; 벧전 2:17). 종들에게도 주인을 두려워하고 떨며 성실한 마음으로 육체의 상전에게 그리스도께 하듯 순종하고 섬기라고 했다(창 16:9; 삼상 24:7-12; 엡

6:5; 골 3:22; 딤 6:2).

> 각 사람은 위에 있는 권세들에게 굴복하라. 권세는 하나님께로 나지 않음이 없나니 모든 권세는 다 하나님의 정하신 바라. 그러므로 권세를 거스르는 자는 하나님의 명을 거스름이니 거스리는 자들은 심판을 자취하리라. 관원들은 선한 일에 대하여 두려움이 되지 않고 악한 일에 대하여 되나니 네가 권세를 두려워하지 아니하려느냐 선을 행하라. 그리하면 그에게 칭찬을 받으리라. (롬 13:1-3)

특히 성경은 신하나 아랫사람들이 왕이나 상전에게 순종하고 충성할 것을 강조했다(에 7:9; 잠 14:35; 엡 6:5). 예수님도 착하고 작은 일에 충성한 종에게 더 큰 것을 맡기신다고 말씀하셨다(마 25:21). 바울은 맡은 자들에게 구할 것은 충성이라고 말했다(고전 4:2). 그리고 왕이나 상전들에게는 아랫사람들에게 선을 행하고 의롭게 할 것을 강조했다(롬 13:3; 엡 6:9).

둘째, 부자유친(父子有親): 부모와 자녀 사이의 도리
성경도 자녀들에게 부모를 공경하고 부모는 자녀들을 "노엽게 하지 말라"(사랑하라)고 가르친다(출 20:12; 엡 6:2-3).

> 자녀들아, 너희 부모를 주 안에서 순종하라. 이것이 옳으니라. 네 아버지와 어머니를 공경하라… 또 아비들아 너희 자녀를 노엽게 하지 말고 오직 주의 교양과 훈계로 양육하라. (엡 6:1-4)

셋째, 부부유별(夫婦有別): 남편과 아내 사이의 도리
성경도 아내에게 남편을 섬기고 남편은 아내를 사랑하라고 가르친다 (골 3:18-19).

> 아내들이여 자기 남편에게 복종하기를 주께 하듯 하라. (엡 5:22)

> 남편들아 아내를 사랑하며 괴롭게 하지 말라. (골 3:19)

넷째, 장유유서(長幼有序): 연령적 질서
성경도 나이든 사람을 공경하라고 가르친다(레 19:32).

> 너는 센 머리 앞에 일어서고 노인의 얼굴을 공경하며 네 하나님을 경외하라. 나는 여호와니라. (레 19:32)

다섯째, 붕우유신(朋友有信): 친구 간에 신의
성경도 친구 사이에 신의를 지키라고 가르친다(잠 27:6, 10; 요 15:13-14).

> 네 친구와 네 아비의 친구를 버리지 말며, 네 환난 날에 형제의 집에 들어가지 말지어다. 가까운 이웃이 먼 형제보다 나으니라. (잠 27:10)

> 사람이 친구를 위하여 자기 목숨을 버리면 이에서 더 큰 사랑이 없나니, 너희가 나의 명하는 대로 행하면 곧 나의 친구라. (요 15:13-14)

따라서 삼강오륜은 한국인뿐만 아니라 동양인 그리고 모든 인류가 가정과 사회 그리고 국가라는 공동체의 평화와 질서를 유지시키기 위해 마땅히 지켜야 할 도덕적 및 윤리적인 기본 강령이다. 따라서 기독교인은 성경 말씀을 따라 삼강오륜을 더 잘 지켜야 한다.

그래서 성경을 몰랐던 옛 유학자들도 사회의 모든 관계들이 하늘로부터 정해진다고 말했다(Yoo, 1987, p. 135). 이것은 인간 사회의 바른 질서의 강령도 하나님이 창조하신 것이고, 인간은 그 질서의 강령을 따라야 한다는 뜻이다.

미국의 유명한 선교학자 랠프 윈터(Ralph Winter) 박사는 한국인의 가족 사랑과 예를 너무 부러워했다. 그는 강의 시간에 이런 말을 한 적이 있다(1988년).

> "한국인이 가족끼리 어울리는 모습이 너무나 아름답습니다. 부모는 자녀를 사랑하고, 동기간에 우애 있고, 어른들을 공경하는 모습입니다. 그런데 왜 한국의 젊은이들이 잘못된 미국인의 개인주의를 배우려하는지 이해가 안 됩니다. 그러지 마세요!"

댈러스 신학교의 유명한 구약학 교수인 유진 메릴(Eugene Merrill) 박사도 저자에게 이렇게 말한 적이 있었다(2008년 4월).

> "한국의 젊은이들이 어른을 공경하는 모습은 너무 아름답습니다."

이것은 외국 신학자들의 눈에 비친 한국인의 삶이 그만큼 자신들(서구)보다 더 아름답고 성경적이라는 뜻이다. 그 이유는 한국인 가정에서 부모가 대대로 자녀들에게 삼강오륜을 가르쳐 왔기 때문이다. 물론 정

동양의 오륜과 성경의 오륜 비교

구분	동양의 오륜	성경의 오륜
첫째	군신유의(君臣有義): 임금과 신하의 관계에는 의리가 있어야 한다. 임금은 의로워야 하고, 신하는 충성해야 한다(君義臣忠).	왕은 공의를 행하고 가난한 자를 성실히 신원해야 한다(시 99:4; 잠 29:14). 임무를 맡은 자(신하)가 구할 것은 충성이다(고전 4:2).
둘째	부자유친(父子有親): 아버지와 자식의 관계에는 애정이 있어야 한다. 아버지는 자식을 사랑하고 자식은 부모에게 효도해야 한다(父慈子孝).	아비들은 자녀를 노엽게 하지 말고, 자녀들은 부모에게 순종하고 공경해야 한다(출20:12; 엡 6:1-4).
셋째	부부유별(夫婦有別): 부부 간에는 분별이 있어야 한다.	남편들은 아내를 사랑하며, 아내들은 자기 남편에게 복종해야 한다 (엡 5:22; 골 3:19).
넷째	장유유서(長幼有序): 연령적 질서를 확립하려는 윤리규범이다.	연장자(센 머리) 앞에 일어서고 노인의 얼굴을 공경해야 한다(레19:32).
다섯째	붕우유신(朋友有信): 친구 간에는 신의가 있어야 한다.	사람이 친구를 위하여 자기 목숨을 버리면 이에서 더 큰 사랑이 없다(요 15:13).
결론	성경도 동양의 삼강오륜에 관한 도덕과 윤리의 기본 개념을 동일하게 가르친다. 따라서 기독교인들도 삼강오륜을 지켜 행해야 한다.	

통파 유대인도 성경의 가르침을 따라 이런 삼강오륜 교육을 시켰기 때문에 그들의 인성이 좋은 평가를 받는 것이다.

그런데 왜 이런 한국의 미풍양속이 점점 사라져 가는가? 왜 이런 것을 가르치려 하면, 옛것이라고 우습게 여기는가? 서양의 IQ교육에 가려 우리의 좋은 것들을 보지 못한 결과다. 물론 삼강오륜을 실천하는 과정에서 실천 규정들이 너무 강자 위주로 되어 있어 약자들이 아픔을 겪은 것 또한 사실이다(예: 칠거지악의 일부 불합리한 것들). 이런 것들은 합리적으로 고쳐야 한다.

그리고 일부 상석에 앉은 사람들이 행한 잘못된 권위주의 때문에 상처받은 이들이 많다는 것, 또한 사실이다. 그러나 그것은 그들이 삼강오륜을 실천하는 데서 그것을 남용한 것이지 삼강오륜의 근본정신 자체가 잘못된 것은 아니다.[3]

또 한 가지 짚고 넘어가야 할 대목이 있다. 왕과 신하 그리고 백성과의 관계다. 이것은 현대 민주주의 시대에는 맞지 않는 부분이 있다. 옛날 왕에 대한 절대적인 순종을 요구하는 왕권은 실천하기 힘들다. 왜냐하면 현대는 국민이 대통령을 선택해서 세우는 시대이기 때문이다.

그럴지라도 국민들은 대통령의 권위를 인정하고 존경해야 한다. 특히 대통령을 보좌하는 국무위원들은 대통령에게 충성을 다해야 한다. 이것이 안 되면 국가의 기강이 무너지기 쉽다. 그리고 이것을 잘 지키는 것이 성숙한 국민들이 마땅히 지켜야 할 덕목이며 의무다. 그런 면에서 삼강오륜의 큰 틀은 현대에도 적용될 수 있다고 생각한다.

다만 모든 분야에 현대에 맞는 지혜로운 민주적인 방법이 더 요구될 뿐이다. 특히 가정이나 사회에서 지도자의 위치에 있는 사람들은 군림하는 자세를 버리고 사랑과 섬기는 자세의 리더십이 필요하다. 그런 면

---

3) 권위주의 문제와 대안은 저자의 《하브루타 유대인 아버지의 IQ교육》 제1부 III. 2. '권위와 권위주의의 차이' 참조.

에서 기독교인들은 예수님의 이 두 말씀에 귀를 기울여야 한다.

> 무릇 자기를 높이는 자는 낮아지고, 자기를 낮추는 자는 높아지리라 하시니라. (눅 18:14)

> 내가 주와 또는 선생이 되어 너희 발을 씻겼으니, 너희도 서로 발을 씻기는 것이 옳으니라. 내가 너희에게 행한 것같이 너희도 행하게 하려 하여 본을 보였노라. (요 13:14-15)

유교에는 인간이 지켜야 할 3가지 기본 강령과
5가지 실천적 도덕 강령(삼강오륜, 三綱五倫)이 있다.
이것은 기본적으로 성경의 가르침과 매우 유사하다.

---

2. 신언서판(身言書判): 지도자의 기본 덕목

A. 지도자가 갖추어야 할 4가지 덕목: 신언서판

1) 신언서판의 내용

옛날 한국에서 가르치던 교육의 내용은 주로 인성교육에 가치를 둔 고전들이다. 앞에서 한국인의 인성교육의 핵심으로 인의예지신(仁義禮智信)을 강조했다. 이는 오상(五常)으로 인간이 항상 떳떳이 지녀야 할 5가지 덕목이다.[4] 이는 도덕과 윤리의 기본 정신이다.

그런데 인의예지신을 삶에서 어떻게 표현해야 하는가? 중국 당나라 '당서(唐書)-선거지(選擧志)'에는 그 방법으로 인간이 갖추어야 할 4가지 인성의 덕목(四德)을 요약해 놓았다. 바로 신언서판이다.[5] 즉 인의예지신이 도덕과 윤리의 기본 정신이라면, 신언서판은 그 정신을 실행하는 도덕과 윤리의 실천 방법이다.

이는 옛날 중국 당나라에서 나라에 필요한 인재를 선발하는 인사 기준이기도 하다. 즉, 지도자의 인성 기준이 신언서판이다. 이는 동서고금을 막론하고 상류사회에서 인간을 평가하는 동일한 잣대로 사용된다. 그 기준을 하나씩 설명해 보자.[6]

〈저자 주: 성경에도 신언서판이 있는가에 대해서는 이어지는 3. '한국인과 유대인(기독교인)의 신언서판 비교' 참조 바란다.〉

지도자의 첫째 덕목, 신(身) : 신(身)은 예(禮)를 갖춘 바른 몸가짐을 가지라는 덕목이다. 한국말로 '맵시'다.

지도자의 인성에 왜 '신'이 필요한가? 남들 앞에 행위가 바른 모델이 되어야하기 때문이다. 이를 위해서는 군자는 외모가 중요하다. 타고난 건강과 외모도 중요하지만 그보다 더 중요한 것은 항상 정장을 하고 몸가짐

---

4) 《현용수의 인성교육 원리》 시리즈 제2권 제5부 제1장 III. '인성교육 측면에서 본 한국과 미국의 교육이념' 참조.
5) 신언서판(身言書判)의 유래, https://forseason.tistory.com/7407 참조. 물론 사람이 지켜야 할 도리는 사자소학(四字小學)이나 명심보감(明心寶鑑) 등 많은 서책에 있으나 편의상 여기서는 신언서판만 간단히 명기한다.
6) 여기에서 인성교육의 정신인 '인의예지신'은 5가지 항목인데, 실천 방법인 '신언서판'은 4가지 항목이다. 의(義)가 빠졌으나 이는 후에 실천 방법으로 기(技)를 설명할 때 설명함.

에 흐트러짐이 없어야 한다. 그리고 덕이 있는 사람은 예의가 있어야 한다. 여성은 남성보다 더 정숙한 예의가 몸에 배도록 교육시켜야 한다.[7]

지도자의 둘째 덕목, 언(言) : 언(言)은 말을 통하여 믿음을 주는, 즉 신용을 쌓으라는 덕목이다. 한국말로 '말씨(말솜씨)'다.

지도자의 인성에 왜 '언'이 필요한가? 지도자는 다른 사람들과 끊임없이 소통을 해야 한다. 소통하는데 가장 필요한 도구가 말(言)과 글(書)이다. 지혜자는 이 2가지에 능해야 한다.

군자는 항상 자신이 한 말에 대해 책임을 져야 한다. 말을 자주 바꾸면 신의가 없는 사람이 된다. 따라서 지도자는 언변에 능해야 하지만 거짓말을 하면 안 된다.

그리고 말에도 수직문화적 언어와 수평문화적 언어가 있다. 후자보다는 전자를 사용해야 한다. 말에는 그 사람의 내면적 사상과 생각을 표현한 인격이 나타난다. 한 인간의 인격은 그의 신용에 따라 급이 달라진다.

따라서 덕이 있는 사람은 한 마디 한 마디 말하기 전에 생각하고, 책임질 말만 하고 행동해야 한다. 그리고 경박한 말보다는 고운 말과 고급언어에 익숙하도록 다듬고 발전시켜 언변에도 능해야 한다.

지도자의 셋째 덕목, 서(書) : 서(書)는 책을 많이 읽고 글을 쓸 줄 아는 지(智)를 가지라는 덕목이다. 한국말로 '글씨(글솜씨)'다.

---

7) 왜 여성은 남성보다 더 정숙한 예의가 필요한지에 대해는 저자의 저서 《유대인의 성교육》 제2부 제2장 '유대인의 정숙교육' 참조.

지도자의 인성에 왜 '서'가 필요한가? 여기에서 말하는 책은 수직문화에 속하는 고전을 말한다. 고전에는 선현(先賢)들의 삶의 지혜가 있다. 지도자는 자신의 뜻을 글로 표현하는 지혜가 필요하다.

옛날 동서양의 왕들은 권력만 갖고 있는 것이 아니라 지혜로운 시문을 잘 썼다. 성경의 다윗이나 선지자들도 시를 많이 썼고, 한국의 지혜 있는 왕들도 시문을 잘 썼다. 칼만 가진 것으로 생각하기 쉬운 조선의 이방원(태종)도 정몽주의 마음을 떠볼 때 이런 시를 읊었다.

"이런들 어떠하리, 저런들 어떠하리. 만수산 드렁칡이 얽혀진들 어떠하리…."

이때 정몽주는 이렇게 답했다.

"이 몸이 죽고 죽어 일백 번 고쳐죽어…, 님 향한 일편단심 변할 줄 있으랴."

덕이 있는 지도자는 지혜의 글을 쓸 줄 알아야 한다. 즉, 깊은 생각을 표현할 줄 아는 문필가가 되어야 한다. 글에도 수직문화적 글과 수평문화적 글이 있다. 요즘 대부분의 젊은이들은 인생의 의미를 담은 품위 있는 글보다는 경박한 글에 익숙한 경향이 많다. 이것은 잘못된 것이다.

지도자의 넷째 덕목, 판(判) : 판(判)은 선악을 옳게 판단하여 어진이(仁)가 되라는 덕목이다. 그래야 억울함을 풀 수 있다. 한국말로 '마음씨'다.

심판은 "어떤 일이나 상황, 문제 따위를 자세히 조사하여 잘잘못을 밝힘"(다음사전)을 뜻한다. 지도자의 인성에 왜 '판'이 필요한가? '판'은 선악을 옳게 구별하여 의(義)로운 판단을 하는 데 필요하다. 이것은 어진(仁) 이가 될 수 있는 자질이다. 그래야 남에게 억울함이나 손해를 끼치지 않는다. 이것이 어진 '마음씨'다.

사랑은 정의와 함께 공존할 수 있다. 정의 없는 사랑이란 존재 자체가 불가능하다. 왜냐하면, 정의가 없으면 악이 승할 수밖에 없기 때문이다. 따라서 덕이 있는 인자한 사람은 선악을 구별하는 판단력이 있어야 한다. 이런 사람이 진정으로 마음씨가 고운 사람이다.

한국인 인성교육의 핵심은 인의예지신(仁義禮智信)이다.
이것이 도덕과 윤리의 기본정신이라면,
신언서판(身言書判)은 그 정신을 실천하는 방법이다.

2) 신언서판의 비유: 씨줄과 날줄

신언서판의 예절교육을 다른 비유로 설명해 보자. 지구본을 보면 경도(經度, longitude)와 위도(緯度, latitude)가 있다. 한국말로는 날줄과 씨줄이라고 한다. 옷감을 짤 때에도 날줄과 씨줄로 엮어서 짠다. 옷감은 날줄과 씨줄이 얼마나 더 많이 더 잘 얽혀 촘촘하게 짜졌느냐에 따라 가격이 결정된다. 그리고 옷감의 날줄과 씨줄의 양(量)도 중요하지만, 날줄과 씨줄의 질(質)도 중요하다. 그뿐인가? 옷감의 날줄과 씨줄을 엮는 기술 또한 중요하다. 이를 인성교육에 비유해 보자.

첫째, 옷감의 날줄과 씨줄의 양(量)은 인성교육의 내용이 많으냐, 적으냐에 비유된다. 동양에서는 신언서판이다. 한국의 인격교육(선비교육)의 까다로운 많은 양을 뜻한다.

둘째, 옷감의 날줄과 씨줄을 엮는 실의 질(質)은 인성교육 내용의 질에 비유된다. 동양에서는 신언서판의 질을 말한다. 한국의 인격교육(선비교육)의 내용도 상대적이긴 하지만 다른 나라의 것들에 비해 매우 합리적이고 수준이 높다.

셋째, 옷감의 날줄과 씨줄을 엮는 기술은 인성교육의 내용을 전수하는 방법에 비유된다. 즉, 부모나 스승이 신언서판을 자녀들에게 전수하는 효과적인 교육 방법이다.

옷감의 날줄과 씨줄이 질도 좋고, 양도 많고, 기술적으로 조밀하게 잘 짜지면 비단처럼 비싼 가격에 팔리고, 반대로 질이 좋지 않고 양도 듬성듬성하여 적을 뿐만 아니라 실을 엮는 기술 또한 미숙하면 싸구려 천이 되어 헐값에도 잘 안 팔린다. 전자를 부모로부터 가정교육을 잘 받은 사람에 비유한다면, 후자는 가정교육 없이 제멋대로 자란 버릇없는 사람에 비유될 것이다.

가정교육을 잘 받았다는 말은 무슨 뜻인가? 가정에서 까다로운 율례와 법도교육을 잘 받았다는 뜻이다. 자녀들도 마찬가지이다. 얼마나 맵시가 있고, 말씨가 능하고, 글씨를 잘 쓰고, 맘씨가 고운지에 따라 그의 가치가 결정된다. 따라서 자녀의 인성 가치는 대체적으로 부모의 교육에 따라 결정된다.

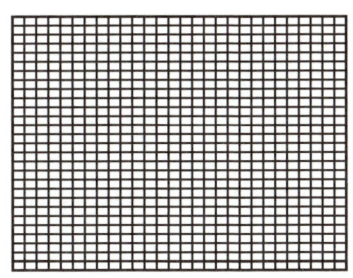

한 인간의 품성을 결정하는 씨줄과 날줄의 비유

날줄과 씨줄이 곧고 조밀한 옷감

(값비싼 천과 같다)
여호와의 율례와 법도로
예의바르게 자란 자녀의 내적·외적 품성

날줄과 씨줄이 구불구불하고 엉성한 옷감

(쓸모 없는 싸구려 천과 같다)
율례와 법도 없이 제멋대로 자란
버릇 없는 자녀의 내적·외적 품성

이를 한 인간에 비유하면 그의 인격, 성품, 자아형성 및 자긍심(self-Esteem)이라고 말할 수 있다. 자아형성이 얼마나 잘되었느냐에 따라 그의 품격이 결정된다. 덕이 있는 사람이 갖추어야 할 신언서판(身言書判), 즉 맵시, 말씨, 글씨, 마음씨는 어려서부터 부모가 교육을 통하여 길러 줄 수 있다. 4가지 덕을 갖춘 사람은 매사에 빈틈이 없다. 지혜롭다. 남을 배려할 줄 안다. 타의 모범이 된다. 내면적으로나 외면적으로 진정으로 성숙한 신사 숙녀이다.

한국의 어느 교회에서 집회를 하게 되었는데 의사이신 장로가 내게 이런 얘기를 했다.

"자녀들을 청학동(지리산 근교에 위치한 조선시대 전통대로 사는 마을)에 한

달만 보내면 예의도 바르고 자신의 침구도 잘 개놓는 등 반듯해져서 오는데, 왜 교회에는 10년을 보내도 행동이 잘 변하지 않습니까? 그래서 우리 교회에서는 교육 목사나 전도사들을 1년간 청학동에 연수 보낼 것을 건의한 적이 있습니다."

참으로 중요한 이야기다. 그 이유는 무엇인가? 청학동에서는 한국인의 인성교육인 신언서판 교육을 조직적으로 잘 시키고, 교회에서는 복음만 가르치고 신언서판 교육을 시키지 않기 때문이다. 교회학교 학생들이 예절의 정신이나 방법을 모르는데 어떻게 바른 행동을 할 수 있겠는가?

분명한 것은 복음과 신언서판 교육은 그 목적이 다르다는 것이다. 복음은 영혼 구원에 필요한 것이지만, 신언서판 교육은 한국인의 보편적 인성교육에 꼭 필요한 것이다. 복음으로 구원받은 기독교인은 비기독교인보다 신언서판 교육을 더 잘 받아 비기독교인들의 눈에도 행동으로 본을 보여야 한다. 그래야 그들에게 전도하기도 쉽다(마 5:16).

"자녀들을 청학동에 한 달만 보내면 예의바르게 되는데
왜 교회에는 10년을 보내도 예의가 없습니까?"
전자에는 신언서판 교육을 시키고 교회에서는 안 시키기 때문이다.

B. 신언서판에 기(技, Technics)를 더하라

이 세상을 살아가면서 인격만 훌륭하다고 살 수 있나? 아니다. 가족을 부양할 수 있는 경제 능력이 있어야한다. 따라서 오늘날과 같은 경쟁시대에 신언서판(身言書判)이란 4가지 덕목에 한 가지 더할 것이 있다. 기(技, 기술, Technics)이다.

이를 '재능' 혹은 '솜씨'라고 말할 수 있다. 기를 가진 사람은 자신의 능력을 개발하여 생활력이 강하다. 사람은 좋은 재능이 있어 사회에서 능력을 발휘해야 돈을 벌어 가족을 부양하고, 남도 도와줄 수 있다. 그리고 인류에 봉사도 할 수 있다.

4가지 덕과 함께 기를 겸한 사람을 진정한 도덕적 인격자라고 말할 수 있다. 덕(德)이 있다고 하여 남에게 신세를 끼치면 안 된다. 이는 수치다. 따라서 인간은 각자 생업을 위한 기술을 배워야 한다. 이는 현대 학문과 현대 과학에서 담당한다.

왜 조선시대에 백성들이 그렇게 가난했는가? 여러 가지 이유가 있었겠지만 가장 큰 이유는 직업에 따른 신분제도, 즉 사농공상(士農工商)이 있었기 때문이다. 글을 읽고 연구하는 선비(士)를 최고로 여기고, 그다음으로는 농민이었다. 물건을 만드는 기술을 가진 수공업자는 그다음이었고, 물건을 파는 장사꾼이 가장 천한 직업이었다. 물론 그 밑에 짐승을 잡는 백정도 있었다.

따라서 양반들은 물론 일반 평민들까지 농업은 물론 토목이나 건축 및 공산품을 만드는 기술자들(엔지니어들, 혹은 기능공들)을 천시했다. 그리고 공산품을 판매하는 장사나 무역업은 더 천하게 여겼다. 그러니 어떻게 백성

인간의 4가지 덕(德)과 기(技, Technics)

구분	인간의 4가지 덕				재능
오상(五常)의 실천 방법	신(身)	언(言)	서(書)	판(判)	기 (技, Technics)
오상 인성 교육의 정신(목적)	예(禮)	신(信)	지(智)	인(仁)	의(儀)
순 한국말	맵씨	말씨	글씨	마음씨	솜씨

들이 잘 살 수 있었겠는가! 어떻게 조선이 선진국이 될 수 있었겠는가!

더 놀라운 점은 양반들은 책만 읽고 노동과 땀 흘리는 일을 천시했다는 것이다. 양반이 육체적 노동을 얼마나 천시했는지를 알 수 있는 예화가 있다. 조선 말기에 한국에 들어온 선교사들이 여름에 테니스장에서 땀을 뻘뻘 흘리며 테니스를 치고 있었다. 이를 본 갓을 쓴 양반 둘이서 이런 대화를 나눴다고 한다.

"여보게, 저런 아둔한 서양 코쟁이들 좀 보게, 저렇게 힘든 일을 하인(下人)들을 시키지 자신들이 할 게 뭐람."

이런 구습은 아직도 내려오고 있다. 신세대 젊은이들이 대학을 졸업한 후 기술을 배워 제품을 만드는 공장에 취업을 하지 않는 경향이 많다. 그래서 대한민국에 머물고 있는 외국인 노동자는 공식 통계로만 84만 명이 넘고 불법체류 외국인까지 합하면 120만 명이 넘는 것으로 추산된다(KBS 뉴스, *외국인 노동자가 내국인 일자리를 빼앗고 있나*, 2023년 6월 3일). 미래가 암담하다. 그 이유는 덕과 재능 2가지 영역에서 균형 잡힌 교육을 시키지 않았기 때문이다.

유대인이 전 세계에서 승리하는 이유는 사덕(四德)뿐 아니라 기, 즉 제품을 만드는 재주(기술)가 타민족에 비해 뛰어나기 때문이다. 유대인은 누구든지 자식이 태어나면 기본적으로 유사시에 밥을 벌어먹고 살 수 있는 기술 하나씩을 꼭 가르치게 한다. 그들은 "자식에게 기술을 가르치지 않는 것은 도둑으로 키우는 것과 같다"라고 가르친다. 뿐만 아니라 그들은 그 제품들을 판매하는 상술 또한 매우 뛰어나다.

〈저자 주: 유대인의 경제신학에 대해서는 저자의 저서, 《자녀들아 돈은 이렇게 벌고 이렇게 써라》 참조.〉

요약하면 인성교육학적인 입장에서 4가지 덕에 관한 교육을 시키지 않는 것도 문제지만 경제학적으로 공장에서 일하는 기술을 가르치지 않는 것도 문제다. 따라서 이 두 가지를 균형 있게 가르쳐야 한다.

대졸생인 나, 왜 타일기공이 되었는가

손경태 청년 (34세, 2016년 6월 20일)

나는 요즘 화장실에 타일 붙이는 타일 기술자다. 월급은 1년 반 사이에 100만원이 올라 300만원을 받는다. 기술도 많이 늘었지만 사장님이 나에 대한 기대가 크기 때문이다. 육체적으로는 사무직보다 힘들지만 매우 보람을 느낀다.

나는 서울의 4년제 SS대를 졸업하고 나의 컴퓨터 기술을 살려 유대인 교육을 전문으로 가르치는 쉐마교육연구원에 간사로 취직했다. 무엇보다 좋은 것이 오후 6시 칼 퇴근에 5일 근무제였다. 내가 다니는 교회에서는 가정을 무엇보다 중요하게 여기는 유대인 교육을 접목하고 있었다. 아이를 많이 낳도록 권했다. 가정적으로 불행했던 나는 행복한 가정을 꾸리는 것이 꿈이었다. 그래서 결혼도 일찍 했다. 직장도 돈보다는 일찍 퇴근하여 가족과 함께 지내는 곳을 찾았다.

취직한지 3년 차가 되었을 때 둘째 아들이 태어났다. 그때 당시 내 월급이 170만원이었고 최고 200만원까지 오를 수 있었다. 그러나 셋째를 임신하니 장차 이 돈 갖고 먹고 살기가 너무 빠듯할 것 같았다.

그때 새로 구입한 연구원 강의실을 리모델링했다. 목수, 미장이, 페인터, 전기와 배관 기술자들을 매일 만났다. 그런데 손기술 하나로 하루에 20만원을 번다는 기술자들의 말에 귀가 솔깃했다. 따로 기술을 배울 학원에 다니지 않아도 되었다. 나는 손으로 하는 일은 자신이 있었다. 육체적으로 힘이 들면 운동한다고 생각하면 될 것이다.

그래도 어떻게 대학 출신이 3D업종의 대표 직업인 시멘트 일을 생각할 수 있었는가? 연구원에서 내가 했던 일은 주로 유대인 교육 전문가인 현용수 박사님의 글을 책으로 편집하는 일이었다. 먼저 쉐마교육을 받고, 업무 중에 유대인의 경제교육서인 '자녀들아 돈은 이렇게 벌고 이렇게 써라'란 책을 자세히 몇 번씩 읽었다. 큰 충격을 받았다.

유대인이 직업에 귀천을 두지 않는 이유는 성경적인 노동신학과 직업관 때문이란 사실을 알았다. 그 책에 '직업을 통해 서비스하라'는 주제가 나온다. 히브리어로 '서비스'를 '아보다'라고 하는데, 하나는 '종의 신분으로 주인을 섬길 때' 그리고 다른 하나는 '하나님을 섬길 때' 사용된다. 그래서 유대교나 기독교에서 '기도하고 예배드리는 것'을 '서비스'라고 말한다.
하나님이 인간을 창조하신 목적은 하나님과 인간에게 서비스하게 하기 위함이다. 먼저는 하나님께 서비스(예배)하고, 그 후 인간에게 서비스하라는 것이다. 인간에게 서비스 하는 방법 중의 하나가 하나님이 창조하신 인간의 생명들을 살리는 직업을 택하고 성실히 일하는 것이다. 그래서 건전한 노동은 생명을 살리는 일이기 때문에 신성한 것이고, 기도이다.
유대인은 생업을 매우 중요하게 여기기 때문에 자식들에게 일생동안 위기를 당할 때에 밥을 벌어먹을 수 있는 기술 하나씩은 반드시 가르치라고 한다. 그래서 "자식에게 기술을 가르치지 않으면 도둑으로 키우는 것이다"라는 격언이 있다. 그래서 유대인 자녀들은 판사나 의사라는 직업을 가졌다고 할지라도 한 가지 기술은 다 갖고 있다고 한다.

나는 그 책에서 농부가 없으면 양식이 없어 인간이 죽을 수밖에 없기 때문에 농부라는 직업이 하나님과 인간 앞에 귀한 것처럼, 타일기공이 없으면 화장실을 꾸밀 수 없기 때문에 타일기공이라는 직업이 귀중한 양질의 일자리라고 생각했다.

아무튼 나는 그 책을 처음부터 자세히 읽으며 나의 삶의 철학이 완전히 바뀌었다. 독자들에게도 일독을 권한다. 그 후 나는 곧 지인의 소개로 타일을 팔고 붙이는 직장에 취직했다. 물론 일이 고되긴 했지만 기술을 배울 수 있었다. 사무직에서는 생각할 수 없었던 돈을 벌 수 있었다.

앞으로 1급 기술자가 되었을 때에는 더 많은 보수가 기대된다. 그리고 내가 생각했던 것보다 현장에서 기술직 노동자에 대한 대우가 좋았다. 일을 시키는 사람보다 현장 노동자가 '갑'이 된 듯한 대우였다. 그만큼 한국인 청년 노동자들의 몸값이 높아졌다.

나는 현용수 박사님이 "한국은 일자리가 없어서 청년들이 노는 것이 아니라 청년들이 3D 업종 기술을 배우려고 하지 않기 때문이다"라는 말에 전적으로 동의한다. 어저께 현 박사님을 만났다. "타일 기공 일을 하면서 열등의식을 느끼지 않아요?"라고 물었다. "천만에요. 유대인의 경제교육 책을 읽으면 그런 열등의식은 말끔히 사라집니다. 부모님도 아내도 매우 자랑스럽게 생각합니다."

내가 본 건축 현장에서는 대부분 중국의 조선족, 한족, 러시아 동포 및 외국인 노동자들이 일하고 있다. 그들 중 막노동이 아닌 기술직은 적지 않은 보수와 좋은 대우를 받고 있다. 일부는 현장 책임자도 있다. 한국의 많은 젊은이들이 육체노동이라 외면하는 곳에서 수많은 양질의 일자리들이 기다리고 있다. 다른 공장 기술직도 마찬가지라고 들었다. 높은 보수, 정년근무가 보장된다.

많은 청년들이 이글을 읽고 3D업종에 도전했으면 좋겠다. 이것이 청년실업률을 줄이고, '헬 조선'을 '행복 조선'으로 바꾸는, 그리고 부강한 대한민국을 만드는 최선의 길일 것이다.

3. 한국인과 유대인(기독교인)의 신언서판 비교

A. 한국인과 유대인(기독교인) 신언서판의 유사점

1) 성경에도 신언서판이 있다

인간이 갖추어야 할 4가지 인성의 덕목(四德, 신언서판 교육은 동양에만 있는가? 그렇지 않다. 유대인과 기독교인의 경전인 성경에도 있다. 하나씩 성경의 가르침을 살펴보자.

첫째 덕목, 신(身): 신(身)은 예(禮)를 갖춘 바른 몸가짐을 가지라는 덕목이다. 성경에도 이런 덕목이 있다.

유대인이 하나님을 더 잘 섬기기 위해 항상 자신들이 정한 율례와 법도에 맞는 의복을 입고 예(禮)를 갖추는 것은 한국인과 동일하다. 다만 한국인의 옷과 유대인의 의복 모양만 다를 뿐이다.

왜 그런가? 하나님과 사람 앞에 예를 행하는 것이기 때문이다. 하나님께 예를 행하는 것은 하나님 경외와 존경을 표하는 것이다. 토라에 나타난 율법에도 계명(the commands)과 규례(the decrees)와 법도(the ordinances)가 있는 이유가 바로 여기에 있다(출 24:12; 신 4:8, 6:1; 대상 29:19). 제사장이 입는 옷도 일일이 법도와 규례가 있다(출 28:2-3, 31-34, 39-40; 겔 42:14, 17, 19). 하나님이 명하신 것이다.

예를 들면, 아론과 그의 아들들은 회막에 들어갈 때에나 성소에서 제사를 드리려고 제단으로 나아갈 때에, 예복을 입어서 몸 아래(하체)를 가려야 한다. 몸 아래를 노출하는 죄를 지으면 죽는다(출 28:43). 그래서 그

유대인은 어려서부터 그들 특유의 반듯한 복장을 수천 년 동안 세대차이 없이 입고 다닌다. 사진은 안식일 절기를 앞둔 두 형제들.

들은 하나님을 섬길 때에 발 복숭아뼈까지 덮는 긴 예복을 입었다.

왜냐하면 그들은 하나님에게 구별된 거룩한 백성으로 하나님을 섬기는 자들이기 때문이다. 오늘날 천주교 신부들이 미사를 드릴 때 긴 도포를 입는 이유도 여기에 있다. 이것은 하나님을 더 가까이서 섬기는 자는 평신도보다 하나님에 대한 예를 더 갖추어야 한다는 것을 뜻한다.

현재 정통파 유대인은 일반인이라 해도 엄격한 옷을 입는 기준(the dressing codes)을 만들어 자녀에게 유대식 양반 옷맵시를 훈련시킨다. 신약의 예수님도 비유로 말씀하시며 임금을 뵈러 갈 때 예를 갖추기 위하여 예복 입을 것을 강조하셨다(마 22:11-12).

인간이 부모와 어른을 공경하는 것 자체도 예를 행하는 것이다. 하나님과 예수님 그리고 바울도 "네 부모를 공경하라"(출 20:12; 막 7:10, 19; 엡 6:1-3)고 말씀하셨다. 그리고 하나님은 "너는 센 머리 앞에 일어서고 노인의 얼굴을 공경하며 네 하나님을 경외하라. 나는 여호와니라"(레 19:32)

라고 말씀하셨다. 바울은 매사에 자기 상전에게 예를 행하여 공경할 것을 당부하였다(딤전 6:1). 이것은 무엇을 뜻하나? 경로사상의 가치는 유대인이나 한국인이나 동일하다는 것이다.

둘째 덕목, 언(言): 언은 말을 통하여 믿음을 주는, 즉 신용을 쌓으라는 덕목이다. 성경에도 이런 덕목이 있다.

신용이 있는 이와 없는 이의 차이는 무엇인가? 전자는 자신이 한 말에 대하여 약속을 지키고 거짓말을 하지 않지만, 후자는 약속도 안 지키고 거짓말을 한다는 것이다. 따라서 지도자는 언변에 능해야 하지만 거짓말을 하면 안 된다.

이것은 성경에 근거한 유대인의 인성교육과 동일하다. 하나님은 거짓말쟁이를 악인으로 규정하셨다(렘 9:5; 요 8:44). 따라서 "하나님과 사귐이 있다 하고 어두운 가운데 행하면 거짓말을 하고 진리를 행치 아니하는 자다"(요일 1:6).

유대인은 하나님과의 언약을 맺은 백성이다(출 19-24장). 그리고 그 언약을 지키기 위해 하나님이 주신 율법을 지키는 민족이다. 유대인이 글로 쓴 계약뿐만 아니라, 사람과 사람 사이의 언약도 귀하게 생각하는 이유가 여기에 있다.

예레미야 선지자는 율법에 대해 말만 하고 행치 않는 유대인을 향하여 "그들은 각기 이웃을 속이며 진실을 말하지 아니하며 그 혀로 거짓말 하기를 가르치며 악을 행하기에 수고한다"(렘 9:5)라고 꾸짖었다.

예수님도 제자들에게 서기관들과 바리새인들의 말하는 바(유대인의 율법 교육)는 행하고 지키되 저희의 하는 행위는 본받지 말라고 말씀하셨다. 왜냐하면, 저희는 말만 하고 행치 아니하기 때문이다(마 23:1-7). 바울

동양과 성경의 신언서판 비교

구분	동양의 신언서판	성경의 신언서판
첫째 덕목	신(身)은 예(禮)를 갖춘 바른 몸가짐의 덕목을 말한다. 한국말로 '맵시'라고 한다.	성경은 하나님과 사람 앞에 예를 행하라고 한다. 제사장의 옷도 일일이 법도와 규례가 있다(출 28:2-3). 유대인도 바른 몸가짐을 강조한다.
둘째 덕목	언(言)은 말을 통하여 믿음을 주는, 즉 신용을 쌓으라는 덕목이다. 한국말로 '말씨'다. 지도자는 언변에 능해야 하지만 거짓말을 하면 안 된다.	하나님은 거짓말쟁이를 악인으로 규정하셨다(렘 9:5; 요 8:44). "의인의 입은 지혜를 말하고 그 혀는 공의를 이른다"(시 37:30). 유대인은 언변에 능하다.
셋째 덕목	서(書)는 책을 많이 읽고 글을 쓸 줄 아는 지(智), 즉 '글씨'의 덕목을 말한다.	유대인은 자녀에게 성경을 가르치기 위하여 글을 배운다. 성경의 다윗 왕이나 솔로몬 왕 그리고 선지자들도 시문(詩文)을 잘 썼다. 유대인은 대체로 언변과 글쓰기에 능하다.
넷째 덕목	판(判)은 선악을 옳게 판단하여 어진이(仁)가 되라는 덕목이다. 그래야 억울함을 당하지 않는다. 한국말로 '마음씨'다.	의인은 선악을 구별하는 판단력이 있어 악인을 두호하지 아니하며, 약자 편에 서서 약자의 억울함을 풀어 준다(신 24:17; 잠 18:5). 이런 이가 어진(仁) 이다. 예: 솔로몬과 두 창기
결론	따라서 동양의 인성의 4가지 덕목(四德), 신언서판은 성경을 배우는 하나님의 백성에게도 필요하다. 신언서판이 보편적 인간다운 인간을 기르기 위한 가르침이라면, 성경의 덕목은 하나님의 형상을 닮은 하나님의 백성으로 양육하기 위한 가르침이다. 　하나님께서는 동양(중국이나 한국)에도 특수 계시인 하나님 말씀이 전수되기 전에 각자 양심을 따라 선악을 분별하고 도덕적인 삶을 영위하기 위해 성경의 잠언과 같은 일부 보편적 진리를 주셨다고 보아야 한다(롬1:19-20, 2:14-15).	

도 "저희 목구멍은 열린 무덤이요 그 혀로는 속임을 베풀며 그 입술에는 독사의 독이 있도다"(롬 3:13)라고 한탄했다. 거짓말에 능한 사람은 하나님과 사람 앞에 신용을 잃은 자다.

그 해결책은 어디에 있는가? 요한은 이렇게 가르친다. "자녀들아 우리가 말과 혀로만 사랑하지 말고 오직 행함과 진실함으로 하자"(요일 3:18). "의인의 입은 지혜를 말하고 그 혀는 공의를 이른다"(시 37:30).

셋째 덕목, 서(書): 서는 책을 많이 읽고 글을 쓸 줄 아는 지(智)를 가지라는 덕목이다. 성경에도 이런 덕목이 있다.

여기에서 말하는 책은 수직문화에 속하는 고전을 말한다. 고전에는 삶의 지혜가 있다. 유대인의 첫째 고전은 성경, 즉 하나님의 말씀이다. 그리고 유대인의 부모는 하나님의 말씀을 자녀들에게 가르쳐 전수하는 것이 평생의 소원이다(신 6:4-9). "이 율법책을 네 입에서 떠나지 말게 하며 주야로 그것을 묵상하여 그 가운데 기록한 대로 다 지켜 행하라. 그리하면 네 길이 평탄하게 될 것이라 네가 형통하리라"(수 1:8). 유대인은 자녀에게 성경을 가르치기 위하여 글을 가르친다.

성경교육을 받았던 다윗 왕이나 솔로몬 왕도 시문(詩文)을 잘 썼다. 그리고 선지자들을 포함한 성경의 많은 저자들이 대부분 시(詩)라는 문학의 형태로 하나님의 말씀을 전했다. 따라서 유대인은 말의 신용만 지키려고 노력하는 것이 아니고 언변과 글쓰기에도 능하다.

넷째 덕목, 판(判): 판은 억울한 이가 없게 선악을 옳게 판단하여 어진 이(仁)가 되라는 덕목이다. 성경에도 이런 덕목이 있다.

미국 클린턴 행정부 당시 국무부 인권 담당 차관보를 역임하고 예일대 법대 학장을 지낸 공홍주 박사. 인성교육과 IQ교육을 함께 받아 성공한 대표적인 모델이다. 그는 부모로부터 철저한 한국의 신언서판 교육과 기독교 교육을 받은 기초 위에 IQ교육을 받은 것이 성공요인이다.

신구약성경 말씀 자체가 구별된 삶을 살기 위하여 선악을 구별하게 한다(민 24:13; 신 1:39; 시 1편; 고후 5:10; 히 5:14). 여호와의 율법은 완전하여 영혼을 소성케 하고 여호와의 증거는 확실하여 우둔한 자로 지혜롭게 하며, 여호와의 계명은 순결하여 눈을 맑게 해 준다(시 19:7-8). 따라서 의인은 선악을 구별하는 판단력이 있어 악인을 두호하지 아니하며, 약자 편에 서서 약자의 억울함을 풀어 준다(신 24:17; 잠 18:5). 이런 이가 어진(仁) 이다.

그 대표적인 인물이 솔로몬이다. 하나님이 솔로몬 왕에게 "네게 무엇을 주기를 원하느냐?"고 물었을 때, 그는 지혜를 구했다(왕상 3:5-9). 그 이유는 선악을 잘 구별하여 백성에게 억울한 재판을 하지 않기 위함이라고 설명했다(왕상 3:5-9). 그는 백성을 사랑했던 어진(仁) 왕이었다.

2) 동서양의 인성교육 철학이 대동소이한 이유

앞에서 동양의 신언서판 내용을 성경에서 찾아보았다. 거의 비슷하다. 따라서 동양의 인성의 4가지 덕목(四德)인 신언서판은 성경을 배우는 하나님의 백성에게도 필요하다. 다만 그 덕목을 가르치는 교육의 목적

유대인 자녀들은 항상 여호와의 율례와 법도, 즉 한국으로 치면 어려서부터 양반교육을 철저하게 받았기 때문에 커서도 대인관계에서 성숙한 모습을 보인다. 유대인 가운데 세계적인 인물이 많이 배출되는 것은 그들의 특별한 인성교육 위에 재능을 더하기 때문이다. 사진은 유대인 3대가 기도회 시간에 기도하는 모습.

과 그 목적을 이루기 위한 구체적인 교육의 내용이 다를 뿐이다. 신언서판이 보편적 인간다운 인간을 기르기 위한 가르침이라면, 성경의 덕목은 하나님의 형상을 닮은 하나님의 백성으로 양육하기 위한 가르침이다.

하나님의 백성은 구약에서는 유대인을 말하고 신약에서는 기독교인을 말한다. 여기에서 독자는 저자의 글을 구원론적 시각에서 보지 말고 교육학적인 시각에서 보기 바란다. 그러면 동서양의 인성교육 철학은 대동소이하다는 것을 발견할 것이다.

그렇다면, 어떻게 서양의 인성교육 철학이 동양의 것과 대동소이할까? 그 이유를 인종적인 측면에서 살펴보자. 신약시대에 예루살렘에서 시작된 기독교가 유럽에 전파되면서 서양의 인성교육 철학은 기독교의 가치에 의해 형성되었다. 때문에 독일, 프랑스, 이탈리아 및 영국의 음악, 미술, 건축 및 문학 등 고전의 예술가들이나 철학자들이 거의 기독교인들이다. 따라서 그들의 문화나 사상 및 철학의 가치들은 기본적으로 성경에 근거하고 있다. 그런데 그 성경문화 자체가 바로 동양에서 형성되었다는 사실이다. 왜냐하면, 구약의 아브라함의 후손 유대인 자체가 동양인이고, 예수님과 바울도 동양인이기 때문이다.

설사 이런 이유를 감안하지 않는다 해도, 하나님께서는 동양(중국이나 한국)에도 특수 계시인 하나님 말씀이 전수되기 전에 각자 양심을 따라 선악을 분별하고 도덕적인 삶을 영위하기 위해 성경의 잠언과 같은 일부 보편적 진리를 주셨다고 보아야 한다(롬 1:19-20, 2:14-15).

《명심보감》의 내용이 성경의 잠언이나 전도서의 내용과 비슷한 이유가 여기에 있다. 예를 들면, 식자우환(識者憂患)이란 고사성어는 "많이 아는 자가 근심도 많다."라는 뜻이다. 이는 전도서 1장 18절의 "지혜가 많으면 번뇌도 많으니 지식을 더하는 자는 근심을 더한다"와 비슷하다. 그리고 "멀리 있는 형제보다 이웃사촌이 낫다"는 한국의 속담은 잠언 27장 10절의 "… 가까운 이웃이 먼 형제보다 나으니라"와 같다.

신언서판 교육은 성경에도 있다.
왜 《명심보감》의 내용이
성경의 잠언이나 전도서의 내용과 비슷한가?

조선시대 왕자의 하루는?

박은숙 기자(월간 좋은생각, 2007년 12월호)

"내가 왕자라면 얼마나 좋을까?" "옛날에 태어났다면 난 아마 공주였을 거야."

전에는 무조건 왕자님, 공주님 대접을 해 주시던 부모님이 이젠 "공부해라, 정리 좀 해라" 잔소리만 하시기 때문일까? 이런 상상을 누구나 한번쯤 해 보게 된다. 그러다 보면 아무 일도 안 하고 다른 사람의 시중을 받았던 옛날 왕자, 공주가 부러워지게 마련이다. 그런데 조선시대 왕자들은 정말 아무 것도 안 하고 편히 지냈을까? 궁금증 해결을 위해 조선시대 왕자의 하루 속으로 들어가 보자.

〈아침〉
아침문안 – 모든 생활의 기본은 예절

왕자는 절대 늦잠을 잘 수 없다는 사실을 아는가? 왕자는 아침 일찍 일어나 제일 먼저 왕과 왕비를 찾아뵙고 아침 문안을 여쭙는 것으로 하루를 시작했다. 어리지만 왕의 후계자이기 때문에 어른처럼 품위 있는 행동을 해야 한다. 그래서 잠자리에서 일어나 잠들기 전까지 하루 종일 '예의'라는 말을 끊임없이 듣고 배웠다.

식사 – 먼저 부모님의 상을 살펴라

아무리 배가 고파도 부모님의 식사가 먼저다.

수라상 곁에서 자리를 지키며 부모님이 편안히 식사하시는지 살펴야 한다. 침이 꼴깍 넘어가도 어쩔 수 없다. 그 다음에 방으로 돌아와 아침을 먹는데 아침을 거르거나 편식을 하면 왕의 불호령이 떨어진다. 간식으로는 주로 콩을 먹었다. 콩이 두뇌 발달에 좋고 살도 안 찌는 음식이기 때문이다. 그리고 왕자가 살이 찌면 아랫사람들이 혼이 났다.

오전 공부 – 스승께는 깍듯이
아침을 먹고 나면 세자시강원에 가야 한다. 세자시강원은 왕의 후계자가 공부를 하는 곳이다. 왕자 한 명을 위해서 무려 스무 명이나 되는 스승님들이 준비하고 계신다. 먼저 예의를 갖춰 인사를 하고, 전날 배웠던 것을 발표해야 한다. 그 다음에 새로운 내용을 배웠다. 공부를 마친 후에도 스승님께 깍듯하게 배웅 인사를 드렸다.

〈점심〉
오후 공부 – 게으름 피우면 불호령!
점심을 먹고 난 뒤에는 다시 공부를 시작한다. 따지고 보면 밥 먹고 공부하는 게 하루 생활의 대부분이었다. 왕자가 배우는 공부는 '예학'이라고 부르는데, 학문뿐 아니라 후계자로서 갖추어야 할 품성과 행실을 모두 포함하고 있다.

무서울 게 없는 왕자지만, 꾀라도 부리면 왕에게 호되게 야단을 맞았다. 신하들이 왕자가 공부를 안 한다고 글을 적어서 왕에게 알렸기 때문이다.

모두들 왕자가 잘하나 못하나 감시하고 있는 셈이라 긴장하고 살 수밖에 없었다.

시험 – 왕자에게도 성적표가?

책을 한 권 끝낼 때마다 시험을 치러야 한다. 스승님들 앞에서 책의 내용을 달달 외우는 게 시험이었다. 가끔 왕이 직접 찾아오기도 하시는데 그땐 더 잘 해야 한다. 잘 해내면 왕은 스승님들께 음식을 대접하기도 했다. 잘 못하면? 당연히 호된 야단을 맞았다. 사실 왕이 오지 않아도 시험을 보면 성적표가 나오기 때문에 왕이 알 수 있었다.

실습 – 백성을 보살피는 법

언제나 책만 읽었던 것은 아니다. 일 년에 2~4차례 군사 훈련도 하고, 농사를 짓는 법도 배웠다. 군사 훈련하는 것을 '강무'라고 하는데 말을 타거나 활을 쏘는 것이다. 또 백성들이 주로 농사를 지으니까, 그 수고로움을 알기 위해서, 봄에 쟁기로 밭을 갈거나 가을에 추수를 직접 하기도 했다.

〈저녁〉

저녁 공부 – 방학은 꿈도 못 꿔

부모님이 저녁을 드실 때 곁을 지키고, 그 다음에 밥을 먹는 것은 아침과 같다. 그 다음에 또 공부를 한다. 주로 낮에 배운 것 중 모자란 부분을 다시 공부하는데, 야간 보충학습이라고 할까? 고3 수험생도 아닌데 밤늦도록 공부를 해야 한다. 그리고 왕자에겐 방학도 없다.

저녁 문안 – 효도의 모범을 보이자

하루 일과의 끝은 웃어른께 저녁 인사를 드리는 것이다.

부모님의 잠자리가 편안한지 늘 살폈다. 아버지인 왕이 병에 걸리면 약을 지어 먼저 맛을 본 뒤 건네 드렸다. 이런 때는 공부도 뒤로 미루고 병을 보살펴 드렸다. 부모님의 고통을 함께 느끼기 위해서이다.

길고 긴 왕자의 하루는 이렇게 예절을 지키며 인사하고 식사하고 공부하는 것의 반복이었다. 이쯤 되면 "왕자 안 할래"하는 어린이도 있을 법하다. 실제로 이런 엄격한 생활을 견디지 못하고 바르지 못한 행동을 해서 왕의 후계자 자리를 빼앗긴 왕자도 있었다고 한다.

왕자의 교육, 이것만은 배우자

인성이 우선!
가장 중요하게 여긴 것은 생활 태도였다. 늘 예의를 갖추고 부모님을 공경하는 마음가짐을 갖자.

리더십을 길러라
백성의 마음과 어려움을 살피는 것이 왕의 의무인 것처럼, 다른 사람을 이해하는 것이 리더의 기본이다. 늘 남의 말에 귀를 기울이자.

골고루 공부하기
왕자는 모든 학문을 골고루 공부했다. 음악이나 체육, 미술도 소홀히 하지 않는 균형 잡힌 공부를 하자.

B. 신언서판을 한국인 기독교인에게 적용

앞에서 삼강오륜과 신언서판에 대해 설명했다. 이제 이것을 한국인 기독교인에게 적용해보자. 자녀를 한국인다운 한국인 기독교인으로 양육하기 위함이다. 이 방법은 타종교인 뿐만 아니라 전 한국인에게도 필요하다. 설명하는 중 '삼강오륜과 신언서판'이라는 말을 많이 사용해야 하는데, 편의상 '신언서판'으로만 표기한다.

1) 양반이 예수님을 믿으면 양반교인, 상놈이 예수님을 믿으면 상놈교인이 된다

> **저자 주** '양반·상놈'이란 원래 조선시대 계급사회에서 사용하던 용어다. 그러나 계급사회가 붕괴된 후에는 양반이란 말은 좋은 가정교육을 받은 덕이 있는 인격적인 사람을 지칭하는 데 사용되었다. 물론 이 용어를 현대에 적용하는 것은 일부 부적합하지만, 이해를 돕기 위한 표현이니 양해를 바란다. 또한 조선시대 천민 계급 중에도 양반집 자제들보다 더 인격적인 사람들이 종종 있었다. 성경에도 오네시모라는 노예가 죄를 짓고 도망쳤지만, 예수님을 믿은 후 유익한 사람이 된 예가 나온다(빌레몬서 참조).

한국인 인성교육의 기본 개념은 삼강오륜과 신언서판이다. 이것은 한국인의 선비교육, 즉 고품격 인격교육(선비교육)이다. 이 교육을 옷감의 날줄과 씨줄에 비유하여 설명했다. 옷감의 날줄과 씨줄이 질(質)도 좋고 양(量)도 많고, 기술적으로 조밀하게 잘 짜졌으면 비단처럼 비싼 가격에 팔리고, 반대로 질도 안 좋고 양도 듬성듬성할 뿐만 아니라 실을 엮는 기술 또한 미숙하면 싸구려 천이 되어 헐값에도 팔기 힘들다. 기독교인의 인성교육도 마찬가지이다. 이제 이 비유를 기독교인의 인성교육에 적용해 보자.

첫째, 옷감의 날줄과 씨줄의 양은 인성교육의 내용, 즉 신구약성경의 내용을 말한다. 유대인으로 말하면 하나님의 율례와 법도를 뜻한다.

둘째, 옷감의 날줄과 씨줄의 질(실의 質)은 인성교육 내용의 질, 즉 하나님 말씀(성경)의 의미인 사랑과 진리의 가치를 뜻한다. 인성교육 내용의 질인 동양의 선비교육 내용이 다른 것에 비해 상대적 우위를 차지하는 것이라면, 성경 내용의 질은 절대적이며 영원히 변하지 않는 최상의 가치들이다.

셋째, 옷감의 날줄과 씨줄을 엮는 기술은 인성교육의 내용을 전수하는 방법을 말한다. 신구약을 모두 가르치는 한국인 기독교인들은 왜 전 세대보다 신앙이 해이해지는가? 또 유대인과 다르게 말씀 전수에서 세대차이가 많이 나는가? 그것은 옷감을 짤 때 실의 양이 적고, 질도 안 좋고 짜는 기술(방법)도 좋지 않았기 때문이다.

유대인처럼 성경 말씀을 양적으로 많이 가르치지 못하고, 선악을 구별하기 위해 율법교육(말씀교육)의 질을 높여 유대인처럼 조직적으로 개발하여 효과적으로 가르치지 못하고, 말씀을 가르치는 방법도 권위주의나 혹은 강압적으로 잘못 가르치기 때문일 것이다. 저자가 유대인의 성경적 쉐마교육을 연구하여 소개하는 이유가 여기에 있다.

인성교육의 내용을 전수하는 방법은 누구에게 배울 수 있는가? 예수님과 바울에게서 배울 수 있다. 그분들의 학습 방법(Teaching and Learning Method)은 신약성경에 나타나 있지만, 근본적인 그 모형은 현재의 정통파 유대인에게도 세대차이 없이 그대로 남아 있다. 왜냐하면, 예수님이나 바울도 정통파 유대인이셨기 때문이다. 따라서 정통파 유대인의 성경 학습법을 배우면 예수님이나 바울의 학습법을 배우는 것과 동일하다.

성경대로 가르치는 유대인 부모는 자녀에게 까다롭고 지독하게 훈련시키지만 지혜로 가르치기 때문에 자녀들에게 상처를 주지 않고 율법을 잘 전수할 수 있다. 그리고 부모와 부모 세대 및 조상들을 존경하도록 키울 수 있다.[8] 따라서 그들은 자손대대로 율법(말씀)의 양과 질 그리고 교육 방법에 세대차이가 없다.

그렇다면, 한국인 기독교인에게 인성교육의 내용으로 성경만 필요하고 동양의 신언서판은 필요하지 않은가? 그렇지 않다. 유대인이 자녀들에게 성경 외에 유대인의 전통문화를 가르쳐 유대인으로 키우는 것처럼, 한국인 부모는 성경 외에 동양의 선비교육의 내용과 방법인 신언서판 교육도 함께 가르쳐 자녀를 한국인 기독교인으로 키워야 한다. 신언서판은 동양의 지혜와 예의범절에 관한 교육의 내용이기 때문이다.

위에서 언급했지만 신언서판 교육의 실천 방법〈인간의 4가지 인성의 덕목(四德)〉은 성경의 인성교육의 실천 방법(구원론이 아니다)과 매우 비슷하다. 그러나 그 방법 면(구체적 코드)에서는 한국인과 유대인의 것이 서로 다를 수 있다.

가령 똑같은 성경 말씀의 '부모 공경'이라도 그 실천 방법에서 한국인

---

8) 저자의 《IQ는 아버지 EQ는 어머니 몫이다》 시리즈에서 유대인의 아버지, 어머니의 가정교육 및 효도교육과 고난의 역사 교육 참조.

자녀들은 유대인이나 서양 자녀들의 인사법과 다르다. 설날에 부모에게 큰절을 해야 한다. 옷의 맵시도 한국식 복장인 한복을 입고 정숙해야 한다.

한국의 선비교육은 한국인의 품성과 교육의 형식을 갖게 하는 수직문화 교육이다. 한 개인의 수직문화는 그의 종교적 신앙을 담는 그릇이다. 그 그릇에 비례하여 주님을 위해 더 큰 일도 할 수 있지만, 반면에 주님의 영광을 가릴 수도 있다. 한국 기독교 속담에 이런 말이 있다.

"양반이 예수님을 믿으면 양반 교인이 되고, 상놈이 예수님을 믿으면 상놈 교인이 된다."

기본적으로 어려서부터 반듯한 한국인의 인격교육을 잘 받은 사람이 예수님을 믿어도 반듯한 인격적인 교인이 될 수 있다는 뜻이다. 성경에서 예를 든다면, 바울이다. 그는 유대인의 율법의 의에는 흠이 없는(빌 3:6) 유대인의 양반교육(선비 교육)을 받은 후에 예수님을 만났기 때문에 다른 초대교회 지도자들보다도 훌륭한 기독교인의 모범이 되었다.[9]

따라서 한국인도 고고한 인품을 가진 선비 출신들이 예수님을 믿으면 바울처럼 선비 기독교인이 된다.

2) 선비목회

저자가 운영하는 쉐마지도자클리닉을 받은 목회자가 다음해 자기 교회의 목회 목표를 이렇게 정했다(2006년).

---

9) 《현용수의 인성교육 원리》 시리즈 제4권 제3장 '전인 교육적 측면에서 본 바울 연구' 참조.

'선비목회'

그는 항상 교인들의 품성 문제로 고민했다고 한다. 왜 교회를 오래 다녔는데 크게 달라지지 않는가? 그런데 쉐마지도자클리닉에서 인성교육 강의를 들은 후 'Pre-Evangelism' 교육이 얼마나 중요한지를 깨닫게 되었다고 한다. 그리고 늦었지만 교회에서 전 교인에게 한국인의 선비교육을 시키기로 결심했다고 했다. 그는 어려서 한학을 공부한 목회자였다.

한국의 수수께끼 중 "사람 인(人)자 다섯(人 人 人 人 人)은 무슨 뜻인가?"란 질문이 있다. 답은 "사람(人)이면 다 사람(人)인가 사람(人)다운 사람(人)이 사람(人)이지"이다. 무슨 뜻인가? 사람은 많지만 모두 진정으로 가치 있는 사람은 아니라는 뜻이다. 즉, 사람다운 사람만이 진짜 가치 있는 사람이란 뜻이다. 다시 말해 인성교육을 잘 받은 품성이 좋은 인격자가 사람다운 사람이란 뜻이다.

좋은 기독교인이 되려면 우선순위가 "첫째, 사람이 돼라. 둘째, 기독교인이 돼라."이다. 이 말은 먼저 사람다운 사람이 기독교인이 돼야 타의 모범을 보이는 기독교인이 될 수 있다는 뜻이다.

사람다운 사람이 되려면 철들어 복음을 받아들이기 이전부터, 즉 태아기부터 인성교육(선비교육)을 조직적으로 잘 받아야 한다. 인성교육은 인격교육, 혹은 품성교육이라고 말할 수 있다. 장성한 후에는 언어나 습관 등의 잘못 굳어진 품성이 갑자기 변하기 힘들다.

인간의 기본 성품 형성이 잘못된 사람은 설사 예수님을 믿고 성령을 받았다 하여도 상대적으로 좀 나아지긴 하겠지만 그 내용과 틀이 완전히 변하기는 힘들다. 설사 일시적으로 변했다 하더라도 성령 충만함이 줄어들면 본성이 드러나게 마련이다. 왜 그런가? 내면적 죄는 회개하여 깨끗해졌다 하더라도 외적으로 나타나는 습관적 행위의 틀은 쉽게 바꾸기 힘들기 때문이다.

그러나 신언서판의 인격교육을 잘 받고 자란 사람이 예수님을 믿으면 내면적 죄를 회개했기 때문에 그야말로 속과 겉이 아름다운 인격적인 바울 같은 기독교인이 된다. 감정 절제를 잘 한다. 언행에 흠이 없다. 인간관계에 지혜가 있다. 뿌리 깊은 심성이 있다.

이것은 무엇을 뜻하나? 어느 종교를 믿느냐에 관계없이 한국 국민 전체가 어린이부터 어른까지 선비교육을 받아야 한다는 것을 뜻한다. 그래야 불교의 성철 스님이나 천주교의 김수환 추기경이나 기독교의 한경직 목사님 같은 인격적인 분들이 나올 수 있다.

인간의 기본 성품 형성이 잘못된 사람은
설사 예수님을 믿고 성령을 받았다 해도,
일시적으로 변할 수는 있어도 성령 충만함이 줄어들면
본성이 드러나기 쉽다.

저자 주 성령 충만함이 줄어들 때 본성이 얼마나 드러나느냐는 사람에 따라 다르다. 본인의 의지가 강하냐, 약하냐에 따라 어느 정도 절제가 되기도 하고 안 되기도 한다. 따라서 기독교인이 된 이후 변화된 삶은 2가지 요소, 말씀과 성령 충만의 정도 그리고 개인의 의지가 중요하다. 이 2가지 요소로 잘 훈련시키면 상대적이긴 하지만 구습도 변할 수 있다.

랍비 강의

악인이 회당에 간다고 해서 꼭 달라지지는 않는다.

Tokayer

이것은 유대인의 속담이다. 흔히들 속담을 예로 들며 설교를 하지만 이런 속담을 절대적 진리로 착각해서는 안 될 것이다. 단, 자기가 하는 말을 정당화하는 데에 속담을 인용하는 것만큼 편리하고 쉬운 것은 없다. 그래서 결혼식 주례사나 설교에는 속담이 빠지지 않고 등장한다.

유대인의 꽁트 하나를 보자.

어느 마을에 경건한 신자인 체하며 회당에 빠지지 않고 나가지만, 품행이 좋지 않은 사나이가 있었다.

하루는 랍비가 그를 불러서 품행을 단정히 하라고 주의를 주자, 그 사나이는 이렇게 말했다.

"저는 정해진 날 하루도 빠짐없이 예배당에 나가는 충실한 신자인데요."

랍비는 그에게 다시 말했다.

"이보게, 사람이 동물원에 매일매일 간다고 해서 동물이 되는 것은 아니잖나."

_ 탈무드 잠언집(쉐마, 2016, p. 299)

3) 고린도교회와 데살로니가교회 도덕 타락 차이

신약의 바울 서신을 보면 여러 초대교회들이 있었다. 그 중 다른 교회들(예: 데살로니가교회, 에베소교회 및 빌립보교회)에 비해 고린도 교회에 유난히 도덕적으로 타락한 사람들이 많았다. 바울은 그들에게서 들려오는 소문에 너무나 황당했다. 싸움이 많아 교회가 분열되고(고전 1:10-4:21), 도덕적으로 타락하여 근친상간까지 하는 교인들이 있었다(고전 5:1-13).

그들이 예수님을 믿지 않고 성령 체험을 하지 못한 사람들인가? 아니다. 물론 그들도 예수님을 믿고 엄청난 성령 체험을 했다. 너무나 성령의 각종 은사를 많이 받아 교만하여 서로 누구의 것이 크냐고 다툴 정도였다.

그래서 바울은 그들의 영적 교만을 바로잡기 위해 부득불 자신의 예를 들었다. "내가 너희 모든 사람보다 방언을 더 말하므로 하나님께 감사하노라"(고전 14:18). 부득불 자신이 체험한 주의 환상과 계시를 자랑했다. 셋째 하늘에 이끌려가서 말할 수 없는 말을 들었던 것들을 간증했다(12:1-4).

그러면서 바울은 그들에게 "교회에서 네가 남을 가르치기 위하여 깨달은 마음으로 다섯 마디 말을 하는 것이 일만 마디 방언으로 말하는 것보다 나으니라"(고전 14:19)고 충고했다. 물론 그들의 신앙생활에는 성령 충만한 자의 특성도 나타났다. 성령의 능력을 받아 하나님을 섬기는 일에 매우 열심이었다. 하나님께 헌금도 많이 드렸다(고후 9:1-2).

반면 바울은 데살로니가교회를 생각하면 감사가 넘쳤다(살전 1:2). 그 교회 교인들이 많은 환난 가운데서 성령의 기쁨으로 도를 받아 바울 일행과 주를 본받은 자가 되어 마게도냐와 아가야 모든 믿는 자의 본이 되었기 때문이었다(살전 1:6-7).

〈질문〉

왜 고린도교회 교인들보다 데살로니가교회 교인들은 훨씬 더 타락했고 여러 가지 문제가 많았는가?

그 이유는 고린도교회 교인들은 예수님 믿기 이전 술과 매춘의 타락한 항구 도시, 고린도에서 자랐기 때문이다. 오죽하면 '고린도인처럼 행하다'란 헬라어 '코린티아조마이'가 고린도의 도덕적 타락상을 뜻하겠는가! 물론 사람에 따라 차이가 나겠지만 이렇게 타락한 환경에서 자란 사람들은 예수님을 믿는다 해도 교회에서 문제를 일으킬 소지가 많은 경우를 종종 본다. 왜냐하면 먼저 사람이 되는 좋은 인성교육을 받지 못했기 때문이다.

반면 데살로니가교회 교인들은 왜 고린도교회 교인들보다 훨씬 더 타락하지 않았고 마게도냐와 아가야 모든 믿는 자의 본이 되었는가?

그 이유는 그들이 거주하는 데살로니가가 고린도보다 도덕적으로 깨끗한 동네였기 때문이었다. 이것은 무엇을 뜻하는가? 데살로니가교회 교인들은 고린도교회 교인들보다 어려서부터 양질의 인성교육을 잘 받았기 때문에 예수님을 믿은 후에도 성화되기가 쉬웠다는 것을 증명해 준다.

4) 고린도교회와 데살로니가교회의 Pre-Evangelism 교육 차이

예수님을 믿으면 구원을 얻는다. 그 후 성화의 과정이 필요하다. 그 때 누가 성화되기가 더 쉬운가? 예수님 믿기 이전(Pre-Evangelism)에 인성교육이 잘된 사람이 예수님을 믿은 후(Post-Evangelism)에도 '신의 성품'(벧후 1:4)에 참여하는 자(partakers of the divine nature)가 되기 쉽다.

육을 쳐서 하나님의 말씀에 복종함으로 믿음에 덕을, 덕에 지식을, 지식

에 절제를, 절제에 인내를, 인내에 경건을, 경건에 형제 우애를, 형제 우애에 사랑을 공급하기 쉽다(벧후 1:4-7). 예수님 믿기 이전의 인성교육이 옥토를 준비하는 과정이라면 복음과 하나님의 말씀은 좋은 씨앗에 비유된다.

따라서 올바른 기독교인 자녀교육을 위해 다음 도표와 같은 우선순위를 정할 수 있다. 한 인간이 복음을 받기 이전의 성품의 중요성에 대한 가르침을 성경에서 찾아보자. 예수님은 '씨 뿌리는 자의 비유'(마 13:1-23)에서 4가지 인간의 종교성 토양(옥토, 길가, 돌밭, 가시떨기 마음밭) 즉 인성에 대해 말씀하셨다. 마음밭도 옥토가 있고 돌밭이 있다는 말이다. 먼저 "사람이 돼라"는 말은 예수님의 복음을 받아들일 마음밭인 옥토를 준비하라는 것이다. 마음이 옥토, 좋은 땅이란 무엇인가? 수직문화와 높은 EQ를 소유한 마음을 뜻한다. 신언서판의 인성교육을 잘 받은 사람을 말한다.

이러한 사람은 하나님의 말씀을 듣고 깨달으며 결실하여 혹 100배, 혹 60배, 혹 30배가 되는 사람들이다(마 13:8, 23). 그러나 마음밭이 수평문화에 물들어 길가, 돌밭, 가시떨기 밭이 되면 복음을 받아도 제대로 싹이 나고, 자라고, 꽃이 피고, 열매 맺는 데까지 가기는 힘들다(마 13:3-7, 18-23).[10] 따라서 예수님을 영접하기 이전의 아름다운 마음의 옥토 마음밭을 가꾸기 위해 어려서부터 신언서판의 인성교육이 필요하다.

어떤 이는 성령 충만함을 받으면 어린 시절의 인성교육에 상관없이 교육이 모두 끝난 줄로 알고 있다. 그러나 그것은 잘못된 견해다. 물론 성령 충만함을 받으면 나쁜 성품도 좋은 성품으로 변하기 쉽고, 교육시키는데도 그렇지 못한 사람들보다 훨씬 쉽다. 그러나 13세 이전에 형성

---

10) 더 자세한 내용은 《현용수의 인성교육 원리》 시리즈 제1권 제2부 제3장 II. '수직문화와 수평문화가 종교성 토양에 미치는 영향' 참조.

성숙한 기독교인이 되는 3단계

	3가지 단계	방법
첫째 단계	사람이 돼라 (인격자가 돼라)	마음의 복음적 토양교육 (Pre-Evangelism)
둘째 단계	기독교인이 돼라	복음 전도 (Evangelism)
셋째 단계	성숙한 기독교인이 돼라	제자화 교육 (Discipleship, Post-Evangelism) - 내적 성숙(영성 훈련) - 외적 성숙(율법을 행함)

된 잘못된 인성, 즉 기질을 어느 정도 다스릴 수는 있지만 완전히 없앨 수는 없다(Impossible to remove bad personality or character).

상대적으로나마 바른 길로 훈련(Discipline)을 시킬 수는 있지만 그 결과는 본인의 의지와 훈련의 정도에 따라 변화의 양이 다르다. 즉 하나님의 말씀과 성령님은 인성의 교정에 크게 도움이 될 수 있다는 뜻이다. 하지만 그럴지라도 먼저 좋은 마음의 옥토를 가꿀 수 있는 13세 이전의 인성교육이 무엇보다 중요하다.

고린도교회는 데살로니가교회보다 더 성령 충만했는데
왜 도덕적으로 더 타락했는가?

5) 성령 받은 대도 조세형, 조폭 두목 조양은과 김태촌의 예

저자 주 많은 이들이 얘기한다. 성령 받고 예수님을 믿으면 사람이 변한다는데 다른 교육이 왜 필요한가? 물론 모두 틀린 말은 아니다. 그러나 위에서 설명한대로 어린 시절 잘못된 습관의 열매는 성령을 받고 예수님을 믿어도 잘 변하지 않는다는 사실이다. 한국 사회를 떠들썩하게 했던 대도 조세형, 조폭 두목 양은이파 조양은과 김태촌을 그 예로 들어보자. 세 사람의 공통점은 모두 남을 괴롭혔던 두목 중의 두목이라는 점이고, 감옥을 출소 후 성령이 충만하다는 오순절 교단의 교회에 다니며 다른 교회에 가서 간증까지 했던 사람들이다. 그리고 조세형 씨와 조양은 씨는 주의 종으로 헌신하기 위하여 오순절 계통의 신학대학원까지 나온 사람들이다. 그런데도 그들은 왜 계속 동일한 범죄를 짓고 감옥에 갔는가? 그들의 행적을 요약한 언론 기사를 들여다보자.

〈대도 조세형 치과의사 집 털다 들통〉

　1970~80년대 초반 대담하게 부유층과 고위 권력층 저택만을 상대로 금품을 털고, 그중 일부를 가난한 사람들에게 나눠줬다는 이유로 '대도(大盜)', '현대판 홍길동'으로 불렸던 조세형(67) 씨.

　1998년 11월 징역 15년을 살고 출소한 그는 독실한 종교생활을 하며 새로운 삶을 찾는 듯했다. 이듬해엔 사설 경비업체에 취직해 범죄예방 전문위원으로 활동했으며, 2000년 5월에는 16세 연하의 아내를 맞아 결혼했다. 그리고 순복음 신학대학원에서 목회자지도자 과정까지 수료했다.

　하지만 조 씨의 '변신'은 그리 오래가지 못했다. 2000년 11월 신앙 간증을 하러 일본을 방문했다가 대낮에 도쿄의 한 주택가에 들어가 금품을 털었다. 당시 그는 일본 경찰이 쏜 총에 맞기까지 했다. 그는 한국에 돌아와서도 또 절도죄로 수감 중이다.

임상심리학자 권정혜(고려대 심리학과 교수)씨는 "조 씨에게 '절도'라는 것은 뿌리 깊게 박혀있는 오래된 습관인 것으로 보인다."며 "이런 상태에서는 경제적 여유를 떠나서 자신이 아무리 안 하려고 해도 어느 순간 갑자기 재발할 수 있다."고 말했다.

출처: 조선일보, 2005년 3월 25일.

〈여든 넘어서도 출소 뒤 빈집털이…'대도' 조세형 또 실형 확정〉

'대도'(大盜) 조세형(85)씨가 출소한지 한 달 만에 전원주택에서 금품을 훔쳐 또 다시 실형 확정판결을 받았다. 25일 법조계에 따르면 대법원 2부(주심 조재연 대법관)는 특정범죄가중처벌법 위반(절도) 혐의로 기소된 조 씨의 상고를 기각하고 징역 1년6개월 형을 최근 확정했다. (이하 생략)

출처: 중앙일보, 2023년 2월 25일.

〈'양은이파' 전 두목 조양은 씨 긴급 체포〉

조 씨는 1970~1980년대 주먹계에서 이른바 '3대 패밀리' 시대를 주도했던 인물이다. 조 씨는 1980년 범죄단체 결성 등 혐의로 구속돼 15년형을 선고받은 뒤 1995년 만기 출소했다. 옥중에서 기독교 신앙에 전념한 조 씨는 1994년 동시통역사 김모 씨와 옥중 결혼을 했고, 출소 후 서울 여의도 순복음교회에서 조용기 목사의 주례로 결혼식을 올렸다.

그는 결혼식을 올린 후 신앙 간증 행사에 다니고 노숙자들의 발을 씻겨 주는 '세족식'에 참가하는 등 신앙인의 길을 걷는 듯했다. 1996년에는 자서전《어둠 속에 솟구치는 불빛》을 바탕으로 자전적 영화 '보스'를 제작, 직접 출연까지 했다.

그러나 조 씨는 1996년 8월 억대의 스키 회원권을 갈취한 혐의 등으로 검찰에 다시 구속돼 징역 2년을 선고받았다. 또한 2001년에는 거액의 외화를 빼돌려 해외원정 도박을 벌이고 자신이 출연한 영화 판권을 갈취한 혐의로 세 번째로 구속됐다. 조 씨는 영화제작 당시에도 출연 배우들과 스태프를 무자비하게 폭행하고 제작자로부터는 영화의 판권까지 빼앗은 혐의를 받았다.

조 씨는 지난 2004년에는 순복음총회 신학대학원(옛 한세대 목회대학원)에서 목회학 신학 석사 학위를 받았다. 그 역시 현재 감옥에 있다.

출처: 조선일보, 2007년 4월 14일.

〈김태촌씨 '신앙으로 회개' 위선이었나〉

"이제 폭력조직과는 완전히 손을 끊었습니다. 앞으로 청소년 선도와 복지사업, 신앙생활에만 전념하겠습니다"(2005년 8월 10일, 석방이 확정된 뒤 기자와의 인터뷰에서).

김태촌 씨는 수감(1987~2005년) 중일 때부터 자신의 과거를 깊이 회개하는 모습을 자주 보였다. 2005년 7월 구속집행정지로 병원에 누워 있던 김 씨는 언론 인터뷰에서 "석방되면 사회봉사를 하겠다."고 강조했다. 수척해진 그의 모습에선 밤의 세계를 지배하던 조폭 두목의 살기(殺氣)를 찾아보기 힘들었다.

김 씨는 그해 사회보호법 폐지로 석방된 뒤에도 학교와 소년원, 교회 등을 돌아다니며 청소년 선도활동과 신앙 간증을 했다. 언론도 김씨의 '새 삶'을 앞다퉈 보도했다. 지난해 4월엔 경기지방경찰청 교회에서 경찰들을 상대로 신앙 간증까지 했다. "경찰에 수없이 붙잡히고 유치장을 들락거렸는데 오늘은 집사 자격으로 서게 돼 감회가 새롭다. 죄를 지을 때마다 교도소에 보내 줘 너무 감사하게 생각한다." 김씨의 참회어린 간증에 경찰들도 박수를 보냈다.

그러나 바로 그 시점 김 씨는 한류 스타 권상우 씨에게 '피바다'를 운운하며 협박한 것으로 검찰 수사 결과 드러났다. 결과적으로 언론이 김 씨의 의도적인 위선 행각에 놀아난 셈이다.

출처: 중앙일보, 2007년 2월 7일.

〈김태촌·조양은 40년 흥망사〉

신앙에 관해서는 김태촌 씨도 할 말이 많다. 과거 서방파 핵심 조직원으로 현재 교회 장로인 문병○ 씨. 김 씨의 신앙적 동지인 그는 지난 몇 년 동안 김 씨와 신앙 상담을 하는 편지 교류를 했다.

"편지를 한 번에 28장을 써서 보낸 적도 있다. 그것도 깨알 같은 글씨로. 그건 아무나 흉내 낼 수 있는 게 아니다. 그는 성경을 몇 천 절 암송한다. 그것은 인간의 의지가 아니라 하나님의 섭리다. 언젠가 내가 말했다. 당신은 하나님이 건달 세계로 파송한 전도사라고"

출처: 신동아, 2007년 6월 1일.

〈결론은 무엇인가?〉

앞의 세 사람의 안타까운 현실에 누가 돌을 던 질 수 있겠는가? 그들은 마음은 원이로되 행동이 절제가 안 되었기 때문일 것이다. 이것은 어린 시절의 인성교육이 얼마나 중요한지를 잘 보여 준다. 그래서 유대인의 속담에 이런 말이 있다.

"선인(善人)은 술집에서도 악에 물들지 않지만, 악인은 시나고그에 와

도 고치지 못한다."(토카이어, 탈무드의 생명력, '지혜 있는 자의 책임' 참조)

그렇다면 이들의 회심한 신앙은 전혀 그들의 삶에 영향을 끼치지 못했는가? 그렇지 않다. 만약 그들이 예수님을 믿지 않았다면 더 자주 죄를 지었을 것이다. 다행히 예수님 때문에 그나마 그 정도에서 그칠 수 있었을 것이다.

그리고 그들이 기독교인이었기에 회개도 더 많이 했을 것이다. 왜냐하면 비기독교인과 기독교인의 차이점 하나가 후자는 예배를 드리고 기도하는 횟수가 많기 때문이다. 또한 전자는 성령의 감동을 받지 못하기 때문에 잘못을 저지르고도 양심의 가책을 덜 느낄 수 있지만 후자는 사람에 따라 다르겠지만 훨씬 더 많이 느낄 수 있을 것이다.

예수님을 믿고 완전히 과거를 청산한 사람들은 없는가? 물론 있다. 그런 이들은 신앙도 좋지만, 예수님을 믿기 이전부터 워낙 결단력(의지력)이 센 사람들이다. 그러나 그들 역시 옛 습관을 참기 위해 피나는 기도와 노력을 한다는 사실을 기억해야 한다.

저자가 아는 어느 조폭 출신 목사님은 육을 절제하기 위해 한 달에 일주일씩 정기적으로 금식기도를 한다고 고백했다. 따라서 자녀들에게 어려서부터 올바른 인성교육을 시키는 것은 물론 신앙교육도 철저하게 시켜야 한다.

앞의 세 사람의 예에서 어린 시절의 인성교육이
얼마나 중요한지를 보여준다.
물론 의지력이 센 사람은 예수님을 믿고 완전히 돌아서는 경우도 있다.

C. 부모가 자녀를 제자 삼는 3단계

지금까지 어릴 때의 인성교육이 얼마나 중요한지에 대해 설명했다. 그렇다면, 기본적으로 누가 어린이에게 인성교육을 시켜야 하는가? 물론 부모다. 부모가 가정에서 어려서부터 자녀에게 복음을 전하기 전에 복음을 받아들일 '마음의 복음적 토양교육'을 시켜야 한다.

이를 영어로 Pre-Evangelism이라고 한다. 현재까지 기독교교육의 오류는 무엇인가? 복음주의자들이 복음(Evangelism)만 강조했지 복음을 전하기 전 '마음의 복음적 토양교육(Pre-Evangelism)'에는 관심을 두지 않은 데 있다.[11]

그 이유는 구원에 필요한 복음만 중요한 줄 알았지 복음의 말씀을 뿌릴 '마음의 복음적 토양교육'의 중요성을 몰랐기 때문이다. 더구나 현대는 육을 자극하는 수평문화가 극을 이루어 자녀들의 마음이 옥토가 되기에 더욱 힘든 시대가 아닌가?

기독교인이 되기 이전에 먼저 사람이 되는 교육이 중요하다. 신언서판의 양반교육은 동양적 표현이지만 서양에도 자신의 문화에 맞는 서양식 신언서판 양반교육의 내용과 방법이 있다. 남을 배려하는 예의는 인종에 관계없이 보편적 가치이기 때문이다. 따라서 "사람이 돼라"는 말은 각 인종의 문화에 맞는 사람다운 인격적인 사람이 되라는 말이다.

이제 부모가 자녀를 제자 삼는 교육을 요약해 보자. 부모는 자녀를 낳으면(원칙적으로는 태아 때부터) 이런 단계를 거쳐야 한다.

---

11) 자세한 것은 《현용수의 인성교육 원리》 시리즈 제2권 제2부 제4장 II. 2. '기독교교육의 새로운 영역: 종교성 토양교육(Pre-Evangelism)의 필요성' 참조.

부모가 자녀를 제자 삼는 3단계	
세 번째 단계	제자화 교육 (Post-Evangelism, Discipleship)
두 번째 단계	복음 전도 (Evangelism)
첫 번째 단계	복음을 전하기 전 '마음의 복음적 토양교육' (Pre-Evangelism)

첫 번째 단계: 복음을 전하기 전 '마음의 복음적 토양교육'
　　　　　(Pre-Evangelism)을 잘 시켜 마음밭을 옥토로 만들고,
두 번째 단계: 복음을 전하여 영혼을 구원시키고 (Evangelism),
세 번째 단계: 그리스도의 형상을 닮는 제자화 교육
　　　　　(Post-Evangelism, Discipleship)을 시켜야 한다.

따라서 부모는 3가지 측면에서 자녀의 스승이 돼야 한다.

첫째, 복음을 전하기 전 인성교육의 스승 (Pre-Evangelism)
둘째, 복음을 전하는 스승 (Evangelism)
셋째, 말씀을 가르쳐 제자 삼는 스승 (Post-Evangelism)

　자녀를 제자 삼는 세 번째 단계의 '제자화'도 2가지 측면으로 나누어 훈련을 시켜야 한다. 내면적 성숙과 외면적 성숙이다. 내적 성숙은 하나

님 말씀과 기도 훈련을 통한 영성 훈련이고, 외적 성숙은 율법을 행함으로 내적 성숙이 겉으로 드러나는 성령의 열매다.

기독교인이 되기 이전에 먼저 사람이 되는 교육이 중요하다.
신언서판의 양반교육은 동양적 표현이지만
서양에도 서양식 신언서판 양반교육의 내용과 방법이 있다.

D. 왜 자녀가 말을 안 듣나: 잡견(雜犬) 이야기

어느 분이 집안에 잡견(雜犬) 한 마리를 키웠다. 그런데 이 개가 주인의 말을 전혀 듣지 않고 제멋대로였다. 대소변을 아무 데나 보는가 하면 모든 행동이 천방지축이었다. 주인은 이 개가 종자가 나빠서 그런 줄 알고 그냥 참고 있다가, 혹시 몰라서 개를 훈련시키는 개 훈련소에 데리고 갔다.

그런데 그 개를 훈련시키는 훈련사는 개대신 개 주인만 훈련시켰다. 개 주인은 어쩔 수 없이 자신이 교육을 받는 훈련병이 되었다. 그리고 그는 집에 돌아와 자신이 훈련 받은 대로 개를 교육시키기 시작했다. 그런데 개가 변하기 시작하였다. 세퍼트처럼 대소변도 가리고 말귀도 잘 알아듣고 순종도 잘했다.

개 주인이 뒤늦게 깨달은 것은 자신의 개가 행동에 문제가 있었던 것은 개가 잡견이라 그런 것이 아니고, 자신이 개를 훈련(교육)시키는 교육의 내용과 방법을 몰랐고, 이를 가르치지 못했기 때문이라는 사실이다.

IQ가 낮은 동물도 그럴진대 하물며 사람으로 태어난 자녀들의 교육은 얼마나 더 그렇겠는가! 자녀들의 행동이 천방지축이라면 누구 때문이겠는가? 자녀들 때문인가 아니면 자녀를 제대로 훈련시키지 못한 부모 책임인가? 우선은 부모책임으로 보아야 한다.

현재 한국 교육의 가장 큰 문제점 중 하나가 부모들이 자기 스스로 자녀에게 여호와의 말씀으로 가르치고 훈련시킬 생각은 안하고 남에게 자녀교육을 통째로 맡길 생각만 한다는데 있다. 부모는 돈만 벌고 그 돈으로 자녀를 어려서부터 학원이나 유치원으로 보내 위탁교육에만 열을 올리고 있다.

이렇게 되면 몇 가지 심각한 문제가 생긴다.

첫째, 자녀들이 부모를 존경하지 않을 수 있다. 그리고 부모의 말을 잘 듣지 않을 수도 있다. 왜냐하면 학교에서 가르치는 선생과 가정의 부모 사이에 교육의 내용과 방법이 다를 수 있기 때문이다.

둘째, 자녀가 심한 수평문화에 오염될 수 있다. 그 이유는 학원이나 학교에서 가르치는 IQ위주의 학습 내용은 세속에 속하는 수평문화이기 때문이다. 정신적인 사상을 가르치는 수직문화가 아니다.

셋째, 자녀가 성장한 후에 자신의 자식이 되기가 힘들다. 이것은 처음부터 내 자식임을 포기하는 것과 마찬가지이다. 왜냐하면 자식은 낳은 사람을 닮는 것이 아니고 가르친 사람을 닮기 때문이다. 미국에 입양된 한국인 어린이들 가운데 기독교식으로 반듯하게 자란 이들이 많은 것은 아이들이 기독교식으로 가르친 미국인 양부모의 가치관을 닮기 때문이다.

과외 공부나 학교교육만 받고 자란 자녀들은 설사 일류 학교(IQ)를 졸업했다고 하여도 효자되기도 힘들다. 현재 많은 부모들이 "내가 너를 학교에 보내느라고 돈 벌기 위하여 얼마나 고생했는데 네가 나한테 그럴 수 있느냐"고 항변하는 경우가 많다.

그러나 때는 이미 늦었다. 자녀교육은 돈으로 시키는 것이 아니고 자신의 기도와 정성, 신본주의 사상인 수직문화로 시켜야 된다는 사실을 명심해야 한다. 단지 돈은 자녀를 키우기 위한 보조 수단일 뿐이다.

"부자에게는 자녀가 없다. 다만 상속자만 있을 뿐이다."

유대인의 격언이다. 유대인은 돈을 차가운 것으로 표현한다. 옛날 종이 화폐가 없었을 때에는 은이나 금이 화폐 역할을 대신했기 때문이다. 은이나 금이 얼마나 차가운가? 이 말은 돈으로 키운 자녀가 얼마나 차갑고 비정한 인간이 되는지를 말해 준다.

어떤 분은 이렇게 묻는다.

"옛날(1970년대)에는 안 그랬는데 왜 요즘은 이렇게 애 키우기가 힘든지 모르겠습니다."

그 당시에는 자녀들 주변에 수평문화가 거의 없었을 뿐만 아니라 교육의 환경 전체가 인성교육 위주의 수직문화 분위기였기 때문이다. 시골의 동네에는 서당이 있었고 어른들이 계셔서 모든 대소사를 비록 일반계시이긴 하지만 동양의 율례와 법도에 맞도록 가르쳤다. 오늘날처럼 한 발짝만 나가면 폭력이나 외설적 그림과 사진이 난무하는 환경은 꿈도 꾸지 못하던 시대였다. 그리고 자녀를 가르치던 교사들의 사상도

개는 성령도 안 받고 예수님도 믿지 않지만 교육만으로 행위가 고쳐진다. 그런데 우리의 자녀가 성령을 받고 예수님을 믿는데도 행위가 고쳐지지 않는 이유는 무엇인가? 제대로 구체적인 교육을 시키지 않았기 때문이다.

부모의 것과 동일한 가치관들이었다.

〈해결책은 무엇인가?〉

앞에서 개 주인이 훈련받은 후 개를 훌륭한 개로 키울 수 있었던 것처럼 자녀를 둔 부모가 먼저 부모다운 부모가 될 수 있도록 성경에 근거한 쉐마교육의 내용과 방법을 훈련받아야 한다. 어느 면으로든 교육받지 않고는 훌륭한 부모가 되기란 힘들다.

정통파 유대인 가정의 자녀들은 어떻게 부모 말을 잘 듣는가? 그 근본적인 차이는 어려서부터 쉐마교육 훈련을 받지 못한 부모와 훈련받은 부모의 차이일 뿐이다.

저자가 교육부흥회를 위주로 하다가 쉐마교사대학을 개강하여 평신도 지도자와 목회자 클리닉을 운영하는 이유가 바로 여기에 있다. 마지막으로 일단 성경교육을 받은 부모는 부모가 직접 자녀를 책임지고 가르치려는 사명이 있어야 한다.

현재 훌륭한 부모를 둔 자녀들에게도 문제가 많은 이유는 부모 자신은 훌륭한 인성교육을 받았지만 정작 본인 자신은 그 교육을 자녀들에게 가르치지 않았기 때문이다.

더구나 개는 성령도 안 받고 예수님을 안 믿는데도 변하는데, 성령 받고 예수님을 믿는 기독교인 자녀들은 왜 안 변하겠는가? 그것은 가정에서 자녀들에게 인성교육을 안 시켰기 때문이다.

부모가 하나님의 말씀에 따라 훈련받은 대로 자녀를 직접 키울 때 자녀가 부모를 존경하고 따르며 효자가 될 수 있다. 모든 세상의 법칙은 심은 대로 거두는 법이다.

개 행동에 문제가 있었던 것은 잡견이어서가 아니라
주인이 개 훈련시키는 법을 몰랐기 때문이었다.
오늘날 부모들은 왜 자녀교육법을 배우려 하지 않는가!

제6부의 주제는 인성교육에는 예절교육이 필요한데,
제1장에서는 왜 인성교육에 예절교육이 필요한지를 '교육의 내용과 형식'
이라는 공식을 적용하여 설명했다.

제2장에서는 '추상적 언어와 구체적 언어의 차이'를
예로 들면서 설명해보자.

제2장

추상적 언어와 구체적 언어의 차이

I. 기독교와 유대교의 언어 사용 차이

II. 인간이 지킬 수 있는 율법은 몇 개가 적당한가

III. 가정에서 한국인 남자와 유대인 남자의 차이

I. 기독교와 유대교의 언어 사용 차이

1. 기독교의 추상적 언어 vs. 유대교의 구체적 언어 사용

현재 한국 기독교교육의 가장 큰 문제점은 전통적인 '예(禮)'의 형식이 깨졌다는 점이다. 그 이유는 교회에서 기독교교육의 내용만 전했을 뿐 그 내용의 실천 방법의 필요성도 느끼지 못했을 뿐만 아니라 그나마 갖고 있었던 방법도 가르치지 않았기 때문이다. 즉, 믿음으로 구원받는다는 구원론만 강조했지 하나님의 자녀다운 삶을 어떻게 살아야 하는지 하는 성령의 외면적 열매, 즉 여호와의 율례와 법도를 가르치지 않았기 때문이다.[1]

그 이유 중 하나는 믿음으로 구원받은 성도는 율법에서 해방되었다는 성경 말씀을 잘못 해석한 영향도 크다. 바울이 전한 '율법에서의 해방'(롬 7:1-6; 갈 3:10; 갈 4:4-5)의 참뜻은 '구원'은 '오직 믿음'으로 받지(롬 1:17), '율법의 행함'으로 받는 것이 아니라(롬 3:10-12, 20)는 것을 설명하기 위한 용어다.

그러나 율법은 구원론에는 필요하지 않지만 구원을 받은 이후의 그리스도의 형상을 닮아가는 성화론에는 반드시 필요하다는 것을 알아야 한다. 율법에서 해방되었다고 하여 위아래를 몰라보고 무례(無禮)히 행하라는 뜻이 결코 아니다.[2]

---

1) 인성교육의 내면적 열매와 외면적 열매는 본서 제1권 제1장 '인성교육이란 무엇인가?' 참조.
2) 율법의 기능에 대해서는 저자의 저서 《실패한 다음세대 교육 왜 유대인 교육이 답인가》 제3부 제1장 IV. '율법의 교육학적 기능: 복음과 율법의 차이' 참조.

그것은 방종이다.

한국 교회는 그동안 너무나 사랑과 은혜만을 치우치게 강조해 점점 교회 내에서도 기본 예의가 없어지고 있다. 사실 바울이 설명한 사랑의 본질도 알고 보면, 무례를 행치 않는 것이다(고전 13:5). 즉 예가 없으면 사랑이 아니라는 뜻이다.

물론 개신교 신학교에서 신학생들에게 성화론을 가르치긴 한다. 그러나 성화의 이론만 추상적으로 가르칠 뿐, 유대인처럼 구체적으로 어떻게 성화를 이루어야 하는지, 그리고 왜 성화에 율법이 필요한지에 대해서는 거의 가르치지 않는다. 그러니 율법을 어떻게 지켜야 하는지, 그 방법에 대해서는 거의 가르치지 않는다.

이에 비해 유대교에는 예가 아직도 살아 있다. 교육학적으로 기독교와 유대교의 근본 차이는 무엇인가? 그것은 기독교(특히 개신교)는 추상적인 언어를 많이 사용하고 유대교는 구체적인 언어를 많이 사용하는 데 있다.

예를 들면, 개신교의 강단에서는 "사랑하라!", "믿어라!"라는 말을 자주 외친다.[3] 그러나 구체적으로 어떻게 사랑하고 어떻게 믿을 것인지 그 방법들, 즉 교육의 형식은 거의 가르쳐 주지 않는다. 이런 현상은 서구 기독교 강단보다 특히 한국 개신교 강단에서 더 많이 나타난다.

이에 비해 유대교는 추상적인 언어 다음에는 그 실천 방안으로 구체적인 언어들을 많이 사용한다. 십계명에서 보듯이 하나님을 사랑하는 법 4가지와 인간을 사랑하는 법 6가지를 율법으로 명시했다. 그리고 유

---

3) 개신교가 왜 추상적 언어를 많이 사용하는지, 그 이유에 대해서는 본서 제3권 제6부 제1장 II. 3. '유대교와 바울, 천주교와 개신교' 참조

대인의 613개 율법에 각 시행령(codes)이 자세하게 명기되어 있다.

예를 들어 유대인은 "안식일을 기억하여 거룩히 지키라"(출 20:8)는 추상적인 말씀(율법)을 정확하게 잘 지키기 위해 안식일에 하지 말아야 할 것만도 무려 39가지의 시행령(codes)을 만들어 놓았다. 물론 율법사들이 더 까다롭게 만든 것들도 많다. 옛날 한국의 까다로운 양반의 규율이나 제사법을 생각하면 이해하기 쉽다.

성경의 율법에도 하나님께서 율법을 주신 정신, 즉 '사랑'이 있고 그 사랑을 표현하는 방법, 즉 형식이 있다. 이는 하나님을 사랑한다면 그 사랑을 어떻게 표현해야 하는가, 부모를 공경한다면 그 효의 정신을 어떻게 표현해야 하는가 등에 대한 구체적인 방법들이다. 주로 '장로의 유전'인 탈무드에 자세히 명시되어 있다. 토라에 나타난 율법에도 계명(the commands)과 규례(the decrees)와 법도(the ordinances)란 용어가 있는 이유가 바로 여기에 있다(출 24:12; 신 4:8, 6:1).

기독교교육의 문제는 전통적인 '예'의 형식이 깨졌다는 점이다.
'율법에서 해방'(갈 4:4-9)의 참뜻은 무엇인가?

2. 유대교의 구체적 언어 사용은 구체적 율법에 근거한다

하나님이 유대인에게 율법을 주신 이유는 구원의 조건이 아니다. 기독교교육학적인 입장에서 하나님이 유대인에게 율법을 주신 이유는 구원반은 이스라엘 백성(유대인)이 하나님의 형상을 닮아가게 하기 위한 방편, 즉 성화의 방편으로 주신 것이다. 하나님의 형상을 닮는다는 것은 곧 하나님이 "너의 하나님 나 여호와가 거룩한즉 너희도 거룩하라"(레 19:2, 20:26)는 말씀에 순종하기 위해 성도가 어떻게 거룩하게 살아가야 하는지에 대한 지침들(율법들)을 지키어 행하는 것이다.

그렇다면 '거룩'이란 무슨 뜻인가? '거룩'이란 '구별되다(set apart)'라는 뜻이다(레 20:26). 하나님은 완전히 거룩하신 분(거룩, 거룩, 거룩하신 분)이다. 즉, 하나님은 세속과 완전히 구별되신 분이다. 유대인이 세속과 구별된다는 뜻은 바로 세속과 다르게 구별되게 살아야 한다는 뜻이다. 왜냐하면, 유대인은 하나님의 백성이기 때문이다.[4]

세속과 구별되게 사는 방법이 바로 하나님의 법도인 율법을 지켜 행하는 것이다(신 28:1-2). 하나님의 백성으로서 구별된 행위, 즉 거룩하게 산다는 것은 상대적인 의미다. 완전히 거룩하신 하나님에 비해 얼마나 거룩하게 사느냐 하는 문제다.

따라서 유대인은 모세오경에 쓰여진 613개의 율법을 지켜 행함으로 상대적이나마 하나님의 형상을 닮아갈 수 있는 것이다. 613개의 율법은 '행하라'는 긍정적인 법 248개와 '하지 마라'는 부정적인 법 365개로 구성되어 있다. 이 말은 하나님의 백성은 1년 365일 '하라'는 것은 행하고, '하지 말라는 것'은 행하지 않는 것이 세속과 구별된 삶이란 뜻이다. 유대인에 따르면, 인간의 뼈마디는 248개라고 한다. 율법을 온 몸의 뼛속

---

4) 이 내용은 본서 제3권 제6부 제1장 I. 3. '속리산(俗離山)과 법주사(法住寺) vs. 시내산과 율법'이란 항목에서 언급한 것과 비슷하지만 이 항목에 꼭 필요하여 다시 언급한다.

깊이 새기고 1년 365일 매일 행하라는 뜻이다(랍비 에들어스테인 강의에서 발췌, 2005년 2월).

현대의 기독교인도 "우리가 다 하나님의 아들을 믿는 것과 아는 일에 하나가 되어 온전한 사람을 이루어 그리스도의 장성한 분량이 충만한 데까지 이르러야"(엡 4:13) 한다. 이는 곧 그리스도의 형상을 닮아간다(Christlikeness, 엡 4:12-15)는 뜻이며 이것이 곧 기독교교육의 목적이 된다. 그렇다면 어떻게 그 목적을 이룰 수 있을까? 그 방법은 세상적인 방법이 아닌 하나님의 거룩하신 말씀대로 살아야 한다는 뜻과 일치한다.

'그리스도의 형상'은 무엇을 뜻하나? 그리스도는 하나님의 형상을 그대로 닮은 분이기 때문에 그리스도의 형상은 곧 하나님의 형상이다(고후 4:4; 골 1:15; 히 1:3). 따라서 "그리스도의 형상을 닮는다."라는 말은 곧 "하나님의 형상을 닮는다."라는 말과 동일하다. 신약의 기독교인도 영적 유대인으로서 마땅히 하나님의 형상을 닮아야 한다(엡 5:1).

유대인인 랍비도 스스로 "구원은 믿음으로 얻는다."라고 믿는다. 그리고 인간이 율법을 모두 행할 수 없다는 사실에 대해서도 "이는 하나님이 먼저 아신다."라고 말한다. "다만 인간이 최선을 다하여 지키려는 의지를 보이면 이것을 하나님은 기뻐하신다."라고 말한다.

따라서 구원은 믿음으로 받지만 축복은 율법의 행함으로 받는다(신 28:1-14). 이는 신약 성도들에게도 적용되는 말씀이다. 율법을 지켜 행하려는 의지, 그것이 바로 유대인이 모세의 시대부터 현재까지 3200년 동안 말씀을 전수하는 데 성공한 비밀이기도 하다.

왜 유대교는 구체적인 언어를 많이 사용하는가?
율법은 왜 구원론에는 필요 없고 성화론에 필요한가?

II. 인간이 지킬 수 있는 율법은 몇 개가 적당한가

하나님은 유대인에게 선민교육을 위해 613개의 율법을 주셨다. 유대인은 그 율법이 너무 많아서 지키지 못했는가? 그렇다면 하나님이 인간에게 몇 개의 율법을 주셨어야 인간이 그 율법들을 잘 지킬 수 있을까? 만약 하나님이 인간에게 한 가지 계명(율법)만 주셨다면 그것을 잘 지켜 죄를 짓지 않고 살 수 있었을까?

이에 대한 답은 "아니다."이다. 유대인은 그 예로 인류의 조상 아담과 하와의 경우를 든다. 하나님은 그들에게 오직 한 가지의 율법, "선악을 알게 하는 나무의 실과는 먹지 말라"(창 2:17)라는 계명만을 주셨다. 그런데도 아담과 하와는 그 한 가지 계명도 지키지 못하고 죄를 범하고 말았기 때문이다.

여기에서 우리는 인간이 갖는 육의 한계를 엿볼 수 있다. 그리고 선민교육의 근본적인 원리 2가지를 발견할 수 있다.

첫째, 율법 아래 의인은 없나니 하나도 없다는 사실이다.

> 그러면 어떠하뇨, 우리는 나으뇨, 결코 아니라, 유대인이나 헬라인이나 다 죄 아래 있다고 우리가 이미 선언하였느니라. 기록한 바 의인은 없나니 하나도 없으며 깨닫는 자도 없고 하나님을 찾는 자도 없고 다 치우쳐 한가지로 무익하게 되고 선을 행하는 자는 없나니 하나도 없도다. (롬 3:9-12)

둘째, 선민교육에 필요한 율법은 그 수가 많고 적음의 문제가 아니라, 그 율법을 왜 지켜야 하는지 그 당위성을 잘 가르쳐 지키는 것이 더 중요하다는 것이다.

그래야 율법을 기쁨으로 지키려는 의지력을 키워줄 수 있다. 율법을 기쁨으로 지킨다는 의식은 근본적으로 하나님을 경외하여 하나님의 말씀에 순종하는 데서부터 시작된다. 왜 말씀에 순종해야 하는가? 그것은 결국 인간을 위한 선한 길, 즉 인간의 행복을 보장하는 길이기 때문이다.

따라서 유대인 부모는 자녀에게 하나님이 주신 613개의 율법이 많아서 지킬 수 없는 것이 아니고 우리가 그것을 지키려는 의지가 없어서 지키지 못하는 것이라고 가르친다. 그렇기 때문에 하나님이 주신 소중한 613개의 율법을 기쁨으로 지켜야 한다고 가르친다. 이것이 하나님을 경외하는 삶이기 때문이다.

물론 유대인이 율법을 더 잘 지키기 위해 과도하게 시행령(codes)을 만들어 스스로 율법의 근본 정신인 하나님의 사랑을 잃어버리고 형식에만 치우치는 오류도 있지만, 그들이 구체적으로 율법을 지키려는 의지는 칭찬할 만하다. 그리고 우리도 이것을 기독교교육에 어떻게 적용할까를 연구하여 실제적인 삶에서 실천해야 한다.

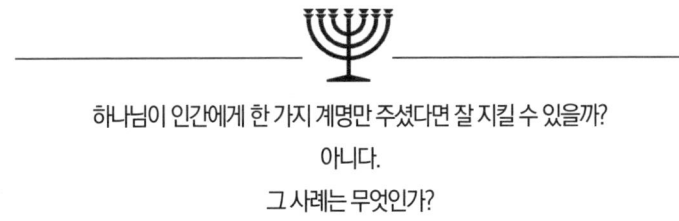

하나님이 인간에게 한 가지 계명만 주셨다면 잘 지킬 수 있을까?
아니다.
그 사례는 무엇인가?

거짓말쟁이는 뛰어난 기억력을 가져야 한다.

Tokayer

유대교는 '율법의 종교'다. 계율을 지키는 충실한 유대인이라면 율법은 하나님이 주신 명령이기 때문에 모두 옳다고 해야 할 것이다. 그러나 어찌된 영문인지 유대인은 예로부터 매우 현실적이고 타산이 빨랐다.

그래서 모세가 시내산에서 하나님에게 받은 십계명도 그것을 믿어야 한다고 생각했기 때문에 그것을 지킨 것이라기보다는 "살인하지 마라", "도둑질 하지 마라" 등의 율법을 지키는 것이 가장 살기 쉽다는 것을 경험을 통해서 발견했기 때문에, 성스러운 가르침으로 받아들였을 것이다.

사실 성경에는 의학이나 섹스의 구체적인 방법들(How to)이 많이 있다. 성경은 세상을 살아가는 방법(처세술)에 대한 지침서이다.

도덕이란 것도 어느 세상에서나 불타는 정의감에서 나온 것이 아니라, 생활의 편리를 찾기 위해서 생긴 것이다. 그리고 유대인은 매우 현실적이고 타산적이었으므로 기독교인처럼 추상적이고 애매한 도덕보다는 율법에 대한 구체적인 인간의 행동을 정했던 것이다. 그것이 오히려 훨씬 편리하고 실질적이었다.

탈무드는 거짓말쟁이는 타산이 맞지 않는다고 가르친다. 자기가 한 거짓말을 항상 기억해야 하기 때문이다. 그래서 거짓말쟁이는 뛰어난 기억력을 가져야 한다. 이것을 뒤집어 말한 속담도 있다.

"진실을 말해서 얻는 것은 무엇을 말했는가를 기억할 필요가 없다는 것이다."

거짓말을 하게 되면 당장은 얼마의 이익이 생길 수도 있겠지만, 긴 안목으로 보면 경제적 효과도 없을 뿐만 아니라, 자기 자신을 망치게 되는 것이다.

_ 탈무드 잠언집 (쉐마, 2016, p. 141)

III. 가정에서 한국인 남자와 유대인 남자의 차이

유대인의 구체적인 법 실천 의지는 가정생활에서도 그대로 적용된다. 그들은 남편이 아내를 얼마나 어떻게 소중히 여기고 사랑해야 하는가를 가르친다. 유대인의 율법에는 아내가 원치 않을 때 남편이 일방적으로 욕구를 채우면 강간죄로 간주한다. 성교를 할 때도 남편이 아내에게 충분한 전희를 해서 아내를 기쁘게 해 주도록 되어 있다. 남편 혼자만 절정에 오르는 것은 금지되어 있다(Tokayer, 탈무드 3: 탈무드의 처세술, pp. 138-139). 특히 유대인 랍비들은 남편들이 부부 생활을 할 때에는 자신의 욕구에만 초점을 맞추지 말고, 아내의 행복과 만족에 맞추라고 권한다(Friedman, *Marital Intimacy, A Traditional Jewish Approach*, pp. 58-59).

뿐만 아니라 남편은 아내를 일주일에 3번 이상 껴안아 주어야 한다. 껴안아 주는 횟수도 시간이 많은 남자와 바쁜 남자에 따라 차이가 난다. 그 밖에 언어나 행동들을 모두 구체적으로 가르친다. 자녀를 사랑하는 방법도 마찬가지다. 그렇기 때문에 유대인 가정의 아내나 자녀들은 남편이나 아버지로부터 육적이나 정신적인 상처를 받는 일이 거의 없다.

대부분 한국 남자들은 마음은 원하지만, 아내를 사랑하는 방법도, 자녀를 사랑하는 방법도 모르는 경우가 많다. 그리고 아내와 대화하는 방법은 물론 자녀와 대화하는 방법도 잘 모른다. 아내가 바빠서 남편에게 잠시 아이를 맡기면 5분도 안 되어 울려 보내는 사람이 많다. 이로 인해 빚어진 서로 간의 상처 때문에 가정 문제가 심각한 경우도 많다.

이는 한국 남자들이 나빠서가 아니라 추상적으로 "아내를 사랑하라!", "자녀를 사랑하라!"는 말만 듣고 어떻게 사랑해야 하는지 부모나 교회에서 배우지 못했기 때문이다. 상대적으로 일본인이나 유대인은 여성 사랑하는 방법을 잘 배워 실천한다.

과거에는 한국 사회 전체가 가부장적인 구조였기 때문에 여성들이나 자녀들이 불만이 있어도 다른 이들도 모두 그런 줄 알고 혼자서 삭이고 살았다. 그러나 시대가 달라졌다. 한 발짝만 밖으로 나가거나 인터넷을 뒤지면 비교의 대상이 얼마든지 있기 때문에 한국 부부의 이혼율이 높아지고 있다.

현재 미국의 아시아계 여성 중 한국 여성의 국제 결혼율이 가장 높다. UCLA 사회학과 루시 챙 교수와 칼 폴리 샌루이스 오비스포대 인종학과 필립 양 교수의 공동연구 논문에 의하면, 미국에서 태어난 25~34세 연령대의 한국 여성의 경우 타인종과 결혼한 비율이 71%로 나타났다. 이는 중국계 56%, 일본계 68%, 필리핀계 65%, 베트남계 33%보다도 높은 비율이다(중앙일보 미주판, 1997년 2월 14일).

한국의 젊은 여성들이 타인종과 결혼을 하는 이유는 물론 그들이 미국의 수평문화에 물들어 타인종의 여성보다도 더 개방적이기 때문이기도 하지만 무조건 그들을 나무랄 수 없는 대목도 있다.

저자의 주변에 있는 타인종과 결혼한 몇몇 한국인 2세 여성들은 이렇게 말했다.

"저는 우리 어머니처럼 살고 싶지 않아요."

그녀들은 어릴 때부터 가정에서 자신의 엄마들이 아버지들로부터 불합리한 대접을 받았던 것을 너무 많이 보아왔기 때문이다. 반면 그녀들은 타인종 남성들이 상대적으로 여성에게 인권을 존중하고 매우 부드럽게 대하는 모습을 보아왔기 때문이다. 타인종 남성과 결혼한 한인 여성 대부분은 학벌이 월등히 높고 똑똑하고 대단한 미모를 지녔다. 한인 사회에서 이들을 잃는 것은 분명 한국 민족의 손실이다.

이런 문제를 해결하기 위해서라도 남녀 사이의 교육의 내용과 함께 교육의 형식, 즉 구체적인 남과 여의 도리(예의)를 정립하여 가르쳐야 한다. 문제는 유대인에게는 뚜렷한 율법이 있는데 신약의 성도에게는 구약의 율법 중 어느 것은 유효하고, 어느 것은 유효하지 않은지 뚜렷한 기준도 없거니와 연구도 제대로 되어 있지 않다는 점이다. 이 또한 앞으로 쉐마교육연구원이 정리해야 할 중요한 사명 중 하나다.

유대인의 율법에는 남편 혼자만 절정에 오르는 것을 강간죄로 간주한다.
한국 남편이 이것을 모르는 이유는
구체적인 사랑의 방법을 못 배웠기 때문이다

제6부의 주제는 '인성교육과 예절교육: 동양과 유대인 인성교육의 내용과 형식'이다. 제1장에서는 그 원리와 공식에 대하여 설명했다. 제2장에서는 왜 기독교는 유대교에 비해 교육의 형식이 적은지를 '추상적 언어'와 '구체적 언어'란 용어를 사용하여 설명했다.

이제 '인성교육의 내용과 형식'의 모델로 바울의 경우를 예로 들면서 설명해보자. 물론 이 원리와 공식은 타 종교인에게도 그대로 적용될 수 있다.

제3장

전인교육적 측면에서 본 바울 연구

〈저자 주: 제3장의 내용은 '부모여 자녀를 제자 삼아라' 시리즈 제2권 《세계선교의 한계 왜 유대인 교육이 답인가》 제3부 제4장 '전인교육학적 측면에서 본 바울 연구'와 동일하나 이 책에 꼭 필요하여 약간 수정증보하여 다시 싣는다.〉

Ⅰ. 바울의 아픔, 유대교에서 기독교로 개종
Ⅱ. 이면과 표면, 마음의 할례와 육신의 할례: 바울의 예
Ⅲ. 회심 이전 바울이 받았던 유대인 교육은 나쁜 것인가

I. 바울의 아픔, 유대교에서 기독교로 개종

기독교인의 모델은 성자 하나님이신 예수님 다음으로 바울이다. 바울은 초대교회 시대에 정통파 유대인이었다. 그는 다메섹 도상에서 예수님을 만나는 역사적인 사건을 체험했다(행 9:1-9). 그리고 유대인이 핍박했던 예수님이 그리스도, 즉 자기 민족이 그토록 기다리던 메시아라는 사실(행 9:22; 고전 2:1-4, 15:1-4)을 깨닫고 뛸 듯이 기뻐했다.

그는 이 사실을 가장 먼저 누구에게 전하고 싶었겠는가? 동족 유대인들이었다. 왜냐하면 그는 자기 민족을 사랑하는 민족주의자였기 때문이었다(롬 9:1-3). 그리고 구원은 유대인에게서 나온다고 믿었기 때문이다(창 49:10; 슥 9:9; 요 4:22; 롬 9:5; 히 7:14). 따라서 바울은 유대인이 구원에 참여하고 그 후에 이방인이 하나님의 부름을 받는 것을 원칙으로 여겼다(행 3:26; 롬 1:16, 2:10).

바울은 이 원칙에 의거하여 가는 곳마다 안식일에는 회당에 들어가 먼저 유대인을 상대로 설교했다(행 9:20, 13:14, 14:1, 17:1, 10, 17, 18:4, 19, 19:8)(이상근, *사도행전*, pp. 194, 206, 264). 유대인들에게 이는 그들이 애타게 오랫동안 기다리던 복음(Good News)이었기 때문이다.

그런데 문제가 생기기 시작했다. 유대인 회당을 찾기만 하면 일부는 바울이 전한 복음을 믿었지만 대다수는 마음이 굳어 바울의 복음에 반대했다(행 13:45, 14:2, 19, 17:5, 13, 18:12). 그리고는 바울을 번번이 이단으로

몰아 핍박하며 회당에서 쫓아냈다. 바울은 그럴 때마다 그들을 떠나겠다고 몇 번이나 선언했다(행 13:45, 18:5).

사실 바울은 기독교라는 종교가 탄생한다는 것은 꿈에도 생각하지 못했다. 물론 그는 유대인들에게 예수님이 메시아(그리스도)라는 사실을 전하여 유대교의 뿌리 속에서 유대교의 역사와 전통을 그대로 이어나갈 줄로 믿었다. 또한 그러기를 간절히 원했다. 그러나 하나님의 뜻은 달랐다.

바울은 에베소 지방에 전도를 한 이후(롬 19:9) 3개월간의 회당 전도를 끝내고 마침내 때가 이르렀다고 생각했다. 유대인으로부터 배반자라는 소리를 듣는다고 하더라도 복음을 전파하는 장소를 유대인 회당에서 이방인이 모이는 장소로 옮기는 큰 결단을 내렸다. 이것이 하나님의 큰 뜻임을 발견했기 때문이었다.

그리고 장소를 두란노 서원으로 잡고 집중적으로 이방인에게 복음을 전파했다. 그는 그곳에서 2년간이나 복음을 전했다. 바울의 아시아 선교의 절정기였다. 이는 신구약 기독교 역사에 획기적인 사건이 아닐 수 없다(이상근, *사도행전*, p. 276).

> 그 다음 안식일에는 온 성이 거의 다 하나님 말씀을 듣고자 하여 모이니, 유대인들이 그 무리를 보고 시기가 가득하여 바울의 말한 것을 변박하고 비방하거늘 바울과 바나바가 담대히 말하여 가로되 하나님의 말씀을 마땅히 먼저 너희에게 전할 것이로되 너희가 버리고 영생 얻음에 합당치 않은 자로 자처하기로 우리가 이방인에게로 향하노라. 주께서 이같이 우리를 명하시되 내가 너를 이방의 빛을 삼아 너로 땅 끝까

지 구원하게 하리라 하셨느니라 하니, 이방인들이 듣고 기뻐하여 하나님의 말씀을 찬송하며 영생을 주시기로 작정된 자는 다 믿더라. (행 13: 44-48)

이는 무엇을 뜻하는가? 바울이 유대교와 온전히 결별했음을 뜻한다. 그리고 이방인을 상대로 기독교라는 새로운 종교를 탄생시키겠다는 뜻을 굳힌 것이다. 당시 전 세계에 기독교인의 수가 전무(全無)한 가운데 그가 전도한 불과 몇 명밖에 되지 않는 기독교인을 데리고 외롭게 그리고 험난한 새로운 길을 가야 하는 환경에 처했다.

물론 예수님은 기독교의 핵심이지만 바울은 예수님을 중심으로 한 기독교라는 또 하나의 종교를 개척해 나가는 지도자일 수밖에 없었다. 물론 당시 이방인에게 복음을 전한 제자들은 바울 이외에도 베드로를 비롯해 다른 이들도 있었지만, 대표적인 이방 선교사 겸 신학자는 바울이었다.

바울은 유대교에서 가르쳤던 대망의 메시아가 예수님인데도 불구하고 사람들이 그분을 알아보지 못하는 안타까움에 떨었다. 너무나 사랑했던 동족 유대인. 아브라함 때부터 2000년간 하나님의 '말씀 맡은 자'로 하나님의 사랑을 독차지하고도(롬 11:28) 정작 새 시대에 인류 구원을 위해 오신 예수님(복음)은 눈이 가리워 알아보지 못했던 유대인!

바울은 하나님을 믿는다고 하면서도 표면적 유대교의 율법주의에 물든 그들의 잘못을 낱낱이 공격하며, 새롭게 구약의 뿌리에 기초한 복음의 논리를 정리했다. 그리고 복음에 기초하여 구약성경을 구속사적으로 재해석했다. 즉 바울은 전 인류(유대인과 이방인)를 대상으로 구원론과 기독론 등 모든 기독교 신학을 정리했다(로마서, 갈라디아서 및 히브리서 참조). 구약 속에 희미했던 구원의 역사를 거울을 보듯이 파헤쳤다(고후 3:18). 기독교의 태동은 이렇게 시작되었다. 그 후 유대교와 기독교의 결별은 현재까지 2000년간이나 지속되었다.

그러나 바울은 유대인에게 그토록 핍박을 당했으면서도 동족 유대인에 대한 사랑은 항상 연민의 정으로 남아 있었다(롬 9:1-3). 바울은 3차 전도여행의 총 결산으로 로마에서 구약과 신약의 유대인과 이방인의 구속사적 관계를 총정리했다(로마서 11장 참조).

먼저 믿어야 할 유대인이 거부하여 대신 구원이 이방인에게 미치고, 이방인의 수가 차면 유대인도 시기하여 예수님을 구주로 믿고 온 이스라엘이 이방인 기독교인과 함께 구원을 받아 대단원을 이룬다는 내용이다(롬 11:25-26, 로마서 11장 참조). 유대인이 복음에 순종치 않은 결과로 구원이 이방인에게 풍부해졌으나, 하나님이 이방인에 주셨던 그 긍휼이 이스라엘 백성에게 되돌아가 그들도 구원을 받는다(롬 11:30-31)는 논지다.

만약 2000년 전에 유대인이 예수님을 받아들였다면 어떻게 되었을까? 이방인에 대한 구원이 이처럼 활발하게 전파될 수 있었을까? 이방인에 대한 유대인의 우월감이 복음 전파에 방해가 되지는 않았을까? 대부분의 초대교회 유대인들이 이방 선교에 그처럼 열심을 다할 수 있었을까?

유대인은 누구인가? "복음으로 하면 기독교인을 인하여 원수된 자요, 택하심으로 하면 조상들을 인하여 사랑을 입은 자이다"(롬 11:28). 2000년이 지난 후 이 말씀을 상고해 보면 하나님의 주권적인 구속의 역사의 비밀에 다시 한 번 감탄하며 감사하지 않을 수 없다. 만약 바울이 로마서 11장을 쓰지 않았다면 유대인과 이방인과의 관계가 얼마나 큰 혼돈에 빠졌을 것인가? 성경 말씀 속에서 하나님의 섭리를 절감한다.

"깊도다. 하나님의 지혜와 지식의 부요함이여!"(롬 11:33).

이제 주님의 재림을 준비하면서 기독교인은 유대인을 다시 생각해야 한다. 기독교인은 어떤 마음을 품어야 할 것인가? 유대인과 기독교인은 원수가 아니라 창세부터 종말까지 하나님의 구원의 역사를 이루는 동반자라는 생각을 가져야 한다.

이런 면에서 종말을 준비하는 기독교인은 "유대인에게는 구원을 위해 복음이 필요하고 기독교인에게는 유대인의 선민교육이 필요하다."는 사실을 인식하고 쉐마교육 운동에 동참해야 한다.[5]

---

5) 유대인과 이방 기독교인의 관계에 대하여 더 알고자 하면 저자의 저서 중 《실패한 다음세대 교육 왜 유대인 교육이 답인가》 제2부 제3장 '바울의 참감람나무(유대인)와 가지(이방 기독교인)의 이론' 참조.

바울은 기독교의 탄생을 꿈에도 생각지 못했다.
그러나 그는 동족 유대인에게 배반자 소리를 들으며
기독교를 탄생시키기 위해 그들을 떠나야 하는 아픔을 겪었다.

II. 바울의 이면과 표면: 마음의 할례와 육신의 할례

1. 바울의 회심 이전과 후의 이면(교육의 내용)과 표면(형식)

A. 이면적 유대인과 표면적 유대인의 차이

앞의 제6부 제1-2장에서 교육의 내용과 형식에 대하여 설명했다. 형식은 율법에 기초한 것이고, 이것은 인성교육학적 측면에서 예(禮)를 세우는 데 대단히 중요하다. 인성교육에 교육의 내용(사랑)만 있고 형식(예, 禮)이 없는 것도 문제지만, 교육의 내용이 없는 것은 더 큰 문제다. 교육의 내용(사랑)이 추상적 이론이라면, 교육의 형식(예)은 구체적 실천을 위한 것이다.

이 두 가지는 인성교육의 필수 요건이다. 그리고 이 두 가지가 수레바퀴의 두 바퀴처럼 균형과 조화를 이루어야 질 좋고 수준 높은 인성교육의 상승효과가 나타난다. 만약 둘 중 한 가지만 강조하거나 혹은 하나만 있다면 어떻게 되겠는가? "실천이 없는 이론은 생명력이 없고, 이론이 없는 실천은 경솔하다."[6]

신약성경에는 유대인 종교 지도자들이 교육의 내용보다 형식을 자랑

---

6) 중앙일보, 인터뷰, 고홍주 예일대 법대 차기 학장, 2003년 11월 17일. 미국에서 태어난 많은 한인 2세들이 일류학교를 나오고도 70% 이상 미 주류사회 진출에 실패했으나 고홍주 박사(예일 대학교 법대 학장, 2004년)가 미국에서 태어나 승승장구한 것은 그가 가정에서 IQ교육 이전에 수준 높은 한국식 인성교육을 받았기 때문이다. 따라서 그는 미국에 인종차별의 벽은 없다고 말한다.

하다가 예수님의 책망을 받는 장면이 여러 번 나온다. 하나님이 유대인에게 율법을 주신 정신, 즉 율법의 '내용'인 사랑보다는 율법의 '형식'에 더 치우치는 오류를 범했기 때문이다.

예수님은 그들의 외식적인 행위를 책망하셨다. 예수님은 겉(표면)은 거룩하나 실제 내면이 썩은 사악한 사람들을 향하여 "회칠한 무덤"(마 23:27-28)이라고 책망하셨다. 이는 한국의 고전 작가 박지원이 지은 한문 소설 《양반전》에서 양반의 내면적 본질은 외면한 채 외형적 허례허식만을 일삼는 양반을 비평한 것과 같다(동아대국어사전, 1983, p. 746).

정통파 유대인이었던 사도 바울은 이러한 오류를 지적하기 위해 '이면적 유대인'과 '표면적 유대인'이란 용어를 사용했다(롬 2:28-29). 유대인의 할례도 마음의 할례가 우선적으로 중요하다는 것을 강조하기 위해서다. 마음의 할례 없이 육신의 할례만 받은 자는 표면적 유대인에 불과하기 때문이다.

> 무릇 표면적 유대인이 유대인이 아니요, 표면적 육신의 할례가 할례가 아니니라. 오직 이면적 유대인이 유대인이며 할례는 마음에 할지니 영에 있고 율법 조문에 있지 아니한 것이라. 그 칭찬이 사람에게서가 아니요, 다만 하나님에게서니라. (롬 2:28-29)

표면적 유대인은 경건의 모양은 있으나 경건의 능력은 부인하는 자다(having a form of godliness but denying its power. NIV)(딤후 3:5). 따라서 표면적 유대인은 유대인이 아니요, 이면적 유대인이 참 유대인이라고 했다.

이 말씀은 이면적 마음의 할례 없이 표면적 육신의 할례만을 자랑하는 유대인이 가증스럽다는 뜻이다.

교육의 내용(사랑)이 추상적인 이론이라면,
교육의 형식(예)은 실천을 위한 것이다.
실천이 없는 이론은 생명력이 없고, 이론이 없는 실천은 경솔하다.

B. 바울의 회심 이전과 후의 이면과 표면 변화

이제 사도 바울을 모델로 삼아 그의 성화 과정을 예수님을 만나기 이전과 이후로 나누어 그의 이면과 표면의 변화에 대해 알아보자. 성육신이 되어 세상에 오신 예수님(요 1:14)은 근본 하나님의 본체시며(빌 2:6), 보이지 아니하시는 하나님의 형상(골 1:15)이다.

따라서 예수님은 인간이셨지만 자신 있게 "나를 보는 자는 나를 보내신 이(하나님 아버지)를 보는 것이다"(요 12:45, 14:9)라고 말씀하실 수 있었다. 실제로 성자 하나님이신 예수님을 보고 그 분을 본받으면 성부 하나님을 보고 본받는 자가 되는 것이다. 예수님의 형상을 본받는 것은 바로 하나님의 형상을 본받는 것(골 1:15)이기 때문이다. 따라서 예수님은 제자들에게 "나를 따르라"(요 10:27, 12:26, 21:22)고 여러 번 말씀하셨다.

그러나 인간은 다르다. "하나님이나 그리스도를 본받으라."라고는 말하기 쉬워도 함부로 "나를 본받으라."고 말하기는 힘들다. 자기 스스로 생각할 때 인격적으로 너무나 부족하고 알고 모르고 지은 죄가 많기 때문이다.

그런데 인간 중에 유일하게 바울은 예수님을 만난 뒤 성도들에게 "너희는 내게 배우고 받고 듣고 본 바를 행하라(Whatever you have learned or received or heard from me, or seen in me, put it in practice)"(빌 4:9)고 말했다. 그리고 "내가 그리스도를 본받는 자 된 것 같이 너희는 나를 본받는 자 돼라(Follow my example, as I follow the example of Christ)"(고전 11:1; 빌 3:17)고 자신 있게 말했다.

이 말씀은 자신을 본받으면 그리스도를 본받는 것과 동일하다는 뜻이다. 바울은 이에 대해 데살로니가 교인들과 하나님을 증인으로 내세웠다.

> 우리가 너희 믿는 자들을 향하여 어떻게 거룩하고 옳고 흠 없이 행한 것에 대하여 너희가 증인이요, 하나님도 그러하시도다. (살전 2:10)

과연 바울은 우리와 무엇이 달랐기에 그렇게 자신 있게 자신을 본받으라고 말할 수 있었는가? 그는 예수님을 구주로 영접하기 이전에는 혈통적 유대인이었다. 베냐민 지파에 속해 있었고, 율법으로는 바리새인이었으며, 율법의 의(Legalistic Righteousness)로는 613개의 율법에 흠이 없는 자였다(빌 3:5-6). 당시 명망 높았던 유대인 스승 가말리엘 문하에서 유대인 조상들의 까다롭고 엄한 율법교육을 받았고(행 22:3), 학문적으로는 희랍 다소 출신의 최고 엘리트였다.

바울의 이러한 이력서는 무엇을 뜻하는가? 그는 유대인 혈통에서 할례받은 정통파 유대인으로서 율례와 법도에 그리고 학문적으로, 즉 표면적으로는 흠이 없는 자였다. 한마디로 바울은 표면적 유대인의 모델이었다.

한국식으로 말하면, 그는 뼈대 있는 집안 출신으로 양반교육과 현대교육을 균형 있게 잘 받아 경건한 언행과 논리력을 갖추고 있었다. 외형적으로는 도덕과 윤리면에서 완벽하여 허점이 없는 사람이었다.

그렇다면 그는 어디에 문제가 있었는가? 그의 속마음인 이면이 문제였다. 표면적 유대인으로는 완벽하나 이면적 속마음은 죄악 투성이였다. 즉, 교육의 형식면에서는 완벽했으나, 교육의 내용면에서는 문제가 많은 사람이었다. 외식적인(겉치레) 율법주의자였기 때문이다. 그는 경건의 모양은 있으나 경건의 능력은 부인하는 자(딤후 3:5)였다.

그런데 바울의 이러한 이면적인 문제점은 다메섹 도상에서 예수님을 만나고 예수님을 그리스도로 영접함으로 모두 해결되었다. 그는 예수님을 만나기 전에는 자신이 의인인 줄 알았다. 그는 남보다 우월한 자신의 율법적 행위로 교만해졌었다. 그러나 그가 예수님을 만난 뒤 성령의 조명으로 자신의 죄악이 적나라하게 드러나자 "오호라 나는 곤고한 사람이로다. 이 사망의 몸에서 누가 나를 건져내랴"(롬 7:24)라고 한탄했다.

바울은 성령세례를 받은 후 새 사람이 되었다. 자신의 모든 죄를 주님이 십자가에서 흘리신 보혈로 씻음을 받았다. 그리고 혈과 육이 십자가에 못 박히면서 겸손하게 되었다(갈 2:20). 그 뒤 그는 이면도 깨끗해지고 (내면적 완전, internal perfect) 표면의 행위도 흠이 없는 사람(외적 완전, external perfect)으로 변하기 시작했다. 즉, 경건의 모양과 함께 경건의 능력도 겸비한 사람이 되었다. 따라서 그는 모든 믿는 자들의 모델이 되었다.

요약하면, 바울의 표면은 원래 잘 다듬어졌는데 그의 이면이 잘못되었다. 그러나 예수님을 만난 뒤 그의 이면도 깨끗해졌으므로 안팎으로 흠이 없는 사람이 되었다. 그렇기 때문에 그는 성도들에게 "내가 그리스도를 본받는 자 된 것 같이 너희는 나를 본받는 자 돼라"(고전 11:1)고 자신 있게 말할 수 있었다. 이는 보통 사람이 하지 못 하는 말이다.

"내가 그리스도를 본받는 자 된 것 같이 너희는 나를 본받는 자 돼라"(고전11:1).
바울은 어떻게 이런 말을 할 수 있었는가?

C. 구원론적 입장에서 본 교육의 내용과 형식

교육의 내용과 형식을 기독교의 구원론에 적용해 보자. 비기독교인이 구원을 받기 위한 방법은 무엇인가? 예수님이 십자가에서 이루신 구원의 복음을 마음으로 믿어 의에 이르고 입으로 시인해야 한다(롬 10:10). 그 후에는 천국에 갈 수 있다.

그런데 교회에서는 여기에 그치지 않고 구원받은 기독교인에게 세례 예식을 치르게 한다. 그 이유는 무엇인가? 세례는 신자들을 구원하는 표이기 때문이다(벧전 3:21).

물은 예수 그리스도께서 부활하심으로 말미암아 이제 너희를 구원하는 표니, 곧 세례라. 이는 육체의 더러운 것을 제하여 버림이 아니요, 하나님을 향한 선한 양심의 간구니라. (벧전 3:21)

따라서 믿음으로 구원받는 것이 교육의 내용이라면 세례 예식은 교육의 형식에 속한다. 바울은 전자를 이면, 후자를 표면이라고 표현했다(롬 2:28). 이면은 마음의 할례를 뜻하고 표면은 육신의 할례를 뜻한다. 그리고 바울은 형식인 표면보다는 이면이 더 중요하다고 강조했다.

> 오직 이면적 유대인이 유대인이며 할례는 마음에 할지니 신령에 있고 의문에 있지 아니한 것이라. 그 칭찬이 사람에게서가 아니요, 다만 하나님에게서니라. (롬 2:29)

이 말씀에는 또한 하나님은 인간의 외모보다는 마음의 중심을 보시는 분이라는 것을 내포하고 있다(삼상 16:7). 바울은 아브라함을 예로 들면서 그의 이면의 의가 표면의 할례 이전의 사건임을 강조했다.

> 저가 할례의 표를 받은 것은 무할례 시에 믿음으로 된 의를 인친 것이니, 이는 무할례자로서 믿는 모든 자의 조상이 되어 저희로 의로 여기심을 얻게 하려 하심이라. (롬 4:11)

아브라함의 '믿음으로 된 의'가 교육의 내용이라면 아브라함이 받은 '할례'는 교육의 형식이다. 여기에서 우리는 바울이 강조하는 순서를 읽을 수 있다. 이면인 영혼 구원이 먼저이고 그 외면적인 표가 바로 할례, 즉 신약시대의 세례란 뜻이다. 따라서 인간에게는 올바른 교육을 위해 이면만 필요한 것이 아니고, 그 이면을 밖으로 표현하는 교육의 형식인 표면도 필요하다는 것을 명심해야 한다.

바울의 구원론적 입장에서 본 교육의 내용과 형식

(마 22:36-40; 롬 2:28-29)

구 분	교육의 내용	교육의 형식
구원론적 측면	이면 (롬 2:28-29)	표면 (롬 2:28-29)
	마음의 할례	육신의 할례
	구원 (롬 10:10) 절대적 천국 가는 데 필요	세례 (벧전 3:21) 상대적 하나님의 형상을 닮는 성화에 필요
바울의 권면	바울은 어떻게 이런 말을 할 수 있었나? - "내가 그리스도를 본받는 자 된 것같이 너희는 나를 본받는 자 돼라"(고전 11:1). - "너희는 내게 배우고 받고 듣고 본 바를 행하라"(빌4:9).	
바울의 전과 후의 변화	성령세례를 받은 후 변화 죄를 회개 -> 내적 완전 경건의 능력(딤후3:5)이 강함	율법에 흠이 없는 외적 완전한 자(빌3:6) (이전)　　　(이후) 율법주의자 -> 율법 지키는 자 경건의 모양(딤후3:5)이 완벽함

요약하면, 기독교인에게 이면적 할례는 마음의 할례로서 예수님을 믿어 얻는 '구원'(롬 10:10)을 뜻한다. 그리고 표면적 육신의 할례는 구원을 받은 이후 구원의 표로 받는 '세례'(벧전 3:21)를 뜻한다. 전자가 교육의 내용이라면, 후자는 교육의 형식이다. 전자가 천국에 갈 수 있는 구원에 필요한 것이라면 후자는 하나님의 형상을 닮는 성화에 필요하다. 전자가 절대적 가치이라면 후자는 상대적 가치다. 따라서 순서로 말한다면, 전자가 먼저이고 후자는 그 다음이다. 기독교인은 전자와 후자 모두 필요하다.

2. 바울과 베드로의 이면(교육의 내용)과 표면(형식) 비교

여기에서 우리가 주목해야 할 것은 바울의 표면적 경건의 모양, 즉 성숙한 인성은 예수님을 만나기 이후에 형성된 것이 아니라는 점이다. 그가 가정에서 부모로부터 어려서부터 마땅히 행할 길을 까다롭고 철저하게 교육 받았기 때문에 나이 들어서도 그것을 습관적으로 지켜 행하고 있었다는 것이다. 위에서 언급한 대로 바울은 율례와 법도에 흠이 없을 정도였으며 세상 고등학문을 모두 마친 엘리트였다.

그렇기 때문에 바울은 회심한 이후 성화의 과정이 거의 수직상승하여, 단시간에 이면과 표면이 매우 성숙한 모습을 보여 줄 수 있었다. 그는 스승인 그리스도의 형상(하나님의 형상)을 너무나 빨리 닮았다. 그는 예수님께서 "제자가 그 선생보다 높지 못하나 무릇 온전케 된 자는 그 선생과 같으리라"(눅 6:40)고 하신 말씀의 모델이 되었다.

이에 비하여 베드로는 어떠한가? 바울은 예수님을 다메섹으로 가는 길에서 영적인 사건을 체험하면서 잠깐 뵈었지만,[7] 베드로는 예수님과 3년간이나 동고동락했다. 그리고 예수님에게서 모든 것들을 직접 보고 체험하며 배웠던 수제자였다. 그뿐만 아니라 오순절에 마가의 다락방에서 놀라운 성령 충만함을 받았다. 예수님에게 직접 배운 경력이나 영적으로는 바울보다 훨씬 더 자랑할 만했다.

그런데도 왜 그는 성화의 과정에서 전진과 퇴보(Back Sliding)를 반복했

---

7) 물론 바울은 예수님께 말씀을 직접 받았다는 것(고전 11:23; 갈 1:11-12)을 예루살렘 총회에서 유력한 사도들에게 증언하였다. 따라서 그는 이방인을 위한 사도로 인정을 받았다(행 15:1-29; 갈 2:6-10). 그러나 이것은 베드로의 3년간 예수님과의 동고동락했던 경험과는 비교가 되지 않는다.

는가(마 25-26장; 막 16:6-7)? 그리고 성령을 받은 이후에도 왜 여러 사람 앞에서 바울한테 책망을 받았는가(갈 2:11-14)?

그 이유는 그의 이력이 바울과 다른 데서 찾을 수 있다. 베드로는 조그만 갈릴리 지방 어부 출신이었다. 단순 노동을 하는 직업이었다. 바울과 같은 고등교육을 받지 못했을 것이다. 바울과 같은 규칙적인 엄한 가정교육을 받지 못했을 것이다. 즉, 어려서부터 전통적인 양반교육을 받지 못했을 것이다.

요약하면 인성교육학적인 입장에서 바울은 교육의 형식이란 그릇 준비를 어려서부터 크고 견고하게 그리고 아름답게 잘했고, 베드로는 상대적으로 바울보다 잘하지 못했기 때문에 바울이 베드로보다 더 크게 쓰임을 받았을 것이다.

이것은 무엇을 뜻하나? 인간은 예수님을 믿은 이후에도 어려서부터 훈련받아 형성된 인격적인 태도, 즉 인성교육의 결과가 성화의 과정에서 그대로 나타난다는 것을 보여 준다.

한국에서는 어른들이 "양반이 예수님을 믿으면 양반 기독교인이 되고, 상놈이 예수님을 믿으면 상놈 기독교인이 된다."고 말한다. 우리도 자녀들에게 속사람뿐 아니라 겉사람의 모양도 잘 교육시켜 착한 행실로 세상에 그리스도의 빛을 비추기에 충분하도록 해야 한다(마 5:16). 어려서부터 워낙 들사람처럼 키워 놓으면 설사 예수님을 영접했다 하더라도 그의 표면, 즉 잘못된 교육의 형식(습관)이 쉽게 변하는 것이 아니라는 점을 명심해야 한다.

결론적으로 교육의 내용(사랑)만 있고 형식(예, 禮)이 없는 것도 문제지만, 교육의 내용이 없는 것은 더 큰 문제이다. 그리고 그보다 더 큰 문제는 교육의 내용도 없고 형식(예, 禮)도 없다는 데 있다. 현대는 이러한 위험한 상황으로 줄달음치고 있다. 이를 막지 않으면 교육의 미래는 암담할 것이다.

바울은 어려서부터 교육의 형식(그릇)을 잘 준비했지만,
베드로는 그보다 못했기 때문에
성령 받은 후에도 성화의 과정에서 전진과 퇴보를 반복했다.

III. 회심 이전 바울이 받았던 유대인 교육은 나쁜 것인가

바울에게는 또 다른 이름이 있었다. 그는 그리스도를 구주로 영접하기 이전에는 '높다'란 뜻의 '사울'이었다. 그런데 그리스도를 구주로 영접한 이후에 '낮다'란 뜻의 '바울'로 이름을 바꾸었다.

기독교인이 되기 이전의 바울(사울)은 유대인 교육을 누구보다 철저하게 받았다. 베냐민 지파로 태어나 3세부터 율법 공부를 시작하여 소위 '혼에 새겨두는', '율법 맡은 자(성년식)'가 되었다(행 22:3; 빌 3:5). 율법으로는 바리새인이었다(빌 3:5). 그리고 기독교의 초기에는 기독교인을 몹시 핍박했었다. 스데반도 그가 죽였다(행 7장 참조, 특히 행 7:58, 22:20 참조). 구약의 율법을 잘 지키기 위함이었다. 그는 율법을 남용했던 율법주의자였다.

왜 유대인 교육을 받은 사람이 율법주의자가 되었고 예수님을 믿는 동족 유대인과 이방 기독교인을 그렇게도 핍박하였는가? 그의 행동은 분명 잘못된 것이었다. 그렇다면 그가 받았던 유대인 자녀교육 자체가 과연 옳은 것인지 의구심이 생긴다. 이를 질문과 답변 형식으로 정리해 보자.

질문 1: 바울이 기독교인이 되기 이전에 받았던 유대인 교육은 잘못된 것이었나? 잘못되었다면 무엇이 잘못되었나?

답 1: 일부분은 그렇다. 그는 성경적인 유대인 교육을 받은 것이 아니고 유대인 교육만 받았기 때문이다. 유대인 교육에는 성경적인 교육에 바리새인들이 인간의 생각을 가미한 것이 가끔 있기 때문이다. 따라서 바울이 받았던 유대인 교육 중에 성경적인 교육 자체는 좋았으나 그것을 남용했던 일부 유대인 교육이 문제가 될 수 있었다.[8] 예수님도 바리새인이 율법을 잘 지키려고 하나님이 원하셨던 전통을 왜곡한 것을 꾸짖으셨다(막 7:9-13).

처음에는 성경적인 유대인 교육을 받고 하나님의 거룩한 백성으로 출발했으나 어느 시간이 경과한 후 이면적 유대인의 가치는 없어지고 표면적 형식에만 매달리는 율법주의자로 변질되었을 수도 있다.

왜냐하면 성경적인 유대인 교육을 제대로 받은 인물들은 사무엘, 다윗, 다니엘, 예레미야, 에스라, 예수님 및 니고데모 등 수없이 많기 때문이다.

결국 유대인이나 신약의 기독교인이나 누구든지 행위에 문제가 드러난다면, 그것은 말씀 자체에 문제가 있는 것이 아니라 말씀을 실천하는 과정에 문제가 있는 것이다.

바울도 유대인을 꾸짖을 때 하나님을 빙자하면서도 율법대로 살지 않는 외면적 유대인의 잘못된 점을 지적했다(롬 2:17-25). 바울은 율법주의자들 때문에 "하나님의 이름이 이방인 중에서 모독을 받는도다"라고 말했다(롬 2:24).

> 유대인이라 칭하는 네가 율법을 의지하며 하나님을 자랑하며 율법의 교훈을 받아 하나님의 뜻을 알고 지극히 선한 것

---

8) 예수님도 바리새인이 율법을 잘 지키려고 하나님이 원하셨던 전통을 왜곡한 것을 꾸짖으셨다(막 7:9-13).

을 좋게 여기며 네가 율법에 있는 지식과 진리의 규모를 가진 자로서 소경의 길을 인도하는 자요, 어두움에 있는 자의 빛이요, 어리석은 자의 훈도요, 어린아이의 선생이라고 스스로 믿으니, 그러면 다른 사람을 가르치는 네가 네 자신을 가르치지 아니하느냐. 도적질 말라 반포하는 네가 도적질하느냐. 간음하지 말라 말하는 네가 간음하느냐. 우상을 가증히 여기는 네가 신사 물건을 도적질하느냐. 율법을 자랑하는 네가 율법을 범함으로 하나님을 욕되게 하느냐. 기록된 바와 같이 하나님의 이름이 너희로 인하여 이방인 중에서 모독을 받는도다. 네가 율법을 행한즉 할례가 유익하나 만일 율법을 범한즉, 네 할례가 무할례가 되었느니라. (롬 2:17-25)

질문 2: 왜 바울은 동일한 유대인 교육을 받았는데, 다윗이나 예레미야처럼 되지 않고 표면적 유대인 즉 율법주의자가 되었는가?

답 2: 그 이유는 바울이 율법의 정신인 사랑(EQ) 없이 율법의 형식(IQ)에만 매달렸기 때문이다. 이러한 현상은 예수님 당시 타락했던 시대에 많이 나타난 현상이다. 사랑(EQ) 없이 율법(형식, IQ)만 강조할 경우 자만에 빠져 남을 괴롭힐 수 있다.

이것은 '유대인 교육'은 될지 모르지만 '성경적인 유대인 교육'은 아니다. 신약적으로 설명한다면, 율법과 은혜, 말씀과 성령이 함께 균형을 이루어야 하는데 성령의 은혜 없이 말씀만을 강조한다면 율법주의자가 될 수 있는 가능성이 많다.

현재에도 기독교인들 중에 성경을 많이 안다고 하는 사람들 중에서 자신만이 의인인 것처럼 교만하며 까다롭고 남을 정죄하는 율법주의자가 많은 것과 같은 맥락이다. 따라서 기독교인은 말씀의 바탕 위에 성령을 받아야 이면적 사랑(EQ)의 사람이 잘 될 수 있다.

이러한 개념은 구약이나 신약이나 원칙적인 면에서 동일하다. 토라도 표면적 할례보다는 이면적 할례, 즉 마음의 할례(EQ)를 더 강조했다. "네 하나님 여호와께서 네 마음과 네 자손의 마음에 할례를 베푸사 너로 마음을 다하며 성품을 다하여 네 하나님 여호와를 사랑하게 하사 너로 생명을 얻게 하실 것이다"(신 30:6). 선지자 예레미야도 이스라엘 백성의 마음의 할례를 강조하였다(렘 9:26).

따라서 바울이 쓴 "대저 표면적 유대인이 유대인이 아니요, 표면적 육신의 할례가 할례가 아니라, 오직 이면적 유대인이 유대인이며 할례는 마음에 할찌니 신령에 있고 의문(the written codes: 율법사들이 후에 정한 율법의 세부적인 시행령)에 있지 아니한 것이라"(롬 2:28-29)라는 말씀은 새로운 말씀이 아니라 구약에 근거한 말씀인 것이다.

구약이건 신약이건 과거나 현재나 율법주의자는 있게 마련이다. 현재도 율법주의자인 IQ 랍비나 IQ 목사가 있는가 하면, 성경 말씀대로 사는 EQ 랍비나 EQ 목사가 있다.

신약에서 예를 들면, 예수님이 말씀하신 탕자의 비유(눅 15:11-32)에서 맏아들로 나오는 인물이 바로 율법주의자다. 맏아들은 아버지에게 자신이 행했던 율법의 의를 내세워 아버지의 재산을 가지고 가출하여 허랑 방탕하게 살았던 탕자 동생을 용납하지 않았다.

그는 아버지의 집에서 율법을 잘 지킨 효자 같지만 그에게는 죄인의 모습으로 서 있는 동생에 대한 사랑(EQ)이 없었다. 이것이 아버지의 큰 근심거리였다.

그러므로 아버지에게는 맏아들과 둘째 아들 모두 문제아였다. 즉, 둘째 아들이 집 밖의 탕자였다면, 맏아들은 집 안의 탕자였다. 맏아들은 당시 예수님을 괴롭혔던 바리새인과 서기관에 비유된다. 이것이 또한 회심하기 이전의 바울의 모습이기도 하다.

질문 3: 바울의 예로 보아 유대인 교육이 실패한 방법 같기도 한데 정말 그런가? 그래도 바울이 받은 유대인 자녀교육에서 본받을 점이 있다면 무엇인가?

답 3: 앞에서 언급한대로 성경적인 유대인 교육을 안 시키고 유대인 교육만 시킬 경우 부분적으로 실패할 수 있다. 그래도 유대인 자녀교육이 본받을 점이 있다면 어떤 것일까? 바울의 예를 보자. 그는 일단 교육학적으로 4분의 3은 성공했다고 보아야 한다. 그 이유는 무엇인가?

첫째, 그는 인생의 재미를 추구하는 수평문화를 멀리하고, 인생의 의미를 찾는 수직문화의 사람이었기 때문이다. 그는 깊이 있고 변하지 않는 사상과 철학을 가지고 인간의 뿌리를 중요하게 여기는 사람이었다. 그리고 전인교육의 지·정·의(知情意) 중에서 지(知, 율법, IQ+지혜) 교육과 의지 교육(意志 教育: 수직문화와 고난의 역사 교육)에 성공한 사람이었다. 다만 정(情, EQ) 교육에만 실패했다.[9]

후에 그리스도를 만나 성령을 받은 후에 정(情, EQ)도 회복되었다.

---

9) 현용수의 인성교육 원리 제3권 제4부 제1장 II. '지·정·의(知情意)에서의 EQ의 위치' 참조.

둘째, 바울은 수직문화의 사람이 되어 하나님을 사랑하고 진리를 사모하는 사람으로 성장했다. 그는 조상으로부터 내려오는 말씀(율법)을 전수받는 데는 성공했다. 일단 그가 토라의 '말씀 맡은 자'(롬 3:2)가 되었기 때문에 성령을 받은 후에도 더욱 크게 쓰임받을 수 있었다.

그가 쓴 서신에 수많은 구약성경을 열거하며 그 말씀을 그리스도 중심으로 재해석하는 모습에서 그가 얼마나 조상들의 율법을 잘 전수받았는지를 알 수 있다. 그가 만약 유대인의 쉐마교육을 받지 않아 '말씀 맡은 자'(롬 3:2)가 되지 못했다면 어떻게 기독교를 창안할 수 있었겠는가!

셋째, 그는 유대인 교육에 의해 교육의 형식(예절), 즉 유대인의 양반교육을 잘 받아 율법에 흠이 없었다(빌 3:6). 따라서 유대인에게나 헬라인에게나 외면적으로 책망 받을 행동을 하지 않았다.

그가 "내가 그리스도를 본받는 자 된 것같이 너희는 나를 본받는 자 돼라"(고전 4:16, 11:1)고 자신 있게 외쳤던 이유도 여기에 있었다. 또한 그가 받았던 유대인의 철저한 수직문화는 그의 내면적 그릇을 형성하는 데 큰 도움을 주었을 것이다. 왜냐하면 교육의 형식은 인간의 외면적 그릇을 형성하는 데 도움을 주기 때문이다.

인간의 내면적 그릇은 그의 성품과 인격, 즉 내면적 질(質)을 말하고 인간의 외면적 그릇은 그의 모양 및 예의, 즉 외면적 형태를 말한다. 크고, 흠 없고, 아름답고, 튼튼한 그릇을 준비해야 성령을 받아도 예수님을 위해 더 크게 쓰임 받는 충성된 종이 될 수 있다.[10]

---

10) 자세한 것은 '현용수의 인성교육 원리 제3권 제6부 제1장 III. 3. B. 2) '인성교육학적 측면에서 본 고린도교회와 데살로니가교회의 차이' 참조.

질문 4: 저자의 저서 '성경적 유대인 자녀교육(Biblical Family Education), IQ는 아버지 EQ는 어머니 몫이다' 시리즈의 내용대로 가르친다면 예수님 믿기 이전의 바울 같은 사람은 되지 않겠는가?

답 4: 이 책대로 교육한다면 예수님을 믿기 이전의 바울 같은 사람이 될 수가 없다. 오히려 예수님을 영접한 후의 바울 같은 훌륭한 사람이 될 수 있을 것이다. 저자가 쓴 《성경적 유대인 자녀교육, IQ는 아버지 EQ는 어머니 몫이다》의 제목 자체가 말씀과 성령을 포함시킨 교육의 내용이다. 그리고 실제로 성령을 받고 예수님을 구주로 영접한 기독교인이 이 책을 읽을 때 많은 은혜를 받을 것이다. 이 책은 말씀을 머리(IQ)에 새기지 말고 마음(EQ)에 새기라는 쉐마의 해석 자체와 어머니의 사랑과 정서와 눈물 교육을 강조하고, 또한 신약시대의 성령을 함께 강조했다. 뿐만 아니라 본 교육 시리즈 전체(40권)가 예수님의 성장 과정처럼 전인교육의 균형을 강조했다(눅 2:52).

일부 왜곡된 유대인 교육만 시킬 경우 부분적으로 실패할 수 있다.
그래도 바울은 유대인 교육을 받았기에
조상들의 토라와 수직문화를 전수받아 기독교를 창안할 수 있었다.

눈물로 일생을 보내서는 안 된다
그렇다고 웃고만 보내서도 안 된다

……. 탈무드에 의하면 인간의 절반은 하늘에, 나머지 절반은 땅에 속해 있어서, 인간에게는 천성(天性)과 수성(獸性)이 함께 담겨 있다고 한다. 이렇듯 인간은 갖가지 요소로 이루어져 있으므로, 희로(喜怒) 애락(哀樂) 가운데 어느 한 가지 감정에만 빠져 치우칠 수는 없다. 우리 인생의 핵심은 균형이다.

우리는 하루 온종일 울거나 화를 내거나 웃거나 하는 일로 보낼 수는 없다. 여기에도 균형이 있어야 한다.

매사에 균형, 균형…. 일생 동안 잠시도 잊어서는 안 되는 것이다.

_ 탈무드 잠언집(쉐마, 2016, pp. 115-116)

〈저자 주: "유대인은 메시아이신 예수님을 죽인 민족인데, 왜 그들의 교육을 배워야 합니까?", "유대교와 기독교의 구원과 성화는 어떻게 다른가?"라는 질문 등은 매우 신학적인 질문들이다. 따라서 이 책에서는 다루지 않는다. 이에 대해 더 알고자 하는 이는 저자의 저서 '부모여 자녀를 제사 삼아라' 시리즈 제1권 《실패한 다음세대 교육 왜 유대인 교육이 답인가》 제2부 제4장 '유대인 교육을 부정하는 7가지 질문에 대한 답변'을 참조 바란다.〉

IV. 적용: '교육의 내용과 형식' 입장에서 본 도킨스의 '문화적 기독교인' 비판

최근 국민일보는 영국의 리처드 도킨스(Richard Dawkins)가 자신은 '문화적 기독교인'(A Cultural Christian)이라고 했다는 기사를 썼다. '문화적 기독교인'이라는 용어는 앞에서 다루었던 '이면적 유대인과 표면적 유대인' 그리고 '구원론적 입장에서 본 교육의 내용과 형식'이란 주제와 관련이 많다. 따라서 제3장을 마무리하며 '문화적 기독교인'이 무슨 뜻인지, 그리고 이에 대한 장단점이 무엇인지를 비판해보자. 이것은 진짜 기독교인과 가짜 기독교인을 분별하는 데 도움을 준다. 그리고 이것을 알아야 기독교인의 바른 정체성을 회복할 수 있다.

영국의 리처드 도킨스(Richard Dawkins)는 영국의 옥스퍼드대학교 명예교수다. 또한 그는 진화생물학자 및 동물행동학자이며, 대중적인 저술에도 힘써 《이기적 유전자》라는 히트작을 쓴 작가이기도 하다(namu.wiki).

우선 국민일보 기사 중 일부를 보자.

'만들어진 신' '이기적 유전자'의 저자이자 전투적 무신론자로 알려진 영국의 리처드 도킨스가 최근 자신을 기독교인으로 밝혔다. 하지만 그의 기독교 정체성은 신앙고백에 의해 거듭난 성도가 아니라 기독교문화가 저변에 깔린 영국인으로서의 '문화적 기독교인'(A Cultural Christian)이다. 그는 최근 영국

LBC(Leading Britain's Conversation) 뉴스와의 인터뷰에서 "나는 나 자신을 문화적 기독교인이라고 부른다. 나는 찬송과 성탄 캐럴을 좋아한다. (영국에서 사는 것은) 마치 기독교 분위기가 가득한 집에 있는 것 같다"며 "기독교와 이슬람교 중 하나를 선택해야 한다면 나는 매번 기독교를 선택할 것"이라고 말했다. 이에 대해 미국 크리스채너티투데이(CT)는 지난 5일(현지시간) '새로운 무신론, 마침내 기독교를 파괴하는 법을 배우다'라는 제목의 기사를 올리고 "문화적 기독교인이란 신이 누구인지 또는 신이 존재하는지에 대한 관심이 아니라 국가적 관습에 따라 우리와 그들이 누구인지를 정의하는 방식"이라고 꼬집었다. (출처 국민일보, "나는 '문화적 기독교인'" 리처드 도킨스 고백에 복음주의자들 '기독교 허무는 새로운 방법' 비판, 2024년 4월 9일).

이 기사 내용을 '교육의 내용과 형식'이란 공식에 대입하여 비판해보자. 리처드 도킨스가 말하는 '문화적 기독교인'이란 무엇인가? 하나님의 말씀에 기초한 이면적 신앙고백(교육의 내용)은 없고, 기독교의 외면적 전통(교육의 형식)만 가지고 있는 기독교인을 뜻한다.

그 증거는 도킨스가 하나님의 말씀보다는 '찬송과 성탄 캐럴'을 좋아한다는 데서 찾을 수 있다. 그리고 그는 "(영국에서 사는 것은) 마치 기독교 분위기가 가득한 집에 있는 것 같다"며 "기독교와 이슬람교 중 하나를 선택해야 한다면 나는 매번 기독교를 선택할 것"이라고 말했다.

이것은 무엇을 뜻하나? 그는 예수님을 구주로 믿지 않아 스스로 자신은 구원받지 못했다는 것을 자인하는 것이다. 따라서 그는 진정한 기독교이 아닌, 가짜 기독교인인 것이다.

그리고 그가 스스로 '문화적 기독교인'이라고 말하지만 그것은 그가 좋아하는 기독교인의 문화는 강한 전통적인 기독교문화가 아니라 비기독교인도 좋아하는 약간의 기독교문화를 뜻한다. 따라서 우리는 '문화적 기독교인'이라는 그럴듯한 용어에 속지 말아야 한다.

인성교육학적인 입장에서 도킨스의 종교성을 바울이 회심하기 이전의 종교성과 비교해보자. 바울은 유대교가 강조하는 유일신 하나님에 대한 신앙, 즉 이면적 교육의 내용이 투철했던 반면, 도킨스에게는 그것이 처음부터 없었다. 또한 전자는 매우 보수적인 유대교의 전통, 즉 표면적 교육의 형식을 가지고 있었는데 반하여, 도킨스는 기독교의 강한 전통이 처음부터 없었다. 전자는 종교적 수직문화가 매우 강한 반면 후자는 매우 약했다.

그 이유는 바울은 매우 보수적인 유대교의 회당에 정기적으로 참석하여 예배와 기도를 잘 드려왔었지만 도킨스는 기독교의 보수교회에 출석하여 예배와 기도를 드리지 않았기 때문이다. 유럽에 도킨스와 같은 가짜 기독교인이 많은 이유는 기독교의 역사가 오래되어 예수님에 대한 첫사랑을 잃어버렸기 때문이다.

이 두 사람이 예수님을 믿는다면 어떤 기독교인이 될 것인가? 바울은 매우 좋은 그리스도인의 모델이 될 수 있지만 도킨스는 매우 진보적인 기독교인이 될 확률이 높다.

결론적으로 도킨스에게는 교육의 형식, 즉 교회의 전통이 거의 없는 것도 문제지만, 교육의 내용, 즉 기독교인의 신앙고백이 없는 것은 더 큰 문제이다. 현대는 이러한 가짜 기독교인이 점점 늘고 있다. 이를 막지 않으면 기독교의 미래는 암담할 것이다.

그래도 도킨스에 장점이 있다면 그는 기독교와 이슬람교 중 하나를 선택해야 한다고 하면 기독교를 선택한다고 했다는 것이다. 이것이 왜 장점인가? 최소한 그는 이슬람처럼 교회를 핍박하지는 않을 것이기 때문이다.

*세계화의 원리와 다문화성 인성교육의 원리를 알아야
글로벌 리더가 될 수 있다.*

〈다 함께 생각해 봅시다〉

유대인은 어떻게 신약시대 2천 년간 나라도 없이 전 세계를 유랑하면서도 타문화에 동화되어 사라지지 않고 끈질기게 살아남아 풍요를 누리고 있는가?

1948년 독립한 이스라엘의 국토는 현재 한국의 강원도 땅만 한데도 전 세계에 우뚝 서지 않았는가? 불과 700만 명의 이스라엘 인구가 13억 인구의 이슬람권을 제압할 수 있는 힘은 어디에서 나오는가?

그 이유 중 하나가 그들은 알찍이 세계화에 성공했기 때문이다. 그들의 세계화와 동화의 원리는 무엇인가?

제7부

한국인의 세계관:
다문화 속의 인성교육 원리
〈해외동포의 바른 자녀교육법〉

제1장
문제 제기: 지구촌에서 더불어 살아야 하는 한국인

제2장
지구촌에서 한국인의 인성교육:
한국인의 세계화 원리와 다문화권에서 동화의 원리

제3장
코리안 디아스포라 2세의 인성교육

제4장
한국인 기독교인은 동족 비기독교인보다
타인종 기독교인을 더 사랑해야 하는가

제 1 장

문제 제기, 지구촌에서 더불어 살아야 하는 한국인

I. 왜 한국인은 세계화와 다문화권 자녀교육을 알아야 하는가

II. 연구를 위한 질문

I. 왜 한국인은 세계화와 다문화권 자녀교육 원리를 알아야 하는가

1. 문제 제기 1: 다문화 속에서 살아야 하는 한국인

한국도 이제 개방이 가속화되고 각종 미디어 및 인터넷이 발전하면서 한국인은 더 이상 단일문화권이 아닌, 다문화 속에서 살고 있다. 외국인 주민수도 날로 증가하고 있다. 2023년 11월 8일 통계청에 의하면 2022년 11월 기준 외국인 주민은 2,258,248명으로 전년 대비 5.8% 증가하여 총인구 대비 4.4%다.[11] 그리고 2017년 기준 외국인 주민 자녀(국제결혼 가정 자녀)는 22만 2천 명에 달한다.[12] 한국은 급격하게 다문화 사회로 전환하고 있다.

뿐만 아니라 전 세계에 흩어져 다민족 문화권에서 살고 있는 한국인 수도 708만 명이다(2022년 말 기준). 2017년엔 743만명, 2019년에는 749만 명으로 증가했던 재외동포 수는 2019년 코로나 이후로 크게 감소하는 추세다.[13]

2023년 10월 19일 한국 재외동포청은 '2023 재외동포현황'을 공개했다. 재외동포가 2년 전 732만 명에 비해 708만 명(2022년 말 기준)으로 24만3000명 줄었다고 밝혔다. 재외동포란 '재외동포의 출입국과 법적

---

11) 외국인 주민수 통계; https://eiec.kdi.re.kr/policy/materialView.do?num=244511.
12) 외국인 주민 자녀(국제결혼 가정 자녀) 수 통계; http://nationalatlas.ngii.go.kr/pages/page_1925.php.
13) 재외동포 수 통계; https://wisdomagora.com/점점-감소하는-재외동포-인구/

지위에 관한 법률'에 따라 외국에 거주하는 한국인인 '재외국민'과 한때 한국인이었다가 대한민국의 국적을 이탈한 외국인(해외 시민권자) 및 그 직계비속, 즉 '한국계 외국인'까지 총칭한다(중앙일보, 2023 재외동포현황 통계, LA 한인 3명중 2명 시민권자, 2023년 10월 20일. 미주판).

재외동포가 가장 많이 거주하는 국가는 미국(261만5418명), 중국(210만 9727명), 일본(80만2118명), 캐나다(24만7362명), 베트남(17만8122명), 우즈베키스탄(17만4490명), 호주(15만9771명), 러시아(12만4811명), 카자흐스탄(12만1130명), 독일(4만9683명) 순이다(상게서).

그뿐인가? 한국 젊은이들의 외국 유학도 크게 늘고 있다. 2001년 8월 31일 당시 외국에서 공부하고 있는 한국인 유학생의 수는 72개 국가, 14만 9933명인 것으로 나타났다(중앙일보, 2002년 5월 1일). 국가별로는 2007년 4월 1일 기준으로 미국 유학생이 27.1%(5만 922명)로 가장 많고 중국 19.4%(4만 2269명), 일본 8.7%(1만 956명), 영국 8.4%(1만 8300명), 호주 7.6%(1만 6591명) 등의 순인 것으로 조사됐다(연합뉴스, 초중고 조기유학 출국 3만 명 육박 '최다', 2007년 9월 26일).

1903년 102명이 미국 하와이에 첫발을 디디며 시작된 미주 한국인들의 영어권 교회도 크게 늘어나고 있다. 2000년에는 영어권 목회(EM)를 65개 교회에서만 하고 있었는데, 1년 후 2001년 말에는 무려 242개 교회가 한국어 예배 외에 영어 예배 및 영어 활동부서를 두고 있다(크리스천 투데이, 2001년 12월 12일). 영어권 사람들이 그만큼 많아졌다는 뜻이다. 이렇게 한인 2세들의 수가 늘면서 미국 같은 다민족 사회에서 자녀 교육 문제가 크게 대두되고 있다.

한국인도 외국에서는 물론 한국 내에서도 다문화 속에서 살아야한다. 유대인을 모델로 한 다문화 속 자녀교육의 원리가 필요한 이유다.

따라서 국내외에서 한국인 자녀들이 자신들의 전통 문화, 즉 수직문화를 잃어가면서 정체성을 점점 잃어가고 있다. 또 전통문화를 가지고 있는 기성세대인 1세대와 그렇지 못한 2세대 간에 심한 문화적 세대차이를 느끼고 있다. 심지어 내면적 세계뿐 아니라 외모까지도 차이가 나기 시작했다. 그 결과 1세와 2세 사이에 심한 문화 충돌이 발생하고 있다.

그런 면에서 다문화권 사회에서 살고 있는 한국인은 자녀를 어떻게 키워야 할지에 대한 대안이 시급하다. 이를 해결하기 위해서는 다음 세 가지 질문에 답해야 한다.

1) 우리의 자녀를 다문화 사회에서 자신들이 거주하고 있는 국가 및 민족의 문화 속에서 그들 문화에 동화해야 하는가, 아니면 한국인의 정체성(Identity)을 가지도록 해야 하는가?

2) 어떻게 해야 한국인 자녀들이 지구촌에서 경쟁력을 키우고 인류 평화와 번영에 기여할 수 있을까?

3) 자신이 속한 현지 문화와 국가에서 어떻게 처신하는 것이 지혜로운 삶인가? 〈이외 더 구체적인 연구를 위한 질문은 아래 II. 항 참조〉

저자는 이 질문에 대한 답을 주로 유대인을 모델로 설명하고자 한다. 왜냐하면 유대인은 역사적으로 세계화에 성공한 모델이기 때문이다.

그들은 어떻게 신약시대 2천 년간 나라도 없이 전 세계를 유랑하면서도 타문화에 동화되어 사라지지 않고 끈질기게 살아남아 풍요를 누리고 있는가?

이스라엘은 한국의 강원도 땅만 한 크기에 인구는 불과 700만 명이다. 그런데 13억 인구의 아랍권을 제압할 수 있는 힘은 어디에서 나오는가? 그 이유 중 하나는 그들이 일찍이 세계화에 성공했기 때문이다. 그들의 세계화와 동화의 원리는 무엇인가? 한국인은 그들에게서 무엇을 배워야 하는가?

저자는 미국에 거주하는 교포들의 예를 많이 들었지만 이 원리는 어느 문화권, 혹은 국가에 거주하든지 상관없이 모든 해외 한국인 디아스포라에게도 적용된다. 뿐만 아니라 다른 인종이나 다른 민족에게도 적용될 수 있다.

이스라엘은 강원도만 한 크기에 인구는 불과 700만 명이다.
그런데 어떻게 13억 인구의 아랍권을 제압할 수 있는가?
그 이유 중 하나는 그들이 일찍이 세계화에 성공했기 때문이다.
그들의 세계화와 동화의 원리는 무엇인가?

2. 문제 제기 2: 한국 지방의 다문화 속의 자녀교육 문제점
〈다문화 가정 자녀들에게 역차별 받는 한국인 자녀들〉

〈저자 주: 앞에서 한국 사회도 이제 다문화 사회로 진입했다고 설명했다. 다문화 사회에서 일어나는 다양한 문제들이 있다. 그 중 한 언론의 "시골학교선 다문화 아이들이 한국 아이 왕따시켜…학교는 못 본 척"이라는 기사를 요약하여 싣는다. 물론 이 기사 내용을 보편화할 수는 없다. 그러나 한 가지 부작용임에는 틀림없다. 한국에도 다문화 속 바른 자녀교육이 시급한 이유다.〉

한 시골 학교에서 다문화가정 아이들이 모여 다른 학생을 왕따시킨다는 사연이 전해져 네티즌들들이 충격에 빠졌다.

지난 2021년 8월 11일 박정호 명지대 교수는 "강원도 모 분교에 특강을 간 적이 있었다. 분교 전교생이 8명밖에 안 됐다. 5학년 아이와 장난을 치다가 교감 선생님과 잠깐 대화를 나눴다. 그런데 그 사이 나머지 6명 정도 되는 학생들이 축구공으로 얼굴을 치고, 넘어뜨리고 하면서 그 5학년 학생을 왕따시키고 있었다"고 말했다.

박 교수는 옆에 있는 교감 선생님에게 "왜 5학년 한 아이만 왕따시키느냐?"고 물었다. 그러자 충격적인 답변이 돌아왔다.

박 교수는 "(따돌림을 당하는) 5학년 친구 한 명만 아버지, 어머니가 모두 한국인이었고 나머지 아이들은 모두 다문화 가정 아이들이었다"라며 "'너는 우리랑 다르다'라는 이유로 그런 것이다. 이게 군 단위 이하(지방자치단체)의 현실"이라고 지적했다.

다만 "그렇다고 다문화 가정을 차별하자는 이야기를 하는 것이 아니다. 그분들도 국적이 모두 한국인 분들"이라며 "사회적으로 이런 문제에 관심을 가져주기를 바라는 마음에서 얘기한다"라고 덧붙였다.

인스티즈 네티즌들은 "다문화 가정 학생이 왕따 당하는 줄 알았는데", "광역시랑 가까운 시골 사는데 진짜 거의 다 다문화가정이다", "충격적이다", "몰랐는데 주위에 다문화 가정 은근 많았다", "한국도 이미 단일 민족이 아니다. 한국도 다문화 사회를 어떻게 구성해 나갈지 고민을 해야 한다"라는 반응을 보였다.

〈출처: 동아일보, *시골학교선 다문화 아이들이 한국 아이 왕따시켜…학교는 못 본 척*, 2021년 8월 18일. https://www.wikitree.co.kr/articles/679976, 2021년 8월 18일.〉

II. 연구를 위한 질문

질문 1: 세계화의 원리1: 지구촌과 함께 발전하는 한국인의 세계화 원리는 무엇인가?

1. 보편적 세계화의 원리:
   인류를 위한 지식의 세계화와 복지의 세계화
2. 한국인의 세계화 원리1: 내 것을 가꾸어 세계화하라
3. 한국인의 세계화 원리2:
   남의 것도 내 것으로 승화시켜라
4. 한국인의 세계화 원리3: 언어학적 측면에서 본 세계화
   (유대인은 자녀에게 몇 가지 언어를 가르치나)
5. 한국인의 세계화 문제점과 해결 방안
6. 유대인은 민족 형성 과정부터 세계화에 유리하다

질문 2: 세계화의 원리2: 다문화권에서 동화 원리는 무엇인가?
   (유대인의 동화 모델을 예로)

1. '사회구조에의 동화'와 '문화에의 동화' 원리
2. 유대인은 소화가 안 되는 민족이다
3. 미국 코리안 아메리칸의 이상적인 동화 모델
   〈나는 미국에서 미국인, 혹은 한국인으로 살아야 하는가〉
4. 다문화 속에서 성경적 동화 모델(예수님과 바울의 예)
5. 한국의 전통문화가 종교성에 주는 영향 연구 결과

질문 3: 코리안 디아스포라 2세의 인성교육은 어떻게 시켜야 하는가?
    1. 코리안 디아스포라 2세가 부모 세대를 섬기게 하는 방법
    2. 왜 부모는 자녀에게 족보를 가르쳐야 하는가
    3. 제사상의 세 가지 과일에서 찾는 한국인의 핵심 인성교육
    4. 조선족의 잘못된 정체성 문제와 유대인을 모델로 한 해결 방안

질문 4: 한국인 기독교인은 동족 비기독교인보다 타인종 기독교인을
      더 사랑해야 하는가
    1. 예수님은 동족인 유대인과 이방인 중 누구를 더 사랑하셨는가?
    2. 정통파 유대인이었던 바울은 비기독교인인 유대인과
       기독교인인 헬라인이나 로마인 중 누구를 더 사랑했는가?
       (롬 9:1-3)

질문 5: 기독교적 민족주의는 국수주의와 무엇이 다른가?
    1. 사랑의 우선순위는 무엇인가?
    2. 국수주의의 위험성과 샐러드 볼 이론의 정당성은 무엇인가?

질문 6: 대한민국 국민은 어떠한 민족관과 국가관 그리고 세계관을
      가져야 하는가?
    1. 왜 자녀들에게 정체성을 키우기 위하여 가족애와 애국심을
       가르쳐야 하나?
    2. 대한민국 국민의 국가의 정체성, 즉 국가관은 무엇인가?
       〈1919년 건국설 vs 1948년 건국설, 어느 것이 맞나〉
    3. 애국심의 슈퍼 파워 예: 이스라엘과 북한의 애국심 교육 비교

4. 독립운동가 vs 6.25 전쟁 영웅, 누가 더 위대한가?
5. 한국인은 왜 미국 편에 서야 하는가?
6. 분단 상황에서 대한민국 국민은 어떠한 국가관을 가져야 하는가?
7. 한국인은 '민족'과 '국가' 중 어느 것이 우선인가

> **실패한 일을 후회하기보다,
> 하고 싶었던 일을 하지 못한 것을 후회하라**
>
> – 마빈 토카이어 탈무드 잠언집 –

실패는 곧 성공의 토양을 만드는 데 유익하지만,
하고 싶은 일 그 자체를 하지 않았다는 것은
가능성의 토양을 모두 잃어버리는 꼴이다.

제2장

지구촌에서 한국인의 인성교육: 한국인의 세계화 원리와 다문화권에서 동화의 원리

I. 세계화의 원리 1: 지구촌과 함께하는 한국인의 세계화 원리

II. 세계화의 원리 2: 다문화권에서 동화의 원리 (유대인의 동화 원리 소개)

I. 세계화의 원리 1:
지구촌과 함께 하는 한국인의 세계화 원리

1. 보편적 세계화의 원리: 지식의 세계화와 복지의 세계화

20세기 초반부터 세계화(Globalization) 또는 국제화(Internationalization)란 단어가 등장했다. 교통과 IT 산업의 발달로 지구의 오대양 육대주가 이웃처럼 가까워졌다. 한국인은 세계화를 어떻게 이해하고 준비해야 하는가?

세계화는 우리의 옛것을 과감하게 버리고 발전된 서양의 가치를 무조건 따라가는 것이라고 생각하면 잘못이다. 이런 수평적 세계화에만 치중하다 보면 내 것을 잃기 쉽다. 남의 것만 따라가는 일방적인 동화이기 쉽다.

진정한 세계화란 무엇인가? 세계화란 "세계적으로 되거나 되게 함"(동아 메이트 국어사전, 2002, p. 819)이다. 그렇다면 한국인은 무엇을 세계적으로 되거나 되게 해야 하는가?

크게 2가지가 있다. 하나는 세계인이 추구하는 보편적 가치에 근거한 보편적 세계화이고, 또 하나는 한국인만이 갖고 있는 주체적인 것을 세계 수준으로 발전시키는 한국 것의 세계화(Korean Globalization)다.

먼저 보편적 세계화는 어느 지정된 나라 국민만이 가지고 있거나 추구하는 가치가 아니라, 인간의 삶의 질을 높이기 위해 세계인이 동감하며 함께 추구하는 보편적 가치들을 최상의 수준으로 지향하는 것이다.

즉, 세계인이 모두 추구하는 가치들의 세계적 수준의 공통분모들이다. 세계인이 추구하는 보편적 세계화도 2가지로 나누어 설명할 수 있다. 첫째는 지식의 세계화(Knowledge Globalization)이고, 둘째는 복지의 세계화(Welfare Globalization)다.

지식의 세계화는 세계인이 자신들의 삶에 필요한 공통의 수평문화를 세계 최고 수준으로 올리는 것, 즉 인간의 지식의 차원이나 기본 욕구의 차원 또는 외형적 표면의 차원이다. 외국어, 경제, 무역, 정치, 의학, 과학, 정보 및 예술 등이 여기에 속한다.

예를 들어 자연과학을 이용한 TV나 컴퓨터를 세계적인 수준으로 개발하여 전 세계에 수출하는 것이다. 지식의 세계화는 나라의 힘을 키우기 위해서도 꼭 필요한 것이다. 지식의 세계화가 곧 한 나라의 경쟁력이기도 하다. 보통 경제적인 면에서 세계화는 지식의 세계화를 가리킨다.

그러나 복지의 세계화는 인류 공동의 복지에 공헌한다는 보편적 가치(Universal value)를 추구하고 그것에 투자하는 것이다. 예를 들면, 세계인의 평화, 인권, 자연 환경 보호, 질병 퇴치, 난민 보호 및 가난한 사람들을 도와주는 구제 등이다. 서양의 경제 대국들은 인류의 공동 복지를 위한 비영리단체에 많은 투자를 한다. 그들은 이런 가치관을 성경적 세계관(Biblical Worldview)에서 취했다.

따라서 지식의 세계화보다 더욱 성숙한 단계의 세계화는 복지의 세계화다. 그러나 고급 인력과 물질의 투자 없이 인류의 복지를 개선하기는 힘들다. 즉 지식의 세계화 없이 복지의 세계화는 힘들다는 말이다. 따라서 2가지, 지식의 세계화와 복지의 세계화는 조화를 이루어야 한다.

지구촌 인류를 위해 지식의 세계화보다
더욱 성숙한 단계의 세계화는 복지의 세계화다.
그러나 지식의 세계화 없이 복지의 세계화는 힘들다.

2. 한국인의 세계화 원리1: 내 것을 세계화하라

A. 한국인의 내면적 가치와 외면적 전통의 세계화

이제 한국 것의 세계화(Korean Globalization)를 살펴보자. 이는 한국 민족만이 갖고 있는 가치를 발굴하여 그것을 세계적 수준으로 발전시키는 일이다. 그리고 우리의 것을 세계 속에 심어 세계인에게 사랑받는 아이템으로 공유할 수 있도록 제공하는 것이다. 이것은 한국인의 잃었던 정체성을 찾아 정리하는 일이기도 하다. 더 나아가 이것은 한국인의 정체성의 내용과 질을 높여 세계화하는 일이다.

이것을 이루려면 한국 민족의 세계화(Korean Globalization)도 2가지로 나누어 개발해야 한다. 하나는 한국인의 눈에 보이지 않는 내면적 가치의 세계화이고, 다른 하나는 한국인의 눈에 보이는 외면적 전통의 세계화다.

보편적 세계화도 중요하지만 더 중요한 것은 한국적 전통 가치의 세계화다. 왜냐하면 눈에 보이는 보편적 세계화는 눈에 안 보이는 정신세계에 의해 추진되기 때문이다. 따라서 보편적 세계화를 가능케 하고 지탱하고 더 큰 힘을 발산케 하는 한국인의 정신적·주체적 세계화가 더 중요하다.

따라서 한국인의 정신세계에 '내 것'이 없으면 보편적 세계화도 오랫동안 지탱하기 힘들 것이다. 먼저 수직적인 내 것을 가꾸고 개발하여 세계적 수준으로 끌어올려 어느 나라에 가져다 놓아도 그 모양과 질에 손색이 없어야 자신의 내면적 자신감과 함께 외면적 자신감을 얻을 수 있다.

그렇다고 해서 자신에게만 유익하고 다른 민족에게는 해를 입히는 국수주의여서는 안 된다.[14]

 오히려 한국 것의 세계화는 민족의 에너지를 모아서 이를 세계화하여 인류 복지에 기여해야 한다.

한국인의 내면적, 정신적 가치의 세계화란 한국인의 정신적 정체성의 내용이 양과 질에서 세계 수준이 되는 것을 의미한다. 즉 한국인의 수직문화가 세계화를 이루어야 한다. 따라서 먼저 한국인은 자신들이 누구인지를 정립해야 한다.

예를 들면, 한국인의 정신세계를 이루는 신언서판(身言書判)의 양반문화 및 효사상 등을 세계화해야 한다. 특히 한국의 효사상은 가히 세계적이다.

물론 그 중에 삼강오륜이나 칠거지악 등도 적용을 해야 한다. 그러나 현대 상식에 맞게 고쳐야 할 것이 있다. 여자가 시집 와서 자녀를 못 낳으면 쫓겨나야 하는 것 등은 오늘날에 맞지 않는 여성 차별적이고 권위주의적 사상이다. 시대에 뒤떨어진 문화는 제거하고 세계 어디에 내놓아도 손색이 없는 한국인의 도덕과 윤리 수준의 인성교육 내용을 다시 만들어야 한다. 이와 함께 우리의 외면적 전통들을 개발하고 가꾸어 세

---

14) 국수주의에 대해서는 이 책 제7부 제4장 Ⅳ. 4. '국수주의는 세계 평화의 적이다' 참조.

계적 수준으로 끌어올려야 한다. 세계화는 서양의 양복만 입는다고 해서 되는 것이 아니다.

한국인의 정신세계에 내 것이 없으면
보편적 세계화도 오랫동안 지탱하기 힘들다.
한국 것의 세계화는 민족의 에너지를 모아서
이를 세계화하여 인류 복지에 기여해야 한다.

B. 김치, 태권도, 한복, 국악, 대장금을 세계화시켜라

앞에서 한국의 외면적 전통을 세계화시키라고 했다. 그렇다면 구체적으로 어떤 것을 세계화할 수 있나? 몇 가지 예를 들어보자. 한국의 고유 음식인 '김치'가 있다. 발효식품으로 맛과 영양가가 풍부하다. 우리의 2세들이 김치를 외면하는 동안, 일본에서 이를 연구 개발하여 '기무치'라는 이름으로 전 세계에 수출하여 세계적인 음식으로 상품화하고 있다. 너무나 안타깝다.

앞으로 국악(國樂)도 세계적인 음악의 반열에 올려 세계화시켜야 한다. 그렇지 않으면 일본이나 중국이 자기 것인 양 우리의 국악을 자신들의 브랜드로 세계화할지도 모른다. 한국의 국악에는 한국인의 깊은 철학과 정서가 배어 있기 때문에 충분히 세계화가 되고도 남는다. 우리가 이런 귀한 가치들을 가벼이 여기면 안 된다.

그런 면에서 한국의 세계적인 대중음악 그룹인 BTS가 한국의 국악을 세계인에게 소개하면 얼마나 좋을지를 생각해 보았다. 물론 그들이 아리랑을 편곡하여 부르는 것을 본적이 있다. 그러나 그것을 부를 때 원곡을 한복을 입고 불렀다면 얼마나 좋았을까.

한국 기독교는 국악의 형식(Forms, 작곡)에 기독교 내용을 넣은(작사) 국악 찬양도 더 많이 개발해야 한다. 저자는 이미 쉐마교육 운동을 펼치며 쉐마교육의 소주제들을 모두 국악으로 작곡한 바 있다. 쉐마 3대찬양, 쉐마 효도찬양, 쉐마 아버지찬양, 쉐마 어머니찬양 등이다.[15]

저자가 미국 풀러(Fuller) 신학교에서 선교학을 공부할 때였다. 학기 첫 시간에 아프리카 선교사 출신 백인 교수가 학생들에게 주문했다.

"여러분 나라의 고유음악으로 하나님을 어떻게 찬양하는지 듣고 싶습니다. 몇 사람 나와 소개 좀 하시지요."

선교학 강의실에는 세계의 다양한 인종들이 70여명 모여 있었다. 먼저 케냐에서 온 학생이 나와 아프리카 토속 춤을 추면서 케냐식 음악으로 하나님을 찬양했다. 다음은 헝가리 학생이 나와 헝가리 음악으로 하나님을 찬양했다. 그 다음 한국 학생이 나와 개편 찬송가에 있는 서양곡을 불렀다. 그 교수가 다 듣고 나서 고개를 갸우뚱하며 다시 주문했다.

"그 곡은 우리 것이다. 한국 고유음악으로 하나님을 찬양해 보세요."

---

15) 쉐마 국악찬양 듣기를 원하면 쉐마교육연구원 홈페이지(www.shemaiqe.org)에 들어가 교육자료 메뉴 참조 바람.

두 번째로 나와서 용감하게 부른 한국 학생도 개편 찬송가에 실려 있는 서양곡을 불렀다. 교수는 어이없는 표정을 지으며 이렇게 말했다.

"그 곡도 우리 것입니다. 한국 사람들은 참 이상합니다. 왜 여러분 나라의 고유 음악이 없습니까? 한국 기독교인들은 왜 우리 것을 자기 것이라고 우기는지 모르겠습니다."

세 번째 한국 학생이 나왔다. 그 학생은 저자처럼 생활 한복을 입고 있었다. 그리고 국악 찬양인 "예수님이 좋은 걸 어떡합니까…"를 덩실덩실 한국 춤을 추면서 불렀다. 그때야 그 교수는 이렇게 말했다.

"바로 저것입니다. 이제 한국인은 꼭 서양 것을 자기 것으로 착각하지 마세요."

소위 배웠다고 하는 엘리트 중에 이런 착각 속에 사는 사람이 한둘이겠는가? 한복도 마찬가지다. 옛날의 전통한복은 멋은 있지만 불편함이 많았다. 1990년대 후반부터 선보인 새로운 생활한복은 전통한복보다 정장은 아니지만 약간의 옛날의 멋과 편리함을 조화시킨 걸작품이다. 이것을 더 개발하여 세계적 수준으로 끌어올려 어느 나라에 가져다 놓아도 모양과 질에 손색이 없도록 해야 한다.

그리고 세계인이 너도 나도 한복을 입고 저잣거리를 활보하도록 해야 한다. 이것이 세계화이며, 이렇게 하는 사람이 진정한 애국자다. 그렇게 되면 한국제 자동차나 TV가 더 잘 팔릴 것이다. 저자가 한복을 입고 오대양 육대주에 강의를 하러 다니면 많은 외국인이 이런 옷을 어디

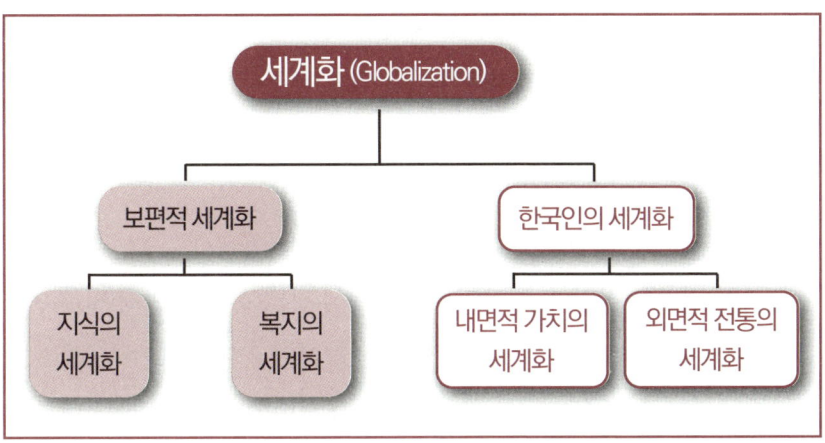

이상적인 세계화의 구조

에 가면 살 수 있느냐고 묻는다. 여성의 한복은 미의 극치다. 그런데도 한국 여성은 왜 한복을 안 입는지 모르겠다.

한국의 스포츠는 어떠한가? 이미 한국의 태권도는 세계화가 되었다. 전 세계 한국 태권도 사범은 기본 동작이나 자세를 한국말로 가르친다. 시작하기 전 태극기에 대한 경례를 한다. 태권도는 이미 올림픽 종목에 포함되어 있지 않은가!

미국의 빌 클린턴 전 대통령과 많은 미국 국회의원들을 가르친 이준구 사범은 정부에서 하지 못하는 일을 한 셈이다. 전 세계에 이런 사람들이 매우 많다. 그들이 진짜 애국자들이다. 이제 한국의 씨름도 세계화를 하도록 노력해야 한다.

한국의 드라마도 마찬가지다. 우리는 세계인이 한국의 전통문화에 대해 목말라하고 있다는 것을 알아야 한다. 그 증거로 한국의 사극 '대장금'이 전 세계인의 이목을 끌었다는 사실에 주목해야 한다.

저자가 미국 캘리포니아 남부에 위치한 그레이스 커뮤니티 쳐치(Grace Community Church, John MacArthur, 존 맥아더 목사 시무)를 방문했을 때였다. 한 미국인 부부가 저자가 한복을 입은 것을 보고 다가와 한국인이냐고 물었다. 그렇다고 했더니, 대장금을 아느냐고 물었다. 안다고 했더니 엄지척을 보이며 최고였다고 했다.

대장금은 극도로 외세 유입을 막는 이슬람 나라에서도 국민 드라마로 높은 인기를 끌었다. 한국인은 한국의 수직문화, 즉 내면적 및 외면적 전통문화에 대한 자부심을 가져야 한다. 그리고 이를 보존하도록 노력해야 한다. 이를 위해서는 우리의 전통을 보존해왔던 노인들을 더 이상 '꼰대'나 '틀딱'이라며 비아냥거리면 안 된다. 오히려 그분들을 존경하고 감사해야 한다.

설사 앞에서 언급한 주제들이 세계적이 아니라고 해도 우리는 우리의 것을 사랑하고 존중해야 한다. 우리가 우리의 것을 경멸한다면 누가 우리의 것을 존중하겠는가!

이를 요약하면 한국인은 2가지 세계화를 이루어야 한다. 첫째는 보편적 세계화이고, 둘째는 한국 것의 세계화다. 보편적 세계화에는 다시 2가지, 지식의 세계화와 복지의 세계화가 있다. 한국 것의 세계화도 2가지, 한국인의 내면적 가치의 세계화와 외적으로 눈에 보이는 전통의 세계화로 나눌 수 있다.

저자는 경제적 부와 나라의 힘을 위해 외면적 세계화도 중요하지만 더 중요한 것은 그 힘을 지탱하고 가능케 하고 더 큰 힘을 발산케 하는 한국인의 정신적 내면적 세계화라고 생각한다. 우리는 유대인처럼 내 것을 가꾸어 세계화하는 민족이 세계인을 지도할 자격이 있음을 명심해야 한다. 내 안의 정신세계를 잃으면 어떻게 격랑의 역사에 대응할 수 있는 도전적인 힘이 생기겠는가?

한국 전통을 보존해왔던 노인들을
더 이상 '틀딱'이라며 비아냥거리면 안 된다.

3. 한국인의 세계화 원리2: 남의 것도 내 것으로 승화시켜라

독일의 유명 시사 주간지 〈디 차이트(Die Zeit)〉의 도쿄 특파원이 연극 연출가 이윤택 씨에게 물었다. "무엇이 한국적인가?" 그 물음의 이면엔 중국에 가면 중국적인 분위기가 물씬 풍기고 일본에 가면 일본적인 분위기가 물씬 풍기는데 한국에 가면 왜 한국적인 것이 없느냐는 뜻이 담겨 있었다. 그가 대답을 망설이는 동안 옆의 동료가 한국적인 것이 분명 있긴 있는데 우리도 찾고 있는 중이라고 말했다고 술회했다(한국일보, 무엇이 한국적인가, 1997년 1월 27일).

사실 한국에는 한국적인 것들이 별로 눈에 띄지 않는다. 중국과 일본 여성들은 자기네 전통의상을 자주 입지만 한국 여성들은 전통의상을 잘 입지 않는다. 그래서 한국 대도시에 가면 마치 미국에 온 듯한 느낌이다. 빌딩이나 도로 간판 및 정원까지 미국식이다. 가야금 같은 악기가 있지 않느냐고 반문할지 모르지만 이런 것들은 대중성이 없어서 박물관에나 가야 볼 수 있을 정도다.

이런 면에서 우리는 일본에게 배울 것이 있다. 일본은 한국과 무엇이 다른가? 일본은 역사적으로 우리보다 미개한 나라였지만 남의 것을 열심히 배웠다. 옛날 한국, 중국, 인도차이나로부터 배웠다. 근대에는 스페인, 독일 및 미국으로부터 배웠다. 배울 때는 외국 선생들을 극진히 존경하고 따랐다. 모든 면에서 최상의 대우를 해주었다(홍일식, 1996, pp. 72-73).

그러나 일본에 가 보면 일본다운 것들이 즐비하다. 왜 그런가? 그들은 남의 나라의 것들을 배운 뒤 그것을 그대로 사용하는 것이 아니라 일본 문화와 정서에 맞도록 개조(일본화)했기 때문이다.

반면 한국은 다르다. 한국은 남의 것을 배우면 그것을 속과 겉 모두 한국에 그대로 심어 놓는다. 그렇기 때문에 한국에는 한국적인 것이 점점 없어져 가고 있다. 어린이들에게 한민족에 족보가 없는 문화나 교육 내용이나 방법을 가르치고 있다. 현대에 와서 이러한 현상은 더 뚜렷하게 나타나고 있다.

예를 들어 보자. 어린 자녀를 위한 '몬테소리 학습법'이 있다. 그 교육의 내용과 방법이 좋다고 한다. 그런데 한국에는 '미국식 몬테소리 학습법'과 '일본식 몬테소리 학습법'이 있다. 왜냐하면 한국인 교사들 중에 미국에서 배워온 교사들은 미국식 몬테소리 학습법을, 일본에서 배워온 교사들은 일본식 몬테소리 학습법을 그대로 사용하기 때문이다.

그렇다면 일본식 몬테소리 학습법은 어떻게 해서 만들어졌는가? 원래는 한국인 교사나 일본인 교사나 모두 미국에서 몬테소리 학습법을 배워왔다고 한다. 그런데 일본인 교사들은 그것을 자신들의 정신적 교육철학과 일본인의 삶에 맞도록 고치고 재정립하여 '일본식 몬테소리 학습법'으로 만들었다. 〈이외에도 일본은 백제의 문화를 배워가 일본식 문화로 많이 개조했다. 도자기가 대표적이다.〉

그렇다면 왜 한국식 몬테소리 학습법은 없는가? 한국인 교사들은 미국에서 배워 온 몬테소리 학습법을 그대로 사용했기 때문이다. 한국인은 서양에서 무엇을 배워오면 그것을 한국식으로 만들 생각을 하지 못하기 때문이다. 매우 안타깝다. 이제라도 우리도 한국적인 것으로 개발해야 한다.

인간의 능력에는 한계가 있다. 우리가 부족한 것은 다른 나라에서 배워올 수도 있다. 그러나 자기의 것을 가미하여 남의 것을 이용하는 것과, 자기 것이 없이 남의 것을 그대로 이용하는 것은 완전히 다르다.

이제 한국의 종교 문제로 들어가 보자. 한국 사람들은 기독교가 외래 종교라고 하지만 사실 기독교뿐만 아니라 불교, 유교 모두 외래 종교다. 우리 조상들은 인도에서 들여온 불교나 중국에서 들여온 유교 모두 한국적인 불교 그리고 한국적인 유교로 토착화시켰다.

기독교도 마찬가지이다. 미국 선교사들이 한반도에 복음을 들고 들어왔을 때, 그 내용은 기독교 복음이지만 예수님을 믿는 방법(틀)은 한국인 특유의 정서적인 것들이 많았다. 새벽기도와 철야기도 및 산기도 등이 대표적이다.

그리고 선배 목사님들의 삶을 보면 선비사상에 젖은 곧은 목자의 길을 걸은 분들이 많았다. 이러한 한국 초대교회의 기독교문화가 평양신학교에서부터 형성되어 1960년대까지 지속되어 왔다. 신학도 개혁주의 노선에 선 일관된 전통이 있었다.

그런데 후에 많은 엘리트 신학자들이 독일이나 미국에 가서 공부를 하고 돌아왔다. 그리고 그 나라에서 배웠던 신학의 내용과 방법을 그대로 신학생들에게 소개했다. 따라서 신학생들은 어느 교수에게서 배웠느냐에 따라 신학생들의 신학 노선과 학문의 방법이 각각 다르다. 서양에서 들여온 것을 한국식으로 재정리하지 못한 탓이다.

이제는 모든 신학을 한국인에게 맞도록 재정립할 때다. 물론 조직신학, 주경신학, 역사신학 등은 주님 오실 때까지 변하면 안 될 것이다. 그렇다하더라도 실천신학 및 교회음악 등은 한국인 정서에 맞도록 재정리해야 한다. 교회 건물도 뾰쪽한 고린도식 빌딩보다는 한국식으로 지을 필요가 있다.

그렇지 않으면 보수 신학과 믿음 생활에서 세대차이를 막을 길이 없다. 보수 신학과 믿음 생활에 세대차이가 생기면 교회는 문을 닫아야 한다. 한국에 하나님을 섬기는 기독교가 없어지면 희망이 없다. 그때에는 또다시 일본과 중국의 속국이 될 수밖에 없다는 것을 명심해야 한다.

몬테소리 학습법, 일본식 몬테소리 학습법은 있는데
왜 한국식 학습법은 없는가?

4. 한국인의 세계화 원리 3: 언어학적 세계화
〈유대인은 몇 가지 언어를 가르치나〉

A. 유대인의 언어 정책과 한국에서 한자 병용의 필요성

미국의 비영리 언어교육연구 기관인 실(SIL) 인터내셔널에 의하면, 전 세계에서 한국어 사용 인구가 7500만 명으로 1위 중국어 8억 8500만 명, 2위 스페인어, 3위 영어에 이어 11번째이다(중앙일보, 2000년 7월 24일). 이 통계는 한글의 세계화가 점점 더 필요해진다는 것을 뜻한다.

그런 가운데 한국은 현재 한자 병용에 대한 찬반 논쟁이 뜨겁다. 저자는 한자 병용이 왜 필요한지 그 이유를 한국인과 한자의 관계적 측면에서 설명해보고자 한다. 그리고 유대인의 언어 정책을 모델로 다문화 속에서 사는 동포들의 실용적인 측면과 문화적인 측면에서 설명해보자.

첫째, 언어와 문자는 의사전달 수단이다.
언어와 문자는 삶의 문제를 해결할 수 있는 가장 중요한 도구 중 하나다. 자동차를 고칠 때 연장이 많을수록 쉽고 빠르게 고칠 수 있는 것처럼 어려서부터 많은 문자나 언어를 습득하면 그만큼 삶이 편리하다. 뿐만 아니라 많은 정보를 얻을 수 있어 경제적으로, 학문적으로 그리고 문화적으로 남보다 앞서갈 수 있다.

유대인이 수천 년 동안 전 세계를 유랑하면서도 세계의 지도자 위치에 우뚝 선 것은 그들의 특별한 언어정책과도 무관치 않다. 유대인 부모는 자녀가 태어나면서부터 3개 국어를 동시에 가르친다. 첫째는 모국어인 히브리어, 둘째는 자신의 거주 지역 언어, 셋째는 국제적으로 많이 사용하는 제3국 언어를 가르친다.

예를 들면, 브라질에 사는 정통파 유대인이라면 자녀에게 모국어인 히브리어와 거주 지역 언어인 브라질어(브라질에서 쓰는 포르투갈어) 그리고 제3국어인 영어를 가르친다. 현재 이스라엘에서도 히브리어와 영어가 학교와 정부의 공용어다. 최근에는 러시아에서 살던 유대인이 많이 들어오면서 러시아어도 많이 가르친다.

그밖에 아람어를 비롯한 주변 국가들의 언어도 익힌다. 이러한 유대 민족의 언어와 문자 정책은 그들이 세계 경쟁에서 우뚝 서도록 하는 데 크게 공헌했다. 즉, 자녀에게 여러 언어를 가르치는 교육 정책은 일찍이 세계화에 큰 도움을 주었다.

저자가 미국에서 산 지 50여 년 동안 가끔 한자 덕을 본다. 중국을 비롯한 동남아권에서 이민 온 사람들과 말은 안 통해도 대부분 필담(筆談)으로 최소한의 의사소통을 할 수 있었기 때문이다. 한자의 위력은 대단하다. 전 세계에서 가장 많이 사용되는 문자는 영어가 아닌 한자다. 통계에 의하면 세계 인구의 약 3분의 1이 한자를 사용한다. 따라서 한자교육은 한국인의 세계화를 위해서도 꼭 필요하다.

둘째, 언어와 문자에는 그 민족의 문화가 배어 있다.

한글 이외의 다른 문자를 배우면 그 나라 문화를 그만큼 익히는 것이다. 그 나라의 문화를 알면 세계관도 그만큼 넓어진다. 이것은 타인종을 껴안을 수 있는 포용력과 인간관계의 증진에도 도움이 된다. 세계화는 말로만 되는 것이 아니다. 어려서부터 타인종의 언어와 문자를 익힘으로써 정보 습득뿐만 아니라 감성 체험도 겸할 수 있다.

따라서 한국인은 동남아권 이웃과의 좋은 관계뿐만 아니라 무역을 위한 상거래를 위해서도 그리고 동남아권 선교를 위해서도 한자를 배워 두는 것이 유리하다. 또한 다른 나라의 문자를 배우는 것은 상대방을 알게 됨으로써 그들과의 갈등을 지혜롭게 줄일 수 있는 하나의 방법이기도 하다.

유대인이 타국에 거주하면 그 지방의 언어와 문화 그리고 법을 먼저 익히는 이유도 바로 여기에 있다. 더구나 한자에는 우리 조상들의 전통문화와 사상이 배어 있지 않은가! 따라서 한자를 모르면 2세들에게 한국인의 전통문화 가치를 전달하는 데 한계가 있다.

셋째, 영어보다 한자를 더 사랑하는 것이 민족주의자다.

현재 한국에서는 세계화를 위해 영어를 초등학교에서부터 가르칠 뿐 아니라 일부는 두세 살 때부터 과외공부를 시킨다고 한다. 실제로 서울 주요 번화가의 간판들을 보면 우리말보다도 영어를 비롯한 서양어가 많은 느낌이 든다. 오죽하면 탈북자들이 한국에 와서 외래어를 몰라 소통이 힘들다고 할까!

한국인이 실용적인 이유로 영어를 배운다면 한자는 한국인의 전통문화와 사상을 전수하는 실용성을 위해서도 배워야 한다. 우리 조상들이 수천 년 동안 사용해 왔던 한자를 안 가르친다는 것은 자기 것을 업신여기는 것과 같다.

따라서 한글 전용을 주장하는 학자들이 어려서부터 영어를 가르치는 데는 아무 말도 하지 않으면서 한자 병용을 주장하는 이들에게는 사대주의자로 모는 것은 진정한 민족주의에 반하는 것이다. 자신들의 족보도 한자로 기록되어 있지 않은가! 후손이 조상의 족보를 읽지 못하면 되겠는가! 따라서 진정한 민족주의자는 한글을 먼저 사랑하되 한자도 함께 배워야 한다.

넷째, 한글을 더 발전시키기 위해 한자병용이 필요하다.

왜 한자 병용이 꼭 이루어져야 하는가? 한글을 더 깊고 넓게 그리고 아름답게 발전시키기 위함이다. 한글과 한자는 불가분의 관계에 있기 때문이다.

국문학자 진태하 박사(명지대 원로교수)에 의하면 한국어 어휘의 75% 이상이 한자로 되어 있다고 한다. 그런데 한자를 모르고 어떻게 한글 단어의 뜻을 명확하게 알 것이며, 한글을 더 발전시킬 수 있겠는가?

해외동포들이 자녀에게 한글을 가르치다가 더 깊게 가르치지 못하는 한계에 부딪치는 이유는 한자로 설명하지 않으면 이해가 안 되는 한글 단어들이 너무 많기 때문이라고 한다. 앞에서 저자가 사용한 '필담(筆談)'이란 단어의 뜻을 한글만으로 어떻게 설명할 것인가?

부모와 자식 간의 일상적인 대화를 넘어서 교양 있고 수준 높은 그리고 깊이 있는 사상이나 철학이 담긴 대화를 나누려면 한자를 사용하지 않고는 거의 불가능하다. 이로 인해 부모가 웬만큼 영어를 잘하지 않으면 자녀의 인성교육은 불가능하다. 이것이 세대차이의 근본 원인이 된다.

따라서 2세에게 한국어에 담긴 한국인의 얼과 문화를 심어주려면 부모가 사용하는 한글과 더불어 한자도 함께 가르쳐야 더 효과적이다.

이런 문제는 미국의 영어권 가정에서도 마찬가지다. 부모들이 자녀들에게 "밥 먹었느냐?", "학교에 갔다 왔느냐?" 등의 일상용어는 쉽지만 상류층에서 사용하는 예의바르고 깊이 있는 고급영어는 어렵다. 따라서 미국 사람과 대화만 할 줄 안다고 하여 영어를 잘하는 것은 아니다. 더구나 의학이나 법학 및 신학으로 들어가면 라틴어나 희랍어를 모르고는 이해하기 힘든 단어들이 너무 많다.

그래서 언어 공부를 따로 해야 한다. 그래도 영어권에서는 라틴어나 희랍어는 비슷한 문법과 알파벳으로 되어 있어 어원을 찾기가 쉽지만 한글과 한자의 관계는 한자가 상형문자이기 때문에 형편이 다르다. 또한 문법도 다르다.

결론적으로 한자교육은 실용적인 측면에서, 문화적인 측면에서, 민족주의적인 측면에서 그리고 세계화를 위해 반드시 필요하다. 저자는 젊을 때 반일(反日) 감정 때문에 일부러 일본어를 배우지 않았는데 지금은 이를 후회하고 있다. 그들보다 앞서기 위해서라도 일본어를 배웠어야 했다.

유대인은 자신들의 적(敵)인 아랍인들이 사용하는 아람어를 배우지 않는가! 한글만 고집하면 민족주의자인 줄 아는 어설픈 국수주의는 개인은 물론 국가 발전에도 해가 될 수 있다는 사실을 명심해야 한다.

그러나 여기에서 분명히 짚고 넘어가야 할 것이 있다. 자녀들이 많은 나라 언어를 익히는 것도 중요하지만, 더 중요한 것은 한국인의 사상적 정체성의 바탕 위에 여러 언어를 익히게 해야 한다는 것이다. 그렇지 않으면 자신의 정체성을 잃어버려 자존감이 낮아 그 마음은 늘 공허할 수밖에 없다. 특히 여러 언어를 동시에 배울 경우 자신의 정체성이 흐려지기 쉽다. 이런 경우 언어 자체는 하나의 테크닉, 즉 수평문화에 속한다는 사실을 명심해야 한다.

많은 언어를 알면 세계화에 유리하다.
저자는 미국에서 중국인이나 일본인에게 필담으로 소통했다.
유대인은 자녀가 태어날 때부터 3개 국어를 동시에 가르친다.

B. 교육학적 측면에서 본 한자 병용의 필요성

한국인에게 한자 병용이 왜 필요한가? 앞에서는 유대인의 언어 정책을 모델로 한국인과 한자의 관계적 측면에서 그 유익을 설명했다. 이번에는 한자 병용이 교육학적으로 어떤 유익을 주는지 그 이유를 설명해보자.

첫째, 인식론적 입장에서 IQ 계발에 도움이 된다.
인식론적 입장에서 어린 나이부터 3개 국어를 동시에 배우게 하면 우선 IQ 계발(인지 발달)에 큰 도움을 줄 수 있다. 언어의 다양성을 익힐 뿐만 아니라 분석력과 이해력을 증진시키기 때문이다. 이런 이점은 차후 다른 나라 언어를 배울 때에도 그 나라의 문법을 쉽게 익히고 정확한 발음을 하는 데 도움을 준다. 더구나 어려서부터 다른 문자나 언어를 배워 외국인과 사귀어 두면 그들이 쓴 책을 그들의 감성으로 읽게 되어 저자의 뜻을 더 쉽게 이해할 수 있다.

둘째, 수직문화를 가르치기에 자녀의 인성에 도움을 준다.
한국에서 사용하는 대부분의 한자들은 수직문화와 관련되어 있다. 때문에 한자 교육은 자녀의 인성교육에 유익하다. 한자는 상형문자(象形文字)여서 한자의 자수(字數)를 풀어 그 뜻을 자녀에게 어릴 적부터 가르치면 글자의 모양만 기억하는 것이 아니고, 동양의 인성교육의 기본을 익히게 된다. 그리고 사물을 생각하는 철학적 사고력도 키워 줄 수 있다 (예: 효孝 – 자식이 어른을 받드는 것). 뿐만 아니라 한국인이 흔히 사용하는 새옹지마(塞翁之馬), 어부지리(漁父之利), 온고지신(溫故知新) 등의 고사성어(古事成語)에는 인생을 깊게 생각할 수 있게 하는 조상들의 깊은 지혜가 담겨 있다. 성경으로 얘기하면 잠언이나 전도서 같은 책이다.

하나님은 동양에도 특수계시인 성경이 전해지기 전에 선악을 구별하게 하는 양심과 보편적 지혜를 주셨다(롬 1:19-20, 2:14-15). 옛날 할머니들이 초등학교도 안 다녔지만 대학 나온 신세대 손녀들보다 더 지혜로운 이유는 그들이 한자 문화권 속에서 익힌 지혜교육 덕분이다. 따라서 한자교육은 지식은 많으나 지혜가 부족한 시대에 선악을 구별하고 삶의 지혜를 얻게 하는 인성교육에 절대적인 도움을 준다.

저자가 한국을 방문할 적마다 느끼는 것 중 하나는 한국의 젊은 세대들이 점차 세속화되고 있다는 점이다. 그 이유가 무엇인가? 어려서부터 인성교육에 필요한 깊이 있는 수직문화는 뒷전으로 하고 얄팍한 IQ교육만 받아 왔기 때문이다. 더구나 그들은 한문을 모르기 때문에 깊이 있고 지혜로운 글들을 읽지 못하고 가벼운 스포츠나 연예 이야기만 선호하는 경향이 많다.

누구의 잘못인가? 혹자는 한글 전용으로 젊은 세대의 문화가 활성화되었다고 주장한다. 그러나 바둑에도 급수가 있는 것처럼 문화에도 수준이 있다. 인간의 육을 자극하는 표면적인 수평문화인가, 아니면 깊이 있는 수직문화인가?

셋째, 한자를 모르면 반문맹자(半文盲者)가 될 수 있다.

2000년대에 한국의 모 대학 총장에게서 들은 에피소드다. 한번은 그가 젊은 경찰의 단속에 걸렸다. 경찰은 그의 운전면허증을 자세히 보더니 "이름이 뭐라고 쓰여 있는 겁니까?"라고 물었다. 그래서 그는 "거기 쓰여 있지 않느냐?"라고 되물었다.

그랬더니 그가 면허증을 돌려주면서 "그냥 가세요."라고 했다는 얘기였다. 그는 한자로 기재된 그 총장의 이름을 읽지 못했던 것이다. 이제 한국은 더 이상 2세들을 대학 나온 고급 문맹자로 만들어서는 안 된다. 대학 졸업자들이 신문 사설을 제대로 읽기 힘든 나라가 제대로 된 나라인가?

넷째, 물론 한국에서는 한글이 최우선 문자다.
마지막으로 한자 병용에 한 가지 단서를 붙인다면 한국에서는 한글이 최우선 문자임을 강조해야 한다는 사실이다. 과거처럼 한자를 너무 과용하면 안 된다는 것이다. 즉, 한자 병용의 목적이 분명해야 한다.
왜 한자를 병용해야 하는가? 한글을 더 바르게 사용하기 위한 것이지, 한글이 한자를 위한 것이어서는 안 된다는 것이다. 한자를 너무 강조하면 민족의 정체성에도 문제가 생긴다. 따라서 한자 병용은 어디까지나 한글을 더 잘 지키고 가꾸기 위해 필요한 것으로 정리해야 한다. 이로 인해 한글이 더 발전한다면 한국 민족의 자긍심도 더 높아지지 않겠는가?
이제 한국에서 한자를 써야만 양반인 척하는 시대는 지났다. 또 시대가 이를 수용하지 않을 것이다. 누구나 한글을 자랑스럽게 생각하고 사랑한다. 그리고 한글이 더욱 발전되어 세계 인류의 문화와 공익에 기여하기를 기대한다.

현재 한국에서 한자 병용을 반대하는 사람들은 이미 한자를 배운 세대이다. 그들은 먼저 한자를 알고 자유롭게 사용하면서 한글 전용을 주장하는 것과, 한자를 모르면서 한글 전용을 주장하는 것이 얼마나 다른지를 바로 인식해야 한다. 그들은 위에 열거한 한자를 못 배운 세대가 갖는 불이익과 그로 인한 그들의 내면세계의 빈약함에 마음 아파하며 그들의 장래를 걱정해야 한다. 그리고 자신들이 과거 어릴 때 한자를 배워서 다른 학문을 하는 데 지장을 초래했는지 아니면 유익했는지 다시 한 번 반추해야 한다.

결론적으로 한자교육은 자녀의 IQ계발과 인성교육을 위해 그리고 한글을 더 한글다운 한글로 발전시키기 위해 반드시 필요하다. 그뿐만 아니라 개인과 국가의 발전을 위해 그리고 인류의 공익을 위해 꼭 필요하다.

한자로 된 고사성어에는 조상들의 지혜가 담겨 있다.
옛날 할머니들이 대학 나온 신세대 손녀들보다 더 지혜로운 이유도
그들이 한자 문화권에서 익힌 지혜교육 덕분이다.

토막 상식

한국인만 잘 모르는 한글의 우수성

한글은 세계에서 가장 많은 발음을 표기할 수 있는 문자다. 소리의 표현을 한글은 1만 1000개 이상을 낼 수 있다. 일본어는 약 300개, 중국어(한자)는 400여 개에 불과하다. 미국의 과학 전문 잡지 〈디스커버리〉 1994년 6월호의 '쓰기 적합함'이란 기사에서, 레어드 다이어먼드라는 학자는 "한국에서 쓰는 한글이 독창성이 있고 기호 배합 등 효율 면에서 특히 돋보이는 세계에서 가장 합리적인 문자"라고 극찬한 바 있다(조선일보, 1994년 5월 25일). 그는 또 "한글이 간결하고 우수하기 때문에 한국인의 문맹률이 세계에서 가장 낮다."고 말했다.

또 소설 《대지》의 작가이자 노벨문학상 수상자인 미국의 펄벅 여사는 한글이 전 세계에서 가장 단순한 글자이며 가장 훌륭한 글자라고 했다(조선일보, 1996년 10월 7일). 시카고 대학의 매콜리(J. D. McCawley) 교수는 미국 사람이지만 우리나라의 한글날인 10월 9일이면 매해 빠짐없이 한국 음식을 먹으며 지내고 있다고 한다. 몇 년 전 프랑스에서 세계 언어학자들이 한 자리에 모이는 학술회의가 있었다. 안타깝게도 한국의 학자들은 참가하지 않았는데, 그 회의에서 한국어를 세계 공통어로 쓰면 좋겠다는 토론이 있었다고 한다(KBS1, 1996년 10월 9일).

참으로 놀라운 일이 아닐 수 없다. 이처럼 세계가 인정하는 우리 글의 우수성을 정작 우리 자신이 잘 모르고 있다. 1986년 5월, 서울대학교 이현복 교수는 영국의 리스 대학의 음성언어학과를 방문했다.

그때 리스 대학의 제프리 샘슨(Geoffrey Sampson) 교수는 한글이 발음기관을 상형하여 글자를 만들었다는 것도 독특하지만 기본 글자에 획을 더하여 음성학적으로 동일계열의 글자를 파생해 내는 방법(ㄱ-ㅋ-ㄲ)은 대단히 체계적이고 훌륭하다고 극찬했다고 한다.

그러면서 한글을 표음문자이지만 새로운 차원의 자질문자(feature system)로 분류했다. 샘슨 교수의 이러한 분류 방법은 세계 최초의 일이며 한글이 세계 유일의 자질문자로서 가장 우수한 문자임을 증명하고 있다.

마침내 지난 1997년 10월 1일, 유네스코에서 우리나라 훈민정음을 세계기록유산으로 지정하기에 이르렀다. 언어연구학으로는 세계 최고인 영국 옥스퍼드 대학의 언어학 대학에서 세계 모든 문자를 순위를 매겨(합리성, 과학성, 독창성 등을 기준으로) 진열해 놓았는데, 1위가 자랑스럽게도 한글이다.

존 맨의 한글 자랑

영국에 존 맨이라는 역사 다큐멘터리 작가가 있다. 그는 3년 전 《알파 베타(ALPHA BETA)》라는 책을 썼다. 알파 베타는 물론 그리스어 '*A*'와 '*B*'를 말한다. 이 책은 최근 《세상을 바꾼 문자, 알파벳》이란 제목으로 남경태 씨에 의해 우리에게도 번역 소개됐다. 서양 문자의 기원, 나아가 세계 주요 언어의 자모(字母)의 연원을 추적한 이 책은 한글을 '모든 언어가 꿈꾸는 최고의 알파벳'이라고 소개한다. 한글 격찬을 몇 마디 더 소개하면 이렇다.

"(한글은) 모든 언어학자들로부터 고전적 예술작품으로 평가된다."

"단순하고 효율적이고 세련된 이 알파벳은 가히 알파벳의 대표적 전형이다."

"인류의 위대한 지적 유산 가운데 하나다."

끝으로 정말 끝내주는 논평 한 마디.

"한국의 알파벳은 알파벳이 어느 정도까지 발달할 수 있고, 또 그 한계는 무엇인지를 보여 준다."

_대한민국 독도사랑회 전체 메일에서, 2005년 5월 21일.

〈저자 주: 저자가 유대인 랍비 가정의 안식일 식탁에 참석했을 때였다. 15명 정도가 모였다. 그 중 방문객으로 왔던 유대계 UCLA 교수가 있었다. 그는 저자가 한국인임을 알고 질문했다. "한글이 세계 최고 알파벳임을 아십니까?" 물론 안다면서 한글 발명자 세종대왕 얘기를 해주었다. 주변 분들은 의외라는 듯 매우 놀라는 눈치였다.〉

5. 한국인의 세계화 문제점과 해결 방안

한국은 이제 세계화를 당면 과제로 삼고 한창 연구 중이다. 그러나 세계화란 그렇게 쉬운 것이 아니다. 어려서부터 자라 온 사고방식 자체가 세계화되지 않으면 현실에서 쉽게 세계화되기는 힘들다.

저자가 미국에서 50년간 살면서 보고 느낀 점은, 유대인에 비해 한국인이 세계화를 이루는 데 어려운 이유 중 하나가 이중문화 경험이 부족하기 때문이라는 것을 느꼈다. 한국은 역사적으로 수천 년 동안 단일민족으로 타민족과 섞여 살지 않았다. 지형적으로도 타민족과의 접촉이 힘들었다. 이러한 역사적, 지형적인 배경은 장점도 있지만 단점도 많다.

장점이 단일민족의 유지라면 단점은 세계를 보는 시야(worldview)가 좁다는 것이다. 그리고 타지방 사람과 어울리는 포용력이 부족하다. 좁게는 영남인과 호남인끼리 지방색을 나타내게 되었고, 넓게는 국제무대에서 세계인과 잘 어울리지 못하는 편협한 인간관계의 한계를 드러내었다.

이는 1994년 UR 협상에서 외무고시를 거친 한국인 대표들이 현지 각 나라 협상팀과의 실전에서 곤욕을 치르면서 표면화되었다. 이후 정부에서는 세계화 협상팀을 위해 해외동포를 고용하자는 안까지 거론되었다.

이러한 한국인의 약점은 이미 전 세계에 이민 가서 사는 한인 동포들의 이중문화 경험을 이용함으로써 극복할 수 있을 것이다. 그들의 이중문화 경험은 보이지 않는 커다란 자산이다.

그렇게 하려면 해외동포, 특히 한인 2세들을 껴안아야 한다. 또한 해외동포에 대한 한국의 거부 반응부터 없애야 한다. 민족의 동질성을 복음과 함께 확인시킴으로써 유대인처럼 '한민족은 하나'라는 인식을 확고히 해야 한다. 이것이 한국인이 세계화하는 첫걸음이다.

이렇게 뭉쳐진 힘은 한민족의 국력일 뿐만 아니라 마침내 초대교회처럼 세계 선교 사역으로 이어질 수 있다. 하나님은 왜 모세와 바울을 이방 나라 이집트와 그리스에서 각각 공부하게 하셨는가? 자기 민족과 이방 전도를 위하여 더 큰 세계관을 갖게 하기 위해서였다.

기독교는 결코 우리 민족만을 생각하는 국수주의여서는 안 된다. 반면 세계화는 내 것을 버리고 남의 것을 따라가는 일방적인 동화가 아니다. 자신의 사상, 즉 정체성을 바탕으로 하는 동참과 협력의 관계여야 한다. 나의 뿌리의식이나 사상이 없을 경우 남의 것도 제대로 모방할 수 없음을 명심해야 한다. 그리고 남으로부터 존경도 받을 수 없을 것이다.

한국인의 장점이 단일민족이라면, 단점은 세계관이 좁다는 것이다.
이중문화 경험이 부족하기 때문이다.
이 약점은 전 세계에 흩어진 한인 동포들의
이중문화 경험을 이용함으로써 극복할 수 있다.

6. 세계화에 유리한 유대인, 민족과 국가 형성 과정이 다르다

　세계의 모든 종족은 그 종족이 하나의 국가로 형성된 과정의 역사를 갖고 있다. 이 점에서 유대인은 다른 종족과 무엇이 다른가?

　다른 이방 민족들의 경우는 자신들이 거주하는 땅을 중심으로 국가가 형성되었다. 예를 들면 일본은 일본 열도를 중심으로, 중국은 중국 대륙을 중심으로, 그리고 이집트는 이집트 땅을 중심으로 형성되었다. 그리고 대한민국도 한반도를 중심으로 형성되었다.

　그러나 유대인은 다르다. 자신들의 조상 아브라함은 하나님의 부르심(calling)을 받아 자신의 고향 갈대아 우르를 떠나 현재의 팔레스타인 땅 가나안으로 이민을 간 사람이다. 그리고 아브라함의 아들 이삭과 이삭의 아들 야곱, 3대의 족장 시대를 거쳐 야곱의 열두 아들들을 중심으로 이스라엘이라는 나라가 형성되었다. 그들은 처음부터 자신들이 원해서가 아니라 하나님의 명령을 받고 남의 땅에 우거했던 나그네들이었다.

　이처럼 유대인의 역사는 나그네 인생, 또는 피난민의 역사다. 가나안에서 애굽에 건너가 그곳 바로왕의 노예가 되어 400년을 종살이를 했다. 모세를 따라 노예에서 해방을 맞이하여 여호수아를 중심으로 가나안 땅을 정복했다. 그 이후에도 그들은 이전부터 그곳에 거주했던 원주민들과 운명적으로 함께 살아야 했다.

　여기에서 주목해야 할 것은 유대인이 거주하는 가나안 땅 자체가 상식적으로 정치적 및 법적 절차를 밟아 접수한 땅이 아니고, 하나님의 명령에 따라 유대인이 토착 원주민의 땅을 정복한 땅이라는 사실이다. 그 후 그들은 바벨로니아에서 70년을 살았다. 그리고 예수님이 돌아가신 이후에도 그들은 전 세계에 흩어져 사는 유랑 민족이 되었다.

그러므로 유대인이 자기 땅이라고 고집할 수 있는 땅은 하나님이 주신 가나안 땅뿐이다. 유대인이 말하는 가나안 땅은 기독교인에게는 영원한 천국을 상징한다. 기독교인은 영적으로 천국을 향하여 전진하는 나그네이다. 다른 세상은 정 둘 곳이 못 된다. 이 땅은 잠시 왔다가 우거하는 정류장 같은 곳이다.

나그네 생활은 항상 원주민의 텃세를 살펴야 한다. 싫든 좋든 다른 선택의 길이 없다. 살아남기 위한 최선의 방법은 빠른 정보를 입수하여 원주민의 비위를 거스르지 않는 길 외에는 다른 방법이 없다. 그렇지 않으면 혹독한 전쟁을 치러야 했다.

따라서 유대인의 세계화는 원주민들 속에서 살아남기 위한 뼈아픈 역사적 다문화의 경험에서 나온 지혜다. 이 지혜는 타민족과의 인간관계에서 크게 돋보인다. 유대인은 자신들끼리 똘똘 뭉치면서도 항상 이방 문화에 관심이 많다. 이방문화에 동화하기 위함이 아니라 자신의 정체성을 지키기 위함과 그들과 다투지 않기 위함이다.

실례를 들어 보자. 저자가 유대인 가정의 안식일 식사에 초대 받아 가면 온 가족이 한국에 대해 질문을 한다. 그 집 부모는 한국 문화에 대해, 그리고 한국 부모들은 어떻게 가정교육을 시키는지에 대해 자세히 물어 본다. 함께 식사를 하는 자녀들은 자연히 한국에 대해 알 수 있다.

그들은 자신들의 자녀들에게 한국인에 대한 포용력과 세계관이 넓어

지도록 교육하는 기회를 제공한 것이다. 이러한 성품은 차세대 리더십의 필수 조건이다. 이것은 일평생 친하게 지내는 친인척만을 초청하여 즐기는 '우리끼리'만의 한국적 관습과 너무 다르다. 더구나 우리는 어른들끼리 모이는 곳에 자녀들의 접근을 금하지 않는가.

미국에서 50여 년을 살아온 저자도 한국적 교육을 받아온 결과 자신도 모르게 다른 인종에 대해 편견을 드러내는 실수를 저지를 때가 있다. 한 예로 지난 1994년 2월 한흑 문제에 대해 미국의 일간지 〈L.A. 타임스〉에 기고한 적이 있었다. 이때 한국인이 운영하는 마켓 주인에게 총을 쏘아 죽이고 현금을 강탈한 '흑인 갱'을 언급했다.

이 글을 본 저자의 막내아들이 '흑인 갱'이란 표현에서 '흑인'이란 말을 빼고 단순히 '갱'으로 고치는 게 좋겠다고 조언했다. '흑인'이란 단어를 넣으면 미국 독자들이 저자를 '인종주의자'로 보기 쉽다는 것이었다. 아니나 다를까, 〈L.A. 타임스〉 편집인한테서 전화가 왔다. '흑인 갱' 대신 그냥 '갱'이라고만 쓰자는 제안이었다. 세계화에는 이처럼 말 한마디도 중요하다.

미국에 이민 온 부모들이 자녀를 공부만 잘하는 아이로 키우는 데 치중한 나머지 귀한 자녀들이 명문학교를 졸업하고도 미국 주류사회의 벽을 뚫는 데 실패하는 경우가 많다. 그 이유 중 하나는 다른 민족과의 인간관계, 즉 소통이 미숙하기 때문이다. 이것은 대부분 다문화의 경험 부족에 기인한다.

나의 주체의식을 갖고 있으면서도 남과 타민족을 포용하는 넓은 마음과 대화하는 기술이 필요하다. 이러한 교육은 교실에서의 강의나 사법고시 혹은 행정고시로 되는 것이 아니다. 유대인처럼 어려서부터 다양한 현장교육을 받음으로써만 가능한 일이다. 한국 교육의 근본 문제

를 풀지 않고는 세계화가 되기 어렵다.[16]

---

16) '진정한 국제화의 의미'는 이 책 제2권 제2부, 제5장, I. 2. '한국 전통문화 가치에 관한 자료, 왜 부족한가' 및 제3권 제7부 제2장 I '세계화의 원리 1' 참조.

모든 종족은 자신들이 거주하는 땅을 중심으로 국가가 형성되었다.
그러나 유대인은 하나님의 선민 중심으로 국가가 형성되었다.
다른 나라를 전전하여 다문화 경험이 많아 세계화에 유리하다. .

토막 상식

앨 고어 "구텐베르크가 한국서 인쇄술 배워온 것"
"한국 디지털 혁명, 세계에 두 번째 선물"
〈연합뉴스, 2005년 5월 19일.〉

고어 전 미국 부통령은 서울 신라호텔에서 열린 '서울디지털포럼 2005'에서 한국의 정보기술(IT) 발전에 대해 놀라움을 표시하면서 "서양에서는 구텐베르크가 인쇄술을 발명한 것으로 알고 있지만 이는 당시 교황 사절단이 한국을 방문한 이후 얻어온 기술"이라고 말했다.

그는 "스위스의 인쇄박물관에서 알게 된 것"이라며 "구텐베르크가 인쇄술을 발명할 때 교황의 사절단과 이야기했는데 그 사절단은 한국을 방문하고 여러 가지 인쇄기술 기록을 가져온 구텐베르크의 친구였다."고 전했다.

따라서 그는 "한국의 디지털 혁명은 역사적으로 보면 두 번째로 획기적이고 혁신적인 기술발전에 기여하는 사례가 될 것"이라며 전 세계가 인쇄술에 이어 한국으로부터 두 번째로 큰 혜택을 보게 되는 것"이라고 밝혔다.

II. 세계화의 원리 2: 다문화권에서 동화의 원리
   〈유대인의 동화 원리 소개〉

1. '사회구조에의 동화'와 '문화에의 동화' 원리

A. 유대인의 동화 모델 원리

서양의 현대 학문과 과학을 받아들이는 상황에서 한국인에게 생겨난 가장 큰 고민 중 하나가 과연 자녀들에게 어떻게 한국의 전통적 가치를 가르치느냐의 문제일 것이다. 특히 미국이나 해외에 거주하는 동포들에게 이 문제는 심각하다. 한국의 전통문화 즉, 수직문화를 말하면 미국의 동포들은 "영어로 가르쳐도 미 주류사회 들어가기 힘든데 한국말을 가르치면 더 어렵지 않느냐?"라고 반문한다.

혹자는 "우리 것만 고집하면 어떻게 세계 무대에서 살아남을 수 있는가? 그러지 말고 국제화에 발맞추어 우리도 서양의 것을 따라야 하지 않는가?"라고 말한다. 그렇다면 더욱이 미국에 사는 한인 동포들, 특히 2세들은 미국인으로 살아야 하는가, 아니면 한국인으로 살아야 하는가? 이런 경우 우리는 유대인 자녀교육에서 무엇을 배워야 하는가?

이를 설명하기 위해서는 먼저 2가지 동화 이론을 설명해야 한다. 2가지 동화 이론이란, '사회구조에의 동화(the Social Structural Assimilation)'와 '문화에의 동화(Cultural Assimilation)'를 말한다(Gordon, 1964). 이에 대한 실험연구로 고든(Gordon, 1964)과 에릭슨(Erikson, 1968)은 유대인이 고도의 인종 결속력을 갖고 있다는 관점에서 미주 유대인과 미주 흑인의 차이를 비교 대조하는 연구를 했다.

첫째, '사회구조에의 동화'란 외형적 사회구조에 동화되는 것을 말한다. 즉, 어떤 사람이 타민족 문화를 접했을 경우, 자신의 내면적 세계인 고유문화나 사상을 버리는 것이 아니라 자신의 전통적 역사관이나 문화적 가치를 지키면서 외면적 세계인 그 사회구조에만 동화하는 것을 말한다.

그 대표적인 예가 유대인들이다. 전 세계에 흩어져 나그네 생활을 하는 그들은 어느 민족이나 국가에 속하여 살게 될 경우 재빨리 그 지역의 사회구조, 즉 정치, 경제, 교육, 문화, 사회, 세무 및 법률 제도 등에 대하여 연구하고 이를 자녀들에게 가르쳐 적극적으로 그 사회 구조에 동화하도록 교육시킨다. 물론 그 지역의 언어도 배운다.

그들은 자신이 속한 사회구조에 동화함으로써 전 세계에 흩어져 나그네 생활을 하면서도 원주민과 충돌을 피해 가는 지혜를 터득했다. 그리고 20~30년이 지나면 그 지방의 사회구조인 정치, 사회, 상권, 언론계, 학계 등에 깊숙이 동화하여 주도적인 리더십을 발휘한다.

그러나 그들은 사회생활을 마치고 저녁에 가정에 들어오면 머리에 유대인의 고유 모자인 '키파'를 쓰고 토라(성경)를 펼치고 자녀에게 유대인의 선민교육을 시킨다. 그리고 그들의 전통적인 절기를 철저히 지킨다. 즉, 사회의 외형적 구조의 틀에는 적극적으로 동화하면서도 자신의 내면적 세계인 정신적인 사상을 위해서는 계속 자신들의 전통적인 뿌리교육과 신본주의 사상을 교육시키고 있다.

다른 말로 정리하면, 유대계 미국인은 자녀들의 내면적 정신세계는

100% 유대인의 정체성을 갖도록 키우면서, 외형적으로는 100% 미국 사회구조에 동화된 미국인으로 키우고 있다. 그러므로 그들은 전 세계 어디를 가든지 유대인의 정체성을 가지고 있기 때문에 자신들이 사는 곳에서 자신감을 가지고 각 분야에서 열심히 살 수 있다.

그리고 전 세계에 흩어진 유대인들은 마치 그 나라에 파송된 정보요원처럼 자기 민족들끼리 얻은 각 지역의 고급 정보를 다른 곳에 사는 동족에게 제공해 주며 국제무대를 주도해 가고 있다. 이것이 바로 '유대인은 하나'라는 사상이다. 이렇게 세계 각 지역에서 유대인이 형성한 힘은 전 세계를 움직이는 원동력이 된다.

한 예로 미국의 정통파 유대인인 리버만(Joseph Lieberman, 1942-2024)을 들 수 있다. 그는 미국의 코네티컷 주 민주당 상원의원을 중임했다. 2001년 민주당 대통령 후보로 앨 고어가 출마했을 때 부통령 러닝메이트로 활약한 인물이다. 그는 정통파 유대인의 내면적 전통 가치를 전수받았으면서도 정치인으로서 미국의 사회구조에 적극적으로 동화한 인물이다.

이스라엘 본토의 인구는 700만 명에 불과한데 13억 인구의 아랍권과 겨루어 이기는 힘이 어디에서 나오겠는가? 그것은 미국을 비롯한 전 세계에 흩어진 유대인들이 자신들이 속한 지역에서 승리하는 삶을 살고 있을 뿐 아니라 그 힘을 조국인 이스라엘과 연결시키기 때문이다.

둘째, '문화적 동화'란 어떤 사람이 타민족 문화를 접했을 경우 자신의 내면적 고유문화 및 사상을 버리고 자신이 접한 문화의 외형적 구조

뿐 아니라 내면적 정신세계에까지 동화하는 것을 말한다.

　미국의 흑인이 좋은 예다. 그들은 대부분 아프리카의 전통문화를 거의 잊어버리고 미국의 세속적 수평문화에 동화되었다. 이런 경우에는 정체성이 약화되고 자긍심이 해이해져서 자신은 물론 그 집단의 힘도 약화된다. 그리고 정신적인 안정감도 약해진다(Erikson, 1968). 결국 사회적 진출을 위한 사회구조에 동화되지 못하고 두각을 나타내기도 힘들다.

　그렇다면 흑인들이 정신적으로 더 건강해지고 성공적인 삶을 살려면 자녀들에게 어떠한 교육을 시켜야 하는가? 저자도 흑인 지역에서 3년 간 홈리스를 대상으로 선교를 해 봤지만 결론적으로는 흑인 문제 역시 흑인들 스스로 능력을 키워 자신들이 풀도록 도와주는 것이 가장 합리적이며 바람직하다는 것을 깨달았다.

　섣불리 한국인이 흑인 지도자로 나설 자리가 아니다. 잘못하면 좋은 일 하고 망신만 당하기 쉽다. 따라서 흑인을 위한다면 흑인들에게 먼저 스스로 자신들을 사랑하고 자신들의 전통과 정체성을 살리도록 교육해야 한다.

　이런 면에서 흑인 목사인 마틴 루터 킹(Martin Luther King, 1929~1968)은 진정 자신의 뿌리를 기억하고 자기 민족을 사랑하고 미국의 인권을 발전시킨 위대한 인물임에 틀림없다. 그가 더 돋보이는 것은 흑인이지만 우수한 학벌과 변호사라는 직업으로 충분히 백인 지역에서 편안히 잘 살 수 있었음에도 불구하고, 자신의 민족을 사랑하여 그들의 고난에 동참했다는 데 있다. 만약 그가 흑인을 못 본 체하고 백인 지역에서 자신만 편안하게 살았다면 오늘날과 같은 그의 이름은 존재할 수 없었을 것이다.

자신의 부모를 공경하면 아버지 세대와 자신의 민족도 사랑하는 법이다. 자신의 부모나 민족도 사랑하지 못하면서 어떻게 다른 사람이나 다른 민족을 사랑할 수 있겠는가? 만약 그렇다면 가증한 것이다. 그런데도 재미교포 중에 이런 사람이 얼마나 많은가? 특히 신앙이 좋다는 이민 2세대들 중에도 많다. 이민 1세대들이 이민 2세대들을 잘못 가르쳤기 때문이다. "너의 부모와 민족을 먼저 사랑하라!" 이 말은 모든 민족에게 공통적으로 적용되는 하나님의 가르침이다.

〈저자 주: 조선족의 동화모델은 고든의 두 동화 원리에 맞지 않는다. 따라서 뒤의 제7부 제3장 IV. 3. '조선족이 고든의 두 가지 동화 모델에 맞지 않는 이유'에서 다시 정의한다.〉

유대인은 자녀를 내면 정신은 100% 유대인의 정체성을 가지고,
외면은 100% 미국 사회구조에 동화된 미국인으로 키운다.
그들은 전 세계 어디에서든지 유대인의 정체성을 가지고
각 분야에서 열심히 살고 있다.

B. 한국인에게 적용
〈나는 미국에서 미국인으로, 혹은 한국인으로 살아야 하는가〉

앞에서 유대인의 동화 원리를 소개했다. 미주 한국인은 어느 동화 모델을 따라야 하는가? 물론 한국인도 유대인처럼 자신의 수직문화를 지키면서 그 사회구조에 동화하는 모델을 따라야 한다. 그래야만 내면적 정체성도 강해지고 그 주류사회에서 성공하여 공헌할 수 있다.

즉, 한국인은 자녀들에게 내면적 정신세계는 100% 한국인의 정체성을 갖도록 키우면서, 외형적으로는 100% 미국 사회구조에 동화된 미국인으로 키워야 한다. 그렇게 될 때 그들은 한국인의 정체성을 가지고 있기 때문에 전 세계 어디를 가든지 자신들이 사는 곳에서 각 분야에서 자신감을 가지고 열심히 살 수 있다.

60세(1998년)가 넘은 어떤 한국인은 저자에게 백인 사회에서 백인인 척 살면서 이렇게 말했다. "나는 한국인으로 미국의 주류 속에서 얼마든지 성공적인 삶을 살았다." 이 말은 다민족이 함께 사는 미국의 사회구조에 성공적으로 동화되었다는 말이지, 그 주류를 이루는 다양한 민족 중 어느 특정 민족, 즉 흑인이나 일본 커뮤니티의 지도자가 되었다는 뜻은 아니다.

즉, 한 민족의 외면적 사회구조에의 동화와 내면적 정체성은 서로 다른 개념이라는 사실을 깨달아야 한다. 그리고 그가 미국에서 그만한 칠전팔기의 힘을 발휘할 수 있었던 것은 한국에서 어릴 적에 받았던 강한 유교문화 교육과 한국전쟁 등을 거치면서 이미 자신의 의지와는 상관

없이 당시 한국의 전통적 수직문화 교육과 혹독한 고난의 교육을 받았기 때문에 가능했다.

자신이 그런 내면적 정신교육을 받았던 것처럼 자녀들에게도 그런 교육을 시켜야 자녀 세대에서도 그런 불굴의 힘이 발휘될 수 있다. 그러나 대부분 1세들은 자녀들에게 그런 교육은 시키지 않았고, 미국의 IQ 교육에만 치중했다는 게 문제다.

따라서 한국인은 세계 어느 곳에 거주한다 해도 자녀에게 한국어와 한국인의 정신적 수직문화 가치를 가르치는 것과 함께, 자신들이 거주하는 사회구조에 적극적으로 동화될 수 있도록 가르쳐야 한다. 그래야만 그 나라의 주류사회에 진출하여 성공할 뿐 아니라 자신이 속한 나라와 민족에도 공헌할 수 있다.

한국인은 절대로 자신이 거주하는 사회구조에서 격리되어 살아서는 안 된다. 만약 그렇게 산다면 한국인을 받아 준 그 나라에도 도움이 되지 않을 뿐 아니라 한국인 커뮤니티에도 커다란 손실이 된다. 그리고 자녀들의 장래를 막는 길이 된다. 해외에 거주하는 한국인은 외면적으로는 로마에서는 로마인처럼, 미국에서는 미국인처럼, 그리고 브라질에서는 브라질인처럼 각 지역의 사회구조에 적극 동화하며 살아야 한다.

그러면서도 자녀에게는 자신처럼 한국인의 뿌리를 지닐 수 있도록 한국어와 한국인의 정신적 수직문화 가치를 가르쳐야 한다. 그래야 한국인으로서 그 나라의 주류사회에 진출하여 성공할 수 있을 뿐 아니라 자신이 속한 나라에도 공헌할 수 있다.

한국인도 자녀를 내면 정신은 100% 한국인의 정체성을 가지고, 외면은 100% 미국 사회구조에 동화된 미국인으로 키워야 한다.

새로운 자유의 탄생

이미한 (미국 시카고 고2, 2005년 4월 20일)

〈저자 주: 한인 2세 여고생이 미국 에이브러햄 링컨 기념관 개관 기념으로 열린 에세이 경연대회에서 대상을 받았다. 메릴랜드주 포토맥의 조지타운 데이 고교 2학년에 재학 중인 이미한 양이다. 일제 치하에서 탄압받은 증조부와 자유의 개념을 연관 지은 에세이로 영광을 차지했다. 이날 개관식에서 이양은 조지 W 부시 대통령 부부 등 1만여 명의 귀빈 앞에서 에세이를 읽어 큰 박수를 받았다(미주중앙일보, 2005년 4월 21일).〉

"내가 생각하는 자유는 내가 생각하는 언어와 밀접한 관련이 있다. 나의 증조할아버지(국어학자 정인승/역자 주)는 1940년대 한국에서 일본 식민정부에 의해 사용이 금지된 한국어 사전을 맨 처음으로 만들었다는 이유로 체포되었다. 증조할아버지는 사람들이 생각하고, 생각한 것들을 서로 나누는데 필요한 매체로서의 언어가 탄압하는 자들의 언어일 경우, 탄압자의 그 언어 자체가 사람들의 사상을 좌지우지할 수 있다고 믿으셨다.

증조할아버지는 한국인들이 자기 나라 말로써 자신들의 생각을 표현할 수 있는 자유를 위해 투쟁하셨다. 그렇게 함으로써 증조할아버지는 한국인들이 그들 자신들의 생각을 가질 수 있는 권리를 지켜주셨다.

성인으로서 가지는 나의 모든 자유와 의무를 준비하면서 나는 내가 물려받은 자유의 의미들을 생각한다. 그리고 우리 가족이 이민 온 이 나라에서 태어난 첫 세대(이민 2세)로서 뿐만 아니라 새로운 세기(21세기)

에 태어난 미국 젊은이로서 나 스스로 새로운 자유의 정의를 내려 보려고 노력한다.

학교 수업 사이사이에 복도에 앉아 나는 친구들과 우리 학교가 행정상 잘못한 일이라든가 동성간에 결혼할 수 있는 권리, 이라크 전쟁의 정당화 등에 대하여 토론한다. 우리는 우리의 주위환경에 대해서 알고 또 평가할 권리가 있다고 생각하며 또한 우리의 생각을 말로써 표현하고 그에 대한 반응을 얻을 권리가 있다고 생각한다.

21세기의 자유는 나이, 인종, 성(性), 사회계층에 관계없이 모든 사람들이 그들 자신의 말로써 그들의 생각을 표현하고, 또한 역사를 만들어가기 위해 그 말들을 사용할 수 있는 자유를 의미한다고 나는 생각한다.

우리는 자유를 기리며, 자유를 위한 투쟁을 결코 중단하지 아니한다. 나는 한국계 미국인이며, 젊은 자유인이다. 그리고 항상 내 말이 분명하고 또 항상 옳은 것은 아니지만, 나는 항상 내 자신의 말로써 말하고 듣는다. (워싱턴에서 조화유 번역)

무서울 게 없는 왕자지만, 꾀라도 부리면 왕에게 호되게 야단을 맞았다. 신하들이 왕자가 공부를 안 한다고 글을 적어서 왕에게 알렸기 때문이다.

모두들 왕자가 잘하나 못하나 감시하고 있는 셈이라 긴장하고 살 수밖에 없었다.

⟨영문 전문 보기⟩
A New Birth of Freedom
By Mihan Lee (April 20, 2005)

My understanding of freedom is inextricably tied up with my understanding of language. My great-grandfather, in 1940s Korea, was arrested for putting together the first Korean dictionary when the language had been banned by the Japanese government.

My great-grandfather believed that words, the medium by which we formulate and share ideas, can bind and break the very ideas they express if the language is that of an oppressor. He fought for the freedom of his people to express ideas in their own words; in so doing, he defended their very right to have ideas.

As I prepare for all the freedoms and responsibilities of adulthood, I remember these definitions of freedom I have inherited, and strive to make ones of my own -- not only as the first generation of my family born in a new country, but also as an American youth at the birth of a new century.

Sitting in the hall between classes, my friends and I discuss the faults of our school's administration, the right to same-sex marriage, the justification for the Iraq war. We feel it is our right to know and evaluate our surroundings, to speak and have our ideas responded to.

I believe that freedom in the 21st century means the liberty of individuals, regardless of age, race, gender, or class, to express themselves in their own words, and to use those words to shape history. We celebrate it, and yet we never stop fighting for it. I am Korean-American, I am young, and I am free. I speak -- not always articulate, not often right, but always in my own words. I speak, and I listen.

2. 유대인은 소화가 안 되는 민족이다

유대인은 신약시대에 약 2천 년 동안 전 세계를 유랑하면서 다른 나라의 문화를 항상 접하며 살아왔다. 그런데도 그들은 자신들이 거주하는 나라의 이방문화에 동화되지 않고 자신의 신본주의 사상과 전통, 즉 거룩한 백성으로 구별되게 살아남는 데 성공했다. 어떤 강대국도 유대인을 자신들의 문화에 동화시키는데 실패했다.

로마, 스페인, 독일 및 러시아도 유대인을 자신들의 나라 문화에 동화시켜 자신들의 민족으로 만드는데 실패했다. 유대교를 버리고 기독교로 개종시키려 끝없는 박해를 가했지만 결국 순교는 할망정 동화되지는 않았다.

그래서 유대인을 소화가 안 되는 민족이라고 말한다. '소화가 안 된다'는 말의 뜻은 무엇인가? 강대국이 유대 민족을 지배하면 자신들의 문화와 체제에 동화시켜 자신들과 동질화시켜야 자기 나라 백성으로 만들 수 있는데 유대인은 동화가 안 된다는 것을 뜻한다. 그래서 어쩔 수 없이 다시 토해 내야 한다는 것이다. 앞에서 언급한 2가지 동화의 원리로 설명한다면 유대인은 자신들이 거주하는 곳에서 항상 사회구조에는 적극 동화하지만 거주지의 문화에는 동화가 되지 않는 민족이다.

유대인은 자신들이 타문화에 소화가 안 된다는 성경적 근거를 구약성경의 '요나서'에서 찾는다. 하나님의 종 요나는 하나님으로부터 타락한 니느웨라는 성으로 가서 그들을 바른 길로 돌이키기 위해 하나님의 말씀을 전하라는 명령을 받았다. 그러나 요나는 하나님이 주신 선교의 사명을 저버리고 여호와의 낯을 피하려고 욥바에서 니느웨가 아닌 다시스로 가는 배를 탔다.

웬일인가! 요나가 탄 배는 태풍과 사나운 물결에 휩싸여 깨어질 위기를 맞았다. 하나님이 이를 아시고 바다에 태풍을 내리셨기 때문이다. 그 때 배에 탄 사람들은 태풍의 책임이 누구에게 있는지 가려내야 한다고 떠들었다. 그리고 제비뽑기를 했는데 요나가 걸렸다.

요나는 자기가 하나님의 분노를 샀다고 자백했다. 그러자 선객들이 요나를 바다에 던져버렸다. 그때 하나님께서 준비하신 상당히 큰 '고래'가 물속에 버려진 요나를 집어삼켰다(욘 1장). 요나는 고래의 뱃속에 들어와 있는 자신을 발견했다. 그는 하나님께 회개기도를 했다. 그랬더니 그 고래는 육지 가까운 곳에 와서 요나를 토해냈다. 요나는 되살아났다(욘 2장).

토라에 나오는 이 이야기에는 많은 해석이 따른다. 다른 민족에게 둘러싸여 살아온 유대인의 처지와 비슷하다고 할 수도 있다. 사람이 고래에게 먹혔다면 고래의 뱃속에서 소화되는 것이 상식이다. 그러나 그것은 요나의 운명이 아니었다. 요나는 하나님에게 기도하면서 고래에게 동화(同化)되기를 거부한 것이다. 실제로 반유대주의자들은 "유대인은 삶든지 굽든지 어쨌든 먹을 수가 없다.", "유대인은 소화가 안 된다.", "유대인을 우리 편으로 만들 방법이 없다."는 말들을 한다(솔로몬, 옷을 팔아 책을 사라, 쉐마, 2005, p. 220).

현대 기독교인들의 문제는 무엇인가? 너무나 세상 사람들과 구별되지 않는다. 수평문화에 너무나 빨리 동화된다. 세상 사람들을 구원한다는 명목 아래 그들의 문화로 접근하다가 오히려 그들의 문화에 동화된다. 그들의 문화에 동화되어 그나마 가지고 있었던 신앙도 없어져서 그들의 문화가 기독교문화를 세속화시킨다. 즉, 너무나 소화가 잘 되는 것이 문제다.

고래의 뱃속의 요나는 소화가 안 되어 토해내졌다.
고로 반유대주의자들은
"유대인은 소화가 안 되는 민족이다. 우리 편으로 만들 수 없다"고 한다.

3. 다문화 속에서 코리안 아메리칸, 이렇게 살아라

A. 이민자들은 미국의 평화와 번영을 위해 살아라

미국은 여러 종족들이 이민 와서 형성된 나라다. 언어만도 231개를 사용한다(Languages of USA, www.ethnologue.com, sil publications, 2002). 그런 다민족 사회에서 코리안 아메리칸은 어떤 삶을 살아야 하는가?

앞에서 유대인의 사회구조에의 동화(the Social Structural Assimilation) 모델을 한국인에게 적용해 설명했다. 이 문제는 "한국인인 나는 미국에서 미국인으로, 혹은 한국인으로 살아야 하는가?"에 대한 답변이었다.

그렇다면 이런 문제가 있을 수 있다. 만약 미국의 모든 이민자들이 자신의 민족만을 위한 국수주의적 행동을 한다면 미국은 힘이 분산되어 지탱하기 힘들 것이다. 그렇다면 미국에 사는 이민자들은 자신들이 거주하는 이 땅에서 어떻게 살아야 하겠는가?

이것은 실로 중대한 주제다. 이 땅은 이민자들이 선택해서 온 땅이며, 장차 그들과 그들의 후손들이 살 땅이기 때문이다. 따라서 이것이 바로 정리되지 않는다면 이민생활을 바르게 할 수 없다. 이것은 이민 신학의 모델을 정리하는 문제다.

하나님의 선민 유대인의 예를 보자. 유대인은 자기 민족만 챙기지 않는다. 그들은 자신들이 거주하는 지역의 평화와 번영을 위해 기도하며 공헌하려고 힘쓰고 있다. 이것이 성경적으로 옳은 삶의 철학이기 때문이다.

그 성경적 근거는 유대인이 바빌론 포로 시절, 하나님이 그들에게 "거기서 번성하고 쇠잔하지 않게 하라" 그리고 "그 성읍의 평안하기를 힘쓰고 위하여 여호와께 기도하라"고 말씀하신 데서 찾을 수 있다(렘 29:4-7).

> 만군의 여호와 이스라엘의 하나님 내가 예루살렘에서 바벨론으로 사로잡혀 가게 한 모든 포로에게 이같이 이르노라. 너희는 집을 짓고 거기 거하며 전원을 만들고 그 열매를 먹으라. 아내를 취하여 자녀를 생산하며 너희 아들로 아내를 취하며 너희 딸로 남편을 맞아 그들로 자녀를 생산케 하여 너희로 거기서 번성하고 쇠잔하지 않게 하라. 너희는 내가 사로잡혀 가게 한 그 성읍의 평안하기를 힘쓰고 위하여 여호와께 기도하라. 이는 그 성이 평안함으로 너희도 평안할 것임이니라. (렘 29:4-7)

본문을 요약하면 다음과 같다.

1) 만군의 여호와 이스라엘의 하나님은 이방 나라 바빌론에서도 유대인의 삶을 인도하시고 지켜 주신다.
2) 이주한 거주지에서 스스로 의식주를 해결하라(v. 5).
3) 오래 살 계획으로 유대인끼리 결혼하여 종족이 번성하고 쇠잔하지 않게 하라(v. 6). 우리가 주목해야 할 것은 유대인이 바벨론에 포로로 잡히기 전, 즉 환란의 때에는 결혼을 금했으나(렘 16:1-2) 평화시에는 허락하셨다는 점이다.
4) 거주지가 평안하기를 힘쓰고 이를 위해 여호와께 기도하라(Also, seek the peace and prosperity of the city to which I have carried you into exile. Pray to the LORD for it, v. 7a).

이 4가지 조항은 유대인이나 한국인 이민자뿐만 아니라 미국에 이민 와서 살고 있는 모든 민족들에게 꼭 필요한 말씀이다. 특히 이민 온 각 민족들은 왜 자신들의 거주지가 평안하기를 힘쓰고 이를 위해 여호와께 기도해야 하는가? 그 이유는 미국이 평안함으로 자신들과 자신들의 후손도 평안할 것이기 때문이다(because if it prospers, you too will prosper. v. 7b). 이것이 바로 이민 신학의 핵심이다.

유대인의 삶을 예로 들어보자. 현재 미국에 거주하는 유대인은 미국에 대해 고맙게 생각하고 미국의 평화와 번영을 위해 2가지, 첫째 노력하고(seek), 둘째 기도하고(pray) 있다. 따라서 그들은 미국에 크게 공헌하고 있다. 이는 미국이 평안함으로 자신들도 평안할 것을 알기 때문이다. 실제로 미국은 유대인이 있으므로 나라가 더 부강해지고 세계에서 리더십을 더 발휘할 수 있다.

과학자 아인슈타인, 외교가 키신저, 영화감독 스필버그 등 미국 속에서 영향력 있는 유대인은 수없이 많다. 스필버그는 자기 민족의 고난의 홀로코스트 다큐멘터리 영화 〈쉰들러 리스트〉(1993년 작)를 만들어 유대인의 한을 풀어 주는 동시에 영화로 미국에 공헌한 인물이다. 물론 미국에 돈도 벌어 주었다.

미국의 국민들이 애국가 이상으로 애창하는 '하나님이여 미국을 축복하소서(God Bless America)'란 노래를 지은 어빙 벌린(Irving Berlin, 1888~1989)도 러시아계 유대인이다(1939). 그는 보수 유대교 교육을 받고 자랐다. 60여 년 전 온 세계가 자신들을 미워하여 이민으로 받아주지 않았다. 그러나 미국은 자신들에게 삶의 기회를 주었다. 이 노래에는 미국이란 나라에 대한 그의 고마움과 사랑이 잘 표현되었다.

하나님이여 미국을 축복하소서

(God Bless America.)

내가 사랑하는 이 땅

(Land that I love.)

이 땅에 우뚝 서서 이끌어 가리

(Stand beside her, and guide her.)

밤이 새도록 위로부터 오는 빛을 밝히고

(Through the night with a light from above,)

산과 산을 넘어 저 초원까지

(From the mountains, to the prairies,)

하얀 파도가 부서지는 대양에 이르기까지
(To the oceans, white with foam.)
하나님이여 미국을 축복하소서
(God bless America.)
마이 홈 스위트 홈
(My home sweet home.)

(번역: 박용필, 미주중앙일보)

　1955년 2월 18일 어빙 벌린은 미국의 아이젠하워 대통령으로부터 미국을 사랑하는 노래를 지은 공로로 금메달을 받았다. 그뿐 아니라 모국 이스라엘 동족의 자선단체에도 수많은 기부를 했다(Shapiro, 1995, Seymour, 1996). 그는 유대인의 뿌리를 지닌 자랑스런 유대계 미국인(a proud Jewish American with Jewish heritage)이었다.

　미국의 상원의원이자 정통파 유대인인 리버만(Joseph Lieberman)도 미국의 번영과 평화를 위해 일하지만 자신의 민족 유대인을 위해서도 일했다. 그는 이스라엘과 팔레스타인의 분쟁이 한창인 2002년 5월 7일 미 상하의원들을 설득하여 이스라엘을 지지하자는 표결에 앞장섰다. 그 결과 미 상하의원은 2표를 제외한 나머지가 압도적으로 이스라엘을 지지했다.

　미국에 이민 온 모든 민족들은 스필버그나 벌린처럼 자신들을 받아준 미국에 감사하고, 사랑하고 공헌해야 한다. 따라서 미주 한인 동포들(코리안 아메리칸)도 한국인의 뿌리를 지닌 자랑스러운 한국계 미국인(a proud Korean American with Korean heritage)으로 살아야 한다. 즉, 내면적 정신세계는 100% 한국인의 정체성을 가지면서, 외형적으로는 100% 미국 사회구조에 동화된 자랑스러운 한국계 미국인으로 살아야 한다.

마땅히 조국을 위한 애국심도 지녀야 하겠지만, 자신들과 자녀들이 거주하는 미국의 평화와 번영을 위해 기도하고 공헌해야 한다. 미국은 자신들이 선택한 땅이기 때문이다. 이민자들 스스로 선택한 이 땅을 스스로 사랑하고 지키고 가꾸지 않는다면 누가 이 땅을 지키겠는가? 미국의 모든 민족들은 이제 하나 되어 미국이 무엇을 해 줄까만을 생각하지 말고, 스스로 미국을 위해 무엇을 공헌할까를 생각하며 기도해야 한다. 그리고 미국에서 주인의식을 갖고 스스로 주체적 민족으로 서로 도우며 발돋움을 해야 한다.

"거기서 번성하고 쇠잔하지 않게 하라"
"그 성읍의 평안하기를 힘쓰고 위하여 여호와께 기도하라"(렘29:4-7).

B. 미국과 모국이 적대국이 되었을 때는 이렇게 살아라

앞에서는 유대인을 모델로 들며 미국의 이민자들이 이민을 받아준 미국에 고마운 마음으로 미국의 평화와 번영을 위해 공헌해야 한다고 했다. 그리고 자신의 모국에도 도움이 되어야 한다고 했다.

그렇다면 이런 질문도 나올 수 있다. 만약 미국과 이스라엘이 적대관계가 될 경우, 미국에 거주하는 유대인은 어느 편에 서야 하겠는가? 미국 시민이라면 당연히 미국 편에 서야 한다. 그 이유는 다음과 같다.

첫째, 이 세계 어느 나라도 미국 시민을 가장 많이 보호해 줄 국가는 미국밖에 없다. 따라서 미국 시민은 당연히 미국을 먼저 선택하고 미국의 국익을 위해 살아야 한다.

둘째, 미국만큼 성경에 근거해서 개인의 권리와 자유를 보장해 주는 나라는 없다. 뿐만 아니라 가장 힘이 강한 나라이며, 또한 모든 인류에게 기회의 나라다. 미국만큼 약소국가들을 도와주는 나라는 지상에 없다. 즉, 미국은 21세기까지 역사가 만들어 낸 가장 이상적인 나라다. 그렇기 때문에 수많은 이민자들이 미국을 선택했다.

자신이 한번 선택한 나라라면 그 나라를 위해 목숨을 바쳐야 한다. 그렇게 해야 자신들의 가족이 미국에서 자부심을 갖고 뿌리를 내릴 수 있다. 이것이 나를 받아준 나라에 대한 감사의 보답이다.

〈저자 주: 물론 미국에도 단점이 있다. 그러나 아직까지는 장점이 훨씬 많다.〉

셋째, 만약 이스라엘이 미국과 적대관계가 된다면 이스라엘의 선택이 잘못되었을 경우일 것이다. 즉, 성경의 가치에 반한 국가가 되었기 때문일 것이다. 이럴 경우 미국의 유대인들은 이스라엘이 성경으로 돌아와 미국과 화목하게 지내도록 노력해야 할 의무가 있다.

그 예로 베트남인이 공산 정권을 탈출하여 미국에 온 경우나 북한의 공산주의와 독재가 싫어 미국에 온 탈북자들의 경우를 들 수가 있다. 그들은 아무리 사랑하는 조국이라 해도 성경에 반한 다른 이데올로기나 독재정치를 할 경우에는 조국의 편을 들지 않았다. 미국은 성경에 근거한 자유민주주의를 따르는 나라이기 때문이다.

이와 반대로 이스라엘은 성경적 가치관을 갖고 있는데, 미국의 가치관이 변질되어 서로 적대관계가 될 경우는 어떻게 살아야 하는가? 그때는 미국 국민들 모두 미국이 성경적 가치관으로 돌아오도록 기도하며 노력해야 할 것이다. 이 원리는 유대인은 물론 한국인이나 독일인, 이라크인, 일본인 및 중국인 모두에게 적용된다.

어떻게 보면 미국에 많은 민족이 함께 사는 것이 약점인 것 같지만 그렇지 않다. 장점이 더 많을 수도 있다. 미국은 단일민족으로 구성된 다른 나라와 다르게 이 땅에 거주하는 각 민족들의 특성과 다양성을 그대로 존중하고 키워 나가면서 이것들을 하나로 연합할 때에 엄청난 힘을 발휘할 수 있다.

뿐만 아니라 각 민족들이 미국이란 나라에 이민 와서 미국 시민으로 살면서 미국에 대한 애국심을 갖도록 교육시킨다면, 과거 그들이 속했던 나라(모국)를 설득시켜 미국의 동맹국 내지 우방국으로 만들 수 있는 기회가 가장 많은 나라다. 따라서 미국에 사는 한국계 미국인도 한국이 미국의 동맹국으로 계속 남아 서로 상대방의 협조가 필요할 때 도울 수 있도록 공헌해야 한다.

그러므로 미국은 모든 민족이 서로를 인정하고, 용납하고, 화합하며 돕는 장이 되어야 한다. 다양성 속에서의 하나(One unity with many variety), 이것이 어느 나라도 따를 수 없는 미국의 장점이자 잠재능력이다. 바울은 이를 교회에 비유했다(고전 12:12-31, one body with many parts). 따라서 미국 문화는 멜팅 폿(melting pot)이 아니고, 각 민족의 특성을 살리며 전체를 통합하는 샐러드 볼(salad bowl) 또는 모자이크 모델(mosaic model)이 되어야 한다.

실제로 미국은 코리안 아메리칸이 있으므로 나라가 더 부강해지고 세계의 리더십을 더 발휘할 수 있어야 한다. 이를 위해서는 한국계 미국인이 미국에서 주인의식을 가지고 선량한 시민이 되는 것은 물론 유대인처럼 정계, 학계, 재계, 언론 및 예술 등에 영향력을 끼치는 굵직한 인물들을 많이 배출해야 한다. 그런 면에서 현재 코리안 아메리칸 교회들은 미국을 위해 얼마나 열심히 기도하고 있는가!

국제교육연구소(IIE)에 의하면, 미국 내 한국인 학자만도 2000~2001 학년도에 5830명으로 중국과 일본에 이어 3위다(중앙일보, 2001년 11월 16일). 전 학년도에 비해 16.3%나 늘어 상위 20개 국 중 가장 높은 증가율을 기록했다. 좋은 현상이다.

이 논리는 전 세계 180개국에 흩어져 살고 있는 700만 재외동포(중앙일보, *세계 한인 네트워크, 윈-윈의 지혜로*, 2007년 10월 8일)에게도 동일하게 적용된다. 자신이 속한 나라의 지도자를 위해 그리고 그 땅의 평화와 번영을 위하여 기도할 뿐만 아니라 그것을 위해 실천해야 한다. 특히 9·11 테러 이후에는 더욱 미국을 위해 기도할 때가 아닌가!

코리안 아메리칸은 한국인의 뿌리를 지닌
자랑스러운 한국계 미국인으로 살아야 한다.

생각하고 갑시다

대속죄 (代贖罪)
- 손석춘 씨 이야기 -

아들은 이틀 동안 미국 학교 건물 이곳저곳을 쑥대밭으로 만들어 버렸다.

요 최근 미국에서 있었던 일이다. 공군 대위로 전역하고, 현대자동차에 입사하여 차장으로 고속 승진했다. 당시 대졸 초임이 2만 원일 때 자신은 15만 원을 받았다. 좋은 직장을 퇴사하고, 아들 둘, 딸 셋을 데리고 미국으로 이민을 갔다.

그런데 중학 2학년이던 때 큰아들이 교도소에 가게 되었다. 자식을 잘 키우겠다고 이민을 갔는데 아들은 학교에서 동양인이라며 따돌림으로 왕따를 당했고, 미국 아이들에게 놀림감이 되었다. 그때마다 아들은 이들을 상대로 반격을 가했고, 이 때문에 교장에게 여러 차례나 불려가 체벌을 받았다.

불만이 쌓인 아들은 어느 휴무일 이틀 동안 다른 미국인 친구와 함께 학교에 들어가 건물 이곳저곳을 쑥대밭으로 만들어 버렸다. 이 사건은 지역신문 1면에 났고, 온 가족은 좁은 응접실 구석에 모여 앉아 통곡했다. 한국인의 얼굴에 먹칠했다는 비난은 기본이었고, 등하교 때 그 집 때문에 피해자라는 한인들까지 생겨날 정도로 따돌림을 당했고, 같은 교육구 아이들까지 전학을 시키는 부모들까지 생겨났다.

같은 동포인 나이 젊은 어떤 한인은 동정하는 말보다 "당신 자식 교도소에 갔다며?"라고 빈정거렸다.

또 열심히 섬기던 교회에서조차도 성도들의 눈길이 예사롭지 않아 아예 출석도 끊어버렸다.

교장은 "세상에 이렇게 학교 기물을 때려 부순 사건은 처음입니다. 카운티(county; 자치주) 내의 어떤 학교에도 전학 불가능합니다. 안녕히 가십시오."라고까지 말한다. 그의 아버지는 '아들 죄가 바로 내 죄'라고 생각하고 속죄를 위해 매주 주말에 온 가족을 동원하여 학교 청소를 하겠다고 했고, 교장은 별난 아버지라며 허락했다.

이 별난 행동은 나중에 다시 또 한 번 플로리다주 사회를, 아니 전 미국을 뒤흔들었다.

교도소에 간 중2 아들의 속죄를 위해 부부가 유치원과 초등학교에 다니는 네 아이와 함께 주말마다 학교에 나와 청소하는 장면을, 운동장을 청소하는 장면을 AP통신 기자가 "가족의 명예와 아들을 위해 부모는 모른 체 하지 않았다"는 제하의 기사를 보도했다.

"아들 죄가 바로 내 죄"라는 고백은 "동양의 유교적 가족관계의 독특한 교육철학이다."

기사에는 "내 아들이 죄를 지었으면 내가 죄를 지은 것이다. 내 아들이 저지른 행위에 대해 변상은 물론 어떤 일이든 하겠다"라는 그의 말이 들어 있었다. 미 전역의 신문들 AP통신의 기사를 받아쓰면서 아들이 다니는 학교에는 며칠 만에 수백 통의 편지가 날아왔다.

변호사비로 쓰라며 5불, 10불짜리 수표와 현찰을 동봉하기도 했다.

미국 신문들은 아버지의 "아들 죄가 바로 내 죄"라는 고백을 들어 "미국인 부모들도 본받아야 한다."라거나 미국 교육계도 "동양의 유교적 가족관계에서 이뤄지는 독특한 교육철학을 배워야 한다."라는 논지의 기사와 논평을 내보냈다.

며칠 후에 반가운 소식이 가족에게 전달됐다. 법정에서 아들을 방면한다는 소식이었다. 교육청에서는 다니던 학교로는 되돌아갈 수 없지만, 멀리 떨어진 다른 학교에는 갈 수 있다는 서한도 보내왔었다.

그 후 우주 항공 전문가로 성공한 아들

그 후 말썽꾼 아들은 변하여 센트럴 플로리다 텍(FIT)석사 학위를 받은 후 미 우주 항공국(NASA)산하 방산 업체에 근무하며 고위우주선 탑재 전문가가 되었다. 우주선을 쏘아 올릴 때 수십 명이 달라붙어 점검하는데 그 가운데 최고참으로 일하고 있다. 미국은 물론 전 세계에서 오는 VVIP(Very Very important Person)들에게 직접 브리핑하는 유일한 한국계라고 한다. '기름때 묻은 원숭이의 미국 이민 이야기'라는 책을 쓴 손석춘 씨 이야기이다.

큰아들 송시영은 사고를 쳤을 때 만해도 "아이고 저놈이 자라서 뭐가 될까?"하고 걱정이 태산이었는데, 지금은 가장 가까운 곳에 살면서 자신이 좋아하는 낚시를 시도 때도 없이 함께 가 준다고 한다.

선트러스트은행 부사장으로 일하고 있는 큰딸도 명절 때마다 제법 큰 용돈을 보내주고 있다나요.

한 아버지의 대속(代贖)으로 사고뭉치 아들이 새로운 삶을 살게 되었고, 자녀들 모두 스스로 제자리를 찾아 우뚝 일어선 아름다운 가정사다.

세상은 누군가를 위해 대속해주지 않는다. 그러나 아버지는 사랑하는 아들을 위해 대속 할 수 있기 때문이다. 여기저기에서 많이 접했던 글이겠지만, 현재 우리나라 안에서는 아들이 상습도박과 매춘으로 신문방송에 도배를 해도 "아들은 남이다"고 하는 대통령 되겠다는 위인(爲人)이 있으니 이거야말로 참으로 이런 인간이 대통령이 되면 나라 팔아먹을 자가 아닐 수 없다.

〈출처: http://goeul.kr, http://goeul.kr/print_paper.php?number=23702〉

4. 다문화 속에서 성경적 동화 모델: 예수님과 바울의 예

앞에서 고든의 2가지 동화 이론; 첫째, 사회구조에의 동화(the Social Structural Assimilation)와 둘째, 문화적 동화(Cultural Assimilation)에 대해 소개했다(Gordon, 1964). 두 동화 이론은 내면적 영적 세계를 가진 기독교인에게 적용될 수 있는가? 물론 적용된다. 이를 증명하기 위해서는 먼저 예수님과 바울의 동화 모델을 알아야 한다. 왜냐하면 그분들은 모든 기독교인의 모델이기 때문이다. 그분들은 2가지 동화 이론 중 어디에 속하는지 알아보자.

첫째, 예수님의 동화 모델에 대해 알아보자.
유대인이셨던 예수님은 근본 하나님의 본체시나 자신을 낮춰 하나님의 아들로 이 땅에 내려오셔서 사신 분이시다(빌 2:6). 예수님도 인간이시기 때문에 사람들과 함께 생활하셨다. "사람들과 함께 생활하셨다."라는 말은 "사람들의 문화와 접하면서 사셨다."라는 뜻이다.

예수님의 동화 모델은 2가지 중 어디에 속하는가? 예수님도 유대인처럼 '사회구조에의 동화 모델'에 속하신 분이다. 그 이유를 2가지 측면, 첫째 예수님의 내면적 영적 세계와 둘째 외면적 세상 죄인의 사회구조에 대해 살펴보자.

사회구조에의 동화란 외형적 사회구조에의 동화를 말한다. 즉, 어떤 사람이 타민족 문화를 접했을 경우 자신의 내면적 세계인 전통적 역사관과 고유문화 그리고 사상을 버리는 것이 아니라, 그것을 지키면서 외면적 세계인 그 사회구조에만 동화하는 것을 말한다.

예수님의 내면적 영적 세계는 하늘에서나 이 땅에서나 신본주의 사상으로 가득하셨다. 그분은 이 세상에서 내면적으로는 무흠하신 하나님의 아들로 신본주의 사상을 가지고 계시면서 외면적으로는 '죄 있는 육신의 모양(the likeness of sinful flesh)'(롬 8:3)으로, 즉 '사람의 모양(human form)'(빌 2:8)으로 사셨다. 그뿐 아니라 예수님은 외면적으로는 죄 있는 육신의 모양으로 오셔서 죄인의 사회구조에 적극 동화하셨다. 죄인과 함께 먹고 포도주도 즐기면서 죄인의 친구로 사셨다(마 11:19; 눅 7:34, 19:7).

> 인자는 와서 먹고 마시매 말하기를 보라 먹기를 탐하고 포도주를 즐기는 사람이요, 세리와 죄인의 친구로다. (마 11:19a)

예수님은 죄인들과 함께 사시면서, 즉 죄인들의 사회구조에는 적극 동화하시면서 그들에게 하나님의 말씀을 가르쳐 그들 내면의 죄악된 마음을 신본주의 문화로 동화시켰을망정 예수님의 내면세계는 결코 사람의 죄를 따르지 않으셨다. 즉, 예수님은 죄인의 외면적 사회구조에는 적극적으로 동화되어 사셨지만 내면적 영적 세계는 순결 그 자체이셨다.

예수님과 삭개오의 예(눅 19:1-10)를 보자. 삭개오의 직장인 국세청과 세금을 징수하는 제도는 사회구조(Social Structure)에 속하기 때문에 죄가 아니다. 그러나 삭개오가 세금 감면의 조건으로 주민들로부터 뇌물을 받은 것은 삭개오의 내면적 마음이 부패했기 때문에 일어난 죄다. 예수님은 삭개오가 속한 사회구조에는 함께 적응하시면서도 삭개오와 같은 죄는 따르지 않으셨다. 그뿐 아니라 예수님은 삭개오에게 말씀을 가르쳐 그의 내면적인 죄를 회개하게 하고, 그의 부패한 마음을 깨끗하게 치유하셨다.

여기에서 보편적 사회구조 자체는 죄가 아니라는 사실을 알 수 있다. 다만 그 사회구조에서 사는 인간의 마음이 타락하면 사회구조의 법을 어기고 죄를 지을 수 있다는 것이다(물론 보편적이 아닌, 악을 일삼는 특수한 범죄 집단의 사회 구조는 죄악일 수도 있다). 뿐만 아니라 인종의 문화적 측면에서도 예수님은 복음을 전하기 위해 유대인뿐만 아니라 사마리아인(요 4장), 아람 사람 및 로마인(마 8:5-8; 요 11:4) 등 모두의 사회 구조에는 편견 없이 동화하셨다.

둘째, 정통파 유대인이었던 바울의 동화 모델은 어떠한가?

바울도 예수님처럼 '사회구조에의 동화 모델'에 속한다. 다만 예수님과 바울의 차이점은 예수님의 동화 모델이 2가지 측면, 예수님의 내면적 영적 세계와 죄인이 사는 외면적 사회구조의 동화 측면에서 살펴보았다. 바울은 내면적 영적 세계는 예수님과 동일하지만 인종의 문화적 측면에서는 복음을 더 넓게 많이 전하기 위해 더 많은 인종의 외형적 사회구조에 동화해야 했다는 점이다.

바울은 자신의 내면적 세계는 신본주의 문화(복음)로 가득 찼으나, 외면적으로는 유대인에게는 유대인처럼, 헬라인에게는 헬라인처럼, 로마인에게는 로마인처럼 행동했다. 즉, 그는 여러 사람을 위해 여러 모양의 사회구조에 동화되어 생활했다. 그 이유는 그들을 한 명이라도 더 복음으로 구원하기 위함이었다(고전 9:20-23).

유대인들에게는 내가 유대인과 같이 된 것은 유대인들을 얻고자 함이요, 율법 아래 있는 자들에게는 내가 율법 아래 있지 아니하나 율법 아래 있는 자같이 된 것은 율법 아래 있는 자들을 얻고자 함이요, 율법 없는 자에게는 내가 하나님께는 율법 없는 자가 아니요 도리어 그리스도의 율법 아래 있는 자나 율법 없는 자와 같이 된 것은 율법 없는 자들을 얻고자 함이라. 약한 자들에게는 내가 약한 자와 같이 된 것은 약한 자들을 얻고자 함이요, 여러 사람에게 내가 여러 모양이 된 것은 아무쪼록 몇몇 사람들을 구원코자 함이니 내가 복음을 위하여 모든 것을 행함은 복음에 참여하고자 함이라. (고전 9:20-23)

위의 말씀은 무엇을 뜻하는가? 바울은 복음을 위해 다른 민족의 사회구조에 적극적으로 동화하며 복음을 전했다는 것이다. 그리고 그들의 내면적 세계를 신본주의 문화에 동화시킬망정 자신의 내면적 영적 세계는 그들의 죄악된 문화에 전혀 동화되지 않았음을 보여 준다.

우리는 여기에서 유대인이었던 예수님이나 바울 모두 사회구조에는 적극 동화되어 사셨지만, 자신의 내면적 영적 세계는 흔들림 없이 굳게 지키셨다는 점에 주목해야 한다. 즉, 결코 죄악의 세속 문화에는 동화(Cultural Assimilation)되지 않는 데 성공했다. 뿐만 아니라 한걸음 더 나아가 두 분은 자신들의 내면적 영적 능력으로 비기독교인의 내면(마음)에 있는 죄악된 세속 문화를 기독교의 신본주의 문화로 놀랍게 변화시키셨다는 점에 크게 주목해야 한다.

그렇다면 반대로 기독교인의 문화적 동화란 무엇인가? 그것은 기독교인이 세속의 사회구조에 동화하면서 자신들의 내면적인 영적 세계를 지키지 못하고, 오히려 내면의 마음이 죄악의 세속 문화에 동화되는 것을 말한다. 그 이유는 자신의 내면적 영적 세계의 힘이 죄악된 세속 문화의 힘보다 상대적으로 약하기 때문이다. 오늘날 많은 기독교인 자녀들의 내면적인 마음이 세속 문화에 빠져 예수님을 쉽게 잃어버리는 이유가 여기에 있다.

따라서 기독교교육학적 측면에서 기독교인도 자녀들에게 예수님이나 바울처럼 사회구조에는 동화되어 살지라도 내면적 영적 세계는 신본주의 사상을 굳세게 지키도록 해야 한다. 그리고 죄악의 세속 문화에 물들지 않도록 교육시켜야 한다. 이에 더하여 기독교인 자녀들이 예수님이나 바울처럼 하나님의 말씀으로 죄악된 세상의 문화를 기독교의 문화로 변화시켜야 한다. 이것이 바로 빛과 소금의 역할 아니겠는가!

예수님과 바울은 유대인처럼 사회구조에는 적극 동화하셨지만,
내면적 영적 세계는 굳게 지키셨다.
그분들은 모든 기독교인의 동화 모델이시다.

5. 한국의 전통문화가 종교성에 주는 영향 연구 결과

〈저자 주: 앞에서 저자는 우리의 자녀를 다문화 사회에서 한국인의 정체성(Identity)을 가지도록 교육시켜야 한다고 했다. 그 당위성은 주로 성경적인 유대인의 삶을 예로 들었다. 여기에서는 왜 유대인의 모델이 옳은지 그 이유로 과학적 연구 결과를 제시하고자 한다.〉

미국은 언어만도 231개를 사용하는 다문화 국가다(Languages of USA, www.ethnologue.com, sil publications, 2002). 미국 주류 문화를 핵심, 혹은 주인문화(Core or Host Culture)라고 한다.

각 인종이 미국으로 이민을 오면 문화적인 면에서 2가지 선택의 길이 있다. 미국 속에서 자신의 뿌리를 잊어버리고 미국에 동화되어야 한다는 주장(예: 일본계 전 하야카와 의원)과 자신의 전통문화 유산을 지키며 미국 사회구조(Social Structure Assimiliation)에 적응하자는 주장(예: 유대인)이다. 둘 중 어느 쪽이 옳은가?

1970년대 미국의 초기 이민 교회의 교육부 회의에서는 이 문제를 놓고 갑론을박(甲論乙駁)해 왔다. 나중에 누가 이기는가? 대부분 목소리 큰 쪽이 이긴다. 왜냐하면, 이 문제에 대한 과학적 연구가 되어 있지 않았기 때문이다.

저자는 이에 답하기 위해 먼저 '한국인의 전통문화 가치가 종교성과 영적 만족감에 미치는 영향'에 대해 연구한 바 있다(Biola University, Talbot School of Theology, 기독교교육학 박사학위 논문, 1990).

연구 결과는 "유대인처럼 자기 고유문화 가치를 가지고 지키는 사람일수록 바울과 같은 내재적 종교성과 영적 만족감이 현저히 높다. 반면, 미국 문화에 동화되면 동화될수록 바리새인과 같은 외재적 종교성이 현저히 높고 영적 만족감이 현저히 낮다."라는 것이다.

인간의 자긍심(Self-Esteem), 주체의식(Self-Identity) 및 민족의식(Ethnic Identity)은 심리학적으로 같은 영역에 속해 있기 때문에 서로 상관관계가 있다. 따라서 자긍심, 주체의식 및 민족의식이 높은 사람일수록 종교를 가져도 하나님에 대한 강한 내면적 신앙의 소유자가 될 수 있다.

즉, 심리학적으로 자아형성(Self-Image)이 잘된 사람이 하나님과의 관계에서도 믿음의 자아형성이 잘된다는 논리다. 이러한 사람은 영적 만족감도 상대적으로 높다. 반대로 자아형성이 잘 안 되어 흐릿한 사람은 하나님을 믿어도 흐릿하게 믿는다. 이 논리는 기독교뿐 아니라 타종교, 즉 불교 및 유교 등에도 적용될 수 있다.

왜냐하면, 인간의 종교성은 인류학적 측면에서 볼 때 보편적(Universal)인 것이기 때문이다. 저자는 연구 결과에 대한 철학적 및 심리학적 이유를 설명하고 더 알기 쉽게 교과서 형식으로 재편집하여 《문화와 종교교육》(쿰란출판사, 1993; 쉐마, 2007)이란 책으로 발간한 바 있다. 이것은 '2세 종교교육의 방향'을 학문적으로 제시한 것이다.

저자는 이 연구 결과의 모델이 구약성경에 기초한 삶을 살고 있는 정통파 유대인임을 알게 되었다. 그리고 그들 공동체에 들어가 '유대인 자녀교육'을 연구했다.

따라서 '유대인 자녀교육' 연구는 저자가 저술한 《문화와 종교교육(부제: 2세 종교교육 방향 제시)》의 후편이다.

결론적으로 유대인의 교육 모델이 미주 한인 2세 교육에 적합하다는 것이다. 그러므로 《문화와 종교교육》이 2세 교육의 방향을 제시하는 왜(Why)라는 물음에 답하는 것이라면, '유대인의 자녀교육'은 그 제시에 따라 어떻게 교육시킬 것이냐(How)하는 방법론이다. 독자들이 유대인의 자녀교육을 다룬 전체 시리즈를 읽다 보면 그동안 쌓였던 여러 가지 교육학적 질문들의 답이 풀릴 것이다.

세 번째 주제로 쓴 《부모여, 자녀를 제자 삼아라(부제: 기독교교육에 왜 유대인의 선민교육이 필요한가?)》에서는 구약에 근거한 선민교육이 왜 기독교인에게도 필요하고, 선민교육에 필요한 유대인의 율법은 왜 기독교교육에도 필요한가를 논증했다. 즉, 구약의 토라를 기독교교육학적으로 재조명하여 2천 년 동안 잘못되어 온 기독교교육을 바로 잡은 것이다. 이것은 주님이 다시 오실 때까지 신구약을 통합한 온전한 기독교교육의 신학과 원리를 제시한 것이다.

- 저자의 박사학위 연구 결과 -

"유대인처럼 자기 고유문화 가치를 지키는 사람일수록
바울과 같은 내재적 종교성과 영적 만족감이 현저히 높다.
반면 미국 문화에 동화되면 동화될수록 바리새인과 같이
외재적 종교성이 현저히 높고 영적 만족감은 현저히 낮다."

제3장에서는 코리안 디아스포라 2세의 다문화 문제를 대부분 유대인을 모델로 기독교 입장에서 다룬다. 그 이유는 해외 동포들 중에 기독교인이 많기 때문이다. 그러나 비기독교인에게 본서의 원리를 적용할 때는 한국 문화는 동일하게 적용하되 신앙이나 신앙생활 문화를 제거하고 읽으면 된다. 혹은 다른 종교를 가졌을 경우에는 기독교 대신에 자신의 종교를 대입하면 된다. 따라서 본서의 원리와 공식은 모든 민족에게 동일하게 적용된다. 따라서 본서의 원리와 공식은 모든 민족에게 적용될 수 있다.

제 **3** 장

코리안
디아스포라
2세의 인성교육
〈유대인을 모델로〉

I. 문화적 측면에서 코리안 디아스포라 2세가 부모를 섬기게 하는 방법
II. 족보를 자녀에게 가르쳐야 하는 이유
III. 제사상의 세 가지 과일에서 찾는 한국인의 핵심 인성교육
IV. 조선족의 잘못된 정체성 문제와 유대인을 모델로 한 해결 방안

I. 문화적 측면에서 코리안 디아스포라 2세가 부모세대를 섬기게 하는 방법

〈저자 주: 제3권 제6부 제1장 IV. 3. '한국인과 유대인(기독교인)의 신언서판 비교'에서는 인성교육의 내용은 동서양간에 약간씩 차이가 나겠지만 그 원리와 공식은 대부분 비슷하다고 설명했다. 이제 더 구체적으로 '신언서판과 한국인 기독교인과의 관계'에 대해 설명해 보자. 이는 모든 인종에게 적용되는 '신언서판과 종교와의 관계'란 보편적 원리를 한국 민족 기독교인에게 적용해 보자는 뜻이다. 이를 설명하기 위해 미주 한인 교회의 문제점을 살펴보고 그 이유와 해결 방안을 제시해보자.〉

1. 문제 제기

A. 왜 미주 한인 2세들은 성장한 후 부모 교회를 떠나는가

통계에 의하면 미국 동포 2세들은 대학에 들어가면 70%가 교회를 떠나고 대학을 졸업하면 90%가 교회를 떠난다(Song, 1997, pp. 23-34). 그나마 10% 정도 2세 기독교인이 남는다 해도 1세 교회를 전수받을 2세들이 거의 없다. 다시 말하면, 10% 정도라도 2세들에게 복음을 전수하는 데에는 성공했지만, 그들이 부모의 교회는 오기 싫어한다는 것이다.

그들은 마치 1세 교회를 타민족 기독교인처럼 여긴다. 어떤 경우에는 타민족 기독교인들보다 더 비판적이고 냉정하다. 따라서 미주 한인 교회는 장래 한인 교회를 이어갈 지도자 양성은 물론, 2세들을 키우는 데 거의 100% 실패한 셈이다. 얼마나 안타까운 일인가!

왜 똑같은 예수님을 믿는데도 미주 한인 1세와 2세의 신앙생활 사이에 심한 세대차이가 나는가? 그 이유는 미주 한인 1세들이 2세들에게 복음을 전수하는 데에는 성공했더라도 한국인으로 만드는 데는 실패했기 때문이다. 부모들이 한국어와 한국의 고유전통문화를 자녀들에게 전수하는 데 실패했기 때문이다. 고로 1세와 2세 사이에 문화코드가 맞지 않아 세대차이가 난다.

한국인 2세들이 한국인 1세가 사용하는 한국어와 한국인의 전통을 먼저 배워 성숙한 한국인이 된 다음 예수님을 믿어야 성숙한 한국인 기독교인이 될 수 있었는데, 불행히도 부모들이 자녀들을 한국인으로 키우는 데 실패했기 때문에 자녀 세대와 심한 문화 갈등을 겪게 된 것이다.

1세대 부모들은 자녀를 한국인으로 키우지 못함으로써 다음 3가지를 잃었다.

첫째, (물론 다른 이유도 있겠지만) 2세 중 90% 이상이 대학을 졸업하면 교회를 떠난다. 저자의 연구에 의하면, 2세들이 미국문화에 동화되어 한국인(한국 민족)으로서 정체성이 약하면 내면적 종교성(Intrinsic Religiosity)도 약해지기 때문이다. 2세들이 한국인으로서 정체성이 약하면, 그만큼 복음화될 확률도 적을 뿐 아니라 하나님에 대한 헌신도도 약하다.[17]

---

17) 자세한 내용은 저자의 《문화와 종교교육》 (쉐마, 2007년), 제4부 III. '한국 전통문화가 2세의 종교성과 영적 만족감에 미치는 영향' 참조.

둘째, 설사 2세 중 10% 정도가 신앙을 가졌다 해도 한인 교회를 떠난다. 얼마나 큰 손실인가!

셋째, 1세 부모들의 시각에서 2세들은 대체적으로 한국인의 전통적인 예의가 부족하다. 그 이유는 1세들이 받았던 한국식 신언서판 교육을 전수하지 못해 부모 세대와 2세 사이에 신언서판식 문화코드를 맞추는 데 실패했기 때문이다. 얼마나 안타까운 일인가!

이제 이 문제점을 어떻게 해결해야 한 것인가? 그 대안을 유대인을 모델로 찾아보자.

미주 한인 2세들은 대학을 졸업하면 100%가 부모교회를 떠난다.
그 이유는 2세들을 한국인으로 만드는 데는 실패했기 때문이다.

B. 세대차이로 인한 해외 동포 가정의 고통

1) 미주 동포의 자녀교육 고통 사례
〈한인보다 한복을 자랑스럽게 여기는 이들의 정체는〉

저자는 1975년도에 미국 LA로 이민을 갔다. 당시는 미국 이민이 본격적으로 시작되던 시기였다. 코리아타운이 형성되고 한인 교회들이 많이 개척되었다. 그러나 해외 경험이 없었던 1세 부모들은 2세 종교교육의 방향을 전혀 몰랐다.

저자는 미주 언론에 1990년에 2세 종교교육의 방향을 제시하는 주제로 기독교교육학 학위 논문(Biola 대학교 탈봇신대원)을 발표했다(미주한국일보, 미에 동화될수록 영적만족 약해져, 1960년 12월 11일). 그리고 이를 근거로 2세 종교교육의 모델로 정통파 유대인 자녀교육을 연구하여 1996년에 '유대인 자녀교육서'《IQ는 아버지 EQ는 어머니 몫이다》를 출간했다. 이 책이 베스트셀러가 되면서 북미주뿐만 아니라 한국은 물론 전 세계 한인들의 초청이 줄을 이었다. 이것은 그만큼 2세 자녀교육의 문제가 급부상했다는 증거였다.

간단히 요약하면 대부분 미국 한인가정의 문제는 1세대 부모들과 2세대 자녀들과 문화의 세대차이로 인한 소통의 부재에서 시작되었다. 그 원인은 1세 부모들이 자녀들을 한국인으로 키우는데 실패했기 때문이었다.

많은 한인 자녀들은 문화적으로 미국 문화에 동화되어 미국인으로 성장하여 부모와 심한 갈등을 겪었다. 이를 이해하지 못했던 1세 부모들은 부모대로 실망이 이만저만이 아니었다. 더 심각한 것은 한인 2세 자녀들이 1세대 한인 부모들을 싫어한 결과 한국 문화 자체를 너무 싫어했다는 점이다. 이것이 도를 넘어 어떤 자녀들은 부모의 나라 대한민국까지 싫어하게 되었다.

한국인 1세 중에도 한국을 사랑하는 미국인보다 더 한국 문화와 자신의 모국을 싫어하는 이들이 있었다. 그 예를 들어보자. 저자는 각 도시에 초청을 받아 가면 꼭 한복을 입고 다녔다. 그리고 교회에서는 국악 찬양을 부르게 했다. 한국인의 문화적 정체성을 교육하기 위함이었다.

첫 강의는 언제나 한국인의 인성교육, 즉 한국인의 정체성에 관해 설명했다. 그리고 청중들에게 다음 시간부터는 한복을 입고 나올 것을 권하였다.

특이한 것은 한국에서 일류 대학을 나온 사람들은 거의 한복이 없었다. 그런데 유독 한복을 잘 차려입고 나왔던 그룹이 있었다. 그들은 바로 한인 여성들과 결혼한 미국인들이었다. 그들 부부는 고급스러운 전통 한복을 입고 나와 많은 한인들 앞에서 뽐내고 다녔다. 그들은 한국인 아내를 사랑하다보니 한국과 한국 문화를 사랑하는 미국인들이 되었다.

다른 민족이면서 문화도 다른 미국인이 한국인보다 한복을 자랑스럽게 여긴다는 것은 매우 수치스런 일이다. 한국인 1세 부모들도 그러니 그들의 자녀들은 얼마나 한국 문화를 싫어하겠는가!

한국 1세 부모를 미워하는 2세 자녀들의 영향은 자신들의 직장에서도 나타난다. 저자가 워싱턴 D.C 근처 볼티모아에 집회를 가서 들은 얘기다. 그쪽 지역 동포들 중에는 연방정부 공무원들이 많다. 그래서 한국 정부의 고위 관리들과 협상을 할 경우가 종종 있다는 것이다.

그런데 한국 정부의 관리들이 미국 정부에 근무하는 한인 2세 동포를 만날 경우 오히려 백인 관리보다 더 힘들게 하는 경우가 있다는 것이다. 그 이유는 한인 2세 동포는 한국인과 한국 정부를 좋아하지 않았기 때문이었다. 1세 부모에 대한 편견은 대한민국 국익까지 해칠 수 있다는 것이다.

반면 유대인 디아스포라는 어느 지역에 살든지 항상 모국 이스라엘의 국익에 앞장서고 있다. 이것이 유대 민족의 생존 비밀이다.

앞에서 한국의 일류학교 출신들이 한복 입기를 가장 싫어한다고 했다. 그들이 그 사실을 알면 왜 놀랄까? 한 가지 일화를 소개하겠다. 이것은 코리안 디아스포라의 문화를 이해하는데도 도움이 될 것이다.

미국에는 1960년대에 설립된 재미한인과학기술자협회(Korean-American Scientists and Engineers Association; KSEA)라는 단체가 있다. 미국의 각 대학이나 연구소 등에서 교수나 연구원으로 근무하는 초 엘리트 한국인 집단이다. 그 단체는 매년 각 도시를 순회하며 대회를 개최한다. 그런데 1990년대 중반부터 그 대회에는 자녀교육에 도움이 되는 강사를 초청하여 강의를 들었다.

전혜성 박사가 제1회 강사였고, 제2회는 강영우 박사였다. 전자는 클린턴 행정부에서 국무부 인권담당 차관보를 역임했던 헤럴드 고의 모친이고, 후자는 오바마 행정부 입법 보좌관을 역임했던 크리스토퍼 강의 부친(시각장애인)이었다. 그리고 제3회가 저자였다.

저자의 강의 주제는 유대인을 모델로 한 한국인의 인성교육(정체성)이었다. 저자는 거기에서도 한복을 입고 한국인의 문화적 정체성 교육을 강도 높게 강조했다. 자녀를 그렇게 양육하지 못했을 경우 가정은 세대 차이로 인하여 자식농사를 망치기 쉽다고 했다.

그들이 저자의 강의를 듣고 놀란 이유는 이 강의 내용이 모두 남의 얘기가 아니라 바로 자신들 가정 얘기였기 때문이었다. 그러면서도 그들은 웃을 수밖에 없었다. 저자가 가끔 강의 중에 저자의 말을 이렇게 따라하라고 했기 때문이었다.

"자는 아이 다시보자. 세대차이 있나 없나."
"알고 보니, 우리 집 얘기구나!"

그들의 말을 들어보면 그들 대부분은 1960년대부터 미국에 유학을 왔다고 했다.[18]

미국에서 자녀를 낳은 후에는 자녀들을 미국 문화에 물들도록 교육시켰다는 것이다. 가정에서는 영어만 사용하고 미국의 현대교육에 매진하도록 했다. 그 결과 많은 자녀들이 소위 미국의 명문대학에 입학시키는데 성공했다. 물론 양부모들이 머리가 좋으니 자녀들도 머리가 좋았을 것이다.

그런데 문제가 발생했다는 것이다. 대학을 들어간 이후부터 부모와 소통이 잘 안 되었다. 대학을 졸업하고 결혼을 한 후에는 아예 부모와 절연하는 결과도 빈번했다는 것이다. 안타까운 부모가 전화로 한국식으로 야단을 치면 아예 전화번호까지 바꾸는 사례도 있었다고 했다. 한국의 효사상과 매우 거리가 먼 현상에 놓았다는 것이다.

뒤늦게 저자의 강의를 듣고 그 원인을 알게 된 그들은 후배들을 위하여 저자를 여러 곳에서 소개해주었다. 무명이었던 저자가 미주는 물론 전 세계에 그리고 한국의 각 대학에까지 알려지게 된 이유가 여기에 있었다. 그것은 그들 동창들의 파워가 그만큼 막강했다는 것을 뜻한다.

일류대학 출신들의 약점은 한국문화를 중요하게 여기지 않는 것이지만, 장점은 그것이 잘못되었다는 것을 알면 그것을 바로 시정하려고 노력한다는 것이다.

---

18) 1960년대 한국에서 미국에 유학을 가기는 매우 힘들었다. 토플은 물론 정부에서 치는 시험에도 합격해야 했었다. 그리고 정부에서 출국 시 허용하는 돈은 가난한 나라였기에 개인 당 $500로 제한했었다. 저자는 1970년대 초에 이 시험들을 보았다. 저자가 왜 아내와 결혼 후 미국 이민을 택했는지는 저자의 저서 《쉐마교육 개척기》 제1부 제5장 '이민으로 계획 변경'을 참조 바란다.

"자는 아이 다시보자. 세대차이 있나 없나."
"알고 보니, 우리 집 얘기구나!"

2) 브라질 동포의 자녀교육 고통 사례

남미에 한인 동포들이 가장 많이 거주하는 지역은 브라질과 아르헨티나다. 그들의 주산업은 봉제업이다.

1962년 12월 103명이 부산항을 떠나 2개월만인 1963년 2월 12일 브라질 산토스(Santos)항에 도착했다. 1962년 3월에 제정, 공포된 해외이주법 발효 이후 최초 이민이었다. 1963~1996까지 기술이민자 1,400명이 브라질에 이주하여 브라질 의류산업 60%를 담당하고 발전시켰다고 전해진다(https://story.kakao.com/_hXOpZ0/gDJafkHmMDA). 아르헨티나의 한인 역사도 비슷하다.

저자는 1996년 이후 남미의 한국 학교와 한인교회 그리고 교회연합회 초청으로 브라질 상파울로와 아르헨티나 부에노스아이레스 지역 등을 다섯 차례 방문한 적이 있었다. 그곳에서 한국인의 인성교육(정체성)과 유대인의 자녀교육을 주제로 강의를 했었다.

저자가 보았던 브라질 동포들의 고통을 소개해보자. 상파울로에서 집회가 끝난 후 기도회 시간에 많은 분들이 통곡을 하며 울고 있었다. 한 여자 분은 이렇게 말했다. 자신은 남편과 함께 1970년대 후반에 한국에서 브라질로 이민을 왔다고 했다. 두 아들들도 그곳에서 낳았다. 처음에는 한인이 운영하는 재봉공장 직원으로 들어가 몇 년 동안 일을 배운 후 자신이 재봉공장을 새로 차렸다고 했다. 두 내외는 억척같이 노력하여 돈을 꽤 모았다고 했다. 남부럽지 않게 큰 저택도 샀다.

그동안 너무 바빠 자녀들은 어릴 때부터 브라질 원주민 여성에게 맡겼다고 했다. 아들들이 자라며 문제가 생겼다. 브라질 공립중학교를 다니는 아들들이 한국말을 할 줄 몰랐다. 그뿐만 아니라 두 부부가 없는 동안 어려서부터 줄곧 브라질 TV 방송만 보아 사상이나 문화적으로 100% 브라질 사람이 되어 있었다.

한국인의 기독교 신앙도 없었고, 한국의 전통 수직문화는 더 몰랐다. 브라질 문화와 현대 수평문화에만 물들어 있었다. 억척같은 한국인의 기질도 전혀 보이지 않았다. 남미인 특유의 기질, 즉 급한 것도 없고 만사가 태평했다. 브라질 아이들처럼 삼바 춤 같은 것만 좋아했다. 그렇다고 학교 공부를 악착같이 하는 것도 아니었다. 얼굴만 한국인일 뿐 사상이나 문화적으로는 완전히 브라질 사람이 되어 있었다.

그동안은 너무 바빠 자녀교육에 대해 깊이 생각을 하지 못했다고 했다. 남의 집 자녀들도 그러려니 했었다. 그런데 저자의 강의를 듣고 덜컥 걱정이 생겼다고 했다. 자신들이 늙어서 죽으면 내 아들들은 브라질에서 어떻게 살아 갈 것인가 하는 걱정이 앞섰다.

당시 그분은 재봉공장 사장이었는데, 설사 자신들의 회사를 아들들에게 넘겨준다고 하더라도 그것을 지킬만한 의지나 능력이 보이지 않았다. 당시 자신의 봉제공장 원주민 직원 한 달 봉급이 $100이었다고 했다. 자기 아들들도 그 돈을 가지고 한 달 한 달을 살아갈 것을 생각하니

기가 막혔다고 했다.

"교수님, 미국에서는 자녀들이 아무리 잘못 되어도 햄버거는 먹잖아요. 그런데 여기서는 거지처럼 살아요."

그녀가 울면서 했던 외마디가 30년이 지난 현재까지 기억에 남는다. 독자 여러분, 이것을 알아야 합니다.

"자녀교육에는 연습이 없습니다."

반면 남미 한인 이민자들이 자녀교육에 성공한 사례도 많다. 누가 성공을 했는가? 1세 이민자들이 1.5세 자녀들을 데리고 이민을 간 경우다.[19]

대부분 1세 이민자들이 브라질 언어(포투키어, 스페니쉬어와 비슷함)를 하지 못했을 경우 1.5세 자녀들은 학교에서 일찍 그 나라 언어를 배워 부모를 도와주는 경우가 많다. 부모가 한국어로 말을 하면 그 나라 언어로 통역도 해주며 봉제공장이나 다른 자영업을 돕기도 했다.

그들은 2중 언어에 능하여 한국인의 신앙은 물론 한국 문화까지 거의 완벽하게 전수받을 수 있었다. 뿐만 아니라 그들은 부모의 생업에 동참하여 부모의 고난을 함께 체험한 세대였다. 따라서 대부분 부모에게 효자인 경우가 많다. 그래서 그들은 유대인 자녀들처럼 부모와 모든 면

---

19) 이민자들의 세대구분은 대략 이렇게 나눈다. 어른이 되어 이민을 갔을 경우는 1세대, 이민을 간 나라에서 낳은 자녀들은 2세대 그리고 한국에서 출생한 후 부모를 따라 간 자녀들은 1.5세라고 부른다. 그러나 더 자세한 연령별 구별법은 저자의 저서 《문화와 종교교육》(쉐마, 2007) pp. 36-37, '미주 한인 1, 2세에 대한 용어정의'를 참조하기 바란다.

에서 세대차이가 없었다.

이외에도 문화적 측면에서 남미 이민자들이 미국 이민자들보다 자녀교육에 성공할 수 있는 확률이 더 높은 이유가 있다. 그 이유는 무엇일까?

이것을 설명하려면 문화의 상대적 우월성을 설명해야 한다. 각 나라의 문화에는 현대 발전된 문화에 더 접근한 정도, 즉 얼마나 더 합리적이고 세련되었느냐에 따라 매력의 정도가 다르다. 자녀들은 상대적으로 매력의 정도가 더 높은 문화에 더 동화되기를 원한다.

예를 들어 한인 자녀들이 아프리카 케냐에 주재원 부모를 따라갔을 경우 그들은 소똥으로 지은 오두막에 사는 케냐의 원주민 문화에 동화되는 것은 꺼려할 것이다. 그러나 미국으로 부모를 따라온 자녀들은 미국문화에 급속도로 동화되기 쉽다. 그만큼 미국의 수평문화가 매력적이기 때문이다.

이런 원리는 남미 이민자들에게도 적용되었다. 그들의 1.5세 자녀들 중에는 브라질 문화에 완전히 동화되는 것보다는 한국 문화를 그대로 지키는 경우가 더 많다. 저자가 전 세계를 돌아다니며 경험한 바에 의하면 한국의 수직문화에는 세계인이 본받고 싶은 매우 건전하고 매력적인 요소들이 매우 많다는 것이다. 드라마 '대장금'이 세계인의 인기를 끌었던 이유가 여기에 있다.

〈저자 주: 이 문제점들은 현재 한국에 거주하는 다음세대에게도 적용된다. 왜냐하면 그들은 서양문화에 너무 많이 물들어 한국의 전통 수직문화를 멀리하고 있기 때문이다.〉

"미국에서는 자녀들이 아무리 잘못 되어도 햄버거는 먹잖아요.
여기서는 거지처럼 살아요."
- 브라질 한 엄마의 외침 -

*문화적 측면에서
왜 남미 이민자들이 미국 이민자들보다
자녀교육에 성공할 수 있는 확률이 높은가?*

2. 먼저 한국인으로 키워라: 자녀세대와 세대차이를 없애라

A. 왜 문화는 신앙을 담는 그릇인가

앞에서 미주 한인 2세들은 대학을 졸업하면 100%가 부모와 부모 교회를 떠난다고 했다. 그리고 세대차이로 인한 해외 동포 가정들의 고통을 소개했다. 유대인 부모들은 2세들이 대학을 졸업해도 어떻게 100% 부모와 부모 회당을 떠나지 않게 하는가? 유대인은 어떻게 자손대대로 토라를 전수하고 그들의 회당을 지키는 데 성공했는가? 그리고 자손대대로 세대차이가 없는가?

가장 큰 이유는 자녀들에게 '토라'뿐만 아니라 자신들의 '문화'도 함께 전수했기 때문이다. 여기에서 '문화'란 유대인의 언어(히브리어)와 전통문화 그리고 유대 역사 등을 포괄적으로 말한다. 왜 언어도 포함되는가? 그 민족의 언어에는 그 민족의 문화가 내포되어 있기 때문이다. 때문에 언어는 그 민족의 문화를 전달하는 중요한 도구가 된다.

흔히 복음주의자들은 "예수님만 잘 믿으면 그만이지 문화가 뭐 그리 중요한가?"라고 반문한다. 왜냐하면 기독교인에게는 천국을 가는데 예수님(신앙)만이 길이요, 진리요, 생명(요 14:6)이기 때문이다.

그러나 예수님을 믿는 신앙을 다음세대에 전수하려면 그 신앙을 담는 그릇이 필요하다는 것을 알아야 한다. 그 그릇이 바로 '문화'다. 복음 전도자가 상대방에게 신앙, 즉 복음을 전할 때 복음을 문화라는 그릇에 담아 전하게 된다. 따라서 피전도자는 복음 전도자의 복음을 받아들임과 함께 피전도자의 그릇, 즉 문화의 영향을 받지 않을 수가 없다.

예를 들어보자. 서양 선교사가 19세기에 한국에 복음을 처음 전했을 때 그들은 서양문화라는 그릇에 복음을 담아 전했다.[20]

따라서 복음을 받아들였던 한국인들은 복음과 함께 그 복음을 담았던 서양인의 그릇, 즉 서양의 문화도 함께 받아들였다. 그 후 한국 기독교인은 국악대신 서양곡을, 한복대신 양복을, 기와집 대신 서양 건축을 선호하게 되었다. 성가대의 가운도 한복식이 아니고 서양식이다.

〈저자 주: 이런 예는 유교에서도 찾아볼 수 있다. 한국인이 유교를 받아들이면서 중국 문화가 많이 유입되었다. 그리고 불교도 마찬가지다. 한국인이 인도의 석가모니의 가르침을 받아들이면서 한국인에게 인도의 힌두교 문화가 많이 들어왔다.〉

---

20) 1885년 4월 5일 오후 3시. 미국인 선교사 언더우드(1859~1916)와 아펜젤러(1858~1902)가 처음으로 인천항에 도착했다.

유대인이 다음세대에 토라를 전수하는데 성공하는 이유는 그들에게는 '토라'라는 유대교 신앙의 내용을 담는 그릇, 즉 '유대문화'라는 그릇이 있었기 때문이다.

따라서 한국인도 다음세대에 신앙을 전수하기 위해서는 기독교 신앙의 내용인 '복음(예수님)'을 담는 '한국 문화'라는 그릇, 즉 1) 한국인의 언어와 2) 전통문화 그리고 3) 한국 역사 등이 필요하다. 이 그릇이 없이는 신앙의 내용인 복음을 전하는데 한계가 있을 수밖에 없다.

B. 서양문화를 무분별하게 받아들인 한국 교회의 결과

앞의 내용을 요약하면 한국인 기독교인은 다음세대에 복음을 전수할 때 복음뿐만 아니라 복음을 담는 그릇, 즉 한국 문화까지 함께 전수해야 한다고 했다. 그래야 부모와 자녀와의 '신앙'과 '문화'에 세대차이를 막을 수 있다. 이 원리는 유대인에게나 한국인에게나 그리고 모든 민족에게 동일하게 적용된다.

그런데 안타깝게도 미주 한인들은 두 가지 요소 중 복음은 전수하려고 노력했으나 한국 문화를 함께 전수하지 않았기 때문에 대부분 2세 교육에 실패했다. 그 결과 세대차이가 생겨 자녀들이 부모를 잘 섬기지도 않고 부모 교회를 떠났다.

〈저자 주: 여기에서는 세대차이가 없게 하는 방법을 한국인 기독교인의 경우를 예로 들었다. 그러나 종교가 다른 한국인은 '복음' 대신에 자신의 '종교'를 넣으면 된다. 그리고 종교가 없을 경우에는 '한국 문화'만 전수하면 세대차이가 없다. 그러나 종교가 없다고 하더라도 한국문화에는 보편적으로 대부분 유교라는 종교가 포함되어 있다.〉

그렇다면 한국인 기독교인은 왜 자녀들에게 한국 문화를 전수하는데 소홀했는가? 그 이유는 여러 가지가 있겠지만 그 중 하나는 그들은 복음 전파의 목적과 문화 전수의 목적 차이를 잘 인식하지 못했기 때문이다. 기독교인에게 복음 전파의 목적은 영혼 구원이고, 문화 전수의 목적은 자신의 문화 정체성을 자녀에게 전수하기 위함이다.

그런데 대부분 한국인 기독교인은 영혼 구원의 목적에만 전념했다. 더구나 미국에 이민 온 부모들은 미국 문화가 한국 문화보다 더 우월한 줄 알고 오히려 자녀들이 미국 문화에 동화되기를 바랐던 이들도 많았을 것이다.

대부분 한국인은 왜 서양 문화를 한국 문화보다 더 선호했을까? 물론 할리우드 영화의 영향도 있었겠지만 기독교 초기부터 한국인에게 복음을 전파했던 서양 선교사의 영향도 컸을 것이다. 서양 선교사는 한국인에게 복음과 함께 서양의 문화까지 전파했다. 그것의 장단점은 무엇인가?

물론 당시 미개했던 한국인이 서양 선교사들을 통하여 서양의 문물을 받아들여 과학과 경제 발전에 도움이 되었던 것은 긍정적이었지만, 서양문화를 무분별하게 받아들여 한국인의 정체성, 즉 한국인의 전통 수직문화를 많이 잃었던 것은 단점으로 남는다. 그 결과 많은 한국인 기독교인이 한국 문화를 싫어하게 되었고 서양의 것만 좋아하게 된 경우가 많았다.

다시 말해 과거 한국인 기독교인 선조들이 서양 선교사들이 전했던 복음을 열정적으로 받아들인 것은 장점이지만, 그 복음을 담았던 그릇

(문화), 즉 서양문화를 선별하여 받지 못했던 것은 단점이다. 참고로 일본인은 한국인과 달랐다. 미개했던 일본인은 16-17세기부터 서양의 문물을 받아들여 과학과 경제 세계화를 일찍 성취했지만 그 당시 서양문화는 매우 부분적으로 받아들였다. 따라서 그들은 일본의 전통 수직문화를 현재까지 굳게 지키고 있다.

불행하게도 한국인 기독교인은 이런 사실을 교회사 130년 동안 전혀 알지 못했다. 그러니 당연히 대부분 미주 한인들은 이민 초기부터 자녀들에게 한국 문화를 가르칠 필요성을 느끼지 못했을 것이다. 매우 안타까운 일이다.

C. 문화적 측면에서 유대인과 한국인 기독교인의 다음세대 교육의 차이

앞에서 유대인은 자손대대로 세대차이가 없는 교육으로 말미암아 자손대대로 토라를 전수하고 후손들이 선조들이 물려준 회당을 지키는 데 성공했다고 했다.

그 이유는 자녀들에게 '토라'뿐만 아니라 자신들의 '문화'도 함께 전수했기 때문이다. 유대인은 '토라'라는 유대교 신앙의 내용을 담는 그릇, 즉 '유대문화'라는 그릇도 토라와 함께 다음세대에 전수했기 때문이라고 설명했다.

그렇다면 문화적 측면에서 유대인이 다음세대에 유대교를 전수할 때와 한국인 기독교인이 다음세대에 기독교를 전수할 때와 무엇이 다른가? 이것을 설명하기 위해서는 유대문화의 형성 과정과 한국 문화의 형성 과정 차이를 알아야 한다.

유대인에게는 유대문화 자체가 토라(구약성경)에 기초한 유대인의 신앙생활 문화가 형성되었다. 하나님은 그들에게 율법(토라)을 주시면서 그것을 근거하여 유대문화(선민문화)를 만들라고 명령하셨기 때문이다 (예: 음식문화와 절기 문화 등). 따라서 그들은 자녀들에게 유대문화만 잘 전수하면, 상대적이지만 대부분의 토라와 유대인의 신앙생활 문화가 함께 전수 될 수 있었다. (물론 100% 토라 전수는 힘들 것이다.)

그들의 안식일 식탁예배 문화를 예로 들어보자. 매주 안식일 절기를 지키기 위해서 유대인 어머니는 유대 규율에 맞추어 음식을 만든다. 이것이 남편을 돕는 배필의 역할이다. 아버지는 안식일에 하나님의 말씀을 맡은 자(롬 3:2)로서 떡을 떼면서 자녀들에게 토라를 가르친다. 자녀들은 율례와 법도에 따라 부모를 공경한다. 그리고 안식일 가족 식탁에서 3세대 가족이 모두 모여 떡을 떼면서 조상들이 전해준 토라를 즐겁게 토론한다.

이것이 수천 년 동안 내려온 그들의 오랜 전통이다. 유대인의 전통에는 왜 그런 전통을 지켜야 하는지를 설명하는 논리와 그 논리를 어떻게 실천해야 하는지에 대한 교육의 방법(형식) 등도 자세히 들어있다. 신앙이 더 보수인 정통파 유대인일수록 더 자세하고 엄격하게 지킨다. 물론 그들에게는 안식일 절기 외에 유월절, 오순절, 초막절 등 많은 절기들이 있는데, 모두 그런 전통들이 있다.

그러나 한국 문화의 형성과정에는 복음도 없었고 기독교 신앙생활 문화도 없었다. 한국인에게 기독교는 19세기 말에 전래된 외래종교이기 때문이다. 따라서 한국인 기독교인은 다음세대에 복음을 전할 때 한

유대인이 자녀들에게 토라 전수에 필요한 두 가지 요소

토라 + **토라를 담는 그릇**
〈신앙의 내용〉   〈유대문화〉
= (유대문화 + 유대인 신앙생활 문화)

한국인 기독교인이 자녀들에게 복음전수에 필요한 요소

복음 + **복음을 담는 그릇**
〈신앙의 내용〉   〈한국 문화〉+〈한국인 신앙생활 문화〉
= (교회교단 문화 + 한국인 특유 기독교문화)

국 문화와 함께 한국인의 기독교 신앙생활 문화를 따로 전수해야 한다.

　문화적인 측면에서 한 가지 더 언급할 것이 있다. 앞에서 문화적 측면에서 유대인과 한국인 기독교인의 다음세대 교육 차이를 설명했다. 그렇다면 서양 선교사가 한국인에게 복음을 전파(spread)하는 것과 유대인이 다음세대 동족에게 자신의 토라를 전수(pass down)하는 것은 무엇이 다른가?
　서양 선교사의 복음 전파 대상은 문화가 다른 한국 민족이고, 유대인이 토라 전수의 대상은 동일한 민족이다. 전자는 세계선교의 영역이고, 후자는 자녀교육의 영역이다. 전자는 수평전도(선교)이고, 후자는 수직전도다. 따라서 전자가 후자보다 문화 충돌이 더 많을 수 있다.

문화적 측면에서 유대인이 다음세대에 유대교를 전수할 때와
한국인 기독교인이 다음세대에 기독교를 전수할 때와 무엇이 다른가?

3. 대안, 한국인 기독교인이 다음세대에 전수해야할 문화

이제 한국인 기독교인은 다음세대에 어떤 '문화'를 전수해야 하는가? 앞에서 언급했듯이 유대문화에는 유대인의 교육 내용인 토라가 포함되어 있지만, 한국 문화에는 기독교 신앙의 내용, 즉 복음이 포함되어 있지 않다. 따라서 한국인 기독교인은 다음세대에 한국 문화와 기독교인의 신앙을 따로 전해야 한다.

그런 면에서 유대인 부모에 비해 한국인 부모가 다음세대 교육에 더 힘들 것이다. 여기에서 말하는 한국 문화는 기독교인이든 비기독인이든 상관없이 모든 한국인이 가지고 있는 한국인의 보편적 문화를 뜻한다.

따라서 한국인 기독교인이 다음세대에 복음과 함께 전수해야할 '문화'에는 1) 한국 문화와 2) 한국인의 신앙생활 문화를 포함시켜야 한다.

전자는 한국인의 정체성을 가지게 하는 전통 수직문화이고, 후자는 두 가지, 즉 1) 교회교단 문화와 2) 한국인 특유의 기독교문화가 있다. 좀 더 구체적으로 설명해보자.

〈저자 주: 물론 한국인 기독교인이 한국의 전통 수직문화를 다음세대에 전수하기 위해서는 그것이 기독교 신앙에 위배되지 않는 것에 한해야 된다.〉

A. 한국의 보편 문화(전통 수직문화)

본서에서 언급한 한국 문화는 한국인의 보편적 문화, 혹은 한국인의 전통 수직문화를 말한다. 수직문화의 구성요소는 한국어와 고유 전통문화 및 한국 역사 등이다.[21]

이것들은 한국인의 인성교육 측면에서 대단히 중요하다. 물론 '고유 전통문화' 속에는 한국인의 고유 신언서판 문화[22]도 포함되어 있다.

따라서 한인 부모 세대의 문화도 인성교육학적 측면에서 1) 미성숙한 한국인의 인성과 2) 성숙한 한국인의 인성을 구분할 수 있다. 미성숙과 성숙의 기준은 한국인 인성교육의 내용과 형식인 신언서판 문화다. 부모가 신언서판 문화를 더 많이 가르칠수록 더 성숙한 한국인이 될 수 있다. 고로 먼저 한국인으로 키우는 것이 중요하나 이왕이면 잘 다듬어진 성숙한 한국인으로 키우는 것이 필요하다.

예를 들면 한국어, 한국인의 예의범절, 효 사상, 자신의 족보 이야기

---

21) 한국인의 보편적 수직문화 대해서는 현용수의 인성교육 원리 시리즈 제1권 제2부 '인성교육의 본질과 원리: 수직문화와 수평문화 이론' 참조.
22) 신언서판에 대해서는 현용수의 인성교육 원리 시리즈 제3권 제6부 제1장 IV. '한국인 예절의 근거: 삼강오륜(三綱五倫)과 신언서판(身言書判)' 참조.

및 한국 역사 등을 잘 정리해서 가르쳐야 한다. 이것이 성숙한 한국인을 만드는 방법이다.

평생 사랑한다는 말 한 마디 못해도 이혼하지 않고 잘 사는 부모들, 남 보는 데서 키스는커녕 포옹 한번 안 해도 이혼하지 않고 잘 사는 부모들, 그들의 문화는 무엇인가? 한국의 신언서판 문화다. 왜 2세들은 사랑한다는 말을 그렇게 자주 하고 남 보는 데서 키스를 많이 해도 부모 세대보다 이혼율이 높은가? 신언서판 문화를 받지 못했기 때문이다.

B. 한국인의 신앙생활 문화

한국인의 신앙생활 문화는 두 가지가 포함되어 있다. 1) 교회교단 문화와 2) 한국인 특유의 기독교문화다.

1) 한국 교회의 교단 문화

하나님은 인간을 창조하실 때 각자에게 다른 개성이나 은사를 주신 것처럼(고전 12장), 각자 혹은 민족의 언어와 전통문화 그리고 역사도 다르게 주셨다. 그뿐 아니라 동일한 기독교 신앙생활이라고 하더라도 민족끼리 혹은 교단끼리 공유하는 기독교문화가 다르다.

똑같은 예수님을 믿는데도 장로교, 감리교, 침례교, 순복음 교단의 교리와 문화도 다르다. 건축양식, 예전(Liturgy) 및 조직과 명칭 및 교단법도 다르다. 침례교는 장로제도가 없고 세례식을 침례로 한다. 장로교는 장로제도가 있고 약식 세례를 준다. 장로교는 여자 권사만 있는데 감리교는 남자 권사도 있다. 장로교 안에도 고신, 합동, 통합 및 기장의 예배

문화가 약간씩 다르다. 한국 민족 내에서도 기독교문화가 이렇게 다른데 다른 민족의 기독교문화와는 얼마나 다르겠는가?

문제는 어느 교단 문화가 제일 좋다는 것을 논하자는 것이 아니고 각자 자신들의 신앙을 실천하는 방식, 즉 종교문화라는 그릇이 다르다는 사실을 알자는 것이다. 그리고 부모들은 자신의 것들을 자녀들에게 세대차이 없이 가르쳐 전수해야 한다는 것이다.

〈저자 주: 유대인도 정통파 유대인, 보수파 유대인 그리고 자유주의 유대인의 신앙생활 문화가 다르다.〉

2) 한국인 특유의 기독교문화

한국인 기독교에는 한국인 특유의 기독교문화가 있다. 예를 들어 서양 기독교에 없는 한국인 특유의 새벽예배, 철야기도 및 산기도 등의 관습은 한국인의 전통 기도 관습에서 나온 것이다.

특별히 한국인에게는 조상대대로 내려오는 마음에 맺혀있는 '한'(恨, han, grief)이라는 것이 있다. 그 '한'은 민족적으로 혹은 개인적으로 억울하게 당했던 고난에 대한 '한'이다. 한국인의 언어와 기도에는 '한'이 서려 있기에 신앙이 더 파워풀했다. 미국의 다음세대에 한국인의 신앙을 전수하기 위해서 영어보다는 한국말이 훨씬 더 효과적인 이유가 여기에 있다. 언어에는 그 민족의 문화가 함께 포함되어 있기 때문이다.

우리는 유대인 부모가 자녀들에게 토라와 전통문화 그리고 역사를 가르칠 때 왜 자신들의 언어인 히브리어로 가르치는지 그 이유를 알아야 한다. 그것이 감성적으로 그리고 문화적으로 훨씬 더 효과적이기 때문이다. 따라서 유대인의 문화교육 모델은 한국인 기독교인이 본받아

유대인 문화와 한국 문화의 차이 비교

유대인 문화 ≒ 토라 + 유대인의 신앙생활 문화
〈유대문화에는 대부분 토라와 그들의 신앙생활 문화도 포함되어 있다〉

한국인 문화 ≠ 복음 + 한국인 기독교인의 신앙생활 문화
〈그러나 한국 문화에는 복음과 한국인 신앙생활 문화가 없다〉

〈저자 주: 한국인 기독교인 문화에도 복음과 한국 문화 그리고 한국인 신앙생활 문화가 모두 포함된 수직문화를 만들려면 어떻게 해야 하는가? 이에 대한 답은 저자의 저서 《유대인의 리더십 개발원리》 제1부 제2장 II. '유대인 교육을 한국인에게 적용' 참조 바람〉

야 하는 문화교육 모델이다.

이것은 무엇을 뜻하는가? 1세 한국인들이 복음을 담을 수 있는 '문화'라는 그릇 없이는 세대차이 없는 신앙 전수가 불가능하다는 것이다. '문화'라는 그릇이 유대인처럼 더 조직적이고 구체적일수록 복음을 담는 데 더 효과적이다. 그리고 복음을 받은 후에도 더 크고 더 넓게 쓰임 받을 수 있다. 즉, 유대인 자녀들처럼 자녀들이 부모 세대를 존경하고 부모 교회를 떠나지 않고 함께 섬길 수 있다.

결론적으로 한인 2세들이 성장하면 왜 한국 부모와 부모의 교회를 떠나는가? 그들에 의하면, 1세들에게 상처를 많이 받아서, 그리고 한국의 것만 너무 고집하기 때문에 등으로 답변한다. 물론 그들에게 상처를 준 1세들의 권위주의적인 행동도 잘못이지만 근본적으로는 이미 미국 문화에 물든 2세들이 한국 1세들의 한국의 전통문화에 대한 거부반응이 너무 크기 때문이다.

1960년대 이전에는 2세들이 그렇지 않았는데, 왜 현대에는 그렇게 반응하는가? 전자는 한국 문화 교육을 100% 잘 받았지만, 후자는 잘 받지 못했기 때문이다. 더구나 미국에 이민을 온 2세들은 미국 문화에 너무 익숙해졌기 때문이다.

만약 2세들이 유대인 자녀들처럼 부모의 전통문화에 온전히 동화되었다면 부모로부터 받는 상처도 상대적으로 적거니와 부모나 부모의 교회를 떠나지도 않았을 것이다. 따라서 한국인 부모는 자녀를 기독교인 이전에 먼저 성숙한 한국인으로 키워야 자녀들이 복음을 받아들인 이후에도 성숙한 한국인 기독교인이 될 수 있다.

'문화'에는 '보편적 문화'와 '신앙생활 문화'가 있다.
모두 가르쳐야 부모와 자녀 사이에 신앙과 문화에 세대차이가 없다.

4. 한국인 기독교인으로 키우려면 4단계 교육을 시켜라

한인 2세들이 왜 한국 부모와 부모 교회를 떠나는가? 이를 어떻게 막을 수 있는가? 이는 미주 한인뿐만 아니라 전 세계 한인 디아스포라 교회의 과제다. 그 길은 오직 1세 부모들이 2세를 '성숙한 기독교인' 이전에 '성숙한 한국인 기독교인'으로 양육하는 방법밖에 없다.

그 방법은 무엇인가? 앞에서 간단히 설명을 했지만 그 것을 더 구체적으로 설명하면 다음 4단계를 거쳐야 한다.

제1단계, 한국인이 돼라.
한인 부모는 자녀가 태어나면서부터 한국의 언어와 문화를 가르쳐 먼저 문화의 세대차이가 없는 한국인으로 양육하라.

제2단계, 성숙한 사람다운 한국인이 돼라.
신언서판을 잘 가르쳐 한국인 중에서도 성숙한 한국인으로 양육하라. 제1-2단계는 복음적 토양교육, 즉 Pre-Evangelism 단계다.[23]

제3단계, 복음을 전하여 한국인 기독교인이 돼라.
그 후 복음을 인식할 나이에 복음을 전하여 천국 백성이 되게 하라. 〈Evangelism 단계〉

---

23) 'Pre-Evangelism, Evangelism, Post-Evangelism' 이론에 관해서는 현용수의 인성교육 원리 시리즈 제2권 제2부 제4장 Ⅱ. 2. '기독교교육의 새로운 영역: 종교성 토양교육(Pre-Evangelism)의 필요성' 참조 바란다.

제4단계, 성숙한 한국인 기독교인이 돼라.
〈성숙한 한국인 + 성숙한 기독교인〉
자녀에게 기독교인의 영적 양식인 하나님 말씀(율법)으로 성화교육을 시켜라. 그리하여 성숙한 한국인임과 동시에 성숙한 기독교인으로 양육하라. 〈Post-Evangelism 단계〉 〈* 이어지는 도표 참조〉

제1단계에서 한국 문화와 성경의 진리(율법)가 서로 상충될 때는 어떻게 해야 하는가? 성경의 진리(율법)를 우선적으로 따라가기 위해 한국인의 가치는 버리고 하나님의 거룩한 구별된 백성이 되도록 교육시켜야 한다.

여기에서 우리가 기억해야 할 것이 있다. 한국인 기독교인 모두 기독교의 가치를 따른다고 하여 한국인의 가치나 전통 및 습관이 없어지는 것이 아니라는 사실이다. 예를 들면 똑같은 한국인이지만 기독교의 목사나 불교의 스님이나 샤머니즘의 무당 문화가 서로 다르다. 그런데도 외국에 나가면 모두 한국인으로 통한다.

이것은 무엇을 뜻하는가? 한국인은 각자의 종교를 떠나서 한국인 고유의 공통분모 가치 문화가 있다는 것을 뜻한다. 예를 들면 반만 년 동안 공유한 역사, 음악, 음식, 생활습관, 그리고 삼강오륜이나 신언서판에 근거한 인성교육 등이다. 이것이 한국인 기독교인의 정체성이다.

이를 위해 한국 장로교 김창주 목사(예닮교회)가 쉐마교사대학에서 고백한 체험담을 들어보자(2003년 6월). 그는 4대째 한국인 기독교인이다. 미국에 유학 가서 다른 나라에서 온 외국인들과 함께 공부할 때 겪은 일이다.

성숙한 한국인 기독교인이 되는 4단계

구 분	보편적 이론 〈가정과 교회에서〉	한국인 기독교인에 적용 〈한국인 가정과 교회에서〉
첫째 단계 방법	▷ 사람이 돼라(인격자가 돼라). • 마음의 복음적 토양교육 (Pre-Evangelism)	▷ 1단계: 한국인이 돼라. ▷ 2단계: 인격적인 한국인이 돼라.
둘째 단계 방법	▷ 기독교인이 돼라. • 복음전도 (Evangelism)	▷ 3단계: 한국인 기독교인이 돼라
셋째 단계 방법	▷ 성숙한 기독교인이 돼라. • 제자화 (Didcipleship, Post-Evangelism) **첫째**: 수직 전도(구약의 지상명령) 〈부모가 자녀에게〉 - 내적 성숙 (영성 훈련) - 외적 성숙 (율법을 행함) **둘째**: 수평전도 (신약의 지상명령) 〈전도자가 피전도자에게〉 - 내적 성숙 (영성 훈련) - 외적 성숙 (율법을 행함)	▷ 4단계: 성숙한 기독교인이 돼라. **첫째**: 성숙한 한국인 - 내적 한국인 - 외적 한국인 **둘째**: 성숙한 기독교인 - 내적 성숙 (영성 훈련) - 외적 성숙 (율법을 행함)

〈저자 주: 구약의 지상명령에 관해서는 저자의 저서 《잃어버린 구약의 지상명령》 제1권 참조〉

　자신은 꽤 기독교적이라고 자부했는데 자신의 행동을 다른 외국인들과 비교해 보니 기독교적이기보다는 유교적인 요소가 더 많았다는 사실을 깨달았다는 것이다. 즉, 자신은 한국인 기독교인이지만 대부분 문화나 행동은 유교적 한국인의 행동이었다는 사실이다.

이는 무엇을 뜻하는가? 종교라는 영의 문제 이전에 그 종교를 담는 그릇이 한국적 수직문화의 사람이라는 것을 뜻한다. 이런 예는 일본인 기독교인이나 인도인 기독교인도 동일하게 경험하는 현상이다.

누가 모범적인 성숙한 한국인 기독교인인가? 주기철 목사, 손양원 목사, 안창호 선생, 한경직 목사, 박윤선 박사, 박형룡 박사 등이다. 왜 수많은 한국인 기독교인들이 있는데 유독 그들이 많은 사람들의 존경을 받는가?

그들은 성경 말씀대로 성경의 훌륭한 믿음의 위인들의 삶을 본받은 자랑스러운 한국인 기독교인이기 때문이다. 우상을 섬기지 말라는 율법을 지키기 위해 혹독한 고난을 받은 분들이다. 손양원 목사는 사랑의 계명을 지키기 위해 자식을 둘이나 죽인 공산주의자를 양자로 삼은 분이다.

그들은 어떻게 성경의 훌륭한 믿음의 위인들의 삶을 본받았는가? 그들은 예수님을 믿기 이전에 이미 한국인 중에서도 인격적인 한국인 양반교육을 제대로 받았기 때문이다. 고고한 품성을 지닌 한국의 선비 출신들이었다. 그들은 고난 중에서도 행동을 함부로 하지 않는 선비사상을 가졌고, 흔들리지 않는 올곧은 지조가 있는 분들이었다.

그리고 자기 절제 훈련도 되어 있어서 행동 역시 언제나 남에게 흐트러진 모습을 보이지 않았다. 바울이 율법에 흠이 없었던 것처럼(빌 3:6), 그분들도 한국인의 신언서판의 양반의 율례와 법도에 흠이 없었던 분들이다.

그들은 예수님을 믿기 이전에 그리고 그 후에 각각 어떤 교육을 받았으며, 공통된 특징은 무엇인가?

첫째, 한국 민족과 나라를 사랑한 투철한 애족 애국자였다.

둘째, 그들은 한학(漢學)에 밝아 동양의 지혜는 물론 삼강오륜이나 신언서판의 인성교육이 잘 되어 있는 선비들이다. 즉, 한국인 중에서도 사람다운 인격적인 교육을 잘 받은 한국인이었다.

셋째, 그 후에 예수님을 영접하여 한국인 기독교인이 되었다.

넷째, 그 후에 기독교인의 영적 양식인 하나님 말씀(율법) 교육으로 성화교육을 잘 받아 남에게 신앙적 그리고 인격적으로 모범이 되는 성숙한 한국인 양반 기독교인이 되었다.

믿음의 위인들은 유대인에게만 있는 것도 아니며 서양인에게만 있는 것도 아니다. 한국인에게도 얼마든지 있다. 다만 우리가 다음세대에 사대사상에 물들어 우리 믿음의 조상들의 영성과 삶을 외면한 채 서양 위인들만 지나치게 소개했을 뿐이다. 그 결과 1세와 2세 사이에 심한 문화와 사상 그리고 신앙의 세대차이가 난다. 대부분 코리언 아메리칸의 자녀들이 미국 목사는 좋아하지만 한국인 1세 목사는 싫어한다. 심은 대로 거두는 법이다.

그러므로 한국인 자녀들에게 모델이 될 수 있는 기독교인은 한국인 선조에게서 먼저 찾아야 한다. 그들의 신앙과 삶을 전수하기 위해서다. 그럴 때 한국인의 정체성(Identity)과 함께 한국인 기독교인으로서의 자긍심(Self-Esteem)도 높일 수 있다. 따라서 설사 타민족에 파송된 한국인 선교사라 하더라도 한국인의 정체성(Identity)과 함께 한국인 기독교인으로서의 자긍심(Self-Esteem)이 있어야 더 효과적인 선교를 할 수 있다.

제2의 혹은 제3의 주기철 목사, 손양원 목사, 안창호 선생, 한경직 목사 같은 성숙한 한국인 양반 기독교인을 배출하기 위해서는 한국인 1세들이 2세들에게 그들이 받았던 4단계 교육을 철저히 시켜야 한다.

특히 교육학적으로 첫 단계, "한국인이 돼라."와 두 번째 단계, "사람다운 한국인이 돼라."가 중요하다. 즉 자녀에게 신언서판 교육을 시키라는 것이다. 그렇지 않으면 세대차이 때문에 한국인 기독교인의 신앙을 자손대대로 전수할 수 없다.

그렇다면 이런 질문을 할 수 있다. 부모가 모르고 자녀에게 첫 두 단계 교육을 안 시켰는데 그 자녀가 나이 들어 셋째 단계인 예수님을 믿고 구원을 받았다면 어떻게 할 것인가? 그럴 경우에는 상대적이지만 넷째 단계 교육을 시키며 다시 첫 두 단계 교육을 함께 시켜야 한다. 그래야 성숙한 한국인 기독교인이 될 수 있다.

그럴 때 한국인 기독교인으로서의 정체성도 되찾아 자신이 한국인이라는 소속감을 강하게 가질 수 있다. 그리고 부모에게 효도도 할 수 있다. 아무리 예수님을 믿고 성령체험을 많이 했다 하더라도 한국의 신언서판 교육을 안 받으면 어떻게 성숙한 한국인 기독교인이 되겠는가?

물론 한국인 기독교인이 자녀에게 한국 문화를 전수할 때 한국인 기독교문화를 자동적으로 전수할 수도 있다. 왜냐하면 한국인에게도 이미 오랜 역사를 통해 독특한 기독교문화가 있기 때문이다.

예를 들면 신본주의 사상에 젖은 식기도, 금식기도, 산기도, 철야기도, 구국기도, 통성기도 등이다. 그리고 기도를 시작하기 전 "주여! 주여! 주여!"를 3창하는 문화, 평생 365일 새벽기도를 정성으로 드리는 아름다운 습관, 주의 종을 잘 섬기는 예절, 철저한 십일조 생활, 어렵게 번 물질을 자신은 못 먹으면서도 하나님께 아낌없이 드리는 것, 아무리 바빠도 교회 일에 충성을 다하는 것 등이 부모 세대의 한국인 기독교문화다.

따라서 미주 한국인 1세는 2세에게 세대차이 없는 신앙을 전수하려면 유대인처럼 3대가 함께 예배를 드리고 함께 기도회를 갖는 것이 시급하다. 뿐만 아니라 앞으로 한국인 기독교문화를 더 구체적으로 많이 개발하여 자녀들에게 전수해야 한다.

현재는 주기철 목사나 안창호 선생이 받았던 한국인의 삼강오륜이나 신언서판 교육의 내용과 방법이 점점 사라지고 있다. 참으로 안타까운 일이다!

4대째 한국인 목사가 미국유학 시절 외국인들과 공부할 때
자신의 행동은 꽤 기독교적이라고 자부했는데
그보다는 유교적이라는 사실에 놀랐다. 그 이유는?

5. 각 인종에게 적용: 각 인종은 성숙한 기독교인으로 키우려면 4단계 교육을 시켜라

한국인에게 적용한 '신언서판과 한국인 기독교인과의 관계' 이론은 각 나라 민족에게도 동일하게 적용될 수 있다(표 참조). 예를 들어 유대인 기독교인, 중국인 기독교인 그리고 멕시칸 기독교인에게도 적용할 수 있다.

다 같은 예수님을 믿지만 한국인 기독교인 문화는 유대인 기독교인이나 중국인 기독교인의 것과 다르다. 즉, 기독교 신앙은 같으나 신앙을

각 인종별 성숙한 한국인 기독교인이 되는 4단계

구분	일반 이론	각 인종에 적용		
		유대인 기독교인 바울	한국인 기독교인	중국인 기독교인
첫째	민족의 정체성을 가진 사람이 돼라	유대인이 돼라 낳으면서 유대 문화를 가르침 (교육의 형식 포함)	한국인이 돼라 낳으면서 한국 문화를 가르침 (교육의 형식 포함)	중국인이 돼라 낳으면서 중국 문화를 가르침 (교육의 형식 포함)
둘째	사람이 돼라 (Pre-Evangelism)	인격적인 유대인이 돼라 율법을 잘 가르쳐 유대인 중에서도 인격적인 유대인이 되게 한다	인격적인 한국인이 돼라 신언서판을 잘 가르쳐 한국인 중에서도 인격적인 한국인이 되게 한다	인격적인 중국인이 돼라 신언서판을 잘 가르쳐 중국인 중에서도 인격적인 중국인이 되게 한다
셋째	기독교인이 돼라 (Evangelism)	유대인 기독교인이 돼라 성장하면서 구원을 위한 복음을 가르침	한국인 기독교인이 돼라 성장하면서 구원을 위한 복음을 가르침	중국인 기독교인이 돼라 성장하면서 구원을 위한 복음을 가르침
넷째	성숙한 기독교인이 돼라 (Post-Evangelism)	성숙한 유대인 기독교인이 돼라 더욱 하나님의 형상을 닮도록 쉐마교육을 시킴 (유대인의 인격과 영적성숙)	성숙한 한국인 기독교인이 돼라 더욱 하나님의 형상을 닮도록 쉐마교육을 시킴 (한국인의 인격과 영적성숙)	성숙한 중국인 기독교인이 돼라 더욱 하나님의 형상을 닮도록 쉐마교육을 시킴 (중국인의 인격과 영적성숙)
결과	성숙한 기독교인	성숙한 유대인 기독교인 1세와 2세 사이 세대차이 없음	성숙한 한국인 기독교인 1세와 2세 사이 세대차이 없음	성숙한 중국인 기독교인 1세와 2세 사이 세대차이 없음

담는 그릇인 문화가 다르다는 말이다. 같은 미국에서도 백인 교회의 예배 형식과 흑인 교회의 예배 형식이 다른 이유가 여기에 있다.

찬양대에서 찬양하는 방법도 다르다. 흑인 교회 성가대는 몸을 흔들며 역동적으로 또는 애절하게 찬양한다. 그것은 백인과 흑인의 문화가 다르기 때문이다. 즉, 백인이나 흑인이나 신본주의 신앙이라는 종교적 내용은 같으나 신앙을 표현하는 형식(그릇)인 문화가 다르기 때문이다.

결론은 무엇인가? 한국인 1세 기독교인이 피땀 흘려 가꾼 교회를 2세들에게 물려주려면 먼저 자녀들이 철들기 전부터 한국인다운 예의 바른 한국인으로 키워야 한다. 그리고 이성이 발달하여 복음을 인격적으로 받아들일 수 있는 시점에 복음을 전하고 그 후에 하나님의 말씀과 더불어 한국인의 신언서판식 인성교육을 병행하며 키워야 한다. (물론 성장한 자녀에게는 복음이 먼저 들어가면 성령님의 도움으로 교육이 더 쉬워질 수도 있다.) 이를 위해서는 가정에서 부모가 자녀를 복음적으로, 하나님의 말씀으로 그리고 문화적으로 제자 삼도록 최대한 노력을 해야 한다.

주기철 목사, 손양원 목사, 안창호 선생이
유독 많은 사람들의 존경을 받는 이유는
그들이 예수님을 믿기 이전에 이미 인격적인
한국인 선비교육을 잘 받은 분들이기 때문이다.

6. 적용 사례

A. 적용 사례1: 한국 기독교에도 유대인 같은 교육의 형식이 있었다

"우리 집 아이들은 부모와 같은 교회를 다니려고 하지 않아서 주일마다 전쟁을 치릅니다."

자주 듣는 하소연이다. 왜 자녀들이 부모가 다니는 교회를 싫어하는가? 한 마디로 부모와 자녀 사이에 있는 세대차이 때문이다. 그런데 똑같은 이민 사회에서 정통파 유대인은 어떻게 한 회당에 3대가 함께 다닐 수 있는가? 그것도 신약시대 2천 년 동안이나 기쁘고 자랑스럽게 말이다. 그들은 세대차이가 없기 때문이다.

왜 한국인은 세대차이가 있고 정통파 유대인은 세대차이가 없는가? 그것은 기독교교육의 내용과 방법의 차이 때문이다. 세대차이를 만드는 한 가지 예를 들어 보자.

한인 교회는 2세들의 집회를 위해 미국 강사를 많이 세운다. 아니 그 이전에 대부분 한국인 2세 지도자 자체가 이미 미국화되었다. 따라서 그들은 1세 부모와 1세 교회를 싫어한다. 그러나 정통파 유대인은 조상 대대로 자신들의 종교적인 전통을 전수받은 랍비들만이 2세를 가르칠 수 있다. 이에 대해서 어떤 사람은 "유대인은 전통 자체가 구약에 근거했기 때문에 쉽지만, 우리는 유교나 불교에서 개종한 기독교인이 많기 때문에 우리의 기독교 전통이 없어서 가르치기 힘들다."고 말하기도 한다. 정말 그런가? 그렇지 않다.

한국의 기독교 교회사 123년(2008년 기준)을 되돌아보면, 초대교회와 같이 여호와의 율법에 맞는 아름다운 기독교 전통이 있었다. 물론 상대적이지만 50년 전만 해도 고신 측에서는 정통파 유대인처럼 주일에 불도 안 때고 매식(買食)도 안 하고 차도 타지 않았다. 자는 아이들을 새벽에 깨워 10리, 20리 산길을 걸어 눈이 오나 비가 오나 365일 새벽기도를 다닌 것도 유대인과 같았다. 예전에는 한국의 감리교도 마찬가지였다.

저자가 애틀랜타 제일장로교회에서 집회할 때 서삼정 목사의 모친인 김혜자 권사님(2001년 당시 78세)한테 들은 이야기다. 그 가정은 손자까지 합하면 5대째 기독교 집안이라고 했다. 김 권사님은 27세에 산기도를 갔다가 성령 충만함을 강하게 받고 구약의 율법이 훤히 이해가 되면서 율법에 의한 거룩한 생활, 즉 하나님께 구별된 생활을 하기 시작했다고 한다. 같은 한국인이지만 비기독교인 한국인과 같지 않고 예수님의 신부다운 성결한 삶을 살았다.

그분은 청상과부가 되었을 때 "네 옥합을 깨뜨리라."는 하나님의 음성을 듣고 일평생 수절하면서 외간 남자는 쳐다보지도 않았다. 하나님이 주신 율법, 7계명을 지키기 위해서였다. 빨래를 하면 남자 옷과 여자 옷을 구별하여 개어 놓고, 웃옷과 아래 내의를 구별하여 개어 놓고, 십일조를 구별하여 드렸다.

주일에 드리는 헌금 지폐는 미리 은행에 가서 새 것으로 바꾸고, 그렇지 못하면 다리미로 다려서 바쳤다. 주일은 그분의 어머니에게서 배운 대로 온전히 주님만을 위해 일하고 세상일은 일절 안 하고 남의 험담은 입에 올리지도 않았다.

유대인이 랍비를 존경하듯이 주의 종을 전심으로 존경하고 도와드렸다. 하나님이 "너는 효녀가 돼라."는 음성을 듣고, 뼈가 부서지는 줄도 모르고 모친을 지극히 섬겼다. 그리고 자녀들에게 먼 길을 가기 전이나 갔다 온 후에는 한국식으로 꼭 큰절을 시켰다. 그리하여 자녀를 율례와 법도에 따라 훌륭한 목회자로 키우셨다. 한국 기독교 역사에 이런 분들이 어디 한두 분뿐이겠는가!

한국의 초대교회에도 여호와의 율법에 맞는
한국인 기독교 전통(형식)이 있었다.
50년 전만 해도 고신 측에서는 정통파 유대인처럼
주일에 불도 안 때고 매식도 안 하고 차도 타지 않았다.

B. 적용 사례2: 서양의 위인보다 한국의 위인을 먼저 가르쳐라

한국의 기독교 전통은 세계 어디에 내놓아도 빠지지 않는 귀한 것들이 너무 많을 뿐 아니라 한국 기독교 역사에 길이 남을 만한 특출한 인물도 수없이 많다. 주기철 목사, 손양원 목사, 조만식 장로 등의 순교 신앙은 정말 놀랍다.

후대를 잘못 만나 세계 기독교 교회사의 성인 그룹에 끼지 못할 뿐이다. 한국인은 빌리 그레이엄이나 윌리엄 케리, 허드슨 테일러를 이야기해야 유식하다고 생각한다. 반면 한국의 훌륭한 신앙의 거성들에 대해서는 잘 이야기하지 않는다. 한국의 기독교 학자들도 서양 신학자나 선교사들은 많이 연구해도 한국 기독교인은 잘 연구하지 않는다.

현재 기독교 2천 년 역사에 가장 큰 단일 교회가 한국에 있다. 각 교단의 가장 큰 교회들이 거의 한국에 있다. 미주에서도 미국의 대형 교회 30개 가운데 한국인 교회가 5개 정도를 차지한다(1990년대). 1세들의 영웅적인 신앙의 거성들이 그만큼 많다는 이야기다.

그런데 우리의 인물들을 너무 세워 주지 못한다. 특히 우리 2세들에게는 거의 부정적인 것들로 가득 차 있다. 그래서 많은 2세 지도자들이 1세 교회를 떠난다.

물론 서양의 기독교에서 배울 것이 없다는 이야기가 아니다. 역사와 전통에서 그들의 우수함이 너무 많다. 그리고 그들을 통해 우리가 복음도 받지 않았는가. 다만 우리의 부모님들, 우리의 기독교 전통, 우리 민족의 인물을 먼저 귀하게 여길 줄 알아야 한다는 것이다.

이제 전 세계 기독교가 한국의 기독교에 대해 간절히 배우고 싶어 한다. 그런데 한국 기독교에 관한 책 한 권이 제대로 없다. 한국의 신학자들이 서양의 책들만 소개해서 그렇다. 그래서 총신대 정성구 교수가 《한국 교회 설교사》라는 책을 쓰자 몇 년만에 7개 국어로 번역되었다. 세계적인 베스트셀러가 된 것이다.

나는 이것이 바로 세계화요, 애국이며, 세계 선교라고 생각한다. 또한 이런 책들이 미국 신학교 교재로 사용돼야 한다고 생각한다. 미국의 선교사들이 가는 곳마다 자신들의 교재를 사용했기 때문에 그곳 원주민들이 미국을 동경했던 것처럼 한국 기독교 선교사도 그래야 할 때가 되었다.

이런 의미에서 부족하지만 하나님께서 주신 지혜로 저자가 쓴 성경적 유대인 자녀교육서인 《IQ는 아버지 EQ는 어머니 몫이다》 외 40여권의 저서들도 영어는 물론 독일어, 스페인어, 중국어, 일본어 등으로 번역할 계획이다. 이 책들이 세계 각 신학교 교재로 사용되며, 전 세계인이 한국인이 쓴 성경적 자녀교육서의 내용대로 하나님의 백성이 양육되기를 소원한다.

다른 민족들은 자신들의 지도자들이 좀 부족해도 세계적인 영웅으로 만드는데, 왜 우리 민족은 그렇게 훌륭한 믿음의 조상들이 있는데도 그들을 존중하고 배울 생각을 하지 않는가? 아직도 교회 성장을 위해 미국 교회나 미국 신학자들 주위만 맴도는 이유는 무엇인가?

이제는 작은 나라의 열등감에서 벗어나야 한다. 조직신학이나 성서신학 및 역사신학 등은 어쩔 수 없이 서양의 뿌리를 벗어날 수 없지만, 실천신학 특히 교회성장학이나 유대인을 모델로 한 기독교교육학 같은 것은 우리 것을 잘 다듬고 개발하여 세계적인 학계 이론으로 내놔야 한다.

꼭 우리의 부모나 조국이 다른 부모나 민족보다 우수하기 때문에 존경해야 한다는 이야기가 아니다. 그렇게 되면 내 것만 옳다는 국수주의자들이 되기 쉽다. 우리는 내 것을 귀하게 여기면서 다른 민족도 함께 귀하게 여길 줄 알아야 한다. 그리고 그들에게도 그리스도의 사랑을 전해야 한다.

설사 우리의 부모가 좀 부족해도, 우리의 지도자가 여러 면에서 부족해도, 우리 민족이 좀 부족해도 먼저 우리 가정의 부모, 우리의 지도자 그리고 우리 민족을 먼저 사랑하며 그들을 위해 울 수 있는 1세가 되어야 한다. 왜냐하면 천하보다 귀한 하나님의 형상을 닮은 우리의 생명을 그들을 통해 받았기 때문이다.

그리고 우리의 2세 자녀들에게도 그렇게 가르쳐야 한다. 이것이 바로 성경이 말씀하는 "네 부모를 공경하라."를 대를 이어 행하는 것이다. 부모 공경에는 윗사람과 자신이 속한 공동체의 어른을 공경하라는 뜻도 있다.

하나님도 이런 한국인 2세를 원하신다. 그리고 미국도 자신의 부모와 부모가 다니는 교회를 올바르게 섬길 줄 아는 2세 자녀를 원하신다. 자신의 부모와 부모가 다니는 교회를 우습게보고 싫어하는 2세 자녀는 원하시지 않는다. 자신의 부모와 부모가 다니는 교회를 존경하는 자녀들이, 우리가 선택한 미국이란 나라도 제대로 사랑할 줄 알기 때문이다. 그 증거는 아직도 미국의 보수 기독교로 남아 있는 청교도 후예들의 삶에서 찾을 수 있다.

유대인에 관한 부정적인 이야기를 하자면 우리의 1세보다 더 많을 수도 있다. 그러나 그들은 자신들의 부모, 자신들의 지도자 그리고 자신들의 민족을 지극히 사랑하도록 가르친다. 유대인 유치원이나 초등학교에는 할머니 교사들이 많다. 풍성한 EQ와 1세들의 전통을 가르치기 위해서다. 따라서 그들은 세대차이가 없다. 그리고 할아버지와 할머니, 아버지와 어머니, 손자와 손녀, 3대가 함께 수천 년 동안 한 회당에 다닌다. 왜냐하면 제5계명 효도교육을 제대로 가르쳤기 때문이다.

뉴욕에 한 대형 미국인 교회가 있는데 그 교회에 한국인 2세들이 약 1천여 명 가량 모인다. 그 교회 담임목사가 한국인 목사에게 의아한 듯 질문을 했다(2000년 7월).

"우리 교회에 나오는 한국인 2세들이 1천여 명이나 되는데 이들은 왜 당신들의 목회에 속하지 않습니까?"

왜 자녀들이 부모 교회를 안 다니려고 할까? 세대차이 때문이다. 왜 자녀들과 세대차이가 날까? 그것은 우리의 좋은 한국 문화와 기독교 전통을 안 가르쳤기 때문이다. 그 해결책은 무엇일까?

한 가지 예로 앞서 언급한 김 권사님 같은 분들을 우리의 2세 초·중 고등부 수련회 강사로 초청하여 위대한 한국 민족의 신본주의 사상의 뿌리를 가르치게 해야 한다. 그래야 2세들이 우리 민족의 믿음의 선조들을 닮는다.

하나님을 지극히 사랑하고 하나님을 위해 순교하는 초대교회 같은 자랑스러운 한국인 믿음의 조상들, 원수를 사랑하기 위해 자식을 둘씩이나 죽인 공산당을 양자로 삼고 문둥병자의 고름을 입으로 빼내셨던 선조들, 주일을 범하지 않기 위해 주일에 공무원 시험을 보지 않고 만년 시청의 과장으로 보냈던 장로님, 성전을 건축하기 위해 집을 팔았던 수많은 장로님들, 얼마든지 있다.

〈저자 주: 현대 기독교인들이 주일 신앙을 지키기 위해 불이익을 당하지 않으려면 모두 힘을 합하여 주일에 실시하는 공무원 시험이나 토플 및 토익 시험도 토요일로 옮기도록 정부에 건의해야 한다.〉

그런데 그들은 현재 한인 교회에서 자랑스러운 어른들로 존경받는 것이 아니라 왕따를 당하고 있다. 특히 우리의 2세들에게…. 그리고 소위 미국에서 공부 좀 했다고 하는 사람들에게서 말이다.

그런데도 오히려 미국인들은 한국인 1세 교회 교인들을 부러워한다

(2000년대). 이는 우리 민족의 비극이다. 이 비극은 후대에게 더 큰 비극으로 다가올 것이다. 심은 대로 거두는 법이기 때문이다. 만약 우리의 2세들이 부모를 존경하지 않고 우리가 조국을 사랑하지 않는다면 누가 우리의 부모와 조국을 사랑하겠는가?

저자가 정통파 유대인 자녀교육을 연구하는 목적은 우리의 후대를 정통파 유대인으로 키우기 위해서가 아니라, 그들처럼 성경대로 우리의 기독교 전통을 자손대대로 전수시켜 세대차이 없는 성경적인 정통파 한국인 기독교인으로 키우는 데 있다. 그래야 한국인 1세 목사들의 목회 기간이 길어지며 여호와 하나님께서 주신 이 땅에서 한국 민족의 교회가 장수할 수 있다. 그리고 세계 선교도 더 오래 할 수 있다.

요약하면 이제는 우리의 2세 집회에서 젊은 미국인 강사들이나 미국화된 강사보다는 우리 믿음의 선조들의 간증을 들려주어야 한다. 그분들이 돌아가시기 전에 말이다. 그래야 자녀들이 부모를 존경하고 부모가 다니는 교회를 사랑하고, 아버지 나라를 위해 기도하며, 가정에서 효자로 자랄 수 있지 않겠는가?

한국의 기독교인은 왜 자녀들에게
주기철 목사, 손양원 목사, 조만식 장로 등의
자랑스러운 순교 신앙을 가르치지 않고
빌리 그레이엄이나 윌리엄 케리, 허드슨 테일러 이야기만 하려 하는가?

II. 족보를 자녀에게 가르쳐야 하는 이유

> **저자 주** 본 내용은 이 부분에 꼭 필요하지만, 제2권 제2부 제3장 III. '왜 부모가 자녀에게 족보를 가르쳐야 하는가'와 중복되어 이곳에서는 서론에 이어 각 질문과 답 부분만 요약하여 옮긴다.

〈저자 주: 유대인은 자녀에게 토라와 전통 문화 그리고 역사를 가장 귀중하게 가르친다. 토라와 전통 문화에 대해서는 앞에서 많이 언급했지만, 역사에 대해서는 언급하지 않았다. 역사에는 크게 세 가지, 개인 가정의 역사와 국가의 역사 그리고 종교의 역사가 있다. 개인 가정의 역사는 개인의 뿌리를 알게 하여 가정의 가치를 지키게 하고, 국가의 역사는 바른 국가관을[24] 세워 애국심을 갖게 한다. 전자의 필수 덕목은 효(孝, 제5계명)고, 후자의 필수 덕목은 충(忠)이다. 그리고 종교의 역사는 자기 자신의 종교의 기원을 알게 하여 신앙을 굳게 한다. 이 세 가지는 자신의 정체성을 세우는데 대단히 중요한다. 성경은 이 세 가지 주제에 매우 많은 비중을 할애한다.〉

미국을 포함한 해외 한인 대학생들의 68%가 성씨와 본관을 모른다. 재외동포재단(이사장 김봉규)의 '해외동포 대학생 모국순례 연수' 프로그램에 따라 2000년 8일부터 17일까지 방학을 이용해 한국을 방문한 미국, 러시아, 독일 및 스페인 등 141명을 조사한 결과다. 이 중 성씨나 본

---

24) 대한민국 국가관에 대해서는 이어지는 제8부 '대한민국 국민의 민족관과 국가관 그리고 세계화'와 저자의 다른 저서 《이스라엘을 모델로 좌파 논리 쪼개기》 참조 바람.

관을 제대로 아는 학생은 32%에 불과했다. 한국 태생인 학생 중에도 출생지를 아는 학생이 40%에 그쳤다(중앙일보, *68%가 성씨와 본관을 모른다*, 2000년 8월 17일).

해외동포뿐만 아니라 한국에서도 점점 족보에 대한 관심도가 낮아지고 있다. "족보가 땔감 불쏘시개로, 아이들은 제기 만드는 종이로 사라진다." 30년 동안 족보 연구에 매달려온 김원준(65) 부천족보전문도서관 관장의 말이다(오마이 뉴스, *불쏘시개로 사라지는 족보? 그 속에 답이 있다*. 2015년 6월 24일).

가정이나 학교에서 IQ교육만 시켰지 인성교육에 필요한 족보나 뿌리교육을 시키지 않았기 때문이다. 실로 엄청난 민족적인 손실이다. 특히 현재 서양 교육을 많이 받은 이들이나 기독교인들은 자신들의 뿌리인 족보를 모르는 이들이 많다. 부모들이 복음만 강조하고 육적 뿌리인 족보는 가르치지 않았기 때문이다.

흔히 기독교인 중 많은 이들이 "'예수님 족보'를 가졌으면 충분하지 왜 육신의 족보가 필요한가?"라고 반문한다. 그리고 자신의 족보를 자녀에게 가르치지 않는다. 그러나 이것은 매우 잘못된 생각이다. 왜 잘못인가? 왜 혈통적 족보를 자녀들에게 가르쳐야 하는지 그 이유를 질문과 답변 형식으로 알아보자.

질문 1: 인간에게 왜 족보교육이 필요한가?
〈한국인 기독교인도 왜 자녀에게 족보교육을 시켜야 하나?〉

1) 윤리학적 답변
"나는 누구인가?" 자신의 뿌리(족보)에 대해 생각하는 사람은 깊이 생각하는 수직문화의 사람이다. 그런 사람들은 제5계명(부모공경), 제6계명(살인금지), 제7계명(간음 금지) 제8계명(도둑 금지), 제9계명(네 이웃을 탐하지 말라) 및 제10계명(거짓 증거 금지) 등 도덕과 윤리적 계명을 잘 지킨다. 따라서 사회 병리 현상을 막기 위해서는 자녀들에게 족보교육을 반드시 시켜야 한다.

2) 종교심리학적 답변

자신의 근원을 찾으려는 사람이 영혼과 창조의 근원인 신을 찾게 된다. 그런 사람이 모세나 바울처럼 영혼의 자존감도 강하다.

3) 신학적 답변

예수님의 족보면 족하다고? 예수님도 영적 하늘의 족보와 육신의 족보(마태 1장 참조)를 가지셨다.

질문 2: 유대인은 아브라함이 자신들의 조상이기에 선민의 족보를 잘 가르칠 수 있지만 한국인은 기독교 역사가 짧아 위의 조상들이 모두 우상숭배자들이었는데 어떻게 우상숭배자들의 족보를 가르칠 수 있는가?

답: 유대인은 아브라함의 아버지 데라(우상을 만들어 파는 장사꾼)와 그 위의 우상숭배자들 족보도 모두 가르친다(눅 3장 참조). 이것은 기독교인도 자신의 조상이 우상을 섬겼다는 사실도 알아야 한다는 것을 뜻한다.

질문 3: 자신의 족보가 다른 성씨보다 자랑스럽지 못해도 가르쳐야 하는가?

한국은 각 성씨마다 족보가 있다. 이는 자신의 육적 뿌리를 알기 위해 자녀에게 가르쳐야 할 매우 주요한 자료다. 사진은 저자의 연주 현씨 족보.

저자의 네 아들은 미국에서 태어났다. 그러나 미국에서뿐 아니라 한국에 데려와서 족보 교육을 시켰다.
사진은 서울 세종문화회관 뒤 현씨 종친회 입구에서 두 아들과 함께.

저자가 족보에서 아들들의 이름을 찾아 보여주고 있다. 나는 "아버지가 죽은 뒤에도 너희들이 자식을 낳으면 이곳에 와서 그들의 이름을 족보에 올려라."라고 가르쳤다.

현씨 종친회 사무실 직원들이 족보 만드는 과정을 설명하는 모습. 2024년 현재는 족보가 모두 디지털화되어 세계 어디에서나 컴퓨터로 열람 할 수 있게 되어 있다.

답: 물론이다. 아무리 자랑스럽지 못해도 예수님의 족보보다는 좋지 않겠는가? (마 1장 참조)

질문 4: 족보가 없는 사람은 어떻게 해야 하는가?

답: 족보가 없는 사람은 자기 대에서부터 새로 족보를 만들면 된다. 예를 들어 해외동포라면 뉴욕 이씨, 댈러스 김씨, 또는 상파울로 박씨 등등.

저자는 이제 손자들에게 족보교육을 시키고 있다.

사진은 미국에 사는 막내아들 가족과 함께 새로 이전한 한국의 현씨 대종회 사무실 현판 앞에서 찍은 사진.

질문 5: 바울은 족보를 그리스도를 안 이후 배설물처럼 여겼다(빌 3:8). 그런데도 족보교육이 필요한가?

답: 바울의 말은 육체의 족보(자랑거리)가 절대로 영혼 구원에 필요가 없다는 것이지, 인성교육에 필요 없다는 것이 아니다. 바울이 거듭난 뒤 다른 기독교인들보다도 모범 기독교인이 된 이유는 인성교육학적인 관점에서 유대인의 훌륭한 족보 교육은 물론 율법에 흠이 없는 유대인 교육을 받았기 때문이다(pre-evangelism 교육).

개도 족보가 없으면 제 값을 받지 못한다.
하나님의 형상대로 지음 받은 인간에게 족보가 없으면
자신의 가치를 똥개처럼 낮추는 것이다.

III. 제사상의 세 가지 과일에서 찾는 한국인의 핵심 인성교육

〈저자 주: 한국인 부모들이 자녀들에게 가장 강조하는 핵심 인성교육의 내용은 무엇인가? 제사상에 진설하는 과일의 의미에서 찾을 수 있다. 거기에는 조상들이 자손들에게 가르치고자 하는 간절한 세 가지 소원이 있다. 특이한 것은 제사의 대상을 조상신에서 여호와 하나님으로 바꾸면 성경에 근거한 유대인 가정의 소원과 매우 유사하다는 것이다. 이것은 성경이라는 특수 계시가 없었던 시대에 하나님께서 일반계시로 한국인에게도 하나님의 소원을 알려 주신 것이라고 생각한다. 따라서 이 글은 자신의 정체성과 도리를 잊고 사는 모든 젊은이들에게 좋은 교훈이 될 것이다.[25]〉

한국인은 전통적으로 가정에서 조상신에게 제사를 드린다. 제사를 모실 때 가가례(家家禮)라는 말이 있듯이 제수를 진설하는 방식은 지역마다, 집집마다 조금씩 다르다. 일반적으로 과일로는 오색 또는 삼색을 쓰는데, 한국 사람들이 중요하게 여기는 덕목 중의 하나는 아무리 간소한 제사라 할지라도 삼색 과일, 즉 1) 대추 2) 밤 3) 감은 필수다.

만약 이 세 가지가 없는 제사를 지냈다면 그 제사는 무효라고 할 만큼 절대 빼놓지 않는다. 왜 그것이 그만큼 중요한지 그 이유를 설명해보자.

첫째, 제사상에 대추(棗 조)를 진설하는 이유
대추의 특징은 한 나무에 열매가 다닥다닥 많이 열린다는 것이다. 그

---

25) 제사상에 대해서는 대부분 출처가 불분명한 다양한 전설들이 있어 그것들을 참조하여 저자가 편역했다.

제사상에 대추를 진설하는 이유는 자손을 많이 낳아 생육번성하라(창1:28)는 뜻이 있다. 매우 성경적이다.
유대인은 이를 실천하여 출산율이 높지만 한국인은 세계에서 최하위다.

리고 꽃 하나가 피면 반드시 열매를 맺고서야 떨어진다는 것이다. 아무리 비바람이 치고 폭풍이 불어도 그냥 꽃으로 피었다가 지는 법이 없다. 꽃은 반드시 열매 하나를 맺고서야 떨어진다.

이것이 주는 교훈은 사람으로 태어났으면 반드시 자식을 낳고 죽어야 한다는 것을 뜻한다. 그것도 되도록 많이 낳고 죽어야 한다는 것이다.

제사상에 대추를 첫 번째 자리에 진설하는 이유도 인간이 태어나면 자손의 번성이 최우선이라는 것을 뜻한다. 한 집안에 후손이 끊어지면 그 집안이 망한다는 것은 너무나도 당연하다. 국가나 민족의 역사도 마찬가지다.

막 혼례를 올린 신부가 시부모에게 폐백을 드릴 때도 시부모 된 사람들이 대추를 한 움큼 새 며느리의 치마폭에 던져주는 것도 같은 의미가 있다. "아들 딸 구별 말고 대추 열듯이 많이 낳아, 자손을 번창시키라"는 뜻이다.

이것은 유대인들이 하나님이 주신 "생육하고 번성하여 땅에 충만하라"(창 1:28)는 명령을 613개의 율법 중 제1계명으로 놓은 것과 매우 흡사하다. 〈자세한 것은 '유대인의 성교육', 제2부 제1장 II. 1. '부부 생활의 목적1: 경건한 자손(하나님의 씨)을 얻기 위함이다' 참조〉

둘째, 제사상에 밤(栗)을 진설하는 이유

밤의 특징도 독특하다. 다른 식물의 경우는 나무를 싹틔운 최초의 씨앗은 썩어 없어진다. 그러나 최초의 씨밤(생밤)은 나무를 싹틔운 후에도 썩지 않고 뿌리에 붙어 있다가 그 나무가 성장하여 첫 열매를 맺은 후에야 썩어 없어진다.

이것이 인간에게 주는 교훈은 무엇인가? 부모는 자신(1대)이 낳은 자녀들(2대)이 또 자식(3대 손주)을 낳아 3대를 이루기를 그만큼 소원한다는 것을 뜻한다. 가문을 살리고 지속시키기 위하여 손주를 보아야 한이 풀린다는 것이다. 이것은 3대의 연결을 뜻한다. 3대가 세대차이가 없으면 영원히 세대차이가 없다.

여기에서 연결이란 육적 생명의 연결뿐만 아니라 정신적 영적 가치관(수직문화)의 연결도 포함된다. 이것은 후세들이 자신의 근본, 즉 뿌리(족보)를 잊지 말라는 것과 자기와 조상의 영원한 일치된 가치관의 연결을 뜻한다. 이것은 자손이 몇 십, 몇 백대를 내려가더라도 조상은 언제나 문화적 및 사상적으로 나와 연결된 채로 함께, 즉 끈끈한 동질감과 일체감이 있어야 한다는 것을 뜻한다.

지금도 조상을 모시는 위패, 신주(神主)는 반드시 밤나무로 깎는다. 밤나무가 특별히 결이 좋은 것은 아니요, 향이 있는 것도 아닌데 반드시 그렇게 하는 이유는 바로 밤나무의 특징 때문이다.

제사상에 밤을 진설하는 이유는 대를 이어 자손을 번성시키라는 교훈을 주기 위함이다. 이것은 육적 혈통의 연결뿐만 아니라 정신세계의 연결도 포함된다. 유대인은 이를 4000년 동안 실천하는데 성공했지만 한국인은 실패하고 있다.

이것은 아브라함과 이삭과 야곱의 3대 신앙전수를 강조하는 유대인의 가족관과 매우 유사하다. 유대인의 성년식에서 조상대대로 전수된 토라(성경) 두루마리를 잡은 13세 손자를 옆에서 보고 이제 죽어도 한이 없다는 그의 할아버지의 소원성취를 연상케 한다.

그리고 한국인이 가문의 공동체 의식을 조상대대로 중요하게 여기고 이어온 것은 유대인이 아브라함부터 현재까지 4000년 동안 조상대대로 육적, 정신적 및 영적으로 이어온, 하나의 공동체의 연결성(continuity)과 동질성이 매우 유사하다.

〈자세한 것은 '잃어버린 구약의 지상명령', 제1권 제1부 제3장 '아브라함이 지상명령을 실천한 방법, 3대 가정교육신학의 효시' 참조〉

셋째, 제사상에 감을 진설하는 이유

감의 특징은 무엇인가? 속담에 "콩 심은 데 콩 나고 팥 심은데 팥 난다"는 말이 있다. 하지만 감 심은 데서는 감이 나지 않는다. 아무리 탐스런 감에서 나온 감의 씨를 심어도 거기서 나오는 것은 고욤나무다. 고욤은 생김새는 감을 닮았지만 크기는 도토리만하고 떫어서 다람쥐 같은

제사상에 감을 진설하는 이유는 자손을 낳아 바른 인성교육을 시키라는 교훈을 주기 위함이다.
유대인은 자녀를 낳으면 우선적으로 그들에게 토라를 가르쳐 말씀 맡은 자로 키우지만, 한국인은 인성교육 대신에 대부분 IQ교육에 치중한다.

들짐승들이나 먹는다.

감나무는 어떻게 만들어지는가? 고욤나무가 2~3년쯤 성장하면 칼로 그 줄기를 대각선으로 쨴다. 그리고 다른 우량한 감나무 가지를 베어다 거기에 접을 붙인다. 이것이 완전히 접합이 되면 그 다음부터 감이 열리기 시작한다.

이것이 인간에게 주는 교훈은 무엇인가? 사람이 사람으로 태어났다고 다 사람이 아니라 바른 인성교육을 시켜야 비로소 사람이 된다는 것이다. 그래서 율곡 선생이 쓰신《격몽요결(擊蒙要訣)》의 첫줄도 "인생사세(人生斯世)에 비학문(非學問)이면 무이위인(無以爲人)이니라."는 말로 시작한다. "사람으로 태어나 이 세상에 살면서 공부하지 않는다면 사람으로서 무익할 수 있다"는 뜻이다.

가르침을 받고 배우는 데에는 생채기를 째서 접붙일 때처럼 아픔이 따른다. 그 아픔을 겪으며 선인(先人)의 예지를 이어받을 때 비로소 진정한 하나의 인격체로 설 수 있다는 것이다.

만약 고욤나무의 원 줄기가 아닌 가지에 감나무 접을 붙이면 어떻게 될까? 한 나무인데도 이쪽 가지에선 감이 열리고, 저쪽 가지에서는 고욤이 열린다. 이것은 동일한 부모의 자식들이라도 배운 자식만이 사람 노릇을 한다는 것을 뜻한다. 물론 그가 배운 교육의 내용은 현대 학문이 아니라 인성교육이다.

이것을 성경적으로 해석해보자. 인간은 원래 죄성(원죄)이 있어서 태어나면 쓸모없는 고욤나무처럼 그 행위의 열매가 좋지 못하다(떫다).

사람다운 사람으로 만들기 위해서는 어떻게 해야 하는가? 하나님에게 접을 붙여야 한다. 그 방법이 토라 공부, 즉 하나님의 말씀을 가르쳐야한다는 것이다. 그래서 유대인은 부모가 아들을 생산하면 12년 동안 토라(성경)를 강도 높게 가르친다. 하나님의 말씀을 맡은 자(롬 3:2)로 키우기 위함이다.

그리고 13세 생일이 되면 성년식(Bar Mitzva, '율법의 아들'이란 뜻)을 성대하게 치른다. 유대인 공동체는 성년식을 치른 소년을 비로소 성년으로 인정해준다. 즉 사람다운 사람으로 여긴다는 뜻이다.

〈자세한 것은 '잃어버린 구약의 지상명령', 제3권 제5부 제2장 '쉐마와 유대인의 성년식' 참조〉

한국인이 "인간에게 배움이 없으면 진정한 사람이 아니다"라는 말은 "배움(연구)의 중단은 성장의 멈춤이며, 죽음이다"라는 유대인의 격언과 매우 유사하다. 〈자세한 것은 '하브루타 유대인 아버지의 IQ교육', 제2부 제1장 III. 1. '연구의 중단은 성장의 멈춤이며, 죽음이다' 참조〉

신약 신학적으로 설명하면 고욤나무가 단감나무로 접붙임을 받는다는 비유는 비기독교인이 예수 그리스도를 믿어 기독교인이 된다는 뜻이다. 그래서 예수님은 "사람이 거듭나지 아니하면 하나님 나라를 볼 수 없다"고 말씀하셨다(요 3:3). 그 이후 그가 하나님의 형상을 닮기 위해서는 성경을 배워야 한다.

뿐만 아니라 바울은 이방 기독교인을 참감람나무(유대인)에 접붙임 받은 돌감람나무로 비유했다. 참감람나무는 원래 뿌리가 있는 나무이고 돌감람나무는 그에 붙어있는 가지라는 것이다. 가지(돌감람나무)는 뿌리(참감람나무)에서 나오는 진액을 함께 받는 자라고 설명했다(롬 11:17). 그러면서 "그 가지들을 향하여 자긍하지 말라. 자긍할지라도 네(이방 기독교인)가 뿌리(유대인)를 보전하는 것이 아니요, 뿌리가 너를 보전하는 것이라"라고 했다(롬 11:18).

〈자세한 것은 '실패한 다음 세대 교육 왜 유대인 교육이 답인가', 제1부 제3장 '유대인 교육이 기독교교육에 필요한 이유(바울의 참감람나무(유대인)와 가지(이방 기독교인)의 이론' 참조〉

앞에서 언급한 한국인이 제사상에 진설하는 세 가지 과일의 의미를 요약하면 대추는 자손과 가문을 번성시키라는 것을 뜻하고, 밤은 가문의 대를 잇는 연속성과 *끈끈한* 일체감(동질성)을 갖게 하라는 것이며, 감은 자녀를 사람다운 사람으로 만들기 위한 바른 가정의 가치관 교육, 즉 인성교육을 시키라는 것을 뜻한다. 유대인의 경우 이 세 가지 의미는 쉐마교육에 모두 포함되어 있다.

그렇다면 이 세 가지 과일의 의미는 우리에게 어떤 교훈을 주나?

첫째, 한국인은 가족의 가치를 다른 어느 것보다 최우선으로 삼고 자녀들에게 가르치라는 것이다. 그래서 가문을 자손 대대로 이어 더욱 번성하고 번영하라는 것이다.

둘째, 제사의 대상이 조상신이 아닌 하나님으로 바꾸면 제사상에 진설하는 세 가지 과일의 의미는 성경에 근거한 유대인의 가족관과 매우 유사하다. 따라서 기독교인도 한국인의 정체성(뿌리)를 알기 위해 이 글은 매우 유익한다.

셋째, 한국인과 유대인은 거의 동일한 가족관(쉐마교육)을 가지고 있었지만, 현재 한국인의 젊은이들은 육을 자극하는 수평문화의 물결에 휩쓸려 그 귀중한 가치들을 잊고 산다는 사실이다. 그 결과 출산율이 0.74명에 불과하다(2023년 기준). 그러나 정통파 유대인은 아직도 세대차이 없이 현재도 그 가족의 가치를 지키고 있다. 그 결과 출산율이 8명이다(2023년 기준). 저자가 유대인의 쉐마교육을 연구하여 한국인에게 알리는 이유다.

'친부모 얼굴 한번만이라도…'

한인 혼혈 입양 출신 김군자 씨

한인 혼혈 입양 출신 김군자 씨, 한국서도 수소문해 봤으나 허탕

"다른 건 없습니다. 저를 낳아 주신 부모님 얼굴 한번 보는 것이 평생 소원입니다."

현재 미국은 물론 세계 곳곳에서 적지 않은 한인 입양아들이 생활하고 있다. 이들 중 대부분은 부모에 대한 기억조차 없지만 점차 나이가 들어가며 친부모에 대한 그리움을 마음속으로 삭여가며 살아가고 있는 실정이다. 특히 김군자(여, 미국명 킴벌리) 씨는 50세라는 나이에도 불구하고 요즘 친부모를 찾기 위해 온갖 애를 쓰고 있다.

김 씨가 태어난 때는 한국전쟁 직후인 1955년 12월. 살을 애는 추위 속에 태어난 김 씨는 주위의 축복도 채 받기 전인 세 살 때 홀트아동복지회를 통해 미국으로 입양됐다. 너무 어린 나이여서 당연히 부모님에 대한 기억은 전혀 없다. 자신이 혼혈아인 것은 알지만 아버지와 어머니 중 누가 미국 사람이고 누가 한국 사람인지조차 모른다. 단지 입양 당시 서류에 이름은 '김군자'로 되어 있었다는 것만 알고 있다.

김 씨는 "친부모가 어느 나라 사람인가보다는 나를 낳아준 분들이 누구인지를 찾고 싶다."며 "양부 양모의 사랑으로 잘 성장했지만 친부모에 대한 그리움을 떨칠 수 없었다."고 흐느꼈다. 친부모를 찾겠다고 나선 지 수년이 지났지만 아직 아무와도 연락이 닿지 않았다.

그동안 한국까지 가서 수소문도 해봤지만 서류 몇 장만 얻었을 뿐 아무런 성과가 없었다. 김 씨의 기억 속에 희미하게나마 있는 것은 입양을 위해 홀트아동복지회에 넘겨지는 순간이다. 눈물을 흘리는 어머니와 뒤를 돌아서 뛰어가다 모퉁이에서 자신을 지켜보던 어머니의 눈이 기억난다고 했다. 김 씨는 "이 기억이 꿈에서 나온 것인지 정말 나의 기억인지는 모르겠지만 어렴풋이나마 나를 꼭 끌어안던 어머니의 품이 느껴진다."며 "그 생각을 하면 가슴이 미어진다."고 말했다.

김 씨는 현재 카이저 퍼머넌트 병원 행정 매니저로 일하고 있다. 양부모의 사랑을 받으면서 그리고 언젠가 만날 친부모에게 부끄럽지 않은 딸의 모습을 보여 주기 위해서라도 이를 악물고 열심히 살았다. 김 씨는 "하루하루 보람 있게 열심히 살아왔지만 아무리 노력해도 채워지지 않는 허전함이 마음속 깊은 곳에 자리 잡고 있다."며 "혹시 있을 수 있는 내 형제들과라도 연락이 닿을 수 있었으면 하는 바람"이라고 고개를 떨궜다.

_중앙일보 미주판, 2005년 12월 14일

하나님은 밝은 사람을 축복해 주신다.
낙관의 마음은 자기뿐만 아니라 남들까지 밝게 해 준다.
_마빈 토카이어의 유대인 격언집

IV. 조선족의 잘못된 정체성 문제와 유대인을 모델로 한 해결 방안

---

1. 문제제기: 한국인이 모르는 조선족 정체성의 위험성
2. 조선족의 잘못된 정체성 해결 방안
   A. 조선족의 잘못된 정체성, 원인과 대책
      1) 조선족의 잘못된 정체성의 원인 분석
      2) 유대인을 모델로 한 조선족의 잘못된 정체성의 해결 방안
   B. 실례: 유대인 교육을 받은 조선족의 민족관,
      조국관 및 국가관의 변화
3. 조선족이 고든의 두 가지 동화 원리에 맞지 않는 이유
4. 결론: 조선족과 한국 정부(동포청)에 권하는 제안
   A. 코리안 디아스포라 입장에서 조선족에 권하는 제안
   B. 조선족 정체성이 주는 5가지 교훈 및 정부에 권하는 제안
* 참고자료

---

1. 문제제기: 자신들은 중국인, 조국은 중국이라고 주장하는 조선족은 옳은가

'조선족'(朝鮮族)이란 누구인가? '중국에 사는 우리 겨레'(다음 사전)다. 즉 중국에 거주하는 '코리언 디아스포라'다. 약 170만명이 살고 있다(김

문학, 2023). 필자는 미주 동포이기에 다문화권에 사는 한국인의 예를 주로 북미주 이민자를 들어왔다. 그러나 이제 조선족의 정체성에 대하여 알아보자. 그들은 무엇이 다른가?

중국의 조선족은 대부분 한국말을 하고 한국의 전통문화를 가지고 있다. 그런데도 건국대학교 박영균 교수의 연변 조선족 대상 조사에 의하면, 자신의 '조국'을 중국이라 답한 사람은 91.1%, 북한은 4%, 한국은 겨우 0.3%에 불과했다(박영균, 통계로 본 조선족의 정체성, 연변 통보, 2012년 2월 15일).

중국공산당 용정시 부서기, 연변 사회과학 원장을 역임한 조선족 김종국은 자신의 정체성을 자신은 중국인이고 조국은 중국이라고 자랑했다.

> "해외에서 사는 조선인들 가운데서도 유독 중국의 조선족만이 그 대다수가 마음속으로부터 자기는 중국인이고, 조선족은 중화민족 대가정의 일원이며, 중화인민공화국이 자신의 조국이라 생각한다."(김종국, '세기 교체의 시각에서 본 조선족, 연변 인민출판사, 1999년 4월 1일).

재한 조선족은 어떠한가? 그들도 마찬가지다. 2021년 7월 중국 공산당 창당 100주년을 경축하는 재한 조선족은 자신들의 정체성을 이렇게 말했다고 한다.

> "우리 조선족은 중국 공산당을 잊지 말아야 한다" 혹은 "중

국은 우리의 조국이다"라고 당당하게 선언하고 있다. (김문학, 펜앤드마이크, 2023년 4월 5일)

일본에 거주하는 조선족 출신 김문학 교수는 이에 대해 그의 글 '한국인이 모르는 조선족의 정체성'에서 조선족의 잘못된 정체성을 '얼치기 중국인'이라고 비판했다.

중국 공산당 체제하의 조선족은 55개 소수 민족 가운데서도 '자발적 복종자'의 최고 우등생 집단이다. 위구르족, 티벳족, 몽고족까지도 중국 공산당에 반기를 들고 거센 민족주의 운동을 펼치고 있지만, 조선족 170만 명 가운데 감히 중국 공산당의 조선족 동화정책에 반발의 목소리를 내는 사람은 단 한 명도 없다. 다들 얼치기 중국인들이요, 겁쟁이들뿐이다. 그 가운데 특히 조선족 간부들은 한나 아렌트의 지적과 같이 '악의 평범성'을 실천하는 모범생들이다. (펜앤드마이크, 2023년 4월 5일.)

이것은 대부분 조선족은 혈통적이나 문화적으로는 한국민족이 맞는데 정체성, 즉 민족관은 '중국인'이라며 조국관은 '중국'이 조국이라고 믿고 있다는 것을 증명한다. 그들은 유사시 전쟁이 나도 중국과 북한의 승리를 위해 한국을 대적할 것이다. 실제로 6.25 전쟁에서 대한민국이 북진 통일을 이루지 못했던 원인은 조선족이 포함된 중공군의 남침이 있었기 때문이었다(한국 전쟁 당시 북한, 중공군의 선두에 선 조선족부대).

더구나 한국에 거주하는 조선족은 한국의 선거권도 있기 때문에 내년 총선에서 종북 주사파에게 힘을 실어주는 반역행위를 할 가능성이 매우 높다. 실제로 필자에게 교육을 받은 재한 조선족 수강생 김OO에 의하면 조선족 중 약 90%가 친북, 친 중국 성향을 가진 더불어민주당 대표 이재명을 지지한다고 한다(2023년 4월 20일 현재).

이것은 앞으로 조선족이 수많은 중국인과 힘을 합치어 일사분란하게 SNS나 미디어를 통하여 한국과 한국의 애국자들을 협공할 가능성이 높다는 것을 뜻한다. 소위 그들의 인해전술에 위협을 느끼지 않을 수 없다.

따라서 본 논문은 조선족의 잘못된 정체성 문제를 어떻게 바로 잡을 수 있느냐를 다룬다. 그 방법으로 조선족이 그렇게 된 배경을 설명하고 역사적으로 가장 이상적인 디아스포라의 동화 모델이 되는 유대인을 예로 소개한다. 그리고 결론에서 이를 근거로 조선족과 한국 정부(동포청)에 바른 디아스포라 정책을 제안한다.

2. 조선족의 잘못된 정체성 해결 방안

A. 조선족의 잘못된 정체성, 원인과 대책

1) 조선족의 잘못된 정체성의 원인 분석

앞에서 대한민국의 입장에서 조선족의 잘못된 정체성에 대해 설명했다. 그렇다면 잘못된 조선족 정체성의 원인과 그 해결방안은 무엇인가? 먼저 두 가지 원인을 들어보자.

첫째, 조선족 지도자들이나 부모들이 한국인의 수직문화의 가치들 중 한국인(조선인)의 바른 민족관과 조국관 그리고 국가관을 자녀들에게 가르치지 않았기 때문이다.

둘째, 이에 더하여 더 심각한 원인은 다른 자유 민주주의 국가에 비하여 중국 정부는 조선족이 태어나면서부터 공산주의 이념에 근거한 중화민족과 중화인민공화국의 정체성을 너무 강하게 주입했던 것이다. 조선족은 처음 1-2세대까지는 일부 저항을 했지만 3-4세대로 내려가면서 세대차이를 허락하면서 그것을 받아드렸던 것 같다(김학송의 편지 참조).

여기에서 주목해야 할 점이 있다. 중국 이외에 다른 나라에 거주하는 코리언 디아스포라들도 자신들이 거주하는 지역에 오래 동안 살게 되면 당연히 그 나라의 교육을 받고 자란 자녀들이 그 거주국에 대한 애국심을 가질 수 있다. 그러나 자신의 민족관과 조국관까지는 쉽게 변하지 않는다. 그리고 그들은 대한민국에 큰 해를 끼치지 않는다. 대부분 자유 민주주의 나라에 살고 있기 때문이다.

그러나 중국은 공산주의 국가다. 뿐만 아니라 중국은 중국보다 더 전체주의 독재국가인 북한과 함께 대한민국을 공산화하려는(그들의 용어로 "남조선을 해방하려는") 야욕을 끊임없이 시도하고 있다는 점에서 한국에 그 위험성은 매우 높다.

2) 유대인을 모델로 한 조선족의 잘못된 정체성의 해결 방안

조선족의 잘못된 정체성의 해결방안은 무엇인가? 유대인을 모델로 한 코리안 디아스포라의 정체성 교육을 시키는 것이다. 왜 유대인을 모델로 해야 하나?

유대인은 신약시대에 2000년 동안 나라(이스라엘)를 잃고 전 세계를 유랑하며 살고 있지만 자신들이 거주하는 나라의 이방 문화에 흡수(동화)되지 않은 민족이다. 그들은 자신들의 정체성과 자신들의 전통 수직문화를 자녀들에게 가르쳐 세대차이 없이 전수하는 데 성공한 민족이다.

따라서 전 세계에 거주하는 유대인은 자신들이 유대민족이라는 민족관은 물론 자신들의 조국관과 국가관이 이스라엘이라는 것을 결코 잊지 않는다. 물론 그들도 자신들을 받아준 나라에 대한 고마운 마음을 가지고 그 나라에 충성할 수는 있다. 그렇다고 자신의 조국 이스라엘은 배반하지 않는다. 이것은 한국인 디아스포라가 본받아야 할 모델이다.

따라서 한국인 디아스포라도 유대인을 모델로 한 한국민족의 전통 수직문화와 함께 한국인의 민족관과 조국관 그리고 국가관을 가르쳐야 한다.

혹시 이 글을 읽는 독자들은 필자가 조선족에 대하여 너무 부정적인 것만 서술한 느낌을 가질 수 있다. 그러나 긍정적인 면도 있다. 조선족이 한국어는 물론 한국의 전통적인 수직문화를 지니고 있기에 그들 개개인은 한국인에게 정서적 동질감을 많이 느끼게 한다.

이런 장점은 그들과 소통을 잘 하게 하여 유익을 주는 경우가 많다. 그 예로 중국에서 조선족이 같은 혈육인 탈북자들에게 많은 도움을 준 사례들을 들 수 있다. 그런데도 잘못된 민족관과 조국관 그리고 국가관의 벽은 넘을 수 없다. 즉 그들은 개인적으로는 유익하나 대한민국 입장에서, 즉 국가적으로는 위험하다는 것이다. 더구나 중국은 북한과 동일한 공산주의 이념을 가지고 한반도를 공산화 시키려고 노력하고 있지 않는가!

B. 실례: 유대인 교육을 받은 조선족의 민족관, 조국관 및 국가관의 변화

〈편집자 주: 김학송 교수는 중국 조선족 출신으로 미국 시민권자다. 중국에서 교수 생활을 하다가 북한에 가서 교수로 사역을 하다가 북한 정권에 의해 국가 전복죄로 1년 동안 억류된 후, 미국의 트럼프 대통령 시절 국무장관 폼페이어가 2018년 5월 9일 북한에 가 한국계 미국인들을 구출했을 때 나왔던 3명의 인사 중 한 명이다. 다음 글은 그가 필자의 유대인을 모델로 한 '인성교육과 쉐마교육'을 받은 후 잘못된 조선족의 정체성을 버리고 바른 정체성, 즉 그의 민족관과 조국관 그리고 국가관을 되찾게 된 과정을 잘 설명해준다. 일부는 생략했음〉

조선족 교수가 경험한 유대인을 모델로 한 인성교육 강의

김학송 교수 (조선족 전 평양과기대 교수, 2022년 6월 26일)

내가 현용수 박사님의 '유대인의 쉐마교육'에 관하여 처음 알게 된 것은 20여년 전 미국 LA의 조선족 출신 최민 목사님을 통해서입니다. 20년이 지난 후 2021년 10월 나는 미국 LA의 중국 선교사 출신인 김대준 목사님으로부터 현용수 박사님의 '유대인의 고난의 역사현장교육' 책을 선물로 받고 단숨에 다 읽었습니다. 그리고 그 목사님의 소개로 필자인 현용수 박사님을 직접 만나 교제할 수 있는 축복을 누리게 되었습니다.

그리고 이번에 온라인으로 개최하는 2022년 쉐마리바이벌 봄캠프 인성편 '다음 세대를 살리는 쉐마교육'에 등록하게 되었습니다. 매주 목요일에 8주에 걸쳐 총 16강을 들었습니다. 그 강의 소감을 아래와 같이 나누려고 합니다.

첫째, 현 박사님의 주님을 향한 질투와 뜨거운 열정에 감동을 받았습니다.
- 중략 -

둘째, 우리 민족의 수직문화를 통하여 다음 세대들을 독수리민족으로 키우자.

현 박사는 "유대인은 수직문화인 전통교육과 민족의 고난역사를 기억하고 그 역사를 전수하기 때문에 무너지지 않는다."고 하면서 "우리 한민족도 한민족의 전통적인 수직문화를 가르치고 또 고난의 역사를 기억시키는 역사교육이 반드시 필요하다."고 말했습니다.

마치 독수리가 그 보금자리를 어지럽게 하며 그 새끼 위에
너풀거리며 그 날개를 펴서 새끼를 받으며 그 날개 위에 그

것을 업는 것같이…. (신 32:11)

이 말씀의 뜻은 하나님은 이스라엘 민족이 영적인 측면에서 '제사장의 나라'가 되길 원하셨고, 민족적으로는 '작지만 강한 독수리 민족'이 되길 원하신다는 의미입니다. 신약시대 제사장 나라는 예배와 기도, 성경공부로 가능하지만, 독수리 민족은 고난 교육과 고난을 기억하는 쉐마교육 등으로 가능합니다.

현 박사님은 "유대인이 탁월한 민족이 된 것은 성경공부만 잘해서 된 것이 아니요, 효와 고난을 기억하는 수직문화와 전통을 강조한 절기교육이 있었기에 가능했다."고 하면서 "성경공부만 잘할 경우 제사장 나라는 될 수 있지만, 그 나라를 지킬 만한 독수리 민족은 될 수 없다는 점을 명심해야 한다."고 강조했습니다.

현 박사님은 한국교회의 기독교교육에 문제점이 많다고 지적하면서 "교회는 다음세대들에게 성경은 열심히 가르치지만 한민족의 수직문화와 고난의 훈련과 고난의 역사를 기억하는 교육이 없다."고 하면서 "성경공부로 영성이 높아지는 데는 성공했지만, 독수리 같은 큰 인물이 나오지 않는 이유가 고난의 역사를 기억하는 교육이 없었기 때문이다."고 말했습니다.

오늘날 우리 한민족 후손들에게 도산 안창호, 주기철 목사, 손양원 목사님과 같으신 훌륭한 인물들이 나오지 않는 것은 우리 민족의 수직문화를 가르치지 않기 때문입니다.

- 중략 -

셋째, 우리 민족 수직문화를 통하여 후세들에게 성경적인 '민족관과 조국관'을 심어주자!

1995-2005년 10년 간 북한은 "고난의 행군" 시기를 겪으면서 300만 명이 굶어 죽는 참사가 발생했습니다. 더구나 분단 70여년 동안 북한은 국제적으로 수많은 경제제재와 자연재해 속에서도 지금까지 버티고 살아남았습니다.

그것은 그들 나름대로 비록 허구이지만 "북한식 수직문화"와 "북한식 고난의 역사교육" 때문이라는 것을 이번 현 박사님의 강의를 들으면서 깨달았습니다.

나도 중국에서 자라면서 어린 시절에 설날, 청명절, 국경절 등 명절이 되면 온 학교가 총동원하여 열사기념비에 가서 '열사들을 기리는 행사'에 참가했으며, 중국정부가 지정한 '역사유적지를 탐방'하는 행사에 참가했습니다. 물론 그 당시는 그런 행사에 참석하지 않으면 '회중'에서 왕따를 당하고 반동으로 낙인찍히는 때였습니다.

오늘날 한국에서 자란 한국인과 중국에서 자란 조선족은 동족이지만 두 나라에서 가르치는 '국가관'이 서로 다르기 때문에 '조국관'이 다르다는 것을 깨달았습니다. 한국인의 조국은 대한민국이지만 중국의 조선족은 중국입니다. 그 결과 서로 반목하고 있음을 깨달았습니다. 그리고 조선족은 대한민국에 쉽게 동화되지 못하고 있습니다. 그만큼 어릴 때 배웠던 국가관이 중요합니다.

한국에 노동자로 가 있는 근 70만의 대부분 조선족들은 대한민국에 동화되지 못하고 여전히 중국을 조국으로 여기며 "중국의 조선족"으로 살고 있습니다. 한국문화에도 잘 적응하지 못하고 있습니다. 따라서 그들은 한국의 혜택은 누리지만 충성은 한국이 아닌, 중국에 하고 있습니다. 완전히 중국 편입니다.

그렇다면 70년간 "김일성 주체사상"과 "북한식 수직문화" 교육을 받고 자란 북한 젊은이들과 한국의 젊은 세대들 간의 "조국관" 차이와 문화차이는 얼마나 크겠습니까? 북한은 70여년의 세뇌교육으로 북한 백성을 "김일성 민족"으로 만들어버렸습니다.

또한 인성교육학적 입장에서 중국 조선족과 북한 백성들의 차이는 같은 공산권 나라이지만 문화와 전통의 차이도 있지만 특별이 '조국관'이 다른 것입니다.

나도 예수님을 인격적으로 만나기 전 다른 조선족처럼 '나의 조국'은 중국인줄 알았습니다. 그러나 예수님을 만난 후 나의 조국은 중국이 아니고, 한국도 아니고, 더구나 북한도 아닌, 오직 남북한이 통일된 나라가 나의 진정한 조국이라는 것을 깨달았습니다.

그런데 이번에 현 박사님의 유대인을 모델로 한 대한민국 국가관 강의를 듣고 통일된 나라는 북한식으로 통일된 나라가 아니고 미국식 자유 대한민국의 체제로 통일된 대한민국임을 깨달았습니다.

사실 조선족은 이런 국가관과 조국관이 바르게 정리되지 않아 그동안 많은 오류를 범했습니다. 이번에 확실하게 정리가 되어 감사합니다.

한국인의 조국은 한국이지만 조선족은 중국입니다.
조선족은 한국의 혜택은 누리지만 충성은 중국에 합니다.

3. 조선족이 고든의 두 가지 동화 원리에 맞지 않는 이유

어떤 사람이 타민족 문화를 접했을 경우 타문화에 어떻게 동화하느냐를 연구한 학자가 있다. 고든(Gordon, 1964)과 에릭슨(Erikson, 1968)이다. 그들은 유대인이 고도의 인종 결속력을 갖고 있다는 관점에서 미주 유대인과 미주 흑인의 차이를 비교 대조하는 연구를 했다.

여기에서는 고든의 두 가지 동화 원리, 즉 '사회구조에의 동화'와 '문화에의 동화' 원리를 설명하고 조선족은 왜 이 두 가지 동화 원리에 적용이 안 되는지 그 이유를 설명해보자.

〈필자 주: 고든의 두 가지 동화 원리는 조선족의 동화 원리를 설명하는데 한 가지 (민족과 조국의 정체성) 부족한 점이 있어서 필자가 그것을 더 보완했다. 자세한 두 동화의 원리는 '현용수의 인성교육 원리' 시리즈, 제4권, 제7부 '한국인의 세계관: 다문화 속의 인성교육(해외동포의 바른 자녀교육법)'을 참조하기 바란다.〉

첫째, 왜 조선족은 '사회구조에의 동화' 원리에 적용되지 않는가?

'사회구조에의 동화'(social structural assimilation)란 외형적 사회구조에 동화, 즉 어떤 사람이 타민족 문화를 접했을 경우 자신의 내면적 세계를 형성했던 1) 고유문화 가치나 2) 전통적인 역사관 및 3) 정체성을 버리는 것이 아니라 그것들을 지키면서 그 지역의 외형적 사회 구조, 즉 정치, 경제, 교육 등에만 동화하는 것을 말한다(Gordon, Hyun).

그 대표적인 예가 유대인이다. 그들은 타민족 문화를 접했을 경우 자신의 1) 고유문화 가치나 2) 전통적인 역사관 및 3) 정체성을 지키며 자신이 거주하는 지역의 외형적 사회구조에는 적극 동화한다. 그들은 전 세계 어디에 거주하더라도 자신들의 고유문화와 전통적인 역사관을 지키며 자신들은 '유대인'이라는 정체성(ethnic identity)을 잊지 않고 자신의 조국(motherland)은 '이스라엘'이라고 생각한다.

그러나 조선족은 중국에서 자신의 내면적 세계를 형성했던 한국인의 전통문화 가치는 지키면서도 자신이 '한국인'이라는 정체성(ethnic identity, 민족관)은 버리고 자신은 '중국인'이라고 생각하며 조국(motherland)도 '한국'이 아니고 '중국'이라고 생각한다(조국관). 그리고 자신들은 중국의 외형적 사회구조에 동화하고 있다고 생각한다.

둘째, 왜 조선족은 '문화에의 동화' 원리에 적용되지 않는가?
'문화에의 동화'(cultural assimilation)란 어떤 사람이 타민족 문화를 접했을 경우 자신의 내면적 세계를 형성했던 1) 고유문화 가치나 2) 전통적인 역사관 및 3) 정체성도 버리고 그 지역의 것들에 동화하면서 아울러 그 지역의 외형적 사회구조에 동화하는 것을 말한다(Gordon, Hyun).

그 예로 미국의 흑인의 동화를 들 수 있다. 그들은 자신의 내면적 세계를 형성하게 했던 아프리카의 1) 고유문화 가치나 2) 전통적인 역사관을 버리고 자신이 거주하는 미국의 문화와 역사관에 동화되고 외형적 사회구조에는 약간 동화한다. 그러나 그들은 자신들의 민족 정체성을 '아프리카인'이라고 하고 조국도 자신들의 조상들이 살았던 아프리카의 한 국가라고 말한다.

그러나 조선족은 중국의 고유문화에 동화되는 것은 거부하고 한국인의 고유문화는 간직하고 있다. 그러면서 자신이 '한국인'이라는 정체성(민족관)을 버리고 '중국인'이라고 하며, 조국도 '한국'이 아니고 '중국'이라고 바꾸었다(조국관). 그리고 자신들은 중국의 외형적 사회구조에 동화

조선족은 고든의 두 가지 동화 원리에 맞지 않는 이유

구분	미국 유대인의 다음세대	미국 흑인의 다음세대	중국 조선족의 다음세대
타문화권을 접하기 이전 자신의 내면적 세계관을 형성했던 4가지 요소 1. 고유문화 가치 2. 전통적인 역사관 3. 민족 정체성(민족관) 4. 조국관	1-2번 지킴 3. 자신을 '유대인'이라 함 4. 조국을 '이스라엘'이라 함	1-2번은 버리고 미국에 동화 3-4번 지킴 3. 자신을 '아프리카인'이라 함 4. 조국을 아프리카의 한 국가라 함	1-2번은 지킴 3-4번 안 지킴 3. 자신을 '중국인'이라 함 4. 조국을 '중국'이라 함
타문화권에서 그 지역의 외형적 사회구조(정치, 경제, 교육 등)에 동화	매우 강하게 동화	약간 동화	약간 동화
'사회구조에의 동화' 원리, 혹은 '문화에의 동화 원리' 중 선택	사회구조에의 동화 원리	문화에의 동화 원리	두 동화 원리에 적용 불가
조선족이 두 동화원리에 맞지 않는 이유	각 민족의 고유문화에는 그 민족의 내면적인 사상과 정체성이 녹아 있는데 조선족은 그것을 버렸다고 했다. 이것은 모순이다. 고로 고든의 두 가지 동화 원리에 적용이 안 된다. 중국의 공산주의 사상과 중화사상 교육을 너무 강하게 받았기 때문에 혼동을 하는 것 같다. 그리고 중국에 대한 사대사상도 한 몫을 했을 것이다.		

〈참조: 조선족 중 '조국'을 중국이라 답변한 사람들은 91.1%, 북한이라 대답한 사람은 4%, 한국이라 대답한 사람은 겨우 0.3%에 불과했다(박영균, 2012년).〉

하고 있다고 생각한다.

 따라서 조선족의 동화는 고든의 두 가지 동화 원리에 적용이 안 되는, 매우 이례적인 모순을 발견할 수 있다. 각 민족의 전통문화에는 그 민족이 가지고 있는 내면적인 사상과 정체성이 녹아 있는데 그 세계관(사상)과 정체성을 버렸다고 말했기 때문이다. 그들이 중국의 공산주의 사상 교육과 중화사상 교육을 너무 강하게 받았기 때문에 혼동을 하는 것 같다. 그리고 중국에 대한 사대사상도 한 몫을 했을 것이다.

4. 결론: 조선족과 한국 정부(동포청)에 권하는 제안

A. 코리안 디아스포라 입장에서 조선족에 권하는 제안

 결론적으로 조선족은 한국인과 같은 혈통이면서도 조국 대한민국의 발전에 해를 주는 코리안 디아스포라가 되었다. 잘못된 민족관과 조국관을 가지고 있기 때문이다.
 필자도 코리안 디아스포라다. 1975년에 가난한 한국에서 부강한 미국으로 이민을 간 한국계 미국인(Korean American)이다.
 코리언 디아스포라와 조국은 어떤 상관관계가 있는가? 조선족이 모르는 것이 있다. 필자가 50여 년 전 이민 초기보다 현재에 훨씬 더 미국 주류 백인들로부터 대우를 잘 받고 있다. 이유는 조국 대한민국의 위상이 매우 높아졌기 때문이다. 즉 조국이 부강해진 것만큼 미국에서도 그만큼 한인이 대우를 받고 있다.

조선족에게도 동일한 원리가 적용된다. 조선족은 자신들이 중국인이고 조국도 중국이라고 여기지만 그것은 착각이다. 한족은 55개 소수민족의 하나라고 생각할 뿐이다.

조선족에게 묻고 싶다. 중국의 한족이 북한에서 온 북한인과 한국에서 온 한국인 중 어느 쪽을 더 대우하는가? (필자의 경험과 다수의 조선족에 의하면) 물론 한국인이다. 미국에서 온 미주 한인에게는 더 대우한다. 일단 공안에서 취급하는 정도가 다르다.

그 이유는 무엇인가? 동일한 코리언 디아스포라이지만 그들이 거주하는 나라의 발전된 힘이 존중의 기준이 되기 때문이다. 즉 북한은 거지 나라가 되었고 한국은 부강한 나라가 되었기 때문이다.

이 말은 무엇을 뜻하나? 조선족이 중국에서 한족으로부터 대우를 더 많은 대우를 받으려면 대한민국이 망하지 않고 더 부강해져야 한다는 것이다. 북한처럼 거지 나라가 되면 한없이 멸시를 받을 것이다. 따라서 조선족은 한국의 안보와 국익에 해를 끼쳐서는 안 된다. 더 발전할 수 있도록 기여를 해야 할 것이다.

B. 조선족 정체성이 주는 5가지 교훈 및 정부에 권하는 제안

일단 앞에서 언급한 대로 조선족의 잘못된 민족관과 조국관 그리고 국가관에서 얻는 교훈은 무엇인가?

첫째, 모든 나라에 거주하는 한인 동포들이 한국의 국익에 도움을 주는 것이 아니라는 점이다.

둘째, 코리언 디아스포라 교육에서 한국인의 수직문화 중 한국인의 언어와 문화만 가르친다고 하여 한국에 유익을 주는 것이 아니라는 것이다.

셋째, 특히 조선족은 자기 세대는 물론 그들의 자녀들까지 대한민국의 안전과 발전에 심각한 위협을 줄 수 있다는 것이다.

넷째, 앞의 조선족 출신 김학송 교수의 경우를 보면 유대인을 모델로 한 민족관과 조국관 그리고 국가관 교육으로 조선족의 정체성 변화가 가능하다는 것이다. 그의 정체성 중 조국관의 변화는 4단계로 이루어졌다.

1) 중국 ➙ 2) 북한 ➙ 3) (기독교인이 된 후) 남북한 통일된 나라 ➙ 4) (저자의 강의를 들은 후) 북한식이 아닌 자유 대한민국의 체제로 통일된 대한민국.

이것은 다른 나라에 거주하는 코리언 디아스포라보다 매우 복잡하다. 여기에서 김학송 교수가 저자의 강의를 듣고 이렇게 변할 수 있었던 데에 그가 어린 시절부터 배웠던 한국의 전통 수직문화는, 즉 문화적 정체성은 그에게 어떤 긍정적인 영향을 주었을까? 우선 동일한 문화의 정체성에서 저자와 친밀감을 가지게 되었고, 저자의 강의를 잘 이해할 수 있는 소통에 큰 영향을 주었다.

이것은 무엇을 뜻하나? 문화의 정체성을 가지고 있는 이들은 그렇지 못한 이들보다 자신의 민족관과 조국관 그리고 국가관의 정체성을 변화시키는데 매우 긍정적인 영향을 미친다는 것이다.

뿐만 아니라 한국인의 문화적 정체성을 가진 조선족들이 민족관과 조국관까지 바꾸면 그들은 다른 나라에 거주하는 코리언 디아스포라의 모델이 될 수 있을 것이다.

다섯째, 그런 점에서 한국 정부는 코리언 디아스포라 정책을 다시 한 번 재점검하고 국익에 부합하는 새로운 정책을 실시해야 한다. 특히 조선족에 대한 포용정책을 재검토해야 한다.

참고 자료

김문학, 한국인이 모르는 조선족의 정체성, 펜앤드마이크, 2023년 4월 5일.

김석기 의원의 편지, 재외동포위원장 재임명, 2023년, 4월 19일.

김종국, 세기 교체의 시각에서 본 조선족, 연변 인민 출판사, 1999년 4월 1일.

김학송, 조선족 교수가 경험한 유대인을 모델로 한 인성교육 강의, 2022년 6월 26일.

＿＿＿, 김학송의 편지, 2023년 6월 16일.

다음 사전. (2023).

박영균, 통계로 본 조선족의 정체성, 연변 통보, 2012년 2월 15일, https://m.blog.naver.com/hajunggu/150135852976).

어느 조선족의 고백, https://m.blog.naver.com/loveme1027/221828509262).

한국 전쟁당시 북한. 중공군의 선두에 선 조선족부대, https://www.fmkorea.com/3733883822).

충청일보, 세계에서 강력한 국가 6위, 2023년 1월 24일).

현용수. (1993, 2007). 문화와 종교교육, 서울: 쿰란. 쉐마.

＿＿＿. (2008, 2015). 현용수의 인성교육 원리 제1권, 서울: 동아. 쉐마.

＿＿＿. (2008, 2015). 현용수의 인성교육 원리 제2권, 서울: 동아. 쉐마.

_____, (2008, 2015). *현용수의 인성교육 원리 제3권*, 서울: 동아. 쉐마.

_____, (2008, 2015). *현용수의 인성교육 원리 제4권*, 서울: 동아. 쉐마.

_____, (2021). *이스라엘을 모델로 좌파 논리 조개기(대한민국 국가관)*, 서울: 쉐마.

_____, (2021). *제2의 이스라엘 민족 한국인(유대인과 한국인의 유사점 107 가지)*, 서울: 쉐마.

_____, (2022). *유대인의 리더십 개발 원리*, 서울: 쉐마.

현용수의 인성교육 원리 시리즈, (2015). 제4권, 제7부 '한국인의 세계관: 다문화 속의 인성교육(해외동포의 바른 자녀교육법)'

Erikson, E. (1968). *Identity Youth and Crisis*. New York: W. W. Norton & Co.

Gordon, M. M. (1964). *Assimilation in American Life*. New York, NY: Oxford University Press.

Gordon, (1964); Hyun, (2023). *Assimilation in American Life and Korean Chinese Life*.

⟨조선족 김학송 교수의 반론⟩

"조선족의 잘못된 정체성 문제와
유대인을 모델로 한 해결 방안"에 대한 독후감

⟨저자 주: 저자의 글을 읽고 조선족 김학송 교수가 반론을 제기했다. 독자들의 이해를 돕기 위해 이 글을 싣는다.⟩

현용수 박사님 안녕하십니까? 현 박사님께서 "동포청"에 제안한 논문을 읽으면서 우리 조국 대한민국을 누구보다 사랑하는 그 마음을 느낄 수 있었습니다. 그리고 본 논문에 제시한 모든 근거들을 인정하고 이론에 공감을 합니다.

그러나 조선족의 일원으로서 본인은 중국 조선족에 대한 다분한 부정적인 내용에 왜 그들이 그렇게 되었는지 그 원인을 설명하지 않을 수 없습니다. 일단 한국 정부와 한국교회와 한국인 중국 선교사들에게 한 가지 묻겠습니다.

"그럼 누가 중국의 조선족을 민족관, 조국관이 한국인과 다른 조선족 되게 방치했습니까?"

또한 대한민국에 조선족들의 긍정적인 면도 있다는 것을 알려주고 싶습니다. 초창기 한국 기업들이 중국에 진출하는 일에 가교 역할을 했으며, 특별이 한국교회가 중국선교를 하는데 지대한 공헌을 했습니다. 현재 대부분의 조선족들이 한국인들이 기피하는 3D 업종에 종사함으로써 한국경제에 유익을 주고 있습니다.

그리고 제가 본 논문을 읽으면서 생각나는 몇 가지를 적어 봅니다.

첫째, 먼저 본 논문에 인용한 조선족인 김문학 교수의 일부 주장은 사실과 다르다.

먼저 현 교수님은 조선족의 잘못된 정체성을 증명하기 위해 조선족인 김문학 교수의 글을 인용하셨는데, 그의 주장 중 일부는 사실과 다릅니다.

그는 "위구르족, 티벳족, 몽고족까지도 중국 공산당에 반기를 들고 거센 민족주의 운동을 펼치고 있지만 조선족 170만 명 가운데 단 한 명도 없다"고 했습니다. 그리고 그는 조선족을 '자발적 복종' 집단이라고 매도했습니다.

이 말은 100% 맞는 말이 아닙니다. 중국의 위구르족, 티벳족, 몽고족들은 제 3의 해외 동족들의 지지와 지원이 없다면 이들도 감히 반기를 들 수 없을 것입니다.

우리 조선족은 통일된 동족정부가 없기 때문에 중국공산당 독재와 동화정책에 반기를 들 수 있는 지지와 지원을 받을 수 없습니다. 또 한 민족 정체성과 국가관을 교육하는 기관이나 단체도 없습니다.

그리고 역사적으로 조선족이 중화인민공화국에 대항한 위대한 사례들도 있습니다.

- 1949년 10월 중화인민공화국이 설립되자 중국 국적에 가입하기를 거부한 수많은 조선족 군인들과, 지식인들이 자기들의 조국, 고향인 남한

과 북한으로 돌아갔습니다. 그리하여 중국 공산당은 1953년 연변조선족 자치주를 설립해 줌으로서 고향으로 돌아가려는 인재들을 막았습니다.

- 1965년-1975년, 10년 문화대혁명 중 수많은 민족 정체성이 있는 조선족 민족간부와 지식인, 연예인들이 민족의 정체성과 전통을 고집하다가 숙청을 당해 감옥에서 옥사를 했거나 간신히 목숨을 살려 북한으로 넘어갔습니다.

- 현재의 조선족들은 대부분 3-4세들입니다. 이들은 민족정체성 교육을 거의 받을 기회가 없는 환경에서 자라났습니다. 누구도 이들에게 한민족의 민족관과 국가관을 가르쳐주지 않았습니다. 중국의 공산당 독재정부 아래서 다른 자유진영의 나라의 디아스포라와 같이 자기들의 민족정체성과 국가관을 가질 수 없었습니다. 이를 어찌 무조건적으로 "자발적 복종" 집단이라고 판단할 수 있습니까?

둘째, 조선족에 대한 포용정책은 유대인 디아스포라를 모델로 하라.

현 박사님의 논문4 결론 부분 "조선족과 한국정부(동포청)에에 권하는 제안 B, '조선족 정체성이 주는 5가지 교훈 및 정부에 권하는 제안' 중 5번째 "그런 점에서 한국정부는 코리안 디아스포라 정책을 다시 한 번 재점검하고 국익에 부합하는 새로운 정책을 실시해야 한다, 특히 조선족에 대한 포용정책을 재검토해야 한다."라고 썼습니다.
"조선족 디아스포라에 대한 포용정책이라고 했는데 어떤 포용정책이 있으며 구체적인 실행 여부는 있는가?"

성경에 "돌아온 탕자 비유"가 있습니다.

중국의 조선족은 "집 나간 탕자"와 같습니다. 이들이 아무리 한민족의 민족관, 국가관이 없을지라도 이들을 현 박사님의 언급하신 대로 "유대인의 쉐마교육"(현용수가 저술한 저서들 참고)을 가르쳐 탕자와 같은 이들을 한민족의 일원으로 되게 하여 이들로 조국의 통일과 조국을 글로벌 시대의 군사강국, 경제 강국, 인재 강국으로 발전하는데 기여하게 해야 합니다.

그 방법이 무엇입니까? 조선족에게 유대인 디아스포라를 모델로 교육을 시켜야 합니다.

한 가지 예로 앞으로 한국정부는 중국조선족들에게 무조건적인 "해외동포거주증"을 발급하지 말고 유대인 디아스포라를 모델로 한 "유대인의 쉐마교육"(현용수 박사) 수료한 조선족동포들에게 한하여 발급하였으면 합니다. (속성반) 저도 그 교육을 받고 저의 바른 민족관과 국가관을 되찾았습니다.

미국정부도 미국 시민에 합당한 교육을 받고 미국시민권 시험에 합격한 사람에게 미국에 충성하겠다는 선서를 한 후 시민권을 발급합니다. 조선족들에게도 학습을 수료한 후 한국민족의 정체성을 확인하고 선서를 통하여 "해외동포거주증"을 발급해 줄 것을 제안합니다.

조선족인 저에게 유대인을 모델로 한 정체성 교육을 가르쳐 주어 한민족의 정체성을 가지게 하신 현용수 박사님께 감사를 드립니다!

2023년 6월 16일
감학송 교수 드림

제4장

한국인 기독교인은 동족 비기독교인보다 타인종 기독교인을 더 사랑해야 하는가

I. 문제 제기
II. 예수님과 바울의 동족, 유대인 사랑의 예
III. 동족 사랑, 한국인에게 적용
IV. 국수주의의 위험성과 샐러드 볼 이론
V. 결론: 다문화 속 한국인의 바른 민족의식: 너희와 너희 자녀를 위해 울라

I. 문제 제기

1. 한인 1세들의 강한 민족주의

미국에서 오래 살다 보면 2세 자녀들과 여러 면에서 갈등을 빚는다. 그중 하나가 타인종에 대한 의견 차이다. 대부분 한국인 1세들은 민족정신이 뛰어나고 애국심이 강하다. 그 이유는 크게 3가지로 설명할 수 있다.

첫째, 1970년대에 이민을 온 한인 1세들은 대부분 서양의 수평문화의 영향을 덜 받아 한국인의 수직문화가 매우 강하다. 그들은 한반도에서 단일민족으로 살다가 미국에 이민을 왔다. 때문에 타민족과 함께 생활한 이중문화의 경험이 거의 없다. 따라서 동족간의 유대감이 강하다.

둘째, 한인 1세들은 어려서부터 2가지 교육을 철저하게 받아왔다. 하나는 일본이 한국을 강점한 고난의 역사에 대한 반일(反日) 사상 교육이고, 다른 하나는 북한의 공산주의가 6·25 전쟁을 일으켜 혹독하게 고난을 겪게 한 역사를 가르치는 반공(反共)사상 교육이다. 전자를 통해서는 한민족의 민족의식과 애국심이 강화되었고, 후자를 통해서는 자유 대한민국에 대한 애국심이 매우 강화되었다.

이러한 교육을 받은 한인 1세들은 미국의 다문화 속에서 살아야 했다. 그들의 장단점은 무엇인가? 먼저 한인 1세들이 이중문화의 경험이 부족한 것은 단점이 될 수 있다. 그러나 두 번째 반일사상 교육과 반공사상 교육은 장점으로 남아 있다.

왜냐하면, 자신의 민족을 사랑하는 애국심 교육과 고난의 역사교육은 인성교육학적으로 수직문화에 속하는 영역이기 때문이다. 그것은 인간의 내면적 정체성을 확실하게 해주고 자긍심을 높이는 데 큰 도움을 준다. 그리고 동족끼리의 단결력에 도움을 준다.

이런 긍정적인 수직문화 교육은 한국인의 독수리 인성교육이다. 따라서 1970년대에 미국에 이민을 온 1세들은 유대인처럼 성취욕이 매우 강하여 자수성가한 사람들이 많다. 이것이 LA나 뉴욕 등 대도시에 코리아타운이 단 시간에 형성되어 활성화된 이유다.

2. 한인 2세들의 약한 민족의식

한인 1세와 비교해 미국에서 성장한 2세들의 장단점은 무엇인가? 2세들은 여려서부터 다문화 속에서 여러 인종과 섞이며 교육을 받고 살아왔다. 그리고 학교에서 대부분 피부색, 인종, 성별, 종교 등에 대해 차별을 두지 않는 평등 교육을 철저하게 받았다. 그래서 2세 한인들은 1세들보다 인종적 편견이 적다. 이는 미국과 같은 다문화권에서 생활하는 데 커다란 장점일 수 있다. 그들은 부모 세대보다 어느 인종과도 잘 어울릴 수 있기 때문이다.

그러나 대부분 2세 자녀들의 단점은 한국인의 정체성이 결여되어 있다는 점이다. 그 이유는 앞의 제3장에서 언급한 대로 대부분 한인 1세들이 자신들이 받았던 한국인의 고난의 역사 교육과 한국인의 전통문화 가치(수직문화)에 대한 뿌리교육을 2세 자녀들에게 제대로 시키지 못했기 때문이다. 이것은 커다란 실수였다.

따라서 2세들은 자신이 어느 인종에 속하는지 잘 인식하지 못하면서 살고 있다. 그리고 이에 대한 관심도 거의 없다. 인종에 대한 소속감이 없으므로 자신의 정체성 확립에 혼란을 겪고 있다. 그리고 한국 민족에 대한 결속력이 약하다. 대단히 큰 단점이다.

이것은 한국 민족에게도 큰 손실이지만 다민족 사회에서 살아가는 2세 자신들의 삶에도 도움이 되지 못한다. 왜냐하면 그들은 인종적인 소속감이 없어 자긍심이 약하기 때문에 항상 외롭고 역동적인 힘도 약하다.[26]

특히 신앙이 있는 한국인 2세들 중 자신은 한국인이 아니고 미국인이라고 생각하면서 이렇게 질문하는 경우가 많다.

질문 1: 예수님 안에서 모든 인종이 다 같이 하나인데 왜 내가
한국인을 특별히 더 사랑해야 하는가?

질문 2: 한국인 기독교인은 동족 비기독교인보다 타인종 기독교인을
더 사랑해야 하지 않는가?

한인 2세들이 이렇게 말하는 이유는 이렇다. 예수님을 안 믿는 한국인은 지옥에 속한 사람이다. 그러나 예수님을 믿는 타인종 기독교인은 천국에 속한 백성이다. 당연히 한국인 천국 백성은 예수님을 안 믿는 지옥에 속한

---

26) 한인 2세의 심리학적 이해는 저자의 저서 《문화와 종교교육》(쉐마, 2007) 제4부 IV. 2. '연구 결과에 대한 토론'과 '3. 연구 결과 및 토론' 참조.

한국인보다 타인종이라도 천국에 속한 백성을 더 사랑해야 하지 않는가?

언뜻 들으면 그럴 듯한 논리다. 영적인 천국 백성이 육적인 동족보다 더 귀하기 때문에 같은 한국인이라 해서 무조건 사랑하는 것보다 타인종이라 해도 그가 예수님을 믿으면 주님 안에서 한 형제인데 그를 더 사랑해야 한다는 논리다.

그러나 저자는 반대 입장이다. 이런 생각을 하는 한인 2세들에게 다음과 같이 묻고 싶다. 예를 들면, 미국 LA에 사는 한국인 기독교인이 다운타운에서 헐벗은 2명의 홈리스(집 없이 거리에서 구걸하며 지내는 사람)를 만났다. 그 중 한 사람은 자신의 가족 중 예수님을 안 믿는 큰형님이고, 다른 한 사람은 예수님을 믿는 흑인이다. 기독교의 구원론에 의하면 큰형님은 지옥에 속한 사람이고, 흑인 홈리스는 천국에 속해 있다.

이때 한국인 기독교인이 옷 한 벌이 있다면, 두 사람 중 누구에게 먼저 주어야 하겠는가?

〈저자 주: 이 질문은 흑인 기독교인에게도 똑같이 적용된다. 흑인을 더 사랑해야 하나? 아니면 한국인을 더 사랑해야 하나?〉

바울 같으면 누구에게 먼저 옷을 주겠는가? 예수님을 배반한 자신의 동족 유대인인가, 아니면 자신이 전도한 타인종 기독교인인가? 예수님은 어찌하셨을까? 성경은 이에 대해 무엇이라고 대답하고 있는지 살펴보자.

미국의 한인 기독교인이 2명의 홈리스를 만났다.
한 명은 불신자인 큰형님이고, 다른 이는 예수님을 믿는 흑인이다.
전자는 지옥에 속한 사람이고, 후자는 천국에 속한 사람이다.
예수님이나 바울이라면 누구를 먼저 도와줬을까?

II. 예수님과 바울의 동족, 유대인 사랑의 예

1. 예수님의 동족, 유대인 사랑의 예

질문: 예수님은 동족인 유대인과 이방인 중 누구를 더 사랑하셨는가?

정통파 유대인이셨던 예수님은 온 인류를 구원하러 오신 하나님의 아들이시다. 따라서 그는 모든 민족을 사랑하신다. 그럴지라도 예수님은 이 땅에 오셔서 행하신 복음 사역에서 동족인 유대인과 타민족 사이에 사랑의 우선순위는 없었는가? 분명히 있었다. 몇 가지 예를 들어 보자.

예수님께서 열두 제자를 가르치시고 복음을 전하기 위해 파송하실 때 먼저 그 복음을 누구에게 전하도록 명령하셨는가? 이방인인가, 사마리아인인가? 둘 다 아니다. 이스라엘 집의 잃어버린 양(유대인)들이다(마 10:5-6). 예수님은 이방인보다도 먼저 자신의 동족 유대인을 더 사랑하셨기 때문이다.

> 예수께서 이 열둘을 내어 보내시며 명하여 가라사대, 이방인의 길로도 가지 말고 사마리아인의 고을에도 들어가지 말고 차라리 이스라엘 집의 잃어버린 양에게로 가라. (마 10:5-6)

다른 예를 보자. 예수님은 하나님을 배반한 동족 유대인을 더 사랑하셨는가, 아니면 이방인 가나안 여인을 더 사랑하셨는가? 마태복음 15장 21-28절의 말씀을 보자.

> 예수께서 거기서 나가사 두로와 시돈 지방으로 들어가시니 가나안 여자 하나가 그 지경에서 나와서 소리 질러 가로되, "주 다윗의 자손이여 나를 불쌍히 여기소서. 내 딸이 흉악히 귀신들렸나이다."하되 예수는 한 말씀도 대답지 아니하시니 제자들이 와서 청하여 말하되, "그 여자가 우리 뒤에서 소리를 지르오니 보내소서." 예수께서 대답하여 가라사대, "나는 이스라엘 집의 잃어버린 양 외에는 다른 데로 보내심을 받지 아니하였노라"하신대 여자가 와서 예수께 절하며 가로되, "주여 저를 도우소서." 대답하여 가라사대 "자녀의 떡을 취하여 개들에게 던짐이 마땅치 아니하니라." 여자가 가로되 "주여 옳소이다마는 개들도 제 주인의 상에서 떨어지는 부스러기를 먹나이다."하니 이에 예수께서 대답하여 가라사대 "여자야, 네 믿음이 크도다. 네 소원대로 되리라."하시니 그 시로부터 그의 딸이 나으니라. (마 15:21-28)

본문에서 예수님은 유대인과 이방인 사이에 얼마나 커다란 사랑의 차이를 두셨는지를 확인할 수 있다.

첫째, 예수님은 가나안 여인의 애타게 부르는 소리에 일절 대답하지 않으셨다.

둘째, 가나안 여인에 대한 제자들의 청에 대해 예수님은 "나는 이스라엘 집의 잃어버린 양 외에는 다른 데로 보내심을 받지 아니하였노라"고 단호히 거절하셨다. 이 말씀은 하나님이 예수님을 이 땅에 보내실 때 "이스라엘 집의 잃어버린 양만을 구원하라"라는 사명을 주셨다는 말씀이다.

이것은 하나님께서도 예수님에게 예수님의 동족 유대인을 다른 인종보다 먼저 사랑하라고 하셨다는 증거다. 따라서 예수님은 먼저 하나님을 배반한 지옥에 속한 유대인을 더 사랑하셨다. 왜냐하면 예수님은 유대인이셨기 때문이다.

셋째, 그 여자가 절하며 돕기를 청하나 예수님은 "자녀의 떡을 취하여 개들에게 던짐이 마땅치 아니하니라."라고 대답하셨다. 즉, 예수님은 가나안의 이방 여인을 개처럼 취급하셨다. 예수님은 전형적인 유대인이셨다. 탈무드에 의하면 유대인은 거룩한 하나님 말씀을 이방인에게 가르치는 것을 금한다.

넷째, 그 여자가 "개들도 제 주인의 상에서 떨어지는 부스러기를 먹나이다."하니 예수님께서 "여자야, 네 믿음이 크도다. 네 소원대로 되리라." 하셨다.

그뿐인가? 유대인은 빌라도에게 예수님을 십자가에 매어 죽이라고 고함쳤다. 그런데도 불구하고 예수님은 동족인 유대인을 얼마나 사랑하셨던가?

> 예루살렘아 예루살렘아, 선지자들을 죽이고 네게 파송된 자들을 돌로 치는 자여, 암탉이 제 새끼를 날개 아래 모음같이

> 내가 너희의 자녀를 모으려 한 일이 몇 번이냐. 그러나 너희
> 가 원치 아니하였도다. (눅 13:34)

마지막 십자가를 지시고 골고다 언덕으로 가시는 길에서도 따라오는 '백성과 및 그를 위하여 가슴을 치며 슬피 우는 여자의 큰 무리'에게도 "예루살렘의 딸들아, 나를 위하여 울지 말고 너희와 너희 자녀를 위하여 울라."(눅 23:27-28)고 말씀하셨다. 자신의 고통보다는 앞으로 닥칠 동족, 유대 민족의 고난을 먼저 생각하시지 않으셨는가! 예수님은 세상의 구원자 이전에 자신의 핏줄인 부모님을 생각하시는 효자이셨으며 또한 민족주의자셨다.

물론 예수님께서 자신의 모친과 동생들이 전도 현장에 찾아오셨을 때 "누가 나의 형제요 자매인가?"라고 반문하시고, "누구든지 하늘에 계신 내 아버지의 뜻대로 하는 자가 내 형제요 자매요 모친이니라."라고 말씀하셨다(마 12:46-50). 그러나 예수님은 마지막 십자가의 고통 중에서도 임종을 앞두시고 어머니의 노후를 책임지시는 효를 보이셨다(요 19:25-26). 예수님은 타고난 효자이셨다.

"네 부모를 공경하라"(출 20:12)라고 하신 이는 하나님이시다. 자신의 부모를 공경하는 사람은 부모의 친구들과 부모 세대를 공경한다. 즉, 선조들을 공경한다는 말이다. 선조들을 공경하는 사람은 자신의 동족을 사랑하는 민족주의자가 된다.

그러므로 한국인 2세들도 하나님의 명령과 예수님이 행하신 일을 따라 육신의 부모를 먼저 공경하고, 부모 세대인 1세대를 공경하고, 자신의 뿌리인 한국인 동족을 먼저 사랑하는 민족주의자가 돼야 한다.

예수님은 하나님 아버지와 부모에게 효자이셨으며 민족주의자였다.
한인 2세들도 예수님처럼 자신의 육신의 부모를 공경하고
부모 세대와 동족 한국인을 사랑하는 민족주의자가 돼야 한다.

2. 바울의 동족, 유대인 사랑의 예

질문: 유대인 바울은 비기독교인 유대인과 이방 기독교인 중 누구를 더 사랑하였는가?

바울은 유대주의 신앙을 갖고 있었으나 예수님을 만난 후에 개종하여 기독교인이 되었다. 기독교의 구원론에 의하면 예수님을 믿지 않았던 당시 유대인은 비록 유대인이라 해도 지옥에 속한 사람들이었다. 신약시대에는 누구든지 예수님을 믿지 않고 구원받아 천국에 갈 방법이 없기 때문이다(행 4:12).

이에 비하여 헬라인과 로마인은 이방인이라 해도 그들이 바울이 전한 복음을 받아들여 구원을 받았으면 그들은 바울과 동일하게 천국에 속한 사람들이다. 정통파 유대인 출신 바울은 비기독교인 유대인과 기독교인인 헬라인과 로마인 중 누구를 더 사랑했는가? 물론 바울도 예수님처럼 동족인 유대인을 더 사랑하셨다. 먼저 로마서 9장 1-3절 말씀을 보자.

> 내가 그리스도 안에서 참말을 하고 거짓말을 아니 하노라. 내게 큰 근심이 있는 것과 마음에 그치지 않는 고통이 있는 것을 내 양심이 성령 안에서 나로 더불어 증거하노니, 나의 형제 곧 골육의 친척을 위하여 내 자신이 저주를 받아 그리스도에게서 끊어질지라도 원하는 바로라. (롬 9:1-3)

바울은 회심한 뒤에도 동족인 유대인을 너무나 사랑했다. 그리고 예루살렘에 있는 유대인들에게 복음을 전했다. 그러나 번번이 그는 동족들에게서 배반과 함께 고난을 당했다. 바울은 나중에 깨닫게 되었다. 자신은 이방을 위한 택한 그릇(행 9:1)이었다는 것을.

그는 이스라엘 밖 이방 지역에서 복음을 전할 때에도 우선적으로 그 기쁜 소식을 흩어진 유대인 회당을 찾아가 먼저 전했다. 그 때마다 동족인 유대인들로부터 형용하기 힘든 고난을 당했다. 그럼에도 불구하고 그는 항상 마음에 큰 근심이 있는 것과 그치지 않는 고통이 있다는 것을 그의 양심이 성령 안에서 그로 더불어 증거한다(롬 9:2)고 고백했다.

그 원인은 무엇인가? 자신의 동족 유대인에 대한 사랑 때문이었다. 그는 유대인이 자신의 복음 사역을 그토록 괴롭혔지만 그들의 구원을 위해 이렇게 절규했다.

> 나의 형제 곧 골육의 친척을 위하여 내 자신이 저주를 받아 그리스도에게서 끊어질지라도 원하는 바로라. (롬 9:3)

바울은 유대 민족을 위해 죽기를 자처하는 민족주의자였다. 그뿐 아니라 그는 이방인 기독교인들이 자신의 동족을 멸시하지 않도록 동족 유대인들을 이렇게 변호했다.

기독교의 원 뿌리는 유대인이며 그들이 참감람나무이다. 신약의 성도들은 다만 그들 중 몇몇 꺾인 가지(유대인) 대신 접붙임을 받은 것에 불과하다. 그리고 하나님의 은혜로 참감람나무의 진액을 함께 받는 자들이다. 그러므로 우리는 가지가 뿌리를 보전하는 것이 아니라 뿌리가 가지를 보전한다는 사실을 명심해야 한다(롬 11:16-24).

> 또한 가지 얼마가 꺾여졌는데 돌감람나무인 네가 그들 중에 접붙임이 되어 참감람나무 뿌리의 진액을 함께 받는 자 되었은즉, 그 가지들을 향하여 자긍하지 말라. 자긍할지라도 네가 뿌리를 보전하는 것이 아니요 뿌리가 너를 보전하는 것이니라. 그러면 "네 말이 가지들이 꺾이운 것은 나로 접붙임을 받게 하려 함이라."하리니 "옳도다. 저희는 믿지 아니하므로 꺾이우고 너는 믿으므로 섰느니라. 높은 마음을 품지 말고 도리어 두려워하라. 하나님이 원 가지들도 아끼지 아니하셨은즉 너도 아끼지 아니하시리라… 네가 원 돌감람나무에서 찍힘을 받고 본성을 거스려 좋은 감람나무에 접붙임을 얻었은즉, 원 가지인 이 사람들이야 얼마나 더 자기 감람나무에 접붙이심을 얻으랴. (롬 11:17-24)

구약의 정통파 유대인이었던 모세는 어떠한가? 모세도 자신의 민족이 패역하게 하나님을 배반했을 때 자신의 민족을 위해 죽기를 각오했다. 모세는 하나님에게 "합의하시면 이제 그들의 죄를 사하시옵소서. 그렇지 않사오면 원컨대 주의 기록하신 책에서 내 이름을 지워 버려 주옵

한국인 기독교인은 누구를 더 사랑해야 하는가?

구분	지옥에 속한 사람	천국에 속한 사람
한국인 기독교인	비기독교인 한국인 홈리스	기독교 타인종 홈리스
바울의 경우	비기독교인 유대인	바울, 헬라인 기독교인 + 이방 기독교인
예수님의 경우	비기독교인 유대인 (예수님을 배척한 유대인)	가나안 여인(이방인)*

예수님이나 바울은 동족 유대인이 지옥에 속했더라도 그들을 더 사랑하셨다.
천국에 속한 이방인을 더 사랑하시지 않았다.
따라서 한국인 기독교인도 다른 종족의 기독교인보다
한국인을 더 사랑해야 한다.

* 가나안 여인과 예수님과 가나안 여인과의 대화 참조 (마15:21-28)

소서."(출 32:32)라고 간구했다.

　모세도 예수님이나 바울처럼 민족주의자였다. 이것은 무엇을 뜻하는가? 육신의 핏줄이 그만큼 중요하다는 증거이다. 핏줄의 중요성에서 효도교육과 동족 사랑 교육이 시작된다. 이것은 다른 사람과 다른 민족을 사랑하지 말라는 이야기가 아니다. 주님 안에서 모든 사람과 모든 민족이 다 하나님의 사랑의 대상이지만 그 사랑 중에도 우선순위가 있다는 말이다.

　잠언에도 "네 친구와 네 아비의 친구를 버리지 말라"(잠 27:10b)는 교훈이 있다. '네 친구'는 같은 동족(유대인) 2세 동료를 말하고, '아비의 친구'는 같은 동족(유대인) 1세를 말한다. 따라서 유대인 2세들은 자신들끼리 먼저 서로 사랑하고 버리지 않는다. 그리고 1세를 존경하고 사랑한다. 어떠한 경우라도 아버지 세대를 버리지 않는다.

III. 동족 사랑, 한국인에게 적용

1. 동족 사랑, 한국인 2세에게 적용

한국인은 어떻게 살아야 하는가? 한국인 2세들도 자신들끼리 먼저 서로 사랑하고 버리지 말아야 한다. 그리고 1세를 존경하고 사랑해야 한다. 어떠한 경우라도 아버지 세대를 버리면 안 된다. 하나님께서는 민족의식이 있고 역사의식이 있는 사람을 크게 사용하신다. 우리의 2세들에게도 먼저 동족인 한국인을 사랑하도록 가르쳐야 한다.

한국인 기독교인도 정통파 유대인이었던 바울의 신앙과 자신의 동족을 사랑하는 민족의식을 본받아야 한다. 한국인 기독교인도 정통파 한국인이 돼야 한다. 그리고 상대적이긴 하지만 바울처럼 한국인 기독교인의 신앙과 자신의 동족을 사랑하는 민족의식을 본받아야 한다.

그런데 미국의 많은 한인 2세 지도자들이 1세들을 비판하면서 1세 교회를 떠나는 이유가 무엇인가? 1세들이 2세 교육에 실패했기 때문이다. 왜 실패했는가? 성경적 쉐마교육을 제대로 실천하지 못했기 때문이다.

한인 2세들은 때때로 1세 교회를 떠나는 이유로 "1세들은 너무 한국적이다.", "권위주의적이다.", "교회 내에서 많이 싸운다.", "세금을 안 낸다." 등등 1세들의 약점을 지적하기도 한다. 약점이 있기는 유대인도 마찬가지다. 오히려 현실에 안 맞는 생활을 하기는 정통파 유대인이 더 심하다. 미국뿐 아니라 전 세계 남의 나라에 나그네로 살면서도 자신들의 절기에는 학교에도 안 가고 직장에도 안 나가니 말이다. 세상에 약점 없는 개인이나 민족은 없다.

해결 방법은 무엇인가? 우리는 2세들에게 1세들이 설사 약점이 있다 해도 1세 부모와 한국 민족을 먼저 사랑하도록 가르쳐야 한다. 그리고 한국인의 장점을 더 많이 보도록 가르쳐야 한다. 한국인의 장점은 약점에 비해 얼마나 더 많은가?

교회를 지키기 위한 순교 정신, 하루에 잠을 3시간씩 자면서도 헌신적인 교회 봉사, 자신은 못 먹고 못 입으면서도 분에 넘치게 드리는 헌금 생활, 집을 팔아 바치는 건축 헌금, 부모에 대한 효도, 자녀에 대한 무조건적인 사랑, 대부분의 각 교단에서 세계 최대의 교회가 있는 나라 한국, 전 세계 선교사 파송수가 미국 다음으로 많은 나라(2000년 통계). 하나님께서 20세기에 가장 크게 쓰신 민족 중 하나가 아닌가! 감히 2세들이 꿈인들 꿀 수 있겠는가?

이런 외형적 성장이 있기까지 1세들이 고난 속에서 얼마나 하나님께

울부짖고 몸부림쳤는지를 기억해야 한다. 왜 2세들은 이러한 1세들의 눈물의 기도와 헌신을 모르고 비판만 하는가? 현재 한국이나 미국에서는 젊은 2세들이 1세들의 약점을 성토하는 데 열중이다. 왜 그런가? 1세들이 2세들을 잘못 가르쳤기 때문이다. 너무나 억울한 일이 아닐 수 없다.

많은 2세들이 부모 세대가 교회에서 싸우는 것을 가장 큰 약점으로 꼽는다. 물론 그것은 잘못된 것이다. 하지만 뒤집어 보면, 죽기 살기로 싸우는 것도 그만큼 교회에 관심과 애착이 많기 때문이다. 그렇지 않다면 그렇게 시간적으로 물질적으로 손해를 보면서까지 싸우겠는가? 그러면서도 교회는 계속 성장했다. 싸우는 것을 권장하지는 않지만 이해는 할 수 있다는 것이다.

동족을 사랑하는 민족의식은 한국인 선교사들에게도 그대로 적용된다. 한국인 기독교인이 한국에서 동족에게만 복음을 전할 수는 없다. 하나님으로부터 이방의 구원을 위해 선교의 부름을 받을 수도 있다.

그러나 설사 아프리카에서 선교 사명을 감당하는 한국인 선교사라도 바울처럼, 동족인 한국인을 먼저 사랑해야 한다. 새벽마다 한국 민족교회의 쇠잔을 걱정하며 "항상 마음에 큰 근심이 있는 것과 그치지 않는 고통이 있는 것을 그의 양심이 성령 안에서 그로 더불어 증거한다"(롬 9:2)라고 고백해야 한다. 그리고 한국인 동족의 구원을 위해 바울처럼 이렇게 절규하며 기도해야 한다. "나의 형제 곧 골육의 친척을 위하여 내 자신이 저주를 받아 그리스도에게서 끊어질지라도 원하는 바로라"(롬 9:3).

그런 면에서 저자는 북한 동포를 위하여 그리고 탈북민을 위한 한인 선교사들을 매우 존경한다.

바울은 동족에게 고난을 당했으면서도 유대인의 구원을 위해 절규했다.
"나의 형제 곧 골육의 친척을 위하여 내 자신이 저주를 받아
그리스도에게 끊어질지라도 원하는 바로라"(롬9:3).
그는 민족주의자였다.
한국인 2세들도 동족을 먼저 사랑해야 한다.

"

훌륭한 지도자는 훌륭한 국민과 한 세트를 이룬다.
지도자는 사람들을 통해 자기 자신을 표현하지만,
사람들도 지도자를 통해 자기 자신을 표현하는 관계에 있다.
그러므로 위대한 인물 밑에 있는 사람들은 자신들의 지도자에 대해
불평을 말하기 전에, 자신의 모습을 거울에 비춰 보아야 한다.
- 마빈 토카이어의 유대인 격언집 -

"

2. 다문화권에서 사랑의 우선순위

우리는 세계화, 국제화 시대에 살고 있다. 이러한 환경에서 "애국심은 타민족과 어울리는 데 부담이 되지 않느냐?"라는 의문을 제기할 수 있다. 과연 그런가? 물론 애국심을 잘못 정의하면 부담이 될 수도 있다. 그러나 기독교인의 애국심은 일반적인 것과 다르다. 어떻게 다른지 알아보자.

세계 인류 이전에 국가와 민족이 있고, 그 이전에 이웃과 가정이 있다. 그리고 가정 이전에 '나'가 있다. 이것이 하나님이 인간사회를 창조하신 창조의 순서다. 따라서 애국심 문제를 풀기 위해서는 먼저 '나(我)'에 관한 올바른 인식이 있어야 하고, 다음에 자신의 가정, 그 다음에 이웃과 자신이 속한 민족에 대해 인식해야 한다. 즉, 사랑의 우선순위가 중요하다. 차례대로 설명해 보자.

첫째, '나'와 '너' 사이에서 사랑의 우선순위

'나'의 생명은 얼마만큼의 가치가 있는가? 예수님은 '나'의 생명을 천하보다 귀하다고 말씀하셨다(마 16:26). 왜냐하면 '나'의 생명은 하나님의 형상을 따라 하나님이 창조하셨기 때문이다(창 1:26-27). 따라서 인간은 자신의 생명의 귀중함을 알고 자신을 사랑해야 한다. 이것이 바로 자아 형성 및 자아 존중(Self-Esteem)의 첫걸음이다.

동일하게 남의 생명도 '나'의 생명처럼 하나님의 형상을 따라 하나님이 창조하셨기 때문에 천하보다 귀한 존재다. 그러나 사랑의 순서로 보아 나의 생명을 먼저 사랑해야 한다. 자신의 생명이 귀한 줄 알아야 남의 생명도 귀한 줄 안다. 반대로 자신의 생명을 업신여기는 사람은 남의 생명도 업신여기기 쉽다. 이것이 생명 경시 현상이다.

하나님이 주신 생명이기 때문에 기독교인은 절대로 자기 멋대로 자살을 해서도 안 되고 남의 생명을 해하여서도 안 된다. 그리고 기독교인은 남들이 무시할 수 있는 아무리 천한 거지나 타민족의 사람이라 하더라도 그들을 귀하게 여겨야 한다. 그들도 하나님의 형상을 닮은 동일한 가치를 지녔기 때문이다.

그렇다면 '나'와 '너'의 관계에서, '나'는 '너'에게 어떻게 행하여야 하는가? 하나님은 하나님의 선민에게 "네 이웃을 네 몸처럼 사랑하라"(레 19:18; 마 22:39)고 말씀하셨다. 이 말씀은 '나'와 '너'의 관계에서 기독교인이 행해야 할 중대한 행동 지침이다.

네가 네 몸을 귀하게 여기는 것처럼 남도 귀하게 여기고 사랑하라는 말씀이다. 여기에서 중요한 것은 먼저 자기 자신을 사랑하고 이웃을 사랑하는 것이다. 따라서 자기 자신을 사랑하지 않는 사람이 남을 사랑한다는 것은 성경적인 순서가 아니다. 이는 자신을 속이거나 혹은 잘못된 인간관계의 순서다.

이러한 사랑의 논리는 자신이 속한 가정과 민족에도 마찬가지로 적용된다. 먼저 자기 자신이 우선이고, 다음이 가족이고, 그 다음이 민족이다. 그리고 마지막이 타민족을 포함한 세계 인류이다.

둘째, '나의 가족'과 '이웃' 사이에서 사랑의 우선순위

이것은 '나의 가족'과 '이웃' 중 어느 쪽을 먼저 사랑해야 하는가 하는 우선순위의 문제다. 기독교인은 '이웃'보다 '가족'을 먼저 사랑해야 한다. 정통파 유대인이었던 사도 바울은 디모데전서 5장 8절에 "누구든지 자기 친족 특히 자기 가족을 돌아보지 아니하면 믿음을 배반한 자요, 불신자보

다 더 악한 자니라"라고 단언했다. 왜냐하면 불신자도 자신의 가족을 사랑하고 돌보는데, 성도가 가족을 저버리는 것은 상식에 어긋나기 때문이다.

따라서 기독교인은 먼저 자신의 가족을 사랑하고 그 다음에 이웃을 사랑해야 한다. 이는 특히 신앙의 모범을 보여야 하는 목회자 가족부터 실천해야 한다. 그리고 성도들은 가족을 희생시키는 목회자만을 존경할 것이 아니라, 가족을 귀하게 여기고 먼저 가족 사랑을 실천하는 목회자를 존경하는 풍토를 만들어야 한다.

"누구든지 자기 친족, 특히 자기 가족을 돌보지 아니하면
믿음을 배반한 자요, 불신자보다 더 악한 자니라" (딤전 5:8)

셋째, '나의 가족'의 부모와 형제들, 그리고 친족들 사이에서 사랑의 우선순위

저자가 유대인의 효도교육에서 언급한 것처럼 유대인은 자신의 부모를 먼저 사랑하지 않고 남을 사랑하는 것을 가증하게 여긴다. 가족 안에서도 다른 가족보다 '부모'를 더 사랑해야 한다. 유대인은 웃어른들부터 가까운 순서대로 그들을 공경해야 한다고 가르친다.

그 순서는 다음과 같다. 1) 친부모, 2) 의붓 어버이(the step parents), 3) 형제들과 누이들, 4) 친가, 외가의 조부모, 5) 장인 장모, 6) 아버지 어머니계의 친족들이다. 여기에서 '공경'의 의미는 예절적인 면을 넘어서

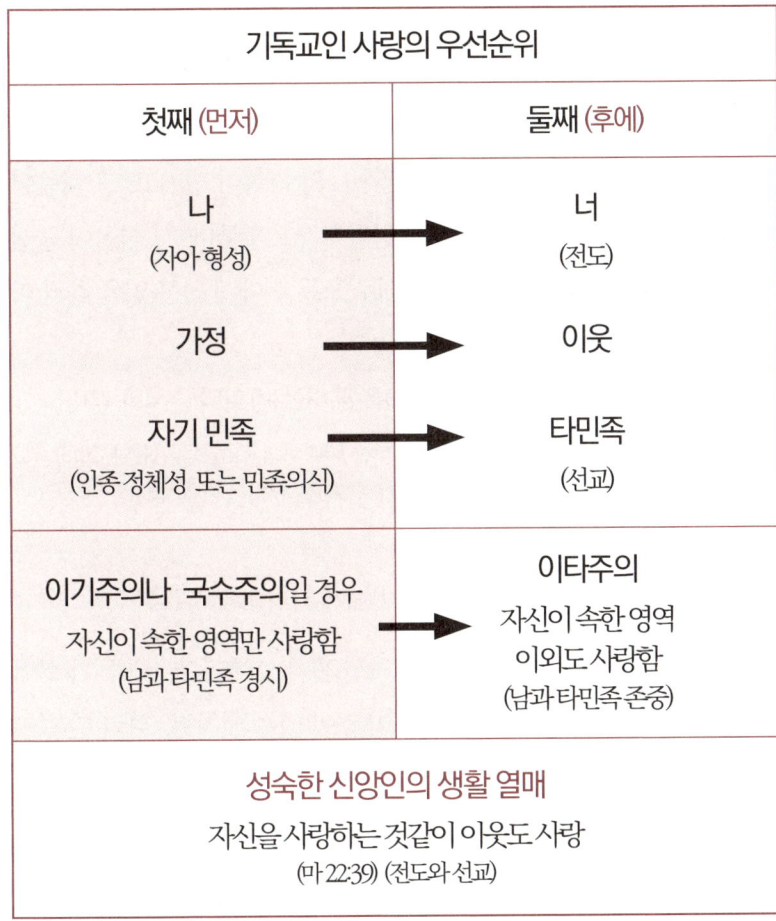

그들을 섬기고 그들의 필요를 제공해야 할 책임이 있다는 것을 뜻한다 (Wax, *The Ten Commandments*, 2005, pp. 253~255).

〈자세한 것은 저자의 저서 《AI시대의 효 교육법》 제1권 제1부 III. 2. '효의 대상: 혈통적 측면' 참조〉

넷째, 이웃과 이웃 사이에서 사랑의 우선순위

이웃과 이웃 사이에 어느 이웃을 먼저 사랑해야 하는가? 이 질문에 답하려면 먼저 '믿음의 공동체'인 예수님을 믿는 이웃과 불신자인 이웃을 구별해야 한다. 어느 쪽을 먼저 사랑해야 할까?

바울은 선행을 베푸는 순서도 나와 나의 가족이 먼저고, 그 다음이 똑같은 믿음의 공동체인 믿음의 가정들이라고 말했다. 그 다음이 불신자인 이웃이다. "우리는 기회 있는 대로 모든 이에게 착한 일을 하되 더욱 믿음의 가정들에게 할지니라"(갈 6:10).

이는 정통파 유대인이 자선(쩨다카)을 행하는 범위의 순서와 같다.

〈자세한 것은 저자의 저서 《성경이 말하는 어머니의 EQ교육》(쉐마, 2013), 제2권 제4부 제2장 IV. 2. '유대인이 자선(쩨다카, 慈善)을 행하는 방법' 참조〉

다섯째, 자기 민족과 타민족의 사이에서 사랑의 우선순위

'나'가 있고 '너'가 있는 것처럼, '자신의 가정'에도 '부모'와 '가족'이 있다. 그리고 '자신의 가정'이 있고 '이웃'이 있는 것처럼, '나의 민족'이 먼저 있고 '타민족'이 있다. 따라서 불신자들도 자기 민족을 사랑하는데 기독교인이 자기 민족을 사랑하지 않으면 되겠는가? 이 말은 기독교인은 불신자보다 더 자기 조국을 사랑하는 애국자여야 한다는 뜻이다.

결론적으로 사랑의 우선순위는 첫째 '나'에서 시작하여, 둘째 부모, 셋째 가족, 넷째 믿음의 공동체, 다섯째 불신자인 이웃, 여섯째 자신의 민족 그리고 마지막 일곱째 타민족이다. 따라서 우리는 먼저 하나님의 창조의 질서에 따른 사랑의 우선순위를 인지하고 이에 순종해야 한다. 물론 하나님의 특별한 사역을 위해 부르심(calling)이 있을 때에는 바울처럼 순종해야 한다.

> 우리는 먼저 하나님의 창조의 질서에 따른
> 사랑의 우선순위를 정하고 실천해야 한다.

IV. 국수주의의 위험성과 샐러드 볼 이론

1. 기독교인과 비기독교인의 민족주의의 차이점

비기독교인도 기독교인처럼 자기 민족을 더 사랑해야 하는 것이 옳다. 따라서 둘 다 민족주의자(a nationalist)가 될 수 있다. 그러나 비기독교인의 민족주의와 기독교인의 민족주의는 달라야 한다.

비기독교인도 기독교인처럼 자기 민족을 사랑할 수 있지만 그 사랑의 목적과 범위는 다르다. 비기독교인은 혈통만을 중시할 수 있지만, 기독교인은 혈통과 함께 이웃과 타민족도 사랑해야 한다.

따라서 비기독교인은 자기 자신이나 자기 가정, 자기 민족만 사랑하는 이기주의자나 국수주의자(chauvinism = ultranationalism, extreme patriotism)가 되기 쉬우나, 기독교인은 먼저 나와 나의 가정을, 그리고 나의 민족을 사랑하는 것처럼 이웃과 타민족도 사랑해야 한다. 예수님의 명령이기 때문이다(마 22:36-40 외 다수). 이것이 바로 성숙한 신앙인이 행해야 할 성령의 열매다. 여기에는 자신의 희생이 따른다.

비기독교인은 자기 민족만 생각할 수도 있지만 기독교인은 온 세계인의 영혼을 사랑하며 그들에게 복음을 전할 책임이 있다. 따라서 세계선교는 기독교인이 자녀를 제자 삼는 운동과 함께 주님의 지상명령도 함께 지켜 행해야 한다.

그러나 자신을 사랑하지 않거나, 혹은 자신의 가족이나 민족을 사랑하지 않으면서 남을 사랑하고 타민족을 사랑한다는 것은 잘못된 사랑의 순서다. 이런 사람은 자아 형성과 인종 정체성 의식이 잘못 형성된 사람이다. 이러한 사람은 수직문화의 사람이 아니다.

반면 자신을 사랑하고 자신의 가족과 민족을 사랑하는 사람은 자아 형성과 인종 정체성 의식이 잘 형성된 사람이다. 이러한 사람은 예수님과의 믿음의 관계도 뚜렷하게 정립되어 있기 때문에 세상의 수평문화에 의하여 신앙이 흔들리지 않는다. 그리고 영적 만족감도 높다(현용수, 2007).

따라서 올바른 성도라면 남과 타민족을 사랑하기 위해서도 자신과 자신의 가정, 자기 민족을 먼저 사랑해야 한다. 이러한 투철한 믿음이 있는 사람이어야 이방 선교도 사명과 기쁨으로 잘 수행할 수 있다. 앞에서 설명한대로 그 대표적인 예가 바울이다(롬 9:3).

따라서 한국의 기독교인도 종교가 다른 유교나 불교를 믿는 한국인도 사랑해야 할 의무가 있다. 한 핏줄 한 동족이기 때문이다. 그리고 그들에게도 전도를 해야 한다. 그들이 다른 종교를 가졌다고 인격적으로 모욕하거나 무시해서는 더욱 안 된다.

비기독교인도 기독교인처럼 자기 민족을 사랑할 수 있지만
그 사랑의 목적과 범위는 다르다.
비기독교인은 혈통만을 중시하지만,
기독교인은 혈통과 함께 이웃과 타민족도 사랑해야 한다.

2. 다문화 속에서 함께 사는 샐러드 볼 이론

한국인은 수천 년 동안 단일 민족으로 단일문화 속에서 살아왔다. 그러나 1990년대 이후 경제규모가 커지면서 세계화가 되고 다양한 인종들과 다양한 문화 속에서 살게 되었다. 다른 나라로 이민을 간 사람들도 많았다.

다문화 속에서 어떻게 각 인종간의 갈등을 최소화하고, 그들과 함께 좋은 사회를 이룰 수 있을까? 다른 문화에 동화되는 것이 좋은가, 아니면 자신의 고유 전통문화를 유지하는 것이 좋은가?

결론적으로 말한다면, 각 개인이나 인종 문제는 각 인종의 다양한 특

용광로 이론과 샐러드 볼 이론의 차이점

분류	용광로 이론	샐러드 볼 이론
원리	다양한 내용물을 집어넣어 용해시킨 후 하나의 내용물로 나오게 한다.	다양한 내용물들이 각각 특성을 갖고 있으며, 색깔과 영양면에서 전체적으로 조화를 이루게 한다.
적용	개인이나 가정 및 민족의 특성을 무시하고 하나로 통일하고자 한다.	각 개인이나 가정 및 민족의 특성을 가지고 모든 공동체를 위하여 조화를 이루며 협동한다.
결과	하나님의 창조 원리에 어긋난다.	다양성 속에 하나의 개념(고전 12장)이며, 바람직한 성경적 모델이다.

성을 없애고 한 가지 특성만을 갖게 하는 용광로 이론인 '멜팅 팟' 이론(Melting Pot Theory)이 아니고, 다양한 특성을 인정하고 서로 조화를 이루는 '샐러드 볼' 이론(Salad Bowl Theory)으로 풀어야 한다.

'샐러드 볼' 이론(혹은 모자이크 이론, mosaic theory)이란 샐러드 볼에 담긴 각종 과일과 채소들이 각각 특유한 맛을 내야 하는 것처럼, 각 인종들은 각각 자신들의 특성을 살려야 한다는 것이다. 그러나 전체적으로는 샐러드가 색깔과 영양 면에서 조화를 이뤄 아름다운 하나가 되듯이 각 인종들의 특성이 조화를 이루어 아름답고 평화로운 지구촌을 만들어야 한다. 왜냐하면 하나님께서는 개인마다 인종마다 그들의 고유 특성을 주셨기 때문이다.

하나님은 한국인을 한국인의 특성을 가진 한국인으로 창조하셨다.

따라서 하나님은 한국인이 한국인처럼 사는 것을 원하신다. 영국인이나 일본인처럼 사는 것을 원치 않으신다. 이는 하나님이 어떤 이에게는 음악적 재능을, 어떤 이에게는 미술적 재능을 준 것과 같은 논리다. 음악인은 음악으로, 미술인은 미술로 하나님께 영광을 돌리듯 영국인은 영국인으로, 한국인은 한국인으로 하나님께 영광을 돌려야 한다.

이러한 논리는 각 개인이 갖고 있는 개성이 서로 다른 것에도 적용된다. 하나님은 인간을 창조하실 때 모든 사람을 획일적인 성격을 가지도록 하지 않으셨다. 각 사람에게 서로 다른 개성을 주셨다. 그리고 자유의지도 주셨다.

각 개성에는 장점도 있고 단점도 있다. 각자 개성들의 단점은 배제하고 장점만을 존중해야 한다. 그리고 그 장점들을 더 개발하여 하나님의 영광을 위해 서로 연합하여 선을 이루도록 해야 한다.

바울이 설명한, 몸은 하나인데 지체는 여럿이라는 원리는 바로 다양성 속의 하나를 이루라는 것을 뜻한다(고전 12장).

한국 사람끼리도 각 지방, 즉 충청도, 경상도, 전라도마다 특성이 있다. 그 지방의 특성에는 장점도 있고 단점도 있다. 단점은 배제하고 장점만을 서로 존중하고, 각 지방의 장점을 연합하여 하나님의 영광을 위해 선을 이루어야 한다. 따라서 주님 안에서 충청도 사람은 충청도 사람다워야 하고, 경상도 사람은 경상도 사람다워야 하고, 전라도 사람은 전라도 사람다워야 한다. 모든 지방 사람들의 특성이 획일적이어서는 사회가 역동적이지 않거니와 크게 발전하지도 못한다. 이것은 하나님이 원하시는 바가 아니다.

각 지방 사람들은 자신의 고장을 먼저 사랑해야 한다. 그러나 기독교인은 맹목적으로 자기 지방을 사랑하는 것이 아니고, 큰 틀에서 하나님 나라와 국가의 전체 유익을 먼저 생각해야 한다. 그리고 타지방 사람들도 사랑해야 한다. 그 이유는 전체가 하나됨 속에서 자신이 처해 있는 지체의 입장을 최우선으로 지켜야 하기 때문이다.

바울의 설명을 들어보자.

> 이제 지체는 많으나 몸은 하나라. 눈이 손더러 내가 너를 쓸데없다 하거나 또한 머리가 발더러 내가 너를 쓸데없다 하거나 하지 못하리라. 이뿐 아니라 몸의 더 약하게 보이는 지체가 도리어 요긴하고, 우리가 몸의 덜 귀히 여기는 그것들을 더욱 귀한 것들로 입혀 주며, 우리의 아름답지 못한 지체는 더욱 아름다운 것을 얻고, 우리의 아름다운 지체는 요구할 것이 없으니, 오직 하나님이 몸을 고르게 하여 부족한 지체에게 존귀를 더하사, 몸 가운데서 분쟁이 없고 오직 여러 지체가 서로 같이하여 돌아보게 하셨으니, 만일 한 지체가 고통을 받으면 모든 지체도 함께 고통을 받고 한 지체가 영광을 얻으면 모든 지체도 함께 즐거워하나니, 너희는 그리스도의 몸이요 지체의 각 부분이라. (고전 12:20-27)

이 원리는 다양하게 적용할 수 있다. 요약하면, 하나님은 각 개인, 각 지방, 각 민족에게 특성을 주셨다. 각자는 그 특성을 더욱 개발하여 하나님의 영광을 위해 연합하여 선을 이루도록 해야 한다. 서로 자신의 분수를 넘어 우월감을 갖고 타인의 것을 업신여기거나 미워하는 것은 하

샐러드 볼을 개인과 민족에 비유

샐러드 볼의 중요성	개인 개성의 중요성	각 민족 특성의 중요성
고추·양파·배추 ·당근·사과·무 ·토마토 등	한씨·김씨·현씨 ·박씨·강씨 ·송씨·이씨 등	한국인·인도인 ·멕시코인·독일인 ·유대인·케냐인 등
각 내용물의 좋은 특성을 살려 전체 조화를 이룬다	**각 개인**의 좋은 특성을 살려 전체 조화를 이룬다	**각 민족**의 좋은 특성(문화)을 살려 전체 조화를 이룬다

각 개체마다 특성이 강할수록 그가 속한 공동체가 더 역동적이다

나님의 창조 질서를 파괴하는 것으로서, 결국 하나님과 하나님이 창조하신 전체를 해치게 된다는 사실을 명심해야 한다.

하나님은 동질성이 있는 그룹을 통해 응집력을 더 강하게 하신다 (Homogeneous group provides a degree of cohesiveness). 왜냐하면 문화, 학력, 인종, 전공 및 연령 등에서 동질성이 있는 그룹이 더 결속력이 강하기 때문이다. 이런 그룹이 성령을 받아도 더 크게 받고, 주님의 사역을 해도 더 크게 할 수 있다(현용수, '문화와 종교교육', 2007, 참조).

따라서 동질성의 특성을 서로 존경하고 더 개발하도록 도와주어야 한다. 그리고 서로 연합하여 하나님의 영광을 위해 쓰임 받도록 노력해야 한다. 샐러드 볼 이론의 장점이 여기에 있다. 따라서 한국인 2세들을 한국어나 한국 예절 및 한국 문화를 가진, 즉 한국인의 특성을 가지도록 교육시켜야 한다.

하나님은 각 개인, 지방, 민족에게 특성을 주셨다.
각자는 그 특성들을 더욱 개발하여 하나님의 영광을 위해
서로 연합하여 선을 이루어야 한다. (다양성 속의 하나).

---

3. 한국인의 국제결혼 열풍, 세계화와 국익에 도움이 되는가

A. 문제 제기: 한국에 급증하는 외국인 이주자들, 이대로 좋은가?

한국에도 결혼 이민을 통한 다문화 가정이 매년 급증하고 있다. 미국 동포 자녀들의 국제결혼 열풍이 이제 한국에도 퍼지고 있다. 통계청에 의하면 2023년도의 전체 혼인 비중에서 외국인과의 혼인 비중이 10쌍 중 1쌍은 국제결혼 커플이었다(국민일보, *지난해 결혼 10쌍 중 1쌍 국제결혼… 내국인 간 혼인은 감소*, 2024년 3월 19일).

뿐만 아니라 외국인 인구수도 점점 불어나고 있다. 법무부 출입국·외국인정책본부가 2024년 1월 16일 공개한 '2023년 12월 출입국·외국인 정책 통계월보'에 따르면 지난해 체류 외국인은 전년 대비 11.7% 증가한 250만7584명으로 집계됐다. 한국 전체 인구의 4.89%에 해당한다. 국적별로는 중국(94만2395명)이 가장 많았다. 이어 베트남(27만1712명), 태국(20만2121명), 미국(16만1895명), 우즈베키스탄(8만7698명) 등 순이었다(코

리아넷뉴스, 국내 외국인 251만명…'다문화사회' 진입 눈앞, 2024년 1월 17일).

유엔은 한국이 2050년까지 1159만 명의 외국인을 이민으로 받아들일 것이며, 외국인 이민자 및 그 후손의 비율이 2050년에 한국 전체 인구의 21.3%에 이를 것이라고 전망하고 있다. 이러한 유엔의 전망처럼 현재 이 순간에도 우리 사회는 국민이 미처 인식하지 못하는 사이에 이민 국가가 되고 있다(동아일보, 2006년 외국인 인력정책, 인류애-국익 조화를, 2006년 6월 9일).

이런 가운데 유엔 인종차별철폐위원회(CERD)는 "한국이 단일민족을 강조하는 것은 한국 땅에 사는 다양한 인종들 간의 이해와 관용, 우호 증진에 장애가 될 수 있다."고 우려했다. 또 "현대 한국 사회의 다(多)인종적 성격을 인정하고 교육, 문화, 정보 등의 분야에서 적절한 조치를 취하라."고 한국에 권고했다(조선일보, 유엔 "한국, 인종차별 없애라", 2007년 8월 20일). 즉 "다문화 사회를 적극 수용하기 위해 인종 차별을 없애라."는 권고였다.

이 보도가 나오자, 한국에서는 "탈민족주의라는 세계화 흐름에 적극적으로 발 맞춰야 할 때"라는 각성에서부터 "그래도 단일민족의 민족주의를 지켜야 한다."는 반발까지 나온다.

한국은 현재 다른 민족과 혈통적으로 문화적으로 섞이는 것이 유행처럼 번지고 있다. 그리고 자신의 한국 이름을 미국식 이름으로 바꾸는 이들도 있다. 한걸음 더 나아가 그렇게 하지 않는 사람을 시대에 뒤떨어진 사람으로 보는 견해도 있다. 이것이 세계화 시대에 옳다고 생각하는 모양이다.

여기에서 2가지 질문을 던질 수 있다.

질문 1: 한국이 다문화 사회로 진입하기 위한 탈민족주의가
세계화와 국익에 도움이 되는가? 아니면 해가 되는가?
해가 된다면 왜 민족주의를 지켜야 하는가?

질문 2: 한국은 왜 유엔 인종차별철폐위원회(CERD)로부터
"인종 차별을 없애라."는 권고를 받았는가?
피할 길은 없는가?

이스라엘의 유대 민족의 예를 들며 답을 찾아보자.

한국이 다문화 사회로 진입하기 위한 탈민족주의가
세계화와 국익에 도움이 되는가? 아니면 해가 되는가?
해가 된다면 왜 민족주의를 지켜야 하는가?

B. 이스라엘의 다문화 사회 대처 방법

앞의 2가지 질문에 대한 답을 찾기 위해 왜 이스라엘의 예를 참조해야 하는가? 몇 가지 이유가 있다.

첫째, 이스라엘의 국민은 거의 유대인이다. 유대인만큼 다문화 경험

이 많은 민족은 없기 때문이다.

둘째, 그들의 다문화 대처 방법은 역사적으로 성공한 사례로 수천 년 동안 검증되었기 때문이다. 그리고

셋째, 그들의 다문화 대처 방법은 성경에 근거했기 때문이다.

유대인은 아브라함 때부터 가나안으로 이민을 가서 4000년 동안 타민족과 함께 살면서도 어떻게 타민족과 동화되지 않고 생존할 수 있었는가? 일단 유대인은 모든 면에서 섞이는 것(mix)을 싫어한다. 하나님이 유대인만의 독특한 구별된 삶을 원하시기 때문이다. 다른 말로 말하면, 하나님은 그들의 혈통적 순종(pure blood)과 순결(purity)을 원하신다.

> 너희는 내 규례를 지킬지어다. 네 육축을 다른 종류와 교합시키지 말며 네 밭에 두 종자를 섞어 뿌리지 말며 두 재료로 직조한 옷을 입지 말지며… (레 19:19)

> 너는 소와 나귀를 겨리하여 갈지 말며, 양털과 베실로 섞어 짠 것을 입지 말지니라. (신 22:10-11)

그래서 옷감도 한 가지 실로 짠 것만 사용한다. 음료수도 여러 가지를 섞어 마시지 않는다. 섞인 것도 분리한다. 생선도 뼈를 분리한 뒤 요리를 한다. 물론 이방인과의 결혼을 싫어한다(스 10:18-19; 느 13:23-31). 혼혈을 싫어하기 때문이다. 사마리아인과 결별을 한 이유도 포로기 때 가나안에 남은 이들이 적군에게 점령당한 뒤 여인들이 혼혈자녀들을 낳았기 때문이다.

신앙이 좋은 유대인일수록 순혈주의를 더 선호한다. 부득이하게 이

방인과 결혼을 할 경우, 먼저 유대교로 개종하기 위해 까다로운 유대인의 율법에 맞춰 교육을 시킨다. 그리고 합격을 하면 개종시킨 뒤 결혼식을 올린다. 그리고 철저하게 자기네 백성으로 만든다. 나오미의 며느리 룻도 이방의 여인이었지만, 자기네 백성으로 만들어 후일 그녀의 이름이 예수님의 족보에도 오르게 되었다(마 1:5).

자기네 백성으로 만드는 방법은 유대교라는 종교교육이다. 이것이 그들의 가장 중요한 정체성 교육이다. 민족의 정체성을 갖게 하기 위해 유대인 부모는 자녀들에게 하나님의 말씀(토라) 교육을 철저히 시켜 '말씀 맡은 자'(롬 3:2)로 키운다. 그들의 순결 보존은 이 말씀교육에서 나온다.

즉, 이 말씀 교육이 이루어지지 않을 경우 그들의 순결은 기대할 수 없다. 물론 정체성 교육에는 언어와 전통문화 및 역사교육도 포함된다. 따라서 유대인의 민족주의를 위한 정체성 교육은 종교교육이고, 종교교육의 핵심은 하나님의 말씀교육이다. 여기에서 그들의 사상과 문화가 형성된다. 따라서 종교는 사상의 어머니다.

유대인이 아브라함 때부터 4000년 동안 단일민족을 유지할 수 있었던 것은 바로 그들의 정체성 교육으로 하나님의 말씀교육을 자손 대대로 시키는 데 성공했기 때문이다. 그들의 후예가 오늘날의 이스라엘 국가를 만들었다. 세계에서 단일민족과 민족주의를 가장 많이 강조하는 나라는 이스라엘임을 발견할 수 있다.

그런데도 불구하고 유엔 인종차별철폐위원회(CERD)는 이스라엘에게는 "인종 차별을 없애라."는 권고를 하지 않고 왜 한국에게는 했는가? 이스라엘은 어떻게 그 권고를 피할 수 있었는가?

첫째, 유대인은 매사에 법을 잘 이용한다. 유엔이 원하는 대로 법을 만들어 다인종과 다문화와 더불어 사는 정책을 인정하고 살고 있다. 현재 이스라엘에는 적대관계에 있는 아랍인의 혈통을 가진 아랍인은 물론, 한국인까지 다인종이 살고 있다.

그들의 종교도 다양하다. 이스라엘 통계청에 따르면 2016년 이스라엘 인구의 75%(584만명)가 유대인, 21%가 아랍인(159만명), 2%가 기독교인, 드루즈(Druze)인 포함 기타가 4%(32만명)다(한국안의 이스라엘, *이스라엘 사회의 다양성*, 2016년 2월 1일, https://blog.naver.com/embisrael/220614786275).

1948년 유대인들은 이스라엘이라는 나라를 건국하기 위해 어쩔 수 없이 타민족도 수용할 수밖에 없었다. 이스라엘 정부는 국민의 모든 이들에게 법적으로 동등한 권리와 의무를 부여하고 있다. 다시 말해 인종차별과 편견이 없는 정책을 쓰고 있다.

둘째, 유대인은 자신들을 해치지 않는 한 타인종에 대한 차별을 금한다. 그리고 그들에게 편견을 갖지 말고 친절하게 대하도록 교육시킨다. 물론 한국인에게도 친절하다. 누가 그렇게 가르치라고 했는가? 바로 하나님이 그렇게 명령하셨다.

> 너는 이방 나그네를 압제하지 말라 너희가 애굽 땅에서 나그네 되었었은즉 나그네의 정경을 아느니라. (출 23:9)

> 너희는 나그네를 사랑하라 전에 너희도 애굽 땅에서 나그네 되었었음이니라. (신 10:19)

그래서 안식일 유대인 가정에 초대를 받으면 정중하게 잘 대접한다. 예를 하나 들어 보자. 저자가 주관하는 쉐마지도자클리닉은 3차 학기로 진행된다. 1차 학기는 인성교육, 2차 학기는 쉐마교육, 3차 학기는 미국 유대인 공동체의 체험학습으로 이어진다.

유대인의 안식일 절기 체험을 위해 안식일이 시작되는 금요일 저녁에 유대인 가정을 방문하면, 그 가정에서 30명 정도의 한국인들에게 약간씩 먹을 것과 마실 것을 대접한다. 시장기를 면하게 하기 위함이다. (집이 좁아서 모두 앉아 식사를 할 수 없다. 선 채로 일부 중요한 순서를 1시간 정도 참관하고 나온다.) 이것은 한국인들이 자기 집에 온 손님에게 무엇이라도 먹여 보내려는 심성과 같다.

셋째, 이스라엘 정부는 물론 유대인 개개인이 인종차별에 대한 언행을 대내외적으로 무척이나 삼가고 있다. 이것이 타국인과 함께 사는 지혜다. (물론 개개인에 따라 타인종에게 불친절한 경우도 있다. 특히 정통파 남자들은 타인종 여성에게 불친절한 경우가 많다. 이방 여성을 조심하기 위함이다.)

유대인의 민족주의를 위한 정체성 교육은 종교교육이고,
종교교육의 핵심은 하나님의 말씀교육이다.
여기에서 그들의 사상과 문화 및 역사가 형성되었다.

C. 한국의 급속한 다문화 사회, 어떻게 대처해야 하나

위에서 유대인의 다문화 사회에 대한 대처 방법을 소개했다. 앞으로 한국인들은 어떻게 대처해야 하나? 몇 가지로 정리해 보자.

첫째, 한국인의 혈통을 지켜라.

먼저 민족주의를 이어가기 위해 한국인 스스로 한국인의 혈통을 지키는 것이 중요하다. 왜냐하면, 가족의 혈통 유지는 자신의 종교성과 정체성에 깊은 관계가 있기 때문이다(현용수, 문화와 종교교육, 쉐마, 2007). 따라서 한국인의 혈통을 유지한다는 것은 한국인의 동질성(특성)을 지키는데 도움을 준다. 유대민족도 혈통이 지켜졌을 때 그들의 정체성과 문화 전수가 더 잘 됐다. 반면 타민족과 결혼했을 때는 정체성이 흐려져서 심각한 위기를 맞았다(느 13:24-25). (이어지는 셋째 항목의 '잃어버린 유대인의 10지파' 참조)

만약 한국 민족이 역사적으로 중국인과 결혼을 많이 하여 중국인의 혈통을 더 많이 가졌다면, 굳이 한국인의 정체성을 지킬 이유가 없을 것이다. 오히려 후손들은 세속적 출세를 위해 대국(大國)인 중국에 편입하는 것이 더 좋을 수 있다고 생각할 수도 있다. 그때는 대한민국이라는 나라가 존재해야 할 이유도 없어진다.

둘째, 한국인의 정체성 교육을 시켜라.

민족주의를 이어가기 위해 한국인 스스로 한국인의 혈통에 걸맞은 한국인의 정체성 교육, 즉 한국인의 사상과 전통 그리고 역사를 가르쳐야 한다. 그래야 애족 애국심이 생성될 수 있다.

만약 한국인이 아무리 순수한 혈통을 가졌다고 해도 자신들의 사상과 전통 그리고 역사가 결여된다면, 그 민족의 정체성을 갖고 있기 힘들다. 그렇게 되면 주변 강국들에게 흡수 될 수밖에 없다.

만약 한국 민족이 자신의 정체성 없이 중국이나 일본의 사상과 전통 그리고 역사에 동화되었다면, 역사적으로 굳이 한국 민족이 독립할 이유가 있었겠는가? 그렇다면 아마도 한국인이 중국이나 일본에 흡수되어 현재는 한족(漢族)이나 일본인의 사상과 전통 그리고 역사를 갖고 중국인이나 일본인처럼 행동하지 않겠는가!

물론 그럴 경우 한국어나 한글도 세계에서 사라졌을 것이다. 그리고 누가 물으면 자신은 '한족'이나 '일본인'이라고 대답할 것이다. 실제로 중국이나 일본에 거주하는 한국인 중에 그 나라에 동화되어 한족이나 일본인처럼 행동하는 사람이 있다고 한다. 물론 이런 사람들은 미국에도 있다. 부모들이 자신의 혈통과 정체성 교육을 무시하고 자녀들에게 그것을 가르치지 않았기 때문이다.

이것은 무엇을 뜻하는가? 한국인이 단일민족의 혈통을 가지는 것도 중요하지만, 그 혈통에 이어져 내려오는 정신적 수직문화의 정체성이 얼마나 깊고 넓은지, 그리고 그것을 얼마나 자손 대대로 가르쳐 보존시키느냐가 더 중요하다는 것이다. 물론 정체성 교육을 제대로 받은 사람들은 순수 혈통을 지키지 말라고 해도 잘 지킬 것이다.

한국인이 단일민족이라는 민족주의가 없었다면 4300여 년이라는 긴 세월 동안 강대국과의 수많은 전쟁 속에서 어떻게 나라를 유지하며 살아남을 수가 있었겠는가! 생존을 위해 그렇게 힘겨운 전쟁들을 겪으며 온갖 치욕을 맛보지 않았는가! 따라서 이 시대에도 한국인의 민족주의가 없어진다면, 살아남을 수가 없다는 것을 명심해야 한다. 중국이나 일본이 민족주의를 내세우며 보수 지향적으로 가는 이유가 여기에 있다.

한국민족이 정체성을 잃고 중국이나 일본에 동화되었다면, 굳이 한국이 독립할 필요가 있었겠는가?

셋째, '잃어버린 유대인의 10지파'를 기억하라.

한 민족의 순결한 혈통이 자신의 정체성을 유지하는데 얼마나 도움이 되는지를 알려주는 좋은 성경의 예가 있다. 한 민족의 혈통이 다른 민족과 섞이면 정체성도 무너진다는 예다.

통일 이스라엘이 솔로몬 왕 이후 남북으로 갈라졌던 시기가 있었다. 북쪽은 10지파를 가진 북이스라엘이었고 남쪽은 2지파(유다 지파와 베냐민 지파)를 가진 남유다였다. 그런데 현재 이스라엘의 12지파 중 10지파는 없어진 상태다. 이를 '잃어버린 유대인의 10지파'라고 부른다.

왜 북이스라엘의 10지파는 역사에서 사라졌는가? 기원전 722년에 아시리아 제국은 북이스라엘 왕국을 침공한 후 멸망시켰다. 그리고 10지파 유대인을 모두 포로로 잡아 아시리아로 끌고 갔다. 그 후 10지파 유대인은 그곳 현지 문화에 동화되어 영원히 이스라엘로 돌아오지 못했다.

그 원인은 아시리아로 잡혀간 유대인이 토라(말씀)와 전통 그리고 역사를 자손들에게 가르쳐 전수하는 데 실패했기 때문이다. 왜 실패했는가? 가장 큰 이유는 아시리아 제국이 유대인을 각 지방에 흩어져 살게 했다. 그리고 원주민들과 결혼하게 하는, 혼합 혈통 정책을 썼기 때문이었다. 그 후 이방인과 결혼했던 유대인은 서서히 문화적으로 자신의 정체성을 잃어버리고 아시리아 문화에 동화되었다. 그러므로 그들은 유대인의 역사에서 흔적도 없이 사라졌다.

그러나 기원전 586년 바빌로니아에 포로로 잡혀갔던 유대인의 두 지파는 70년 후에 고국으로 돌아올 수 있었다. 부모들이 토라(말씀)와 전통 그리고 역사를 자손들에게 가르쳐 전수하는 데 성공했기 때문이다. 고로 유다 지파의 혈통을 통해 메시아이신 예수님이 오셨다(마 1장, 히 7:14 참조).

어떻게 해서 성공했는가? 가장 큰 이유는 그들은 혈통적으로 순수함을 지켰기 때문이다. 어떻게 순수 혈통을 지켰는가? 가장 큰 이유는 바빌로니아 제국이 두 지파를 그발강 가에 집단적으로 따로 거주하게 했기 때문이다.

이것은 무엇을 증명하나? 혈통적으로 타민족과 섞이면 자기 민족의 정체성도 무너지기 쉽다는 것을 뜻한다. 물론 당시 일부 유대인들은 원주민 여인들과 결혼한 이들도 있었다. 그러나 그들이 예루살렘으로 돌아올 때는 에스라가 눈물을 머금고 모두 이혼하게 했다(스 10:18-19; 느 13:23-31).

이것은 다음 세 가지의 교훈을 준다.
1) 한 민족의 순수한 혈통을 유지시키는 것이 자신들의 정체성을 지키는데 얼마나 중요한지를 말해준다.
2) 한 민족이 자신의 정신적 사상과 문화(수직문화)를 잃으면 자신의

정체성도 없어진다는 것을 말해준다.

3) 이것은 아무리 혈통적으로 하나님이 선택하신 아브라함의 후손 유대인이라고 해도 자녀들에게 토라와 전통 그리고 역사를 전수하지 못한다면 유대인으로 살아남을 수 없다는 것을 뜻한다.

바울도 유대인이 순수한 혈통을 지키는 것도 중요하지만 더 중요한 것은 유대인의 마음에 자신들의 정체성, 즉 토라(말씀)와 전통 그리고 역사를 이어받아 영적 유대인이 되는 것이 더 중요하다고 말했다(롬 2:28-29).

> 대저 표면적 유대인이 유대인이 아니요, 표면적 육신의 할례가 할례가 아니라, 오직 이면적 유대인이 유대인이며 할례는 마음에 할지니, 신령에 있고 의문에 있지 아니한 것이라. 그 칭찬이 사람에게서가 아니요, 다만 하나님에게서니라. (롬 2:28-29)

이 말씀의 뜻은 외형적으로 육체에 할례만 했다고 유대인이 아니라, 마음에 거룩한 하나님의 말씀을 배워 말씀을 맡은 자(롬 3:2)가 되어야 진정한 유대인이란 뜻이다. 아무리 유대인이라 해도 말씀을 맡지 않으면 더 이상 유대인이 될 수 없다는 것을 뜻한다.

따라서 한국인도 혈통만 한국인(표면적 한국인)이라고 모두 한국인이 아니고, 한국인의 수직문화 정체성(사상과 전통 및 역사)을 가지고 있는 한국인(이면적 한국인)이어야 진정한 한국인이 될 수 있다.

여기에서 우리는 두 가지 종류의 다문화사회가 있다는 사실을 발견할 수 있다. 결혼에 의해 피가 섞인 다문화사회와 각각 다양한 인종들이 모여 사는 다문화사회가 있다. 전자는 북이스라엘의 예이고 후자는 남유다의 예이다. 전자는 멜팅 팟 이론이고, 후자는 샐러드 볼 이론이다. 물론 후자가 옳은 이론이다. 따라서 미국에서도 유대인은 다른 인종과 결혼하는 것을 극도로 경계한다.

결론적으로 한국이 한국 민족의 순수한 혈통을 지키어 단일 민족으로 살아남는 것이 가장 바람직하다. 한국은 현재 이스라엘 정부가 약 25%의 소수 민족들(아랍계 21% 포함) 때문에 정치적으로 얼마나 큰 어려움을 겪고 있는지에 주목해야 한다. 설사 어쩔 수 없이 다문화사회로 간다고 하더라도 피가 섞인 다문화사회보다는 다양한 인종들이 모여 사는 다문화사회가 더 유리하다. 가장 조심해야 할 것은 혼혈에 의한 다문화사회다. 우리가 꼭 기억할 것이 있다. 정신적 사상과 문화를 잃는 것이 얼마나 위험한지를…

두 종류의 다문화사회,
피가 섞인 다문화사회와 다양한 인종들이 모여 사는 다문화사회가 있다.
전자는 북이스라엘의 예고 후자는 남유다의 예다.

우리는 기억해야 한다.
정신적 사상과 문화를 잃는 것이 얼마나 위험한지를…

넷째, 정부는 인종 차별 금지법을 만들어라.

뿐만 아니라 한국 정부는 유엔의 CERD를 비롯한 국제기구나 국제사회와의 마찰을 피하기 위해 그들이 요구하는 법적 제도를 만들어 실천해야 한다.

한국 정부는 한국의 민간단체와 다르게 행동해야 한다. 민간단체는 설사 한국 민족의 혈통과 정체성과 단결을 주장한다고 하더라도 한국 정부는 종교나 인종차별에 대한 언행을 대내외적으로 삼가야 한다. 이것이 타국인과 타국을 대하는 지혜다.

논란이 되었던 '순혈(pure blood)'과 '혼혈(mixed blood)' 부분도 CERD가 앞장서서 거론한 것이 아니라, 우리 측 보고서에서 먼저 언급됐다. 보고서는 "한국은 단일민족 국가로 소수민족 차별을 찾기 힘들다."면서도 "하지만 단일 민족성에서 우러나온 '순혈'에 대한 한국인의 자부심이 '혼혈'에 대한 차별을 유발하고 있다."고 주장했다.

한국 측 보고서를 검토한 CERD가 "'순혈'과 '혼혈'이라는 단어는 인종적 우열주의를 퍼뜨린다는 점에서 우려된다."고 지적한 것이다(조선일보, 유엔 인종차별철폐위 "단일민족 강조… 개선 조치를", 2007년 8월 25일). 유대인 같으면 이런 표현을 썼겠는가? 쓸데없는 단어를 삽입하여 꼬투리를 잡힌 것이다.

다섯째, 나그네를 선대하라.

이미 한국에 거주하는 외국인이나 외국인 방문객에게 우호적이며 친절해야 한다.

친절은 인류의 보편적 가치다. 한국인은 전통적으로 처음 보는 타인이나 외국인에게 웃음을 보이지 않기 때문에 불친절하다는 오해를 받을 소지가 많다. 앞으로 세계화를 위해 웃는 연습도 해야 한다.

한국에 거주하는 외국인들은 나름대로 이유가 있을 것이다. 어쨌든 그들은 나그네다. 그들을 무시하는 편견 역시 바람직하지 못하다. 그들의 권리 역시 인정하고 존중하며 더불어 사는 지혜가 필요하다.

한국인은 그동안 무의식 속에 특정 외국인들을 깔보는 우월감이 있었다. 그리고 그들에게 잘못된 언행으로 아픔을 주는 경우가 있었다. 이것은 인종차별이다. 고쳐야 한다.

그런 점에서 민족주의와 인종차별은 구별되어야 한다. 1960년대에서 1980년대까지 가난한 한국의 대학 출신 엘리트들이 외화를 벌어들이기 위해 중동이나 독일 등 외국에 나가 얼마나 비참한 생활을 했던가? 그때의 고난의 역사를 기억하여 잘 사는 한국을 방문한 배고픈 외국 나그네들을 선대해야 한다(출 23:9). 그들은 오늘의 우리를 기억하여 또 자신들의 역사에 기록할 것이다.

여섯째, 외국인 거주민에게 한국의 정체성을 가르치라.

이제 이미 한국에 거주하는 외국인에게는 어떤 교육을 시켜야 할까? 그들을 한국 사람으로 만들어야 한다.

이를 위해 그들과 그들의 자녀에게 한국어 교육은 물론 한국의 전통 및 한국의 역사도 교육시켜야 한다. 한국에 동화시키기 위해서다. 그리고 그들 스스로 대한민국 국민임을 자랑스럽게 생각하게 만들고, 어느 때든 애국심을 갖고 국익에 도움을 줄 수 있도록 교육시켜야 한다.

언제까지나 그들을 나그네로 살게 하는 것은 결코 피차 도움이 되지 않는다. 그렇게 해야 설사 그들이 다른 민족의 혈통을 가지고 있다고 해도 한국을 자신이 선택한 자랑스러운 나라로 생각하고 좋은 한국 시민이 될 수 있을 것이다.

특히 중국의 조선족이나 일본, 러시아 및 기타의 다른 나라에서 살다가 온 같은 한국 핏줄(동포들)은 한국 정부가 한국인과 동일하게 대해야 한다. 물론 이들을 돕는 특별법도 만들어야 한다. 한국인의 핏줄을 한국 정부가 외면한다면 누가 그들에게 관심을 갖겠는가!

결론적으로 한국이 현재 필요 이상으로 타민족을 많이 받아들이거나 타민족과의 결혼을 부추기는 것은 바람직하지 못하다. 설사 그들과 결혼을 한다 해도 그것을 알고 해야 한다. 후일 그들과 겪어야 할 문화 충돌이나, 그들 자녀의 정체성 때문에 많은 문제들이 일어날 수 있기 때문이다.

그들의 인구수가 점점 더 불어나 감당하기 힘들 때가 오게 마련이다. 그때에는 이미 늦는다. 따라서 한국인은 유대인처럼 자신의 혈통과 정체성을 지키면서도 타민족과 충돌하지 않고 조화를 이루며 살아가는 지혜가 필요하다. 그리고 "한국에 누가 이민 오느냐"의 문제도 중요하다. 한국 정부는 미국 정부처럼 자신의 나라에 유익한 사람들을 제한적으로 먼저 받아들여야 한다. 반국가 세력은 제외시켜야 한다는 것이다.

한국에 거주하는 외국인에 대한 대책은 무엇인가?
그들을 우리 사람으로 만들어야 한다.
한국에 대한 애국심을 갖고 국익에 보탬이 되도록 해야 한다.

국제 결혼한 한국 어머니의 딸 교육

글 현용수

2001년 9월 미국 동부에서 3일간 한인 교회에서 유대인 자녀교육 강의를 했다. 물론 한국인의 인성교육에 관한 강의도 했다. 그 후 그리스계 미국인 아버지와 한국계 어머니 사이에서 태어난 일곱 살 된 예쁜 혼혈아 소녀가 저자를 찾아왔다.

국제결혼을 한 한국인 어머니는 다음과 같은 이야기를 자랑스럽게 전해 주었다. 그 아이가 한국계 교회에 갔을 때였다. 한인 2세 어린이들이 그 아이에게 영어로 말했다.

"너는 백인인데 왜 한인 교회에 오니? 미국 교회로 가라!"

그 아이는 당당하게 한국말로 이렇게 답했다.

"너희들 한국말 할 줄 아니? 나는 한국말 잘 한다. 한국말도 모르는 너희들이 어떻게 한국인이냐? 너희나 미국 교회로 가라!"

한국계 어머니는 딸을 한국인의 언어와 한국인의 정체성을 가진 딸로 키웠다. 샐러드 볼 이론처럼 사과는 사과 맛이 나야 하고 고추는 고추 맛이 나야 한다. 한국 민족의 2세들이 한국인의 특성도 없이 어찌 한국인이라고 말할 수 있겠는가? 설사 타민족과 결혼을 했어도 자녀에게 문화적 정체성 교육을 시키는 것은 매우 중요하다.

4. 국수주의는 세계 평화의 적이다
〈전범국가 독일과 일본의 예〉

앞에서 개인은 자신이 속한 단체나 민족에 대한 소속감이 있어야 자긍심이 높다고 했다. 각자가 자기 민족을 사랑하는 애족 애국심과 민족주의는 장점 중의 장점이다. 그런데 거기에도 위험성이 있다. 각 민족이 자신의 우월감만을 앞세우고 타민족을 경시하며 자신들의 유익만을 추구하는 비뚤어진 민족주의는 위험하다.

이런 '비뚤어진 민족주의'를 '국수주의(chauvinism)' 혹은 '배타적 민족주의'라고 말한다. 이러한 잘못된 민족주의의 남용 때문에 민족과 민족 간에 분쟁이 일어난다. 그리고 상대적으로 힘이 약한 민족이 피해를 당한다.

그 예로 독일과 일본의 역사적 과오를 들 수 있다. 그들은 세계적으로 자타가 공인하는 우수한 민족이다. 그들은 우수한 민족의 공통점인 청결, 내핍 생활, 정직, 근면, 자기 절제 및 남을 돕는 생활에 철저했다.

그런데도 독일과 일본은 제2차 세계대전(世界大戰)의 주범이라는 사실에 주목해야 한다. 그들은 자신들의 지식과 문화가 다른 민족보다 앞서 있다는 자만심으로 민족 우월주의에 도취되어 있었다. 그리고 상대적으로 타민족을 열등하게 여기고 경멸(hatred)하는 사상을 갖고 있었다.

특히 지도자급에 그런 위험한 사상을 갖고 있었던 인물들이 많았다. 그 결과 전 세계 수많은 다른 민족들에게 엄청난 인명 손실과 아픔을 안겨 주었다. 따라서 국수주의는 세계 평화의 적이다. 기독교인은 절대로 국수주의자가 되어서는 안 된다.

유대인의 격언은 이것을 이렇게 설명한다. "지식이 하나님에 대한 복종보다 강해졌을 때 인간은 싸우거나 서로 피를 흘리거나 한다"(Tokayer, 탈무드 2, '랍비가 해석한 모세오경', p. 65). 인간의 지식이 하나님의 말씀보다 더 강하게 작동할 때 우월성을 갖고 교만해져서 이웃에게 피해를 입히게 된다는 말이다.

여기에서 우리가 한 가지 더 생각해 볼 것이 있다. 당시 독일은 보수 기독교 국가였다. 그런데도 그들이 세계대전의 주범이 된 이유는 무엇인가? 대략 3가지로 설명할 수 있다.

첫째, 독일 국민이 인민을 잘 선동하는 미치광이 지도자, 히틀러와 괴벨스에게 속은 것이다. 이것은 무엇을 뜻하는가? 인기가 좋은 지도자가 반드시 훌륭한 지도자는 아니라는 점이다. 민주주의의 함정이 여기에 있다.

둘째, 신앙이 좋다는 기독교인도 얼마든지 판단이 흐려져서 악한 지도자에게 속을 수 있다는 것을 보여 준다. 그러므로 항상 깨어 마귀의 올무에서 벗어나 하나님께 사로잡힌 바 되어 그 뜻을 좇아야 한다(딤후 2:26).

셋째, 당시 히틀러의 정책에 일부 교회(천주교회와 개신교회)가 동조했다. 이것은 무엇을 뜻하는가? 기독교인도 얼마든지 교만해질 수 있다는 교훈을 준다. "그런즉 선줄로 생각하는 자는 넘어질까 조심해야 한다"(고전 10:12). (물론 당시 악에 대항하는 양심적인 기독교인들도 많았다. 예: 본 회퍼)

따라서 기독교인은 이웃과 인류를 사랑하며 세계 평화를 이루는 데 공헌해야 한다. 왜냐하면 기독교인 한 사람 한 사람은 예수 그리스도의 지체(members of one body)로서 평화(peace)를 위해 부르심을 받은 자들이기 때문이다(골 3:15b). 사랑하는 성도들이 모두 파괴가 아니라 평화를 위해 부르심을 받았으니 얼마나 감사한 일인가!

결론적으로 한국인 기독교인은 한국 민족을 먼저 사랑하되 자기 민족만이 우월하다는 생각으로 타민족을 업신여기는 국수주의자여서는 결코 안 된다. 우리는 서로 용납하는 관용(tolerance)의 민족이 되어야 한다. 중국인도, 일본인도 예수님 믿고 구원받아 천국 가야 할 백성이다.

그런 의미에서 한국인 선교사가 중국이나 일본에 가서 복음을 전할 사명도 있다. 그들에게 복음을 전하기 위해서라도 한국 민족이 역사 속에서 없어지면 안 된다. 오히려 하나님을 위한 세계 선교를 위해서도 한국 민족이 과거 외침에 의한 고난의 역사를 기억하고 힘을 길러 세계의 지도자가 돼야 하지 않겠는가!

자신의 우월감만을 앞세우고 타민족을 경시하며
자신들의 유익만을 추구하는 비뚤어진 민족주의가 '국수주의'다.
제2차 세계대전의 주범 일본과 독일이 저지른 만행이 그 때문이다.

5. 전범국가 독일과 일본의 다른 점을 기억하자

앞에서 독일과 일본의 우월적인 국수주의의 위험성에 대하여 언급하였다. 그들이 일으킨 제2차 세계대전의 피해는 실로 말로 형언키 어렵다.

여기에서 한국 민족이 꼭 기억해야 할 것은 그 중에서도 독일인은 자신들의 죄를 철저하게 회개하고 세계에 용서를 빌고 있지만, 일본은 2024년 현재까지도 과거사 인식에 억지와 생떼를 쓰며 자신들의 잘못을 궤변으로 합리화하고 있다.

1993년 3월 미국 워싱턴 D.C에 위치한 유대인 대학살 박물관을 관람한 독일의 콜 총리는 본에서 이렇게 말했다. "독일의 이름으로 유대인들에게 가한 끔찍한 일을 생각하면 부끄러울 뿐이다"(US News, 1993, May 10).

중앙일보 한경환 베를린 특파원에 의하면, 로만 헤르초크 독일 대통령은 1996년 1월 27일을 나치 희생자 기념일로 선포했다. 나치가 저지른 "학살의 기억은 끝이 나서는 안 되며, 미래 세대에도 이를 알게 하여야 한다"는 게 기념일을 제정한 이유였다.

그는 "모든 독일 국민들이 세대를 넘어서도 과거 잘못된 나치의 악행 때문에 고통과 피해를 받았던 희생자를 추모하고, 다시는 이 같은 일을 반복하지 않겠다는 다짐을 할 필요가 있다"고 강조했다. 대다수의 독일 국민도 이를 환영했다. 그리고 독일은 유대인뿐만 아니라 피해를 준 주변 국가에 배상과 원조를 아끼지 않아 왔다.

그러나 일본은 다르다. 시도 때도 없이 과거 일제의 악행과 만행을 궤변으로 미화하거나 호도하려 하고 있다. 아직도 위안부(정신대) 문제

독일과 일본은 제2차 세계대전을 일으킨 전범 국가이지만 독일은 피해자에게 끝없는 사죄와 배상을 하지만 일본은 다르다. 그 이유는…,

도 양심적인 해결을 하지 않고 있다. 그 결과 일본은 아시아의 피해국들로부터 믿을 수 없는 이웃이 되었다(중앙일보, 반성하는 독일, 궤변 반복 일본, 1996년 1월 16일).

따라서 우리 한국은 일본의 악행을 용서는 하지만, 그들에게 다시 당하지 않도록 유비무환의 마음으로 바른 역사 교육에 힘써야 한다. 한국을 부강한 나라로 만들어 나라를 일본에 빼앗기지 않고 살아남아야 한다. 이 길만이 하나님 영광을 나타내고, 일본에도 복음을 전할 기회가 되지 않겠는가?

그렇다면 왜 이렇게 독일과 일본은 전범국가로서의 태도가 다른가? 저자의 연구에 의하면 약 4가지로 요약할 수 있다.

독일과 일본의 차이는 1) 전자에게는 연합국들이 전범처리를 철저하게 했고, 후자는 그렇지 못했다. 특별히 미국과 중국이 정의 구현을 소홀히 했다. 2) 전자에게는 피해자 유대인의 집요한 정의 구현이 현재까지도 이어지고 있으며 그것을 세계에 알리는 데 성공을 했다. 그러나 후자에게는 대부분 피해국들이 잠잠했다. 따라서 세계 여론화에 미흡했다. 3) 전자는 잘못을 철저히 회개하게 하는 기독교 국가였지만, 후자는 그렇지 못한 비기독교 국가이기 때문이다. 4) 따라서 전자는 국수주의를 완전히 버렸지만, 후자는 아직도 그것을 일부 가지고 있다(예: 일본의 아베를 지지했던 극우파).

〈저자 주: '전범국가 독일과 일본의 차이'에 대한 자세한 설명은 현용수의 고난의 역사교육 시리즈 제3권 《승리보다 패배를 더 기억하는 유대인》 제4부 제2장 '유대인은 끝까지 악을 물리쳐 정의를 구현한다(독일과 일본의 역사인식이 다르게 형성된 원인 연구' 참조)

독일인 친구의 충격적인 고백

무명 학생
(http://aneulstory.tistory.com/26)

　　2013년 9월 2일이 개강일이었지만 저를 포함한 대부분의 교환학생들은 그보다 훨씬 일찍 이 곳 핀란드에 도착했습니다. 오늘은 프랑스인 친구 아가트(Agathe)가 살고 있는 시내 근처 아파트에서 조촐한 파티가 있었습니다. 맛있는 케익을 먹으면서 정말 별의별 이야기를 다 하던 중, 각자 출신 국가에 대한 이야기가 자연스레 나왔습니다. (교환학생들의 모임이다보니 각 나라별 특성, 비교 대조, 언어 등은 빠지지 않는 대화 주제에요 ^^) 그런데 별안간 평소에 항상 위트 넘치는 독일인 친구가 매우 진지하게(정색하며) 던진 한 마디에 저는 큰 충격을 받았습니다.

　　"나는 독일인인게 결코 자랑스럽지 않아.
　　아니, 오히려 부끄러울 때가 많아"

　　그녀의 이 발언에 저뿐만 아니라 다른 세 명의 프랑스 친구들도 화들짝 놀랄 수밖에 없었습니다. 이어지는 그녀의 설명은 더더욱 충격적이었는데요.

　　"나뿐만 아니라 지금까지 내 주변의 독일 사람들 중 독일인임을 자랑스러워하는 사람은 본 적이 없어, 오히려 나처럼 부끄러워하는 사람들이 있으면 있었지."

"국가적인 행사 월드컵, 올림픽 등이 아니라면 국기 게양 역시 특별히 하지 않지"라고 하는 그녀의 발언, 정말 예상치 못했던 일이었습니다.

물론 저희들 모두 왜 이 친구가 그런 말을 했는지 즉각 이해했습니다. 독자 분들도 물론 짐작이 가시겠죠? 그럼에도 과거 전범국가라는 굴레를 벗고 오늘날 유럽 연합의 주요 기둥으로 활약하는 부강한 국가로 변모한 선진국 독일의 국민들이 독일인임을 오히려 부끄러워한다는 고백은 정말 충격적이었습니다.

프랑스 친구들 역시 "그 일은 이미 수십 년 전에 일어났던 일이고, 더욱이 우리 세대, 부모님 세대의 잘못도 아닌데, 그렇게까지 생각할 필요는 없다. 프랑스에서도 과거 독일의 행적을 그런 식으로(오늘날 독일과 독일인들을 비난하는) 생각하지 않는다"며 친구에게 위로 아닌 위로를 건넸지만, 그 친구의 생각은 변함이 없어 보였습니다.

한국인인 저는 물론 우리의 이웃나라, 또 다른 전범국가인 일본을 생각하지 않을 수 없었는데요. 대체 독일과 일본의 차이점이 어디에서부터 발생하는지 참 답답합니다. 과거의 잘못을 뼈저리게 사죄하고, 국민들에게 올바른 역사 인식을 심어주는 독일과 간단히 말해 정반대의 길을 걷는 일본. 그들은 어디서부터 무엇이 다르기에 이런 정반대의 행보를 보여주는 걸까요?

평상시에 너도 나도 깔깔 웃으며 재미있는 대화만 하다 친구의 발언을 시작으로 2차 대전 당시 나치에 의한 홀로코스트의 중심지인 아우슈비츠 수용소 방문담 등 이런저런, 보다 진지한 이야기를 나누어 유익했던(동시에 뒤숭숭했던) 하루였습니다.

지식과 하나님의 말씀

Tokayer

'이브'란 히브리어로는 '땅 위에 있는 만물의 어머니'라는 뜻이다. 하나님은 아담과 이브를 낙원에서 추방할 때 아담에게 다음과 같이 말씀하셨다.

> 네가 네 아내의 말을 듣고 내가 너더러 먹지 말라한 나무 실과를 먹었은즉, 땅은 너로 인하여 저주를 받고 너는 종신토록 수고하여야 그 소산을 먹으리라. (창 3:17)

이것은 에덴동산 이야기 중에서도 가장 유명한 구절이어서 자주 인용되지만, 이 이야기는 지식을 얻는 것보다는 하나님에게 복종하는 것이 더 중요하다는 유대교의 종교적인 가르침을 나타내고 있다.

인간은 사고력을 갖추고 태어난다. 머리는 당연히 써야 하지만 그 전에 하나님의 가르침이라는 규율을 지키지 않으면 안 된다. 유대인들에게는 "지식이 하나님에 대한 복종보다 강해졌을 때 인간은 싸우거나 서로 피를 흘리거나 한다."는 격언이 있다. 지식만 가지고 인간은 살아 갈 수 없다는 것이다.

예컨대 유대인 측에서 볼 때 나치 독일은 지식이 하나님이 정해준 규율보다 앞섰던 세계였던 것이다.

생활 수준도 매우 높았고 지적 수준도 세계에서 가장 높은 나라였다. 그럼에도 불구하고 그런 악을 저지를 수 있었던 것은 지식 쪽이 앞서 있었기 때문이었다. 오늘날에도 이 세상에 에덴동산을 재현하려면 지식보다도 먼저 하나님이 정해준 규율을 지키는 일이 앞서야 한다.

_탈무드 2(부제: 랍비가 해석한 모세오경), 쉐마, 2009.

V. 결론: 다문화 속 한국인의 바른 방향

1. 한국인의 쉐마 기도문

〈저자 주: 한국인의 쉐마기도문은 저자 자신이 매일 기도하는 내용을 쉐마공동체를 위하여 재구성한 것이다.〉

주님, 오늘도 생명을 하루 더 연장시켜주셔서 감사합니다. 주님을 위한 하루가 되게 하여 주시옵소서. 저희 자녀들 가정마다 자손 대대로 쉐마교육을 실천하여 믿음이 주님 다시 오실 때까지 이어지게 하여주시기를 간절히 소원합니다. 그래서 주님 재림 시에 우리 가문의 온 식구가 한 생명도 빠짐없이 어린 양 예수님의 혼인잔치에 참여할 수 있도록 도와주세요.

복음이 전파되는 곳마다 쉐마도 함께 전파되어 하나님께서 창조하신 가정과 교회의 원형이 회복되게 도와주세요. 그리하여 전 세계에 죽었던 교회들이 다시 살아나 그들도 주님의 재림을 준비하는 데 동참하게 하여주시옵소서.

주님, 간절히 간청하오니, 한국의 기독교인들이 쉐마를 실천하게 하여 주님의 재림을 준비하는 마지막 제사장 민족으로 삼아주시옵소서. 초대교회나 유럽교회에는 하나님이 성령님의 촛대를 다른 민족에게로 옮기셨습니다. 그래서 그곳에는 성령님이 지나가셨던 흔적만 남아 관광지화되었습니다. 그러나 한국 땅에서는 다른 곳으로 옮기지 말아주시옵소서.

대신 복음과 함께 쉐마가 들어간 다른 곳에도 성령님의 새로운 촛대들을 많이 심어주시옵소서.

하나님 아버지, 하나님이 아브라함을 축복하는 자들을 축복하신 것처럼 쉐마사역을 돕는 모든 분들을 축복하여 주시옵소서.

하나님께서 건국하신 대한민국을 위해 기도드립니다. 이승만 건국 대통령의 건국이념 원형이 회복되게 하여주시옵소서. 그리하여 다시 한 번 한반도에 그리스도의 계절이 오게 하여 주시옵소서.

악한 북한 공산주의 정권이 하루 속히 망하게 하여주시옵소서. 그곳의 불쌍한 동족들을 노예에서 해방시켜 주시옵소서. 그리하여 복음으로 남북한이 통일되게 하여주시옵소서.

전 세계에 흩어진 유대인이 하나이듯이, 전 세계의 750만 코리언 디아스포라에게도 쉐마가 전파될 수 있도록 축복하여 주시옵소서. 그들을 통하여 세계선교가 앞당기게 하여 주시옵소서.

하나님 아버지, 미국을 위해 기도합니다. 그 나라는 청교도들이 이스라엘처럼 하나님을 잘 섬기기 위해 세웠던 신본주의 국가입니다. 그 나라의 교회들이 전 세계를 리드해 왔습니다. 그런데 미국이 오래 전부터 자유주의에 물들어 타락하고 있습니다. 그들을 불쌍히 여기시고 그 나라를 다시 한 번 축복하여 주시옵소서. 미국 교회가 살아야 전 세계 교회들이 힘을 얻습니다.

예수님의 이름으로 기도드립니다. 아멘.

2. 쉐마동역자들의 기도 순서, 한국인은 이스라엘보다 먼저 한국을 위해 울라

쉐마동역자 여러분,

이 글은 모든 한국인 기독교인에게 필요하지만 특별히 쉐마동역자에게 쓰는 이유는 여러분은 저의 인성교육과 쉐마교육 강의를 들었기 때문에 저의 심정과 의도를 다른 이들보다 잘 알 수 있다고 생각하기 때문입니다.

어떤 이들은 한국보다 이스라엘을 먼저 기도하시는 분들도 있습니다. 물론 그 나라를 위하여 기도하는 것도 중요합니다. 예수님이 유대인이셨기 때문입니다. 그런데 왜 대한민국을 위해 먼저 기도해야 하는지 압니까? 〈여러 가지 이유가 있겠지만 여기에서는 쉐마교육학적 입장에 서만 설명하겠습니다.〉

왜냐하면 이스라엘은 절대로 망하지 않을 것이기 때문입니다. 유대인은 자생력이 너무 강한 민족입니다. 신약시대에 2000년 동안 해외로 떠돌아다니다가 1948년 다시 세워진 나라가 이스라엘입니다. 절대로 그 민족은 자신들이 거주하는 지역의 이방 문화에 동화되지를 않았습니다. 원수의 적들로 우겨쌈을 당하여도 자신들의 신본주의 정체성을 잃은 적이 없습니다.

왜 그런지 압니까? 그들은 아브라함부터 현재까지 4000년 동안 자손 대대로 구약의 지상명령 쉐마(창 18:19; 신 6:4-9)를 철저히 배우고 실천한

민족이기 때문입니다. 이것이 쉐마교육의 파워입니다.

그들은 현재도 하루에 세 번 기도를 하는데 두 번이나 쉐마(신 6:4-9)를 암송합니다. 지금도 노인들이 죽을 때 자손들 앞에서 유언으로 쉐마를 암송하고 죽습니다. 그래서 이스라엘은 결코 망하지 않을 겁니다.

더 큰 문제는 한국입니다. 구약의 지상명령 쉐마를 실천하지 않기 때문입니다. 한국은 다른 초대교회들처럼 초창기에 너무나 뜨거운 모델 교회였지만 130년 만에 위기가 심각합니다. 한국 교회의 가장 중추적인 역할을 했던 신학교들, 즉 총신대원, 장신대원 그리고 감신대원의 입학 정원이 미달입니다. 기독교인 가정들은 더 위기입니다. 여러 면에서 세대차이가 만연합니다.

또한 나라의 안보도 위기입니다. 이석기와 함께 했던 통진당 임원들이 국회에 입성했습니다(2024년 6월). 한국의 출산율이 0.7명이라 자연 소멸될 위기에 있습니다. 정통파 유대인의 출산율은 아직도 8.0명입니다.

이래도 이스라엘을 위해 먼저 기도해야 합니까? 정신 차리지 않으면 삽시간에 한국은 망하게 되어 있습니다.

한국인이라면 누구든지 한국이 망하지 않도록 이스라엘보다 먼저 기도해야 합니다. 오히려 우리는 이스라엘 민족 유대인에게 한국을 위하여 기도를 해달라고 부탁해야 합니다. 그리고 헌금도 해달라고 해야 합니다. 그래서 중국에 남아 있는 우리의 동족, 불쌍한 탈북자들을 먼저 구원해야 합니다.

한국의 소망은 교회에 있습니다. 나라가 공산화되면 교회는 자동적으로 북한처럼 파멸됩니다. 설사 공산화가 되지 않는다고 하더라도 교회가 없어지면 나라 자체에 소망이 없습니다.

이런 문제를 해결할 수 있는 모든 이론이 '유대인을 모델로 한 인성교육 + 쉐마교육'에 있습니다. 여기에 수직문화, 가정교육, 고난의 역사교육, 안보, 경제 및 국가관까지 모두 있습니다.

여러분들이 쉐마사역을 담당하는 쉐마교육연구원을 위해 기도해야 할 이유입니다.

> "예수살렘의 딸들아 나를 위해 울지 말라. 너희와 너희 자녀를 위해 울라." (눅 23: 28)

쉐마동역자 여러분,

예수님께서 말씀하신 "너희와 너희 자녀"는 누구입니까? 물론 그 당시에는 유대인이었습니다. 그러나 이 말씀은 나에게도 적용할 수 있습니다. 여러분의 각 가정과 교회 그리고 대한민국이란 나라에, 그리고 세계에 흩어진 한인 동포들에게 말입니다.

기억하십시오!

쉐마교육을 배우면 이스라엘을 위해 전적으로 헌신하는 것이 아니라 유대인처럼 성경의 쉐마교육을 나와 나의 가정에 먼저 적용해야 합니다. 나의 교회와 나의 조국 대한민국에 적용해야 합니다.

그래야 뚜렷한 정체성을 가진 강인한 유대인 가정 공동체처럼 나의 가문도 살리고, 강인한 이스라엘 공동체처럼 대한민국도 살릴 수 있습니다. 뿐만 아니라 세계에서 으뜸 민족이 될 수 있습니다.

우리가 먼저 유대인처럼 영원히 주님의 재림 시까지 살아남아야 이스라엘을 위한 선교와 타민족 선교도 계속 할 수 있습니다. 저의 소원은 한국인이 마지막 제사장 민족이 되어 한국인 교회들을 통하여 예수님의 재림을 준비하는 겁니다.

우리는 바울이 자신의 형제 곧 골육의 친척을 사랑했던 것처럼, 한국인은 한국인의 형제 곧 골육의 친척을 먼저 사랑해야 합니다.

"내가 그리스도 안에서 참말을 하고 거짓말을 아니하노라. 내게 큰 근심이 있는 것과 마음에 그치지 않는 고통이 있는 것을 내 양심이 성령 안에서 나로 더불어 증거하노니, 나의 형제 곧 골육의 친척을 위하여 내 자신이 저주를 받아 그리스도에게서 끊어질지라도 원하는 바로라." (롬 9:1-3)

- 남은 구원하고 자신과 자신의 가족 그리고 자신의 나라가 영원히 멸망한다면 얼마나 안타깝습니까?! -

이스라엘은 절대로 망하지 않습니다.
구약의 지상명령 쉐마를 철저히 실천한 민족이기 때문입니다.
문제는 한국입니다.

제8부 '대한민국 국민의 민족관과 국가관 그리고 세계화'와 제9부 '5권의 인성교육 원리 시리즈를 마치며'는 《현용수의 인성교육 원리》시리즈 제5권에 이어집니다.

이어지는 부록1 필독을 권합니다.
여러분이 고민했던 인성교육 문제에 대한
기대 이상의 답과 다양한 정보를 얻을 것입니다.

부록 I
쉐마클리닉의 파워, 쉐마클리닉 참석자들의 증언

〈편집자 주: 쉐마클리닉 참석자들이 매 학기마다 쓴 주옥같은 강의 후기는 본서의 연장선상에서 읽기를 권한다. 왜냐하면 사회의 각 분야 전문가들은 저자의 강의를 자신들의 입장에서 평가를 하는 과정에서 자신들의 전문분야를 다양하게 반영했기 때문이다. 따라서 독자들은 저자의 유대인을 모델로 한 인성교육 원리와 쉐마교육을 더욱 폭 넓게 이해할 수 있을 것이다. 지면상 부득이 몇 분만을 싣게 되어 나머지 분들께 죄송하다. 더 많은 분들의 것을 보려면 쉐마교육연구원 홈페이지(www.shemaiqeq.org)에서 "쉐마교육을 아십니까?"를 참조 바란다.〉

교육자의 증언

교육 현장에서 보낸 허송세월을 반성하며
- 김지자 박사 (서울교육대학교 명예교수)

'유대인의 쉐마독수리 인성교육'은 선택이 아닌 필수입니다!
- 최재연 교감 〈한국호텔관광고등학교〉

멘붕!! 충격과 회개의 연속!
- 박민정 교사(영어 교사, 지수연 소속)

미주 한인 2세 교육의 대안을 찾았다
- 함성택 박사 (중부개혁신학교 부학장)

잃어버린 꿈의 열쇠를 찾았다
- 이상욱 박사 (목민리더스쿨 교장, 호서대학교 신약학)

왜 젊은 세대가 그토록 짧은 기간에 크게 변했는지 원인 발견
- 김영규 목사 (정윤교회)

상담심리학자와 아버지의 증언

세 마리 토끼를 다 잡는 비법, 쉐마!
- 이병준 박사 (참행복교육원 가정사역자)

청년의 증언

쉐마교육은 제가 4년간 대학에서 배웠던 교육을 완전히 뒤엎었습니다
- 박지현 자매 (부산대학교 국제학부 졸)

해외 유학생의 증언

유대인은 자신의 삶에 '왜?'를 설명했지만, 나는 못해 답답했는데….
- 조하은 (미국 NYU 간호학 유학생 동상제일교회)

자녀의 변화

"하나님 저는 벼랑 끝에 서 있는 이 민족을 위해 무엇을 해야 합니까"
- 이찬미 학생 (부산 은혜교회, 중학교 2학년)

말씀으로 받은 충격과 도전
- 박찬우 학생 (경산 한빛교회, 중학교 3학년)

부모와 자녀들, 책만 읽어도 변한다

컴퓨터를 하지 못하면 밥을 못 먹은 것처럼 괴로웠던 나의 변화
- 김평강 (초등 6학년)

교육자의 증언

교육 현장에서 보낸 허송세월을 반성하며

- 서울교육대학교 명예교수
- 동아일보 기자 역임
- 서울대학교 사범대학 교육학 BA.

김지자 박사 (서울교육대학교 명예교수)

한국 교육 현장에 한계 느껴

나는 사범대학 출신으로 평생을 교육대학교에서 후배들 양성에 헌신했다. 그러나 교육에 대한 신념과 이론들을 펼쳐 보고자 안간힘을 써 보았지만, 실증적 대안이나 현실적인 증거가 희박했던 현실 속에서 막상 교육 현장의 가르침이란 국내외 학자들의 이론들을 전수하는 수준에 머물러 있을 뿐, 교육의 진정한 역할이나 모습은 빛을 바래가고 있구나 하는 뉘우침과 우리 교육을 어떻게 본 궤도에 올려놓을 수 있을까 하는 과제를 안고 교단을 떠난 처지였다.

그런데 뜻밖에도 현용수 박사님의 책에서 그 대안들을 찾았다. 그리고 이번에는 책만 가지고는 적용상 확신과 방안이 확실치 못하다는 갈증과, 일반교사 및 부모교육에 어떻게 이 교육을 접목할 수 있을까 하는 소명감에 그리고 그 확실한 방안을 찾아야 한다는 깊은 갈구에서 참여했다.

이번 강의 중 크게 깨달은 것이 많다. 그 중에서도 Pre-Evangelism의 시기로서 13세 이전의 인성교육이 얼마나 중요한 것이지를 뼛속 깊이 깨닫고, 그간의 교육에서 얼마나 많은 허송세월을 했는지를 뉘우치게 된 것이다. 아울러 논리와 사상철학과 역사의식 그리고 민족의식에 국가를 온전한 하나님의 백성으로 그리스도의 형상을 닮아가는 성화의 과정 등의 중요성도 확실히 깨닫게 되었다.

그 어느 곳에서도 이처럼 명료한 대안 배운 경험 없어

그러나 무엇보다도 감사한 것은 교육에서 내용 못지않게 그 내용 및 목적을 달성키 위한 방법 및 형식의 중요성을 유대교(유교, 가톨릭교의 의식을 포함)의 사랑과 구원을 율법이란 형식에 담아 구체적인 언어와 방식으로 가르쳐 '깊은 생각'과 '바른 행동'으로 나타나게 해야 함을 깨달은 것이다. 지금껏 그 어느 곳에서도 이처럼 명료한 대안을 배운 경험이 없다. 참으로 놀라운 가르침이셨다.

더구나 촛불시위 등으로 어지러운 국내 정세를 지켜보며 과연 "어찌할꼬, 어찌할꼬."하면서 가슴을 쳐 왔는데, 이번 현 교수님의 간절하고도 단호한 외침을 들으며 참으로 저런 용기와 지혜를 주신 하나님께 감사드린다. 더 나아가서는 "나도 저리 외칠 수 있는 용기를 주옵소서!" 하며 뜨거운 기도를 올렸다.

고결함, 정직성과 도덕성 그리고 참 진리에 근거하지 않은 수평문화에 젖어 있는 한국 사회를, 건전한 그리스도의 국가로 바꾸어 가도록 남은여생 마지막 순간까지 불태우고픈 뜨거운 소망을 결단으로 표현한다.

교육자의 증언

'유대인의 쉐마독수리 인성교육'은 선택이 아닌 필수입니다!

• 쉐마독수리인성교육본부 본부장
• 자유와 생명수호교사연합 대표

최재연 교감 〈한국호텔관광고등학교〉

현용수 박사님의 '쉐마독수리인성교육'을 알게 된 것은 2022년 소반연(소아청소년백신패스반대연합)에서 자수연(자유와 생명수호 교사연합)대표를 섬기면서이다. 바쁘고 피곤했지만, "힐링이 된다, 실시간에 어려우면 보강으로 들으면 된다."고 해서 선교훈련과 쉐마교육을 놓고 기도하다가 "쉐마를 먼저하라"는 응답을 받고 등록했다.

1학기 강의를 듣고, 땅속 보화를 발견한 것 같았다. 2학기도 주저 없이 들었다. 1, 2학기를 세 차례나 계속 반복하며 들었다. 이어서 박사님의 책도 구입해 읽었다. 강의를 듣고 책을 볼수록 박사님의 연구가 놀랍고 위대하여 감탄과 존경의 마음이 더해졌다.

그리고 나의 사상과 통하는 부분이 많아서 감사하고 기뻤다. 3학기 비전트립(미국 유대인 체험)도 가고 싶은 마음에 3학기 미국에는 언제 가냐고, 국장님과 박사님을 계속 보챘다. 결국 이번에 3학기도 들으며 하나님께서 박사님에게 지혜의 영을 부어 주셔서 우리에게 존귀한 선물 "쉐마!"를 주셨음을 확신했다.

그동안 배우면서 느꼈던 점을 요약하면 다음과 같다.

내가 유대인의 독수리 인성교육을 듣고 조금 똘똘해졌습니다.

첫째, 1학기 '유대인의 독수리 인성교육'에는 쉐마교육 개척기를 시작으로, 실패한 다음 세대교육 왜 유대인 교육이 답인가, 인성교육의 정의와 문제점, 세대차이와 수직·수평 문화, 성경적 예절 교육, 인성 교육 원리 적용, 대한민국의 정체성 교육, 이스라엘을 모델로 한 정치 신학, 전인교육과 인성교육의 필요성의 콘텐츠를 공부했다. 이 교육은 나에게 인사이트(통찰)의 맛을 알게 해주었다.

본인은 29년차 중등 교사와 현재 교감으로 무엇보다 인성교육과 생활지도에 관심이 많았다. 성경적 메시지인 공경, 정직, 감사 등 몇 가지 콘텐츠로 강의를 했었다. 그러면서 인성교육 연수나 기존의 인성교육을 두루 살펴보았으나 무너져가는 현대교육에 대안은 없었다. 안타까운 것은 교회에서도 대안을 발견하지 못했다.

박사님은 논리와 투철한 사상을 강조하셨다. 강의를 통하여 나의 논리와 사상이 빈약함을 알게 되었다. 반복적으로 수강하는 가운데 논리와 사상에 대한 개념이 정립되었다. 특히 책을 반복해 읽으며 논리와 사상이 강해졌다. 박사님의 말씀대로 조금은 똘똘해졌다. 현대 교육의 문제에 대한 진단과 대안을 이만큼 제시해주는 인성교육은 지금껏 없었고 앞으로도 없을 것이다. 유대인을 모델로 한 성경의 진리이기 때문이다.

"율법주의를 버려야 하는데, 우리 기독교인에게 주신 특권인 성경의 율법도 버렸다."
"권위주의만 버리고 자녀들과 학생들을 가르치라고 주신 귀한 권위는 지켜야 하는데, 권위도 버렸다."
"교육의 내용뿐만 아니라 형식도 중요한데, 우리는 형식을 하찮게 여기고 버리지 않았는가"

"기독교인도 정치를 알고 참여해야 한다."

"왜, 우리는 진보좌파가 아니라 보수우파여야 하는지"

"대한민국은 기독교인인 이승만 대통령이 기도하며 세운 나라이다" 등등

와우! 감탄이 나오지 않는가! 대충 아는 내용이었지만, 박사님의 논리는 그 양도 많지만 명확했다. 그래서 진보주의자도 강의를 들으면 보수주의자로 전향이 된다. 그래서 이 교육을 듣고 전하는 것이 바로 이 대한민국을 살리는 애국활동인 것이다.

박사님이 가장 많이 말씀하시는 어휘가 '논리'일 것이다. 강의를 듣고 책을 읽으며 강한 논리를 탑재하라는 것이다. 그리하면 논리에 강한 진보주의자들도 굴복시킬 수 있다는 것이다. 그리하여 깊은 생각 바른 행동으로 착하지만 강하고 큰 인물이 되는 것이다. 바로 독수리가 되는 것이다.

가정이 병든 원인을 발견하고 대책을 발견했습니다.

둘째, 2학기 '쉐마교육'에서는 구약의 지상 명령 쉐마(창18:19), 기독교에 유대인 교육이 필요한 이유(롬11장), 자녀 신학, 하나님의 모세 교육 방법과 독수리 교육, 왜 가정은 성전인가, 아버지 교육, 유대인의 성교육, 어머니의 EQ 교육, 유대인의 효교육, 고난의 역사교육에 관해 공부했다.

2학기에서도 인사이트는 계속 되었다. 믿지 않는 집안에서 자란 본인은 죄악 중에 살다가 30대 후반에 예수님을 만났다. "신앙생활을 특심으로 하면 모든 것이 잘 될 것이다"라는 믿음을 가지고 교회사역과 아버지 학교, 주일학교 교사

등은 물론 교회 밖 사역도 열심히 했다.

그래서 개인적으로 죄를 깨달아 회개하는 기쁨도 누렸지만, 정작 아내와 딸의 관계 등 가정은 어려워졌다. 교회의 목사님과 성도님들, 교회학교 학생들은 섬기면서 부모님과 아내와 딸은 시간이 없고 피곤하다는 이유로 잘 섬기지 못했다.

그래도 그의 의와 그의 나라를 먼저 구하니, 하나님께서 잘 되게 하리라 굳게 믿었다. 그러나 강의를 들으며 쉐마교육을 받아보니, 얼마나 우매한 믿음이었는지 깨달았다. 좀 더 일찍 쉐마교육을 받았다면 지금처럼 가정이 어려워지지는 않았을 텐데, 회개와 후회가 되었다.

자녀로서 부모님에게 어떻게 해야 하는지, 남편은 아내에게, 아내는 남편에게 어떻게 해야 하는지, 아버지와 어머니로서 자녀에게 어떻게 해야 하는지, 예수님을 믿고 구원받은 우리에게 가장 먼저 실천해야 할 사항이 아니겠는가! 그럼에도 교회에서 이 부분을 잘 배우지 못했다. 성경에 다 나오는 내용인데 말이다. 한탄스러웠다. 그래서 더욱 예수님을 전하듯 쉐마를 전하는 1인이 되었다.

참감람나무(유대인)에 접붙임 받은 돌감람나무(이방인 기독교인)는 참감람나무의 진액(쉐마)을 먹어야 그 열매가 제대로 열릴 것이다. 그런데 그것을 율법이라고 여기고 가르치는 것과 배우는 것을 멀리한 것이다. 그 댓가가 지금의 젊은 세대와 다음세대가 교회에서 사라져 가는 것이 아닌가! 율법은 우리를 옭아매는 족쇄가 아니라 우리에게 주어진 선물이자 특권인 것이다. 인사이트! 할렐루야.

오히려 정통파 유대인 학생들은 한복을 입은 박사님의 강의를 듣고 모두 박수를 치며 환호했다.

셋째, 3학기 '비전트립'에서는 미국의 유대인 가정을 탐방하는 대신 이전 선배들이 촬영했던 영상으로 강의 해주셔서 편하게 그리고 자세하게 들을 수 있었다. 강의로만 듣던 유대인의 회당, 유대인의 책방, 미국 정통파 유대인 랍비 강의, 유대인 역사박물관, 유대인의 경제교육, 예시바LA대학교, 유대인의 안식일 가정식탁예배 등을 영상으로 체험했다. 유대인이 4천년 동안 신앙과 역사와 전통을 유지하였는지 대단한 민족임을 확인했다.

자부심이 대단한 나라인 유대인들 앞에서도 현용수 박사님은 전혀 기죽지 않았고 당당했다. 오히려 정통파 유대인 학생들은 한복을 입은 박사님의 강의를 듣고 모두 박수를 치며 환호했다. 특히 우리가 배운 강의 내용을 정통파 유대인 여학생들에게 강의하는 모습은 자랑스러웠다. 박사님의 가르침대로 우리 대한민국도 우리 전통문화를 쉐마에 적용하면 위대한 쉐마 제사장 나라가 될 것이다. 희망과 사명을 품게 되었다.

넷째, 유대인의 쉐마인성교육 전도

1학기 첫 강의를 들으면서부터 이 교육을 전해야겠다는 마음이 솟구쳤다. 강의 듣는 학기 중에도 학생들에게 전했다. 구원받은 자는 하나님의 자녀로서 성화되어 가는 삶을 살아야 한다. 그것을 구체적으로 설명해준 것이 쉐마교육인 것이다. 그렇다면 누구나 배워야 하는 것이 아닌가? 그래서 가족과 소중한 분들, 이 대한민국과 나아가 세계열방에도 이 쉐마를 전해야 하는 것이다.

그리하면 나와 내 가정과 이 대한민국이 하나님이 창조하신 원형대로 회복될 것이다. 그렇게 강의가 개설되면 때를 얻든지 못 얻든지, "믿지 않는 자에겐 복음과 쉐마를! 믿는 자에겐 쉐마를!" 전도했다.

만날 때마다 전한다. 언제까지 전하는가? 들을 때까지 전한다.

강의가 개설되면 안내 메시지와, 간증문, 유튜브 영상을 메시지로 전하고, 만나는 이웃들에게도 전해야 한다. 한번 전해서 들으면 얼마나 좋겠는가? 대부분은 그렇지 않다. 계속 전하고 기도하면 들을 때가 온다. 쉐마를 전한 사람들 중 대부분이 한 번에 강의를 듣지 않는다.

한 번, 두 번, 세 번, 만날 때마다 전한다. 들을 때까지 전한다. 열 번을 넘게 전해서 강의를 들은 분들도 있다. 섬기는 단체에서는 논쟁을 벌이고 분란이 일어나기도 해서 나의 입지가 약해지기도 했다. 강의 개설 전 몇 주간은 하루 1시간 이상씩 쉐마를 전하는 게 고정 사역처럼 되었다.

왜 이렇게 시간과 에너지를 투자하며 전하는가? 내가 회복되고 가정이 살고, 교회와 학교와 이 대한민국이 살아나는데, 그만한 가치가 있지 않은가! 쉐마교육을 받고, 2자녀에서 둘을 더 낳아 4자녀가 된 국장님과 3자녀에서 하나를 더 낳아 4자녀가 된 수강생도 있다. 온 국민에게 쉐마교육을 전하고 쉐마문화가 확산되면 전 세계적인 저출산 문제도 저절로 해결될 것이다.

누가, 쉐마를 하면 전도와 선교가 약해진다고 비난하는가? 본인은 하나님의 은혜로 쉐마교육 기간 중 이슬람권의 본부라고 하는 이집트에 단기선교를 다녀왔다. 거기에서 가성비가 좋아서 유원지 등 많은 사람을 대상으로 전도했다. 이 또한 독수리 쉐마 인성교육의 열매다.

다섯째, 유대인의 독수리 쉐마인성교육 강사가 되었습니다.

마지막으로 이 무익한 종이 유대인의 독수리 인성교육 강사가 되어 강의를 하게 된 은혜를 나눈다.

1, 2차 학기를 수료하고, 박경란 교장 선생님의 실천사례를 듣고 빚진 자의 마음으로 바로 학교 학생들에게 이 강의를 시작했다. 학생들은 착하지만 강하고 큰 인물인 독수리들로 변화되기 시작했다.

학교의 인성교육은 주로 프로그램 중심으로 인성의 효과를 보거나 교과 시간에 인성의 요소를 포함시켜 교육하는 것이다. 예를 들면 휴지 줍기나 등산, 모둠수업 등이 있다. "인성이 어느 교육보다 중요하다"라는 말을 계속하며 인성교육을 시켰으나 결과는 지금의 교육현실이다.

학생들이 선생님에게 욕을 하고, 폭력을 쓰는 상황이 뉴스뿐만 아니라 많은 학교에서 일어나고 있다. 교회학교에서는 어떤가? 아이들이 혹시 교회를 떠날까 봐 아이들에게 흥미 위주로 인성교육을 하여 비기독교 아이들과 큰 차이가 없다.

박사님은 교육은 반드시 선한 열매를 봐야 한다고 하셨다. 그러한 프로그램도 나쁘진 않지만 박사님처럼 인성교육의 원리와 공식을 직접 가르쳐야 하지 않겠는가! 논리를 가지고 반복적으로 가르쳐 투철한 사상을 갖게 하면 생각이 바뀌고 행동이 바뀌고 습관이 되어 결국 경건한 자손과 학생이 되는 것이다.

학생들에게 유대인의 독수리 인성교육을 시키고 교회에서도 유대인의 효교육을 강의하는 영광을 누렸다. 충청북도 교육청의 교직원 대상 자율기획 연수와 타학교에 초청받아 학부모 대상으로 강의를 했다. 교사단체 선생님들을 대상으로 온라인 강의도 했다.

강의 내용은 박사님의 강의와 책의 내용을 주로 하고, 나의 경험을 조금씩 포함했다. 부족하지만, 박사님의 컨텐츠가 워낙 탁월하기에 그 내용을 거의 그대로 읽어주기만 해도 수강생들은 인사이트를 얻고 큰 도움을 얻었다고 했다. 학생, 학부모, 교직원들이 쉐마교육을 적용하여 가정과 교회와 학교에서 인성교육의 방향을 잡고 실천하는 모습이 기쁘고 감사했다.

이 덕분에 교육부와 교육청 주관 인성교육 사업에도 참여하게 되었다. 섬기는 학교가 인성교육 우수학교로 표창도 받았다. 우리는 이 독수리 쉐마인성교육을 선물로 받았으니 가정과 교회, 그리고 학교를 통해서 확산시켜야 하는 거룩한 부담을 가져야 한다.

　엘리사가 엘리야의 갑절의 은사를 구했듯 우리 쉐마 졸업생들이 그 은혜를 받아 처한 곳에서 모두 쉐마 전도사가 되길 기도한다. 특별히 무너져가는 대한민국 교육에 쉐마교육이 일반화되길 간절히 바라며 본인도 이 사명을 품고 기도하고 힘써 노력할 것이다.

　여섯째, 맺는 말

　3학기를 마치며 졸업을 앞두고 이 간증문을 작성하니 가슴이 먹먹하고 머리가 쭈뼛 서는 전율과 감동을 느낍니다. 이 귀한 진리의 말씀 쉐마를 현용수 박사님을 통하여 알게 해주신 하나님께 감사와 찬송과 영광을 드립니다.

　또한 많은 핍박과 저항 속에서도 세계 유일한 쉐마독수리 인성교육을 학문으로 집대성한 박사님께 감사드립니다. 강의 때나 개인적으로 귀찮게 질문을 많이 해도 때론 구박도 주셨지만 항상 잘 가르쳐주셔서 감사합니다. 존경하고 사랑합니다.

　박사님, 오래오래 강건하게 사시고 많은 독수리 제자들을 키워주십시오. 할렐루야!

왜 나는 이렇게 시간과 에너지를 많이 투자하는가?
나와 가정이 살고, 교회와 학교와 대한민국이 살아나는데,
그만한 가치가 있지 않은가!

교육자의 증언
멘붕!! 충격과 회개의 연속!

박민정 교사 (영어 교사, 자수연 소속)

멘붕!!
껍데기는 가라!!

쉐마교육을 접하고 처음부터 끝까지 충격과 회개의 연속이었다.

내 안에, 한국 교회에, 기성세대와 다음세대 할 것 없이 무엇인가가 누룩처럼 번져버려 손쓸 수 없을 것만 같아 애만 태우고 있었다. 원인도 해결책도 알지 못한 채 다들 속수무책으로 넋을 놓고 발만 동동 구르고들 있다.

4000년 역사 속에서도 세대차이가 없는 유대인들의 인성, 노벨상 32%를 차지하는 지성. 율법을 터부시하는 한국 교회와 성도들에게 율법이 선악을 구별하는 성경적 기준이 되며 세상의 각종 사상에 속지 않을 수 있는 해답이 됨을 알리고 싶다.

배려육아? 존중 육아? 자존감? 금쪽같은 내 새끼?
쏟아지는 육아서의 홍수 속에서 젊은 엄마들은 허우적대고 있다.

성경적 어머니가 어떻게 해야 하는지 알지 못한 채, 그저 아이들에게 행복한 어린 시절의 추억을 많이 만들어 주면 되는 걸로만 알고 열심히 놀게 했다. 기껏 해 준 거라곤 교회 주일학교에 데려다 놓는 것과 밤마다 어린이 성경을 읽어주는 것이 전부였으며, 그마저도 동화책으로 바뀌어 갔다.

직장, 주일학교 교사 등 모든 걸 내려놓고 남들이 보기엔 하찮아 보이는 기저귀 갈기, 모유 수유, 집안 일, 아이 (성경) 책 읽어주기, 놀아주기 등등을 하면서, 전업주부의 우울감과 점점 낮아지는 자존감을 경험했다.

어느 누구도 이 엄마라는 직분의 고귀함과 사명감에 대해 알지도, 알려주지도, 알려고도 하지 않는 참으로 외로운 길이었다. 소위 독박육아로 영육이 힘들다고 털어 놓으면 그냥 편하게 어린이집에 보내면 되지 왜 사서 고생을 하느냐, 아이들은 주님이 키우니 너는 주의 일만 열심히 하라고들 했다.

두 번의 유산을 겪고 모든 생명이 주께로부터 온다는 것을 체득한 후, 하나님이 내게 주신 생명을 위해 부모의 청지기적 사명을 다하고 싶었는데, 이 길이 옳은지도, 어떤 방법이 있는지도 배우지 못한 채 이리 저리 헤매고만 있었던 것 같다.

성경 말씀을 손가락으로 가리키지도 못 할 만큼 하나님을 경외하고, 말씀대로 살아내려 전 생애를 걸쳐 발버둥치는 정통 유대인들을 보면서 나의 한심함을 직시할 수 있었다. 기독교 집안에 태어나지도, 하나님을 일찍 알지도 못했다며 핑계만 대고 있었는데, 쉐마에서 배운 작은 것부터 당장 실천으로 옮겨야겠다고 다짐했다.

요즘 학교에는 학생인권조례로 인해, 교복 치마가 짧다고 지적한 교사에게 폭력을 행사한 여중생, 중학생과 성관계한 남학생을 징계한 학교를 상대로 성적자기결정권을 내세워 고소를 한 고등학생이 있다. 선생님의 뺨을 때린 초등학생 사건은 이미 옛일이 되어버린 세상에서 다음 세대에게 명확한 기준, 그것도 성경적 가치관을 제시할 수 있을 것 같아 기쁘다.

또, 학교 행사에는 국기에 대한 경례와 애국가를 생략하고 있고, 최근 보도에 의하면 태극기를 걸지 않는 학교도 있다. 6·25 때 계기교육을 전혀 하지 않는 학교들이 대다수이며, 대신 5·18 교육은 엄청나게 한다.

김영삼 정부 때 교실 사물함을 배치한 이후 교과서를 학교에 두고 오기 때문에 부모들은 자녀들이 학교에서 무엇을 배우는지 알 수 없는 시대다. 부모는 학교, 학원에 보내는 것으로 할 일을 다 했다고 생각하는지 교과 내용에는 관심을 두지도 않는다. 아니 그럴 여유조차 없는 것 같다.

그 속에서 우리 다음세대는 자신의 정체성과 애국심을 상실한 채 다람쥐 쳇바퀴 돌 듯 살아가다 OECD 국가 중 자살율 1위를 기록하고 있다. 이는 기성세대와 부모세대의 명백한 직무유기가 아닐 수 없다. 하나님이 보시면 뭐라고 하실까... 두렵다...

학교는 왜곡된 역사 교과서가 있어 그렇다 치지만, 교회 내에서조차 제대로 된 한국사와 교회사를 배우지 못한다는 것이 가장 가슴이 답답하다. 평생을 홀로 이 길에서 싸워오신 현 목사님은 어떠실까 감히 다 이해할 순 없지만 조금이나마 이해가 되었다.

논리!!
슈르드!! (뱀같은 지혜)

이미 누룩과 같이 퍼져버린 수평문화의 홍수와 음란하고 폭력적인 이 시대 컨텐츠의 홍수 속에서 아이들을 건져 쉐마의 방주에 태워야겠다고 다짐한다.

땅끝 선교지가 내 자녀라는 사실을 가슴에 새긴다.

교육자의 증언
미주 한인 2세 교육의 대안을 찾았다

- 한미역사학회 회장
- 중부개혁신학교 부학장
- 미국 시카고 헤브론교회 장로
- 네브래스카주립대 졸업(석·박사, Ph.D.)
- 서울대학교 사학과 1년 수료 후 국립대만대학교 졸업

함성택 박사 (중부개혁신학교 부학장)

> **편집자 주** 함성택 박사는 고(故) 함석헌 선생의 친 조카로 한국 민족의 역사의식이 투철하여 역사학을 전공했다. 미국에 유학 온 뒤 북미주 이민 교회에서 2세 교육의 대안에 대해 고민하다가 쉐마에서 그 해답을 찾았다고 했다.

먼저 나의 자녀를 제자 삼자!

나는 미국 이민 2세들을 가르치는 교육자로서 일반 교육기관 및 교회에서 교육의 목적이나 방향을 제시하는 데 문제점이 있음을 발견했다. 이제 이민 역사가 깊어지면서 한국교회와 가정, 동포 사회는 2세와의 세대차이, 대화의 단절, 세대교체의 문제를 심각하게 겪고 있다. 대학을 졸업한 자녀들의 90% 이상이 교회를 떠나 신앙의 전승도 힘들게 됐다.

그 이유는 1세들이 자녀교육을 제대로 준비하지 못했기 때문이다. 자녀들에게 한국인의 정체성을 심어 주지 못했고, 한국 전통 기독교 신앙 및 민족문화의

유산을 넘겨주지 못했기 때문이다. 어디서 대안을 찾아야 하는가? 현용수 박사님은 그 대안을 유대인에게서 찾았다. 어떻게 유대인은 수천 년 동안 전 세계를 유랑하면서도 그들의 신앙과 전통을 자자손손 전수하는 데 성공할 수 있었을까?

2002년 9월 16일부터 시작된 2주에 걸친 쉐마교육에 관한 강의와, 유대인 가정과 회당 및 학교 등 그들의 종교교육을 체험하는 현장 견학은 2세 교육의 문제들을 해결할 수 있는 방법을 충분히 보여 주었다. 현용수 박사님은 기독교 교육 전문가로서 왜 유대인의 쉐마교육이 기독교인에게 필요한지를 성경적이며, 교육학적으로 명쾌하게 설명해 주었다. 그리고 민족 정체성의 필요성에 대해서는 철학적 및 인류문화학적으로 명료하게 설명해 주었다.

현 교수님의 강의 중 "왜 가정은 성전인가?"에서 가정이 어떠한 개념을 갖고 있으며, 왜 중요한지에 대한 신학적 답을 제시했다. 유대인의 지혜로운 아버지 교육과 유대인의 어머니 교육 및 유대인의 효도교육은 나에게 지금까지 들어보지 못했던 새로운 교육의 영역에 눈을 뜨게 해줬다. 강의 때마다 현 교수님은 "자는 아이 다시 보자. 세대차이 있나 없나!", "먼저 나의 자녀를 제자 삼자."를 따라하게 하셨다.

쉐마교육은 이민 가정과 교회에서 실제적으로 사용할 수 있으며 내 자녀를 효자로 만들고, 또 그들을 수직문화의 계승자로 교육시킬 수 있다. 또 가정교육과 성경교육을 통해 복음을 성공적으로 전하고, 교회 성장과 랠프 윈터 교수가 말한 '땅끝 선교(E-3)'를 함께 이룰 수 있는 최상의 대안이다.

쉐마교육에 의한 2세 교육 없이는 동포 사회의 교회가 발전할 수 없으며, 세대교체를 이룰 수도, 우리의 전통문화를 이어갈 수도 없다. 왜냐하면 미국은 다문화권(Multi-cultural) 사회이고, 점점 세계화되어 가고 있기 때문이다.

유대인의 교육법을 배우면서 매우 중요한 사실을 깨달았다. 유대인은 고난의 역사를 가정교육과 쉐마교육, 또 박물관 교육을 통해 후손에게 가르쳐 올바른 민족적 인성교육의 가치관을 갖게 했다.

이에 비해 우리는 유대인과 같이 고난의 역사를 가졌지만 그것을 자녀에게 가르쳐 교육의 열매를 맺었는가에 대해서는 회의적이다. 우리 자신의 가치나 과거의 문화를 높이 평가하는 데 인색한 결과, 자녀들에게 전수하는 데 실패한 것이다.

현 박사님은 이런 우리에게 기독교적, 역사적인 면에서 가정과 교회에서 2세 교육의 중요성을 강조했다. 특히 한국의 발전과 교회성장이 여기에 달려 있다고 주장한다. 그 이유는 '우리도 영적 유대인'(롬 2:25-29)이며 이스라엘 민족이 자녀들에게 쉐마교육을 시키고 율법을 지켰을 때 하나님의 축복이 있었던 (신 28장) 것처럼, 우리도 쉐마교육을 할 때 하나님의 축복을 받을 수 있다는 것을 알기 때문이다.

안타까웠던 것은 우리는 성공한 민족으로 이스라엘 민족을 연상하지만 그들의 성공 뒤에 역사적 쉐마교육이 있었다는 사실을 깨닫지 못했다는 점이다. 나는 쉐마클리닉을 통해 재미 2세 교육의 교육철학과 방법의 문제점을 발견하고 그 대안을 유대인의 쉐마교육에서 찾았다. 그리고 이의 중요성과 시급성을 동시에 발견했다. 따라서 많은 지도자들이 쉐마교육 운동에 동참하여 한민족의 2세 교육을 살리는 데 협력하기를 간절히 소원한다.

> 안타까웠던 것은 우리는 성공한 민족으로
> 이스라엘 민족을 연상하지만
> 그들의 성공 뒤에 쉐마교육이 있었다는 것은
> 깨닫지 못했다는 점이다.

인성교육자의 증언
잃어버린 꿈의 열쇠를 찾았다

이상욱 박사 (목민리더스쿨 교장, 신약학)

한민족의 흥망성쇠는 교육에 달려있다. 그 교육이 어떠한 목적을 가지고 얼마나 멀리 바라보느냐에 따라 그 나라 명운도 함께 함을 역사는 보여 준다. 신라의 화랑교육이 한반도를 하나로 만들고, 조선의 서당교육이 500여 년의 조선 역사를 이어갔듯이 교육은 말 그대로 백년지대계(百年之大計)다.

그런데 오늘날 우리의 교육은 무엇을 향하고 있는가? 신라의 화랑은 불국을 꿈꾸며 국민을 하나로 모았고, 조선의 서당은 유교의 나라를 꿈꾸며 그 몫을 다했다면 과연 오늘 우리 교육은 어떤 나라를 꿈꾸고 있는가. 종교의 다원화로 인해 결국 무신론주의, 물질주의, 과학만능주의에 빠져 비전을 잃고 무원칙교육론에 빠져 방황하지 않는가.

이제 우리는 이 방황의 늪에서 헤어 나올 비결을 간절히 원한다. 우리와 같은 처지지만, 아니 우리보다 더 못한 처지였지만 세계에 우뚝 서서 호령하는 유대인을 보자. 그들은 바빌론 제국 속에서도, 페르시아 제국 속에서도, 천 년의 로마 제국 속에서도 소화되지 아니했다. 무엇이 그들로 하여금 그렇게 견디게 했는가. 현용수 박사는 《인성교육 원리》에 그 비법을 담아 놓았다.

그 비법이 바로 교육을 통한 강력한 수직문화의 전수다. 한때 유행하며 휩쓸고 지나가는 수평문화와 달리 변질되지 않고 한 민족의 세대 간 격차를 줄이며 하나로 뭉치게 만드는 강력한 수직문화 교육시스템! 이러한 교육제도에서 우리는 희망을 건져 본다. 우리에게도 한때 동방예의지국이라는 찬사를 받을 만큼 강력한 수직문화 제도가 있었다. 이제 다시 우리는 우리 고유의 문화를 오늘날 시대에 맞게 온고지신(溫故知新)해야 한다.

이제 우리는 희망의 불꽃을 다시 피울 수 있게 되었다. 이 책을 읽고 새롭게 다짐하는 아이들을 보면서 잃어버렸던 꿈의 열쇠를 되찾았기 때문이다. 아이들의 빛나는 눈을 보면서 어떻게 우리 것을 새롭게 하여 탁월하게 만들어갈 것인가. 오늘도 목민리더스쿨은 즐거운 꿈을 꾼다.

인성교육자의 증언

왜 젊은 세대가 그토록 짧은 기간에 크게 변했는지 원인 발견

김영규 목사 (정윤교회)

- 고려대학교 전자공학과 졸(BS)
- 총신대학교 신대원 졸(M.div.)

막막했던 인성교육의 원리 깨달아

쉐마지도자클리닉 제7기 1학기(인성교육)를 수강하면서 쉐마교육 이론 체계에 대해 어느 정도 눈을 뜨게 된 것을 감사드린다. 지난 2007년 정초에 현용수 교수님을 모시고 교회에서 부흥회를 가졌다. 이어서 쉐마목회자클리닉 제6기 2학기를 수강했다.

부흥회 때는 각 주제별로 섞어서 들었기 때문에 낱낱의 말씀에 대해서는 큰 도전을 받았지만, 전체 흐름을 제대로 파악하지 못했었다. 제2학기를 먼저 듣다 보니 역시 주제별로 감동을 받았지만 무엇을 어디서부터 실행에 옮겨야 할지 감이 잡히지 않았다.

다행히 이번 강의를 들으면서 어느 정도 눈을 뜨게 되었다. 이번 교육의 핵심은 인성교육이다. 이 강의를 듣기 전에는 인성교육이 중요하다는 것을 알았지만 왜 중요한지, 인성교육의 기능과 역할이 무엇인지, 인성교육은 어떻게 시켜야 되는지 알지 못했다.

교회가 경시해 온 전통적 가치들의 재발견

그런데 이번 강의를 듣는 가운데 모든 문제가 명쾌하게 풀렸다.

첫째, 수직문화와 수평문화의 개념이다. 이제까지 문화가 교회교육에 막대한 영향을 미치고 있다는 것은 알고 있었지만, 그 문화의 성격이나 대응 방법을 알지 못했다. 문화를 수직문화와 수평문화로 나누어 분석한 것은 정말 놀라운 발견이다. 왜 젊은 세대가 그토록 짧은 기간에 그토록 크게 변했는지, 수평문화의 영향을 알고 나니 이해가 된다.

반면 왜 기성세대가 신중하고 사려 깊게 행동하고, 믿음생활을 잘 하는지도 이해가 된다. 특히 큰 소득은 그동안 교회가 경시해 온 전통적 가치들을 재발견한 것이다. 유교적 아름다운 우리 민족의 전통, 선비문화, 고전, 역사, 민요 등등. 이제 교회가 예배, 찬송 및 모든 활동에서 수평문화적 요소들을 배제하고 수직문화적 요소들을 적극 수용할 것이다.

둘째, 인성교육의 의미를 정립하게 되었다. 예전에는 인성교육을 아이들 성품을 좋게 해 주는 교육 정도로 알고 있었다. 그런데 쉐마교육을 받으면서 엄청난 의미가 있음을 깨달았다.

인성교육은 정말 중요한 2가지 의미와 역할을 한다. 첫째로 Pre-Evangelism적인 의미다. 즉 복음을 받아들일 수 있는 옥토로서 마음밭을 준비케 한다는 점이다. 둘째는 Post-Evangelism적인 역할이다. 즉 구원받은 성도가 그리스도의 형상을 닮아가도록 교육하는 것이다. 성화는 그리스도의 평생 과제요, 궁극적인 목표다.

셋째, 교육의 틀에 대한 깨달음이다. 나는 개인적으로 전통종교를 믿다가 예수님을 믿게 되었다. 그래서 예수님 믿은 후에는 제사를 비롯한 모든 유교의 전통적인 절기나 일상생활의 의전을 버렸다. 그래서 가정에서 딱히 의전이라고 할 만한 것이 하나도 없었다.

교회도 마찬가지다. 가톨릭교회의 의식과 의전들을 비판하면서 의전을 없애는 것을 자랑으로 여겼다. 청년부에 열린 예배를 도입한 것도 그런 맥락에서였다. 그런데 이제 교육에서 형식과 틀이 얼마나 중요한지 알게 되었다. 특히 수직문화적인 틀의 중요성이다. 구약의 유월절과 초막절 등의 절기 의식이 갖는 의미처럼 교회도 예배, 찬송, 옷차림, 순서의 격식이 중요하다.

우리 교회는 금년 초부터 청년부의 열린 예배를 없앴다. 주일학교 예배를 장년예배에 통합시켰다. 식탁과 침상에서 성구를 소리 내어 읽도록 했다. 앞으로도 바람직한 교육의 틀을 세워갈 것이다.

넷째, 율법에 대한 새로운 인식이다. 과거 내가 배우고 가르친 것은 유대인들이 613개 조항의 율법을 까다롭게 지키도록 얽매고 있다는 것이었다. 이제 그들의 그러한 삶이 성화를 이루어 가는 중요한 교육의 틀임을 깨달았다.

성도는 물론 성령의 은혜로 거듭나고 성화된다. 그러나 성령은 말씀을 통로로 역사하신다. 그런 의미에서 613개 조항의 율법을 기독교적으로 재해석하고 응용하는 노력이 필요할 것 같다.

앞으로 이 부분을 연구해 볼 생각이다. 우리교회는 쉐마와 함께 지속적으로 변하고 있다. 이제 시작이다. 앞으로 남은 목회 기간 동안 가정과 교회를 완전히 쉐마 체제로 정립하여 후임자에게 물려줄 생각이다.

상담심리학자의의 증언, 아빠의 변화

세 마리 토끼를 다 잡는 비법, 쉐마!

- 참행복교육원 가정사역자
- 백석대학교 상담학 박사(Ph.D)
- 총신대신학대학원(M.Div.)
- 경상대학교 국어국문학과(BA)

이병준 박사 (참행복교육원 가정사역자)

패잔병 집합소 같은 교회에 눈물을 흘리며 가정사역을 시작했다.

15년 전 총신대 신학대학원을 졸업하고 전임사역자로 본격적인 교회 사역을 할 때였다. 교회에서는 재능 많고 장래가 촉망되는 목사로 주목되고 있었지만, 마음 한쪽엔 늘 빈자리가 있었다. 하루 종일 강행군 하는 주일사역을 마치고 잠자리에 누웠을 때 눈물이 울컥 쏟아졌던 날이 많았다.

교구를 맡아 가정들을 방문해 보니 깨어져 가는 가정들이 너무 많았는데 그들을 도울 수 있는 방법이 없다는 것, 청년 대학부 아이들을 보면서 느낀 젊은 이들의 무력감, 열심 있는 크리스천 가정들일수록 온 가족이 이산가족(?)이 되는 기현상, 자꾸만 패잔병들의 집합소가 되어 가는 듯한 교회에 대한 절망과 안타까움의 눈물이었다.

그래서 찾았던 분야가 가정사역이었다. 때마침 서울에 있는 가정사역 기관에서 전임사역자로 콜이 있었던 차 공부를 위해 과감히 상경하고 상담학으로 박사학위까지 마쳤다. 가정사역 현장에서 세미나와 가족 상담을 통해서 부부들을 직접 만날 수 있었고 마음속 아쉬움의 자리를 어느 정도 메꿀 수 있었다.

〈남편 사용 설명서〉〈아내 사용 설명서〉란 책을 내면서 가정 관련 강사로서 어느 정도 인지도를 얻어 〈KBS 아침마당〉 목요명사 특강도 하게 되었고, 덕분에 상담을 요청해 오는 사람들이 늘어났다. 그런 과정 중 다 큰 자녀 때문에 고민하는 한 가정을 돕는 실제 코칭 과정을 담은 〈다 큰 자녀 싸가지 코칭〉을 낸 이후 다 큰 자녀에 대한 상담 요청이 쇄도하였다. 그분들은 학력이 낮거나 폭력 폭언을 행사하는 자격 미달의 부모들이 아니라 누구보다 자녀들을 잘 키우고자 애쓰는 분들이었다는 것에 충격을 받았고 뭘 어떻게 해야 할 지 방향을 못 잡는 것에 안타까웠다.

그분들이 요청한 아이들의 문제들은 집안에서 '아버지'가 엄한 목소리를 내면 얼마든 바로 잡을 수 있는 것들이었다. 심리학적인 문제라기보다는 예의 없고 버릇없는 행동, 한마디로 '싸가지' 없는 행동들에 불과했다. 그러나 내가 배운 상담학에선 아버지의 자리와 역할에 대해서 말해 주지 않았다. 갓 태어난 유아를 대하는 초기 양육자인 엄마가 어떠한가에 따라 아이의 자아상이 결정된다는 대상관계 이론을 비롯해 상처주지 말고 그저 공감하고 따뜻하게 대해주라는 여성 중심의 지침이었을 뿐 한 아이를 어떻게 건강한 성인으로 자라게 하는 지, 그 과정에서 특히 아버지와 어머니는 각각 어떻게 인성교육을 해야 하는지에 대해선 물음표였다.

상담학은 '인간은 병리적이다' 라는 기본 전제를 깔고 있어 '병리적 인간을 정상 범위로 만드는 것'이 최고의 목적이다. 물론, 최근에 정상 범위가 된 사람을 어떻게 더 행복하게 할까를 고민하면서 행복 심리학이 나오긴 했지만 이제 시작 단계일 뿐이다.

행복 심리학이 나오게 된 것도 수많은 현대인들이 '행복'을 최고의 지상 목표로 여기기 때문이다. 그러나 행복을 추구하는 사람 치고 행복을 얻은 사람은 별로 없다는 것이 아이러니다. 행복이란 더 우선 되는 목적을 추구할 때 자동으로 따라오는 부산물에 불과하다.

사람들은 '성공'과 '행복'이란 두 마리 토끼를 잡으려 애쓴다. 두 마리 토끼를 다 잡아야 할 때는 우선 먼저 잡아야할 토끼가 있는 법이다. 우선순위를 놓치면 둘 다 놓치고 만다. 사실, 한국의 가정들이 그런 상태다. 안타깝게도 크리스천들 가정들도 예외 없이 첫 번째 토끼를 제쳐 놓고 두 번째 토끼만을 잡으려 바동거리고 있고 두 마리 토끼 보다 더 앞서 잡아야할 또 하나의 토끼가 있다는 것을 전혀 모르고 있다.

가정사역자의 한계, 그리고 쉐마를 집에서 실천했더니….

현용수 박사님을 알게 된 것은 〈옷을 팔아 책을 사라〉 〈유대인 아버지의 4차원 영재교육〉 〈자녀들아 돈을 이렇게 벌고 이렇게 쓰라〉 등의 책을 통해서였다. 그러던 중 지난 여름 우연히 개인적인 친분이 있는 백승철 목사와 함께 식사 자리에서 직접 뵐 기회가 있었다.

백 목사님은 이미 쉐마를 기반으로 한 개척교회를 시작했는데, 그 모든 과정에 도움을 주신 분이 현용수 박사님이셨고 덕분에 개척교회가 어렵다고 하는 이 시대에도 말씀의 기초 위에 든든히 선 건강한 교회를 만들 수 있었다고 하였다. 그 얼굴에 흐르는 자신감이 내심 부러웠다.

그 만남 이후 박사님의 저서 전집을 구입하고 읽기 시작했다. 책을 읽으면 읽을수록 박사님은 내가 고민하고 있었던 부분들에 대해서 같은 고민을 먼저 하고 계셨고 고민에서 끝난 것이 아니라 명쾌한 대안을 제시하고 있다는 점에 점점 더 깊이 끌렸다.

제대로 배워야겠다 싶은 생각에 2014년 1월 쉐마목회자클리닉에 참석하였다. 첫 강의에 무릎을 친 것은 바로 '아버지의 자리'가 바로 '말씀을 맡은 자'라는 것이었다. 말씀을 전수하는 주체가 바로 아버지였다는 것에 전율이 흐르면서 내 자녀들에게 미안했다. 특히 아들에게 더 미안했다. 딸들과는 꽤 살가운 관계인데 아들과는 뭔가 서먹한 느낌을 가지고 있었던 터였다.

아들의 눈빛에서 "제발 제가 어디로 가야할 지 방향 좀 알려 주세요"라고 요청하고 있는 것은 늘 감지했지만 솔직히 나도 해답을 제시해 줄 수가 없었다. '말씀 맡은 자' '신앙의 전수'가 바로 그 해답이었다. 무릎 꿇고 통성기도 할 때는 정말 많이 울었다. 상담심리를 전공한 가정사역자이니 우리 가정은 자동으로 잘 세워질 거라고 방관했던 나의 교만, 아버지로서 하나님의 말씀을 가르치지 않은 무책임과 게으름, 그리고 교인들에게도 제대로 가르치지 않은 직무유기에 대한 회개였다.

집에 돌아와서는 바로 가정 예배부터 시작하였다. 매일 밤 찬송가를 부르고 성경을 읽고 탈무딕 디베이트를 시작하였고, 주일 밤엔 식탁에서 주일 말씀에 대해 탈무딕 디베이트를 하였다. 주일 식탁예배 첫 모임 땐 2시간 가까이 말씀을 토론했다. 정작 놀란 것은 나였다.

아이들이 자기 생각을 표현하는 것에 놀라기도 했지만 말씀이 아이들에게 전달되고 있다는 느낌에 아버지로서 뿌듯했다. 가족 모임을 하는 이유와 가족의 소중함을 일깨우고 마지막 시간에 가족이 손을 잡고 기도할 때는 우리 부부도 울고 아이들도 함께 울었다.

아직 쉐마를 제대로 배우지 못한 사람의 어설픈 시도임에도 불구하고 아이들의 눈빛이 부드러워지고 순종적으로 바뀌었다. 아들과도 서먹한 느낌이 꽤 많이 사라졌다. 미국 3차 학기 일정을 마치고 돌아와서는 온 가족이 NIV 영한

대역 성경을 구입하고 매일 밤 말씀 공부를 시작하였고 매일 아침 식탁에서 '오늘의 말씀'을 돌아가면서 한 번씩 읽고 하루를 시작한다.

미국 3차 학기에서 두 마리를 넘어 세 마리 토끼를 잡는 유대인의 모습에 감탄했다

　내친 김에 미리 등록금을 다 내고 아내를 설득해 미국 3차 학기에 참여하였다. 예정되었던 강연 일정도 취소하거나 뒤로 연기하고 가장 우선순위로 이 과정을 선택했다. 이번 기수에는 2주 과정을 풀로 참여한 사람은 우리 부부 뿐이었다. 처음 가보는 미국이라 서부지역을 관광하는 일정도 좋았지만 쉐마 3학기가 시작되면서 유대인촌, 유대인 학교를 직접 둘러보는 일은 정말 색다른 경험이었다.

　남자학교 학생들이 진지하게 토라를 공부하는 모습, 그리고 여학교에서 그렇게 친절하고 따뜻하면서도 예의를 갖추는 학생들을 보면서 충격을 받았다. 그 학생들을 볼 때마다 짜증과 불평, 그리고 수동적인 한국의 아이들 표정과 비교해 보았다.

　그렇다고 그 아이들이 물러터진 아이들도 아니었다. 보란 듯이 명문대에 당당히 이미 합격한 아이들도 있었다. 교사가 들어올 때 반사적으로 일어나 예를 갖추는 모습을 볼 때 부러움과 안타까움이 더 컸다. 우리나라도 원래는 저랬는데….

　유대인들 부모들은 두 마리 토끼를 넘어 세 마리 토끼를 다 잡는 법을 가르치고 있었다. 그 아이들은 다 세 마리 토끼를 다 잡을 수 있다는 확신으로 차 있었다. 그리고 첫 번째 토끼를 확실하게 잡아야만 된다는 것도 알고 있었다. 첫 번째 토끼는 신앙이었고 신앙의 큰 줄기는 말씀(토라)과 성결이었다. 그 토끼를 먼저 잡은 아이들은 세상의 성공이라는 두 번째 토끼 정도는 어렵지 않게 잡을 수 있었다. 그리고 두 마리의 토끼를 잡은 그들은 당연히 행복이라는 세 번째 토끼를 부산물로 얻었다.

현용수 박사님은 유대인들과 아무런 거리낌도 없이 어울리고 또 어딜 가든 한복을 입고 이렇게 우리를 데리고 온 목적을 그들에게 설명하셨다. 그 거침없고 당당한 모습을 보면서 참 대단하신 분이라는 생각이 들었고 자랑스러웠다. 솔직히 현 박사님이 아니면 우리가 어떻게 정통파 유대인 학교를 가고 랍비들을 만나고 회당을 가 볼 수나 있었을까!

미국 일정의 가장 핵심은 유대인 가정의 안식일 식탁이었다. 처음 해가 질 녘에 남자들이 가정으로 안 가고 회당으로 먼저 가는 것이 이상했는데, 알고 보니 남자들이 한시간여동안 기도를 한 후 돌아갔다. 가정에서 안식일 식탁 예식을 지키기 위함이었다.

책에서 보던 유대인 가정의 주인공을 실제로 만나는 것도 신기했지만 가장 놀라웠던 것은 그들의 태도였다. 친절, 따뜻함, 배려, 그리고 가족 간의 사랑, 외부 손님에게 일일이 음식을 나눠주는 아이들의 몸에 밴 자발적 수고가 부러웠다. 그리고 아버지가 아이들을 일일이 안아 축복하는 장면에서 눈물이 났다. 주방에서 유대인 어머니와 몇 분 이야기를 나누는 동안 그들이 얼마나 가정에 대해서 자랑스러워하는지도 알 수 있었다.

쉐마목회자클리닉 때 누군가 "유대인 자녀들은 가출 같은 것 안 합니까?"라는 질문을 했을 때 현 박사님은 "거의 안 하지만, 하더라도 금방 돌아옵니다. 그런데 어머니가 그리워서라기보다 아버지가 그리워 돌아옵니다."라고 대답하셨다.

아버지가 아이들을 꼭 안고 축복하는 장면을 보는 순간 누가복음 15장 탕자의 비유가 이해가 되었다. 자애롭고 따뜻하면서도 분명한 위엄이 있는 아버지상, 그것이야 말로 대한민국 가정에 가장 부족한 부분이었다. 그래서 이 땅의 아버지들에게도 소망을 줄 수 있다는 생각에 가슴이 벅차올랐다.

현 박사님의 집에 거주하며 선지자의 거룩한 분노와 고독을 보았다.

　미국에 있는 동안 내내 현 박사님 댁에서 기거했기에 박사님을 가까이에서 뵐 수 있었다. 주일을 맞아 참석한 미국 현지인들 예배시간은 앞으로 한국교회가 어떻게 될 지를 보여주는 청사진이었고 앞으로의 한국교회에 대한 위기의식을 느끼게 된 시간이었다. 아마 미국 교회가 왜 '죽었는지'를 직접 눈으로 보고 급속하게 '죽어가는' 한국교회를 살리는 대안이 무엇인지 생각해 보라는 뜻이셨던 것 같다.

　한 때 그 지역에서 가장 컸다는 그 교회는 체육관과 유아방 같은 편의 시설이 잘 갖춰져 있었다. 그럼에도 오히려 교회는 텅텅 비어가면서 생기를 잃어가고 있었고 내가 참석했던 주일 오전 11시 예배는 예배라기보다 어떤 조직체가 치루는 정기적 의식(ritual)에 불과하다는 느낌이 자꾸만 들었다. 예배 후엔 성경공부를 하는 방에 잠깐 들렀는데 거기는 텅텅 비어 있었다. 노인들 몇 분이 명맥을 유지할 뿐이었다. 미국교회는 대가 끊어진 교회였던 것이다.

　가까이에서 만나본 그 분은 21세기의 '예레미야 선지자'였다. 3학기 첫 시간에 예레미야 15장의 말씀으로 첫 문을 열면서 그 분은 "거룩한 분노를 가졌는가?"라는 질문을 하며 피를 토하는 심정으로 외치셨다. 한국 교회가 죽어가는 모습에, 죽어가는 교회를 만드는 사람들에 대해, 세상의 수평문화에 물들어 교회의 거룩함을 상실하고 수직문화를 잃어버린 크리스천들에, 한국인의 정체성을 잃어버린 것에 대해 분노하셨다.

　그러나 비판을 위한 분노가 아니라 안타까움과 권유의 분노였기에 꾸중하시듯 하는 말씀조차도 두 말 없이 수용할 수 있었고, 오히려 방만하게 살아온 내 삶을 돌아보며 정신이 번쩍 들었다. 사실, 그런 메시지를 얼마나 듣고 싶었던가! 또 상담현장에서 이 땅의 남자들이 그런 '아버지'의 엄한 목소리를 듣고 싶어 하는지를 얼마나 많이 보았던가!

그러면서도 살아남는 길은 하나님께로 돌아가는 것뿐임을 분명히 알려주는 선지자였다. 그래서 강단에 설 때는 끓는 열정에 피곤 따위는 잊은 사람이었다. 집에선 늘 책을 쓰셨다. 하루라도 빨리 사람들에게 알려 줘야 할 필요성 때문이셨으리라. 또한 집에서 같이 지냈기에 선지자의 숨겨진 고독을 보았다.

선지자란 평안을 이야기하는 사람이 아니다. 사람들이 듣기 싫어하는 하나님의 심판을 말해야 하는 것도 힘겹지만 또 하나님의 진짜 마음이 재앙이 아니라 미래와 희망을 주는 것(렘 29:11)임을 깨닫지 못하는 사람들을 볼 때 더더욱 안타까움의 가슴을 찢어야 하는 사람이다.

교회가 쇠퇴하고 전도가 어렵다고 한탄하는 사람들이 많아졌다. 그러나 그것은 세속의 풍랑에 교회가 너무 쉽게 무너진 결과요, 그렇게 허무하게 무너진 것은 말씀을 자손대대로 가르쳐야 한다는 구약의 지상명령 쉐마를 몰랐기 때문이다. 그러나 지금부터라도 쉐마를 실천하면 얼마든지 두 마리 토끼, 아니 세 마리 토끼를 다 잡는 교인들이 가득한 교회를 만들 수 있다고 확신한다.

이에 가장 먼저 신앙이란 첫 번째 토끼부터 잡아야 한다. 신앙이 바로 선 자녀는 세상을 변화(change)시키는 정도를 넘어 변환(transform)시키는 성공자가 된다. 대한민국 부모들이 그토록 원하는 성공이란 두 번째 토끼다. 두 마리 토끼를 다 잡은 사람에겐 행복이란 세 번째 토끼는 덤이다. 앞으로 쉐마가 온 세계에 퍼져나가 세 마리 토끼를 다 잡은 사람들로 가득한 교회들이 여기저기서 우후죽순처럼 일어나길 기도한다.

청년의 증언

쉐마교육은 제가 4년간 대학에서 배웠던 교육을 완전히 뒤엎었습니다

박지현 자매 (부산대학교 국제학부 졸)

"놀랍게도 앞으로의 삶을 방향을 알려주셨습니다"

제가 몸담은 교회에서는 아주 오래전부터 쉐마와 가정식탁예배를 중요시해왔습니다. 하지만 정작 저는 쉐마에 대해 궁금해 하지도, 배워볼 마음도 없었습니다. 한복을 차려 입고 부모님과 함께 예배를 드리는 모습이 너무나도 멀게만 느껴졌기 때문입니다.

언젠가 결혼을 하고 가정을 꾸리게 되었을 때, 쉐마를 실천해야지라는 막연한 생각만 가지고 있었습니다. 그러다 삼십대를 앞두고 인생의 방향에 대해 고민하던 중 이번 쉐마클리닉을 들을 수 있는 환경이 마련되었습니다. 하나님께서 원하신다는 마음이 들어 순종의 마음으로 쉐마클리닉에 참석하게 되었습니다. 그리고 놀랍게도 이 강의를 통해 하나님께서는 저가 앞으로 나아가야 할 삶을 방향을 알려주셨습니다.

"남이 부러워하는 이십대를 보냈지만 마음은 병들고…."

29살의 저는 하나님께 귀하게 쓰임 받는 인생에 대해 고민하고 있었습니다. 저는 '편안하면서 남들에게도 인정받을 수 있는 삶'과 '노력이 많이 필요하며 고단해 보이는 삶' 가운데 결정을 내리지 못하고 있었습니다. 그러던 중 참석하게 된 현 교수님의 강의에서 저의 이십대를 되돌아보는 동시에 앞으로의 삶의 방향을 재정립할 수 있습니다.

먼저 저는 한국 사회에서 모범 답안지와 같은 이십대를 보내었습니다. 괜찮은 대학에 입학하며, 호주, 싱가포르에 있는 최고의 명문대들에서 공부하는 기회도 가졌습니다. 해외봉사, 문화 보수, 국제 교류 등 전 세계 각지에서 다양한 대외 활동을 하며 견문을 넓혔습니다.

게다가 공모전 입상, 각종 자격증 획득, 남들의 부러움을 사는 인턴 생활 등 모범 답안과 같은 대학 생활을 하였습니다. 대학 졸업 후에는 곧바로 싱가포르로 해외 취업이 되기도 했습니다. 당시에는 생소하던 스타트업에 일하면서 국내외 기업의 임원진과 미팅을 주도하고, 사업체를 꾸려보는 등 이색적인 경험도 해보았습니다.

"쉐마교육은 제가 4년간 대학에서 배웠던 교육을 완전히 뒤엎었습니다."

이렇듯 또래가 부러워할 만한 풍성한 경험들로 이십대를 채웠지만, 사실 저의 삶은 병들어 있었습니다. 당시 저는 열심 기독교인을 자처하면서도, 교회 공동체를 미워했고, 저를 위해 기도해 주는 이들을 거절했습니다. 동성애를 포용하며 열린 사고를 하는 청년인 것처럼 행동했습니다.

부모님께서 저를 섬기셨고, 부끄럽게도 쉐마 강의 전에는 조부모님의 함자도 제대로 기억하지 못했습니다. 제게 주어진 인연들을 소중히 여기지 않았고, 심지어는 제 삶을 미워하기까지 했습니다. 그리고 그 모든 이유가 목적 없이 IQ 개발에만 목매달았기 때문이라는 것을 이번 쉐마를 통해 알게 되었습니다.

하지만 저를 끝까지 사랑하시는 하나님께서는 구렁텅이 빠져 있던 저에게 돌이킬 수 있는 기회를 주셨습니다. 하나님의 은혜로 교회로 돌아온 후, 영적 리더십이신 담임 목사님께 순종하는 마음을 주셨고, 그 덕에 이번 쉐마에 참여할 수 있었습니다.

그리고 지난 4일 동안 배웠던 쉐마교육은 제가 4년 동안 대학에서 배웠던 교육을 완전히 뒤엎었습니다. 누구도 알려주지 않았던 참혹한 대한민국의 현실, 교육, 가정을 똑바로 바라보게 되었습니다. 무너져가는 한국의 실정을 깨달을수록, 우리 민족의 역사는 물론이거니와 현실도 똑바로 바라보지 못했던 저 자신이 너무나도 부끄러웠습니다.

민족의 정체성도 제대로 확립되지 않고, 수평문화에 길들여져, 미래가 보이지 않는 그런 세대는 바로 잘 살아온 줄 알았던 이십대의 저였습니다.

"더 일찍 이 강의를 듣지 못한 것이 아쉽지만, 지금이라도 다행입니다"

쉐마클리닉을 통해 그토록 간구하던 기도 제목, 하나님께서 귀하게 쓰시는 삶이 무엇인지에 대한 답을 찾을 수 있었습니다. 그것은 바로 저희의 '다음 세대'가 '다른 세대'가 되지 않도록 하는 것입니다. 이를 위해서는 올바른 교육이 대한민국에 정착될 수 있도록 이바지하며, 쉐마를 통해 하나님께서 기뻐하시는 신앙 명가를 세워야 합니다. 그리고 저 자신부터 하나님의 말씀을 붙들고 기도하며, 독수리 같은 하나님의 자녀가 될 수 있도록 스스로를 훈련해야 함을 깨달았습니다.

청소년기 혹은 대학을 다니던 때에 현 교수님의 강의를 듣지 못한 것이 너무나도 아쉽지만, 지금이라도 들어서 다행입니다. 이제부터라도 노력하여 하나님의 말씀을 실천하는 딸이자, 우리의 다음 세대에 전수하는 엄마이자 할머니가 될 것입니다. 어려운 길일지라도 다음 세대를 위해 살아가는 길을 살겠습니다.

쉐마는 어지러운 시대를 보내고 있는 대한민국을 안타깝게 여기신 하나님의 구원의 손길임을 믿습니다. 언젠가 저의 손자 손녀가 노년이 되었을 때에도 대한민국이 하나님께 쓰임 받는 나라로 존재할 수 있도록 쉐마 전수에 열심을 다할 것입니다.

앞으로의 제 삶은 쉐마를 듣기 전과는 너무나도 다를 것입니다. 편안한 삶은 아닐지 모르겠으나 행복할 것입니다. 소중한 가족들을 섬기고, 사랑하는 조국 대한민국을 위해 기도하고 행하며, 유일하신 하나님을 위해 생명 다해 끝까지 일할 것이기 때문입니다.

마지막으로 이번 간증문을 빌어 이번 쉐마클리닉에 참석할 수 있도록 적극적으로 권장해주신 저희 이현국 담임 목사님과 청년부 담당 목사님, 강의 기간 내내 아버지의 마음으로 혼도 내주시고 격려도 아끼지 않으신 현 교수님께 감사드립니다. 그리고 늘 저희와 함께 계셨고, 지금도 살아계셔 저희를 인도하시는 하나님 아버지께 모든 영광 올려드립니다.

해외 유학생의 증언

**유대인은 자신의 삶에 '왜?'를 설명했지만,
나는 못해 답답했는데…**

조하은 대학원생 (미국 NYU 간호학 유학생 동상제일교회)

〈제2차 쉐마학기를 마치고〉

'왜'라는 질문을 던지던 나

　현용수 교수님의 쉐마교육이라는 것을 알기 전부터 부모님으로부터 성경 말씀 그대로 살아야 한다며 돼지고기 먹는 것조차 꺼리시는 것을 보고 자랐습니다. 부모님께서는 율법에 얽매일 필요는 없지만, 안 해도 되는 것은 하지 말라고 하시며 세상 문화를 접하는 것을 질색하셨습니다.

　부모님께서는 제가 그리스도인으로서, 또한 목사님의 자녀로서 구별된 삶을 살아야 한다는 것이었습니다. 특히 '목사님의 자녀로서'라는 부분에, 희생하며 사는 부모님의 삶에, 사춘기 때에는 많은 불만이 생겼지만, 잊을 만하면 "네 부모를 공경하라, 순종해야 네가 땅에서 잘 된다"는 말씀 때문에 무서워서 그냥 따랐습니다.

　고등학교를 졸업하고 하나님의 은혜로 미국 NYU에 유학을 갔을 때에는 무언가 이상함을 느꼈습니다. 친구들이 너는 종교가 무엇이냐며, 제가 크리스천이라고 얘기하면 자신들이 아는 크리스천과 너의 삶은 전혀 다르다며 의아하게 생각했습니다.

술도 마시지 않고, 주일을 꼭 지키고, 클럽이나 파티에 전혀 가지 않고, 소위 말하는 야한 옷도 입지 않고, 매일 아침 성경을 읽고 기도를 하는 제 모습에 오히려 너는 무슬림이나 유대인 같다는 친구들도 있었습니다.

제 모습을 설명하기 위해 저는 나름대로 단어를 개발해 (신학적으로 맞는지는 모르겠지만) "나는 Puritanic Christian, 청교도적 기독교인이다."라고 말했습니다.

쉐마교육에서 '왜'라는 논리를 배운 후 너무나 기뻤습니다

그런데 문제가 있었습니다. 저와 친했던 유대인 친구는 자기가 왜 머리카락을 가리는지(결혼한 친구였습니다), 왜 자기네 남자들은 항상 정장을 입고 구레나룻을 기르는지 잘 설명을 했지만, 저는 제가 왜 이렇게 사는지에 대해 제대로 설명할 수가 없었습니다.

하지만 이 곳 쉐마교육연구원을 와서 정말로 너무나 기뻤습니다. 1차 인성교육부터 참가를 했는데, 정말로 지혜롭게 성경만을 근거로 왜 이런 삶을 살아야 하는지, 그 논리를 배울 수 있었기 때문입니다. 1차 인성교육을 받고 난 후 이미 폐지한 구약의 명령을 왜 따라야 하냐며 교회의 어떤 오빠와 논쟁을 했는데, 현용수 교수님께 배운 것으로 가뿐히 설명하여 이길 수 있었습니다.

이제는 누가 와서 넌 왜 그렇게 사냐고 할 때, 제게는 확실한 논리가 있습니다. 저는 복음으로 구원 받아 하나님께 제 삶을 드렸고, 이 땅에서 더욱 하나님을 닮아가기 위해 구약의 지상명령을 지키며 산다고 당당하게 얘기할 수 있습니다. 쉐마교육은 성경 말씀대로 사는 것이 왜 중요하고, 왜 그리스도인이 그렇게 살아야 하는지를 알려 주는 좋은 교육입니다.

또한 이 땅의 다음 세대를 키우기 위한 유일한 대안입니다. 쉐마교육을 통해 대한민국 땅에 사는 그리스도인으로서 희망을 봅니다. 아이들 교육에 대해서도 많은 생각을 했고, 우리 교회 아이들과 미래 저의 자녀들도 어떻게 하면 잘 가르칠 수 있을까 고민을 했는데 완벽한 대안이 이곳에 있습니다.

왜 여성은 이렇게 살아야 하는지를 알고 나니…
어머니가 아버지 앞에 무릎을 꿇는 것을 목격한 저는…

쉐마교육은 결혼과 자녀 양육에 대한 가치관도 완전히 바꾸어주는 교육입니다. 아직 26세이기에 결혼은 먼 얘기라고 생각했고, 전에는 결혼을 하고 싶지도 않았습니다. 남편이 되지 않을 사람에게 에너지를 쏟고 싶지 않았기에 많은 대시가 있었지만 대학을 다니며 남자친구를 한 명도 사귀지 않았습니다.

자신의 기쁨이 하나님의 기쁨이 되지 못한 사람을 만난다면, 바울의 염려처럼 제가 결혼을 해서 "내가 어찌하여야 남편을 기쁘게 할꼬?"하며 남편을 기쁘게 하다가 하나님을 기쁘시게 하지 못할까 두려웠기 때문이기도 합니다(고전 7:33-32).

아버지께서 가능한 빨리 결혼하라고 하시고, 아이는 최소한 5명을 낳아야 정상이라고 입버릇처럼 말씀하실 때에는 정말로 질색을 했습니다. 나도 하나님 나라에서 무언가 충성하고 싶은데, 가정이 생기면 내 가정만 신경 쓰다가 하나님이 원하시는 일을 못하지 않겠냐는 것이 이유였습니다.

나중에는 결혼을 하지 않으면 불효하는 것이 되겠다고 느껴서 결혼은 할 것이지만 자녀를 많이 낳지는 않겠다고 했습니다. 결혼 또한 대학원 졸업 후 서른이 넘어서하려고 했습니다.

하지만 이번 쉐마교육을 통해 생각이 완전히 바뀌었습니다. 현용수 교수님의 성경에 근거한 열정적인 강의를 들으며 제 이론의 오류를 찾았고 정말 복음적인 결혼관이 무엇인지 깨달았습니다.

아이에 관한 생각도 완전히 바뀌었습니다. 혈통적 자녀를 말씀으로 양육해 영적 자녀를 삼는 것이 하나님의 명령이라는 것을 배웠습니다. 그리고 하나님을 영화롭게 할 천국의 확장을 위해서는 먼저 제가 아이를 많이 낳고 양육해서 신앙의 명가를 이루어가는 것이 더 중요하다는 것 또한 깨달았습니다.

그래서 가능한 빨리 결혼을 해 자녀 양육을 우선으로 하고 그 후에야 제가 하고 싶은 연구와 일을 하기로 결심했습니다. 좋은 아내로 남편에게 사랑받고, 좋은 어머니로서 눈물로 아이를 키우기로 결심했습니다. 저녁밥을 먹으며 어머니께 이것을 말씀드리자 정말 기뻐하셨습니다.

또한 참된 효에 대해서 배웠습니다. 정말 중요한 것이 부모님을 공경하는 것인데 사랑으로 저를 대하시는 아버지와 어머니의 권위를 세우지 못했던 저의 모습이 생각났습니다.

충주에서 오전에 현 교수님의 쉐마 강의(효 강의)를 듣고 점심시간에는 어머니께서 가족들을 호텔 방으로 부르셨습니다. 그리고 어머니는 아버지 앞에서 무릎을 꿇고 하나님께서 주신 가정의 제사장이신 아버지의 권위를 인정하지 못했던 부분을 사과하셨습니다.

이를 목격한 저와 제 동생도 어머니를 따라 아버지 앞에 무릎을 꿇고 아버지의 권위를 인정하지 못했던 부분, 어머니의 말씀에 순종하지 못했던 것에 대해 용서를 빌었습니다.

또한, 효 강의를 듣고 부모님께 돈을 많이 드려야 한다는 것을 깨달았습니다. 그래서 제가 땅에서 잘 되고 복을 많이 받기 위해서라도 부모님을 전심으로 섬겨야겠다고 다짐했습니다.

〈미국 제3차 체험 학습 학기를 마치고〉

나라와 민족을 위한 새로운 역사관에 눈을 떴습니다

　미국에서 들은 유대인 랍비의 강의는 정말 깊고 특별했습니다. 여러 가지가 기억에 남지만 특히 "거룩은 어떤 행동을 하고 안하고를 떠나서 내가 가진 하나님의 부분이 나에게 있는 세상적인 부분을 이길 때 나온다.
　하나님의 완전한 성품 중 하나인 주는 것, 즉 베푸는 삶을 살 때 나는 거룩해진다"라는 것과 "자녀에게는 율법을 짐처럼 강요하는 것이 아니라 율법의 아름다움을 보여야 한다는 것"에 깊은 생각을 하게 되었습니다. 제가 가정을 꾸린다면 매일 아침 아이의 손을 씻어주며 식전 기도와 회개기도, 제대로 된 주일 준비를 가르쳐야겠다고 생각했습니다.
　베푸는 것의 중요성과 거룩의 개념을 잘 가르쳐야겠다고 생각했고 이를 위해 먼저 현 교수님의 책을 처음부터 끝까지 다시 정독을 하며 자녀 교육의 가이드라인을 잡아야겠다고 느꼈습니다.
　또한 감사하게도 저는 랍비 Adlerstein과 개인적으로 질문과 대답을 할 시간이 있었습니다. 그 분께 제가 자녀를 양육할 때 유대인처럼 성경을 공부하고 싶은데 도대체 어떤 식으로 질문을 만들고 debate을 해야 하느냐고 물어보았습니다. 그 분께서는 여러 가지 이야기를 해주셨고 실제로 아브라함과 노아에 관한 debate를 하며 정말로 특별한 것을 배울 수 있었습니다.

　마지막으로 고난의 역사 교육에 대해 깊은 생각을 할 수 있었습니다. 저는 이과였고 고등학교 때에는 수학과 과학 공부에 치중하여 단 한 번도 제대로 역사를 배워본 적이 없습니다. 하지만 Museum of Tolerance(유대인의 대학살

박물관)를 견학하며, 또한 그곳에서 자원봉사 하시는 가이드를 보며, 우리나라 아이들에게도 역사 교육이 필요하다고 생각했고, 이를 위해 제가 먼저 바른 역사를 공부해 보아야겠다고 생각했습니다.

그리고 제가 가르치는 아이들을 데려다가 일제 강점기 역사, 6.25 전쟁 등 역사박물관을 견학시키고 하나하나 가르치겠다고 결심했습니다. 또한 제가 좋아하는 시인들, 특히 독립을 염원했던 문학가들의 시와 소설을 읽고 나눠보는 것도 하려고 결심했습니다.

현 교수님께서는 무엇보다 세계에 일본의 만행을 알려야한다고 하셨습니다. 독일이 지금 사과를 하는 이유는 유대인들이 전 세계에 그들의 만행을 알렸고, 특히 미국에서 이를 알리고 있기 때문이라고 하셨습니다.

이것을 들으며 제게는 또한 크게 바뀐 생각이 하나 있었습니다. 저는 제가 한국인이기에 한국에서 살아야 한다고 생각했었습니다. 미국에서 대학을 졸업하고 여러 가지 길이 있었는데 일단 한국에 가겠다는 생각으로 돌아갔습니다.

하지만 이번 쉐마 강의와 현 교수님의 마지막 강의를 들으며 어쩌면 내가 나라와 민족과 또 하나님을 위해 할 수 있는 것이 미국에 있지 않을까 하는 생각이 들었습니다. 저는 교수가 되어 학생들을 가르치고 틈틈이 의료선교를 나가는 것이 꿈입니다. 하지만 미국에서 교수가 되어 3월 1일에는 수업 외에도 학생들에게 한국의 고난의 역사에 대해 고발하고 광복절에는 한국 독립을 알리는 special class를 만드는 등 한국을 더 알리는 것이 애국이지 않을까 하는 생각을 가지게 되었습니다.

쉐마교육은 제가 가지고 있던 틀과 생각을 많이 깨주었습니다. 하나님께서 제 앞날에 어떤 길을 예비하셨는지 아직은 알지 못하지만, 아마 이를 통해 더 큰 일을 예비하셨으리라 믿습니다. 제한되어 있던 제 생각이 많이 바뀌고 또한 제 자신이 깨어짐을 느낍니다.

쉐마교육은 한 생명이 이 땅에 태어나서부터 어머니, 아버지가 되어 다음 세대를 키울 때까지의 어떻게 살아야하는지, 왜 그렇게 살아야하는 지에 대해, 성경적 삶을 완벽하게 알려주는 교육입니다. 정말 이대로만 산다면 그리스도인이 세상의 빛과 소금이 되어 살수 있겠다고 느꼈습니다.

그리고 이대로 자녀를 양육한다면 하나님 나라에서 말씀 맡은 자를 양육할 수 있겠다고 느꼈습니다. 쉐마교육을 제 삶에 적용해 하나님께서 기뻐하시는 그리스도인이 되겠습니다.

자녀의 변화

> "하나님 저는 벼랑 끝에 서 있는
> 이 민족을 위해 무엇을 해야 합니까"

이찬미 학생 (부산 은혜교회, 중학교 2학년)

현용수 교수님의 강의를 듣고 나서 "아, 하나님께 내 뜻을 구하면 망하는구나."라는 것을 깨닫고 하나님 뜻을 구하는 기도를 했습니다.

이번 강의를 통해 배운 것과 깨달은 것과 입은 은혜가 얼마나 많은지 모릅니다. 또 얼마나 많은 후회와 양심의 가책이 저를 때리는지 모릅니다. 여기에 적기 부끄러운 과거가 있고 엄마를 모시고 오지 못한 것이 후회됩니다.

기도회 때 회개의 기도와 함께 눈물, 콧물이 마구 쏟아졌습니다. 그리고 이번에 정말 하나님 아버지의 뜻을 묻는 기도도 했습니다. 회개기도를 열심히 하고 난 뒤 "하나님, 저는 이 불쌍한 민족을 위해, 벼랑 끝에 서 있는 이 민족을 위해 무엇을 해야 합니까?"라고 기도했습니다.

예전에는 그저 하나님께 "주세요"라고 기도했는데 현용수 교수님의 강의 중 말씀을 듣고 나서 "아, 내 뜻을 구하면 망하는구나."라는 것을 깨닫고 하나님 뜻을 구하는 기도를 하게 되었습니다.

이러한 기도 앞에 하나님은 쉐마사역자를 세우는 기도 시간에 벌떡 일어나게 하셨고, 강의 중간 중간 앞으로 무엇을 해야 되겠다는 영감이 떠오르는데 하나님이 알려주신 일이라고 저는 믿습니다. 내가 살고 있는 이 나라를 하나님의 나라로 이끄는 지도자들을 양성해야겠다는 꿈을 가집니다.

아버지가 쉐마교육을 들으셨다 할지라도 딸 된 내가 순종하지 않는다면 우리 아버지의 노력과 꿈은 물거품이 될 것입니다. 동생들은 누나의 영향을 많이 받는데 내가 모범을 보이지 않는다면 같이 저주의 길로 가는 꼴이 됩니다. 이것을 생각하니 아버지께 너무나도 죄송하고 아찔하기도 합니다.

제가 가정예배를 싫어하여 우리 가족 가정예배는 몇 번 하다가 끝나버렸습니다.

쉐마 제1학기를 마치고 가정예배를 실천하시고자 하시는 아버지를 도와드리기는커녕 가정예배 시간을 싫어하고, 건성으로 드렸습니다. 결국 우리 가족 가정예배는 몇 번 하다가 끝나버리고 말았습니다. 익숙하지 않음과 게으름, TV 쇼 프로에 눈빛이 초롱초롱한 수평적인 믿음, 이 밖에도 내 자신과 우리 가족 안에 많은 문제가 있었습니다. 그냥 봤을 때는 문제인 줄 몰랐는데 교수님의 강의를 들으면서 그런 잘못들이 하나하나 밝혀졌습니다.

어젯밤 그 수많은 잘못들을 주님 앞에 고백했습니다. 검은 먹구름이 걷힌 듯, 축구시합에서 승리를 지켜보듯 기쁩니다. 세상에 태어나서 한 번도 받아 보지 못한 제대로 된 성교육을 받고, 이삭의 복을 받을 수 있었던 비결인 효도교육을 받고, 커서 어떤 엄마가 되고, 아내가 되고, 며느리가 되어야 할 것인가에 대한 교육을 받음으로써 저의 생각이 많이 바뀌었습니다.

교육은 반복이라는 교수님의 말씀을 기억하면서 현 교수님의 책을 읽고, 또 읽고, 정리하고, 생각하고, 감상문 쓰고, 기도하고, 성경 말씀을 공부하려고 합니다.

완전한 쉐마인이 되어 하나님의 일을 제대로 하길 원합니다. 섣부른 시작은 온전하시고 완전한 하나님의 일을 하는데 적합하지 않다고 생각합니다.

내가 우리 민족을 위해 일할 수 있도록 늘 기도하기를 원합니다. 또 다른 쉐마사역자를 위해서 기도하기를 원합니다. 무엇보다도 우리 가족을 위해 기도하고, 또 내 삶과 미래를 바꾸는 강의를 해주신 현 교수님을 위해서도 기도하기를 원합니다.

> 세상에 태어나서 한 번도 받아보지 못한
> 제대로 된 성교육을 받았습니다.

자녀의 변화

말씀으로 받은 충격과 도전

박찬우 (경산 한빛교회, 중학교 3학년)

이곳에 오게 된 것은 목사님이신 아버지 덕분이다. 처음에 아버지께서 쉐마 목회자클리닉에 대해 설명해 주셨다. "쉐마, 그게 뭐지?"라는 의문을 가졌지만 별로 중요치 않게 생각했다. 이곳에 와서 비로소 "들어라"라는 뜻을 가진 유대인의 율법교육이란 것을 알았다.

아버지의 설명을 귀담아 듣지는 않았다. 교육 첫째 날에는 떠들고 장난치기에 바빴지만 둘째 날에 수평문화, 수직문화 그리고 13세 이전에 인성이나 예절 등의 모든 것이 결정된다는 말씀을 듣고 나는 큰 충격을 받았다.

내가 이제까지 살아온 세월은 비록 15년이지만 6학년까지 내가 생각하고 행동하고 생활해온 것을 되돌아보고 반성하는 시간을 갖게 되어 감사했다. 또 셋째 날과 오늘은 더 좋았다. 13세 이전을 강조하시면서 수직문화와 수평문화에 대한 예시를 많이 들어주시면서 난 그 말씀을 듣고 많은 도전을 받았다.

수평문화에 물들게 하는 요인이 TV, 컴퓨터, 휴대전화 등 우리가 일상적으로 많이 쓰고 있는 물건들이었다. 그래서 나는 아예 휴대전화를 쓰지 말까 하는 생각과 함께 돌아가서 실천해 봐야겠다고 결심도 했다.

앞으로는 매일 성경책을 읽고 다른 사람들이 체험한 지식을 채워주시는 하나님의 능력을 체험해 보고 싶다. 이제 나도 수평문화에 물든 나의 모습을 죽이고, 우리나라의 전통과 역사(고난의 역사)를 공부하며 우리나라의 것을 살리면서 수직문화로 돌아가고자 한다.

내가 새 사람이 될 수 있게 해 주신 하나님과 현 교수님께 영광의 박수를 드린다.

부모와 자녀들, 책만 읽어도 변한다

컴퓨터를 하지 못하면
밥을 못 먹은 것처럼 괴로웠던 나의 변화

김평강 학생 (부산 사상독서스쿨, 초등 6학년)

사상교회에서 열린 가을 말씀 축제 부흥회를 통해 현용수 교수님을 만났다. 수직문화와 수평문화에 대해 알게 되어 많은 감동을 받았다. 나는 그분의 책 《현용수의 인성교육 원리》를 읽고 내가 수직문화보다는 수평문화에 빠져 있다는 것을 발견했다.

만화, 드라마 등에서 나타나는 나쁜 문화를 보고 따라 했다. 또 컴퓨터 게임을 즐기면서 아가피아스쿨 과제 등 중요한 일을 빠뜨리기 시작했다. 컴퓨터를 하지 못하면 밥을 못 먹은 것처럼 괴로울 때도 있었다. 또 컴퓨터 게임이 깊은 생각을 하지 못하도록 나의 마음을 지배했다.

또 엄마 말씀에 순종하지 않고 꼬박꼬박 대들었다. 친구들이 엄마에게 불순종하는 것을 보고 나도 다 컸기 때문에 엄마한테 내 할 말을 하면서 대들어도 괜찮다고 생각했다. 힘든 일을 하기 싫은 것도 수평문화에 물들어서 그런 것 같다. 걱정이다. 계속 이러다간 수평문화에 더 물들 것 같다.

수평문화에 빠진 내가 수직문화로 변화하려면 첫 번째로 부모님께 효도해야 한다. 앞으로 엄마에게 대들지 않을 것이다. 두 번째로 성경 말씀과 위인전 그리고 동화책을 많이 보고 뛰어난 위인들이나 훌륭한 내용을 생각하면서 수직문화로 변화하도록 노력할 것이다. 세 번째로 고난도 잘 견뎌 내야겠다.

나는 지금까지 어려운 일을 만나면 엄마한테 불평을 하고 화를 내고 하지 않으려고 고집을 부렸다. 도전하지 않으면 배우는 것이 없다고 하는데 그래서인지 난 살면서 얻은 것이 별로 없다. 지금부터라도 어려움이 오면 긍정적으로 생각하고 열심히 시도해야겠다.

내 친구 이삭이는 매일 부모님과 함께 새벽기도를 간다. 나도 이삭처럼 가끔씩이라도 엄마와 함께 새벽기도를 가야겠다. 이제 유대인처럼 말씀을 배우고 하루에 3번씩 기도하겠다. 그리고 하나님의 말씀을 읽고 암송하여 밥 먹듯이 먹을 것이다.

쉐마 국악 찬양

인성교육학적 측면에서
왜 국악 찬양이 필요한가!

유대인의 성공은 어디에서 오는가? 그들은 어떻게 자손 대대로 하나님의 말씀을 전수하는 데 성공하였는가? 그들은 자녀를 깊이 생각하는 뿌리 깊은 인간으로 양육하기 때문이다. 그들은 어떻게 자녀를 깊이 생각하는 뿌리 깊은 인간으로 양육할 수 있는가?

저자는 유대인을 모델로 한 저자의 저서 《현용수의 인성교육 원리》 제1권에 수직문화와 수평문화에 대한 이론을 개발하였다. 그들은 표면적인 수평문화보다는 깊이 있는 수직문화를 가르치기 때문이다. 수직문화 중 하나가 자기 민족의 역사의식과 전통을 귀하게 여기고 가르치는 것이다. 그런데 한국인 기독교인은 우리의 전통을 무시하고 서양 것에만 너무 익숙해져 있다. 한국인 기독교인의 인성교육적 측면에서 분명히 잘못된 것이다.

물론 그만한 이유도 있다. 한국인 기독교인이 한국 민족의 전통을 그대로 이어갈 수 없는 이유는 대부분 한국의 전통들이 그 내용이나 형식을 보면 우상을 섬기는 데서 나왔기 때문이다. 그렇다면, 한국인 기독교인이 한국의 전통을 어떻게 사용할 수 있는가? 두 가지로 생각할 수 있다.

첫째, 기독교에서 한국의 전통을 잇기 위해서는 그 전통의 내용을 신본주의 사상으로 바꾸어 일부 형식만 사용하는 방법이다. 예를 들면 조상들에게 추수에 대한 감사를 표시하는 한국의 추석을 하나님께 추수에 대한 감사를 표시하는 추수감사절로 바꾸어 사용하는 방법이다. 기도도 마찬가지다. 서양 사람들은 의자에 앉아서 혹은 서서 기도한다. 그러나 한국인은 옛날부터 무릎을 꿇고 조상신들에게 빌었다.

이런 기도하는 방법, 즉 무릎을 꿇고 하나님께 기도하면 얼마나 하나님 앞에 정성스런 기도가 될 것인가? 뿐만 아니라 찬양도 국악의 형식을 빌어 하나님을 찬양할 수 있다. 우리 민족의 고유 가락을 하나님 섬기는 도구로 사용하는 것이다.

둘째, 보편적 윤리나 도덕적 예의나 지혜는 그대로 사용할 수 있다. 예를 들면, 서양 사람들이 인사할 때는 고개를 그대로 들고 "하이(Hi!)" 한다. 그러나 한국 기독교인은 고개를 많이 숙이면서 "안녕하세요"라고 말한다. 뿐만 아니라 한국의 고사성어에는 동양의 지혜가 많이 배어 있다. 예를 들면, 토사구팽(兎死狗烹), 새옹지마(塞翁之馬), 결자해지(結者解之) 등이다. 식자우환(識字憂患)이란 고사성어는 전도서에 나오는 말씀이다(전 1:18). 이런 것들은 종교를 떠나 한국인 지식인이라면 마땅히 알고 평상시에 사용하여야 한다.

특히 성경의 잠언이나 전도서 같은 지혜서에 나오는 말씀들도 동양에 얼마든지 있다. 왜냐하면, 하나님께서 이방인에게도 성경이라는 특수계시를 주시기 전 하나님을 알 만한 보편적 진리(롬 1:19~20)를 주셨기 때문이다. 〈자세한 내용은 저자의 저서 ≪현용수의 인성교육 원리≫(전5권, 쉐마, 2012) 참조〉

〈부록 2〉에는 부족한 종이 쉐마사역을 위하여 작사한 '쉐마 3대 찬양'과 '쉐마 효도 찬양' 그리고 박성희 목사가 작사한 '쉐마 이스라엘 들으라'를 싣는다. 곡은 모두 국악이다. 곡을 만드신 작곡가 류형선, 정세현, 조춘오 세 선생님에게도 감사를 드린다. 차제에 국악찬양이 많이 보급되어 전 세계에 흩어진 한국인 기독교인들이 우리의 것으로 하나님을 찬양하는 날이 속히 오기를 소원한다.

저자 현용수

부록 2 : 쉐마 국악 찬양 : 인성교육학적 측면에서 왜 국악 찬양이 필요한가

쉐마아버지노래

이제 너희는 이 노래를 써서 이스라엘 자손들에게 가르쳐
그들의 입으로 부르게 하여
이 노래로 나를 위하여
이스라엘 자손들에게 증거가 되게 하라.
(신명기 31:19)

가정을 성결하게 하는 두 가지 원칙

1. 누룩을 제거하고
2. 역청를 발라라

참고자료 (References)

〈저자 주: 본 저서에는 다음 3편의 논문들이 포함되어 있다. 1) '조선족의 잘못된 정체성 문제와 유대인을 모델로 한 해결 방안 연구'(제7부 제3장 IV.), 2) '1919년 건국설 vs 1948년 건국설, 어느 것이 맞나'(제7부 제5장 II. 2.), 3. '독립운동가 vs 6.25 전쟁 영웅, 누가 더 위대한가'(제7부 제5장 II. 3.) 위 논문들의 참고자료들은 중복을 피하기 위하여 여기에는 싣지 않는다.〉

외국 자료

Abramov, Tehilla. (1988). *The Secret of Jewish Femininity*. Southfield, MI: Targum Press Inc.

Adahan, Miriam. (1995). *The Miriam Adahan Handbook: The Family Connection*. Southfield, MI: Targum Press Inc.

_____. (1994). *The Miriam Adahan Handbook: After the Chuppah*. Southfield, MI: Targum Press Inc.

_____. (1994). *The Miriam Adahan Handbook: Nobody's Perfect*. Southfield, MI: Targum Press Inc.

_____. (1988). *Raising Children to Care*. Jerusalem, Israel: Feldheim Publishers.

Aiken, Lisa. (1996). *Beyond bashert: A guide to enriching your marriage*. Northvale, NJ: Jason Aronson Inc.

Agron, David. (1992). *Soviet Jews: A Field God Has Plowed*. Fuller Theological Seminary School of World Mission, ThM Thesis, Pasadena, California.

Agus, J. B. (1941). *Modern Philosophies of Judaism*. New York, NY: Behrman's Jewish Book House.

Allis, O. T. (1982). *The Five Books of Moses*, Translated into Korean by Jung-Woo Kim. Seoul: Christian Literature Crusade.

Allport, G. W. (1946). *Some Roots of Prejudice*. Journal of Psychology, 22, 9-39.

_____. (1950). *The Individual and His Religion*. New York: Macmillan.

_____, (1954). *The Nature of the Prejudice*. Cambridge, MA: Addison-Wesley.

_____, (1959). *Religion and prejudice*. Crane Review, 2, 1-10.

_____, (1960). *Personality and Social Encounter*. Boston: Beacon.

_____, (1963). *Behavioral Science, Religion, and Mental Health*. Journal of Religion and Health, 2, 187-197.

_____, (1966a). *The Religious Context of Prejudice*. Journal for the Scientific Study of Religion, 5, 447-457.

_____, (1968). *The Person in Psychology*. Boston: Beacon.

Allport, G. W., & Ross, J. M. (1967). *Personal Religious Orientation and Prejudice*. Journal of Personality and Social Psychology, 5, 432-443.

Angoff, Charles. (1970). *American Jewish Literature*. New York, NY: Simon and Schuster.

Baeck, Leo. (1958). *Judaism and Christianity*. Philadelphia: Jewish Publication of America.

Barclay, William. (1959a). *Train Up A Child*. Philadelphia: Westminster Press.

_____, (1959b). *Educational Ideals in the Ancient World*. Grand Rapids, MI: Baker House.

Barker, K. (1985). *The NIV Study Bible*. Grand Rapids, MI: Zondervan.

Bavinck, Herman. (1988). *개혁주의 교의학*. 이승구 역, 서울: 기독교문서선교회.

_____, (1988). *개혁주의 신론*. 이승구 역, 서울: 기독교문서선교회.

Bedwell, et al. (1984). *Effective Teaching*. Springfield, IL: Charles C. Thomas.

Bennett, William J. (1993). *The Book of Virtues*. New York, NY: Simon & Schuster.

Benson, C. H. (1943). *History of Christian Education*. Chicago, IL: Moody Press.

Ben-Sasson, H. H. Editor. (1976). *A History of the Jewish People*. Cambridge, MA: Harvard University Press.

Berenbaum, Michael. (1993). *The World Must Know, The History of the Holocaust As Told in the United States Holocaust Memorial Museum*. Boston, MA: Little, Brown and Company.

Berkhof, Louis. (1971). *Systematic Theology*. London: Banner of truth.

_____, (1983). *Manual of Christian Doctrine*. Grand Rapid, MI: Eerdmans.

Bigge, Morris L. (1982). *Learning Theories for Teachers*. New York, NY: Harper & Row.

Birnbaum, Philip. (1991). *Encyclopedia of Jewish Concepts*. New York, NY: Hebrew Publishing Company.

Bloch, Avrohom Yechezkel. ( ). *Origin of Jewish Customs:* The Jewish Child. Brooklyn, NY: Z. Berman Books. Company.

Botterweck & Ringgren, ed. (1977). *Theological Dictionary of the Old Testament, Vol. 1*. Grand Rapids, MI: Eerdman Publishing Company.

Bower, G & Hillgard, E. R. (1981). *Theories of Learning*. Englewood Cliffs, NJ: Prentice – Hall.

Boyer, Barbara. *Grossberg, Peterson Sent to Jail*. Philadelphia Inquirer, July 19, 1998.

Branden, Nathaniel. (1985). *Honoring the Self: Self-Esteem and Personal Transformation*. New York, NY: Bantam.

_____, (1988). *How to Raise Your Self-Esteem*. New York, NY: Bantam.

_____, (1995). *Six Pillars of Self-Esteem*. New York, NY: Bantam.

Bridger, David. ed. (1962, 1976). *The New Jewish Encyclopedia*. West Orange, NJ: Behrman House, Inc.

Brown, Collin. ed. (1975). *The New International Dictionary of New Testament Theology, Vol. 1*. Grand Rapids, MI; Regency Reference Library, Zondervan.

Brown, Driver & Briggs. (1979). *The New Brown – Driver – Briggs – Genesis Hebrew and English Lexicon*. Peabody, Ma: Hendrickson Publishers.

Brown, Michael. (1989). *The American Gospel Enterprise*. Shippensburg, PA: Destiny Image Publishers.

_____, (1992). *Our Hands Are Stained with Blood*. Shippensburg, PA: Destiny Image Publishers.

_____, (1994). *Our Hands Are Stained with Blood*. Translated into Korean by Hansarang World Mission College Press. Seoul: Hansarang World Mission College Press.

_____, (1990). *How Saved Are We?* Shippensburg, PA: Destiny Image Publishers.

_____, (1991). *Power of God*. Shippensburg, PA: Destiny Image Publishers.

_____. (1993). *It's Time to Rock the Boat*. Shippensburg, PA: Destiny Image Publishers.

_____. (1995a). *Israel's Divine Healer*. Grand Rapids, MI: Zondervan Publishing House.

_____. (1995b). *High-Voltage Christianity*. Lafayette, LA: Huntington House Publishers.

Bryant, Alton. Editor. (1967). *The New Compact Bible Dictionary*. Grand Rapids, MI: Zondervan.

Calvin, John. (1981). *Genesis; the Pentateuch, Vol. I*. Grand Rapid, MI: Baker Book House.

_____. (1981). *Exodus; the Pentateuch, Vol. II*. Grand Rapid, MI: Baker Book House.

_____. (1981). *Institutes of the Christian Religion*. Translated by Moon Jae Kim, Seoul: Haemoon-sa.

Canfield, Jack. (1993). *Chicken Soup for the Soul*. Deerfield Beach: Health Communications, Inc.

Chait, Baruch. (1992). *The 39 Avoth Melacha of Shabbath*. Jerusalem, Israel: Feldheim Publishers, Ltd.

Chung, Susan. (2001). *Educational Advices*. Christian Herald, September 23, 2001. p. 9. LA, CA.

Cohen. (1992). *The Psalms; Revised by Rabbi Oratz*. New York, NY: The Soncino Press, Ltd.

Cohen, Abraham. (1983). *Everyman's Talmud*. Translated in Korean by Ung-Soon Won, Seoul: Macmillian.

_____. (1995). *Everyman's Talmud*. New York, NY: Schocken Books.

Cohen, Simcha Bunim. (1993). *Children in Halachan*. Brooklyn, NY: Mesorah Publications, Ltd.

Coleman, William L. (1987). *Environments and Customs of Bible Times*. Seoul: Seoul books.

Commonweal(Magagine). (1981). April 24.

Complete Word Study Dictionary(The). (1992). *Complied and edited by Spiros Zodhiates*. Chattanooga, TN: AMG Publishers.

Cooper, James. (1986). *Class Room Teaching Skills*. Lexington, MA: D. C. Heath and Company.

Cross and Markus. (1999). *The Cultural Constitution of Personality. Handbook of Personality*. Edited by Pervin and John. pp. 378-396, New York, NY: The Guilford Press.

Daloz, Laurent A. (1986). *Effective Teaching and Mentoring*. San Francisco, CA: Jossey-Bass.

Darmesteter, A. (1897). *The Talmud*. Philadephia: The Jewish Publication Society of America.

Debour, Rolang. (1992). *Social Customs in Old Testaments(I)*. Seoul: Kidok Jungmoon-sa.

_____. (1993). *Social Customs in Old Testaments(II)*. Seoul: Kidok Jungmoon-sa.

Derovan & Berliner. (1978). *The Passover Haggadah*. Los Angeles, CA: Jewish Community Enrichment Press.

Dewey, John. (1916). *Democracy and Education*. New York, NY: The Free Press.

_____. (1938). *Experience and Education*. New York, NY: Macmillian publishing Co.

Ditmont, Max I. (1979). *Jews, God and History(한국역: 이것이 유대인이다)*. Translated into Korean by Young Soo Kim, Seoul, Korea: 한국기독교문학연구 출판부.

Dobson, James. (1992). *Dare to Discipline*. Wheaton, IL: Tyndale House Publisher, inc.

Doerksen, V. D. (1965). *The Biblical Doctrine of Progressive Sanctification*. Unpublished ThM. Thesis of Talbot Seminary.

Donin, Hayim Halevy. (1972). *To Be A Jew: A Guide to Jewish Observance in Contemporary Life*. USA: Basic Books.

_____. (1977). *To Raise A Jewish Child: A Guide for Parents*. USA: Basic Books.

_____. (1980). *To Pray As A Jew: A Guide to the Prayer Book and the Synagogue Service*. USA: Basic Books.

Drazin, N. (1940). *History of Jewish Education*. Baltimore: The Johns Hopkins press.

Eavey, C. B. (1964). *History of Christian Education*. Chicago, IL: Moody.

Ebner, Eliezer. (1956). *Elementary Education in Ancient Israel*. New York: Bloch publishing Co.

Emma Gee. (1976). *Counter Point*, Perspectives on Asian America.

Encyclopedia Britannica, Macropaedia, Vol. 10. (1979). Chicago, IL: Encyclopedia Inc.

Encyclopaedia Britannica, Micropaedia, Vol. V. (1979). Chicago, IL: Encyclopedia Inc.

Encyclopaedia Britannica, Micropaedia, Vol. IX. (1979). Chicago, IL: Encyclopedia Inc.

Encyclopaedia of Judaica. (1993). Decennial Books 1983-1992. NY: McMillan.

Erikson, E. (1959). *Identity and the Life Cycle, Psychological Issues, Vol. 1*. New York:

International University Press.

Erikson, E. (1959). *Dimensions of New Identity (1st Ed.)*. New York: W. W. Norton & Co.

_____. (1963). *Childhood and Society (2nd Ed.)*. New York: W. W. Norton & Co.

_____. (1968). *Identity Youth and Crisis*. New York: W. W. Norton & Co.

_____. (1982). *The Life Cycle Completed*. London: W. W. Norton & Co.

Feldman, Emanuel. (1994). *On Judaism*. Brooklyn, NY: Shaar Press.

Feldman, Sharon. (1987). *The River the Kettle and the Bird*. Spring Valley, NY: Philip Feldheim Inc.

Fowler, J. W. (1981). *The Psychology of Human Development and the Quest for Meaning*. New York: Harper & Row, Publishers, Inc.

Friedman, Avraham Peretz. (1992). *Table for Two*. Southfield, MI: Targum Press Inc.

Fromm, Erich. (1989). *The Art of Loving*. NY: Harper & Row, Publishers.

Fuchs, Yitzchak Yaacov. (1985a). *Halichos Bas Yisrael, A Woman's Guide to Jewish Observance. Vol. 1*. Oak Park, MI: Targum Press.

_____. (1985b). *Halichos Bas Yisrael, A Woman's Guide to Jewish Observance. Vol. 2*. Oak Park, MI: Targum Press.

Gangel, K. & Benson, W. (1983). *Christian Education: It's History & Philosophy*. Chicago: Moody Press.

Geiger, K. (1963). *Further Insights Into Holiness*, Kansas City: Beacon Hill Press.

Goetz, Bracha. (1990). *The Happiness Book*. Lakewood, NJ: CIS Publishers and Distributors.

Gold, Avie. (1989). *Artscroll Youth Pirkei Avos*, Brooklyn, NY: Mesorah Publications Ltd.

Golding, Goldie. (1988). *Arrogant Ari*. Brooklyn, NY: Sefercraft, Inc.

Goleman, Daniel. (1995). *Emotional Intelligence*. New York, NY: Bantam Books.

Gollancz, S. H. (1924). *Pedagogies of the Talmud and That of Modern Times*. London: Oxford University press.

Gordon, M. M. (1964). *Assimilation in American Life*. New York, NY: Oxford University Press.

Gordon, 1964; Hyun. (2023). *Assimilation in American Life and Korean Chinese Life*.

Greenbaum, Naftali. (1989). *Honor Your Father and Mother*. Bnei Brak, Israel: Mishor Publishing Co., Ltd.

Grider, J. K. (1980). *Entire Sanctification: The Distinctive Doctrine of Wesleyanism*. Kansas City: Beacon Hill Press.

Guder, Eileen. (1982). *We are Never Alone, Translated by Eujah Kwon*, Seoul: Voice Publishing Company.

Han, Woo Keun. (1970). *The History of Korea*. Seoul: Eul-yoo Publishing Co.

Hauslin, Leslie. (1990). *The Amish: The Ending Spirit*. New York: Crescent Books/Random House.

Hefley, James. (1973). *How Great Christians Met Christ*. Chicago, IL: The Moody Bible Institute of Chicago.

Heller, A. M. (1965). *The Jew and His World*. New York, NY: Twayne Publishers, Inc.

Heller, Rebbetzin Tziporah. (1993). *More Precious Than Pearls*, Spring Valley, NY: Feldheim Publishers.

Hertz, Joseph H. (1945). *Sayings of the Fathers(Ethics of the Fathers)*. USA: Behrman House Inc.

Hirsch, Samson Raphael. (1988). *Collected Writings of Rabbi Samson Raphael Hirsch*. Jerusalem, Israel: Feldheim Publishers Ltd.

_____. (1989a). *Genesis, the Pentateuch, Vol. I*. Gateshead: Judaica Press Ltd.

_____. (1989b). *Exodus, the Pentateuch, Vol. II*. Gateshead: Judaica Press Ltd.

_____. (1989c). *Leviticus, the Pentateuch, Vol. III*. Gateshead: Judaica Press Ltd.

_____. (1989d). *Numbers, the Pentateuch, Vol. IV*. Gateshead: Judaica Press Ltd.

_____. (1989e). *Deuteronomy, the Pentateuch, Vol. V*. Gateshead: Judaica Press Ltd.

_____. (1990). *The Pentateuch, Edited by Ephraim Oratz*, New York, NY: Judaica Press, Inc.

Holloman, H. W. (1989). *Highlights of the Spiritual Life(N.T)*. Unpublished class syllabus of Talbot School of Theology.

Holocaust(The). ( ). *Yad Vashem*, Jerusalem: W. Turnowasky & Son Ltd.

Holy Bible. (NIV, KJV). (1985).

The Jewish Bible. TANAKH, The Holy Scriptures by JPS, 1985.

Hook, S. (1950). *John Dewey*. New York, NY: Barnes & Noble, Inc.

Hurh & Kim. (1984). *Korean Immigrants in America*, Cranbury, NJ: Associated University.

Hyun, Yong Soo. (1990). *The Relationship between Cultural Assimilation Models, Religiosity, and Spiritual Well-Being Among Korean-American College Students and Young Adults in Korean Churches in Southern California*, Doctoral dissertation(Ph.D.), Biola University, Talbot School of Theology, La Mirada CA. Ann Arbor: University Microfilms International.

_____. (1993). *Culture and Religious Education*, Seoul: Qumran.

Ives, Robert. (1991). *Shabbat and Festivals Shiron*. Beverly Hills, CA: The Medi Press.

Jacobs, Louis. (1984). *The Book of Jewish Belief*, New York, NY: Behrman House, Inc.

_____. (1987). *The Book of Jewish Practice*. West Orange, NJ: Behrman House, Inc.

Jensen, I. R. (1981a). *Genesis: A Self-Study Guide*. Translated into Korean by In-Chan Jung. Seoul: Agape Publishing House.

_____. (1981b). *Exodus: A Self-Study Guide*. Translated into Korean by In-Chan Jung. Seoul: Agape Publishing House.

Josephus. (1987). *Wars of Jews, VII*. Translated by Jichan Kim, Seoul, Korea: Word of Life Press.

Joyce, B & Weil, M. (1986). *Models of Teaching*. Englewood Cliffs, NJ: Prentice-Hall.

Kaplan, Aryeh. (1983). *If You Were God*. New York, NY: Olivestone Print Communications, Inc.

Kaufman, Y. *The Lawyers Unite*. (Sept. 1985). Moment 10, 8. 45-46.

Keil & Delitzsch. (1989a). *Genesis, the Pentateuch, Vol. I*. Grand Rapid, MI: Hendrickson.

_____. (1989b). *Exodus, the Pentateuch, Vol. II*, Grand Rapid, MI: Hendrickson.

Kling, Simcha. (1987). *Embracing Judaism*, New York, NY: The Rabbinical Assembly.

Kohlberg, L. (1981). *Essays on Moral Development: The Philosophy of Moral Development*,

(Vol. 1). New York: Harper & Row.

_____. (1984). *Essays on Moral Development: The Psychology of Moral Development*. (Vol. 2). New York: Harper & Row.

Kolatch, Alfred J. (1981). *The Jewish Book of Why*. Middle Village, NY: Jonathan David Publishers, Inc.

_____. (1985). *The Second Jewish Book of Why*. Middle Village, NY: Jonathan David Publishers, Inc.

_____. (1988). *This Is the Torah*. Middle Village, NY: Jonathan David Publishers, Inc.

Korea Times(The), (Los Angeles Edition), (1989). Korean-American Population Increase. May 26.

Kosmin, Barry. (1990). *Exploring and Understanding the Findings of the 1990 National Jewish Population Survey*. Unpublished research paper in University of Judaism. Los Angeles: CA.

Kuyper, A. (1956). *The Work of the Holy Spirit*, trans. Henri De Vries. Grand Rapids: Wm. B. Eerdmans Publishing Company.

LaHaye, Beverly. (1978). *The Spirit Controlled Woman*. Translated by Eun-Soon Yang. Seoul: Word of Life Press.

Lamm, Maurice. (1969). *The Jewish Way in Death and Mourning*. New York: Jonathan David Publishers.

_____. (1980). *The Jewish Way in Love and Marriage*. Middle Village, NY: Jonathan David Publishers, Inc.

_____. (1991). *Becoming a Jew*. Middle Village, NY: Jonathan David Publishers, Inc.

_____. (1993). *Living Torah in America*. West Orange, NJ: Behrman House, Inc.

Lampel, Zvi. trans. (1975). *Maimonides' Introduction to the Talmud*. New York, NY: Judaica Press.

Lange, J. p. (1979). *The Book of Genesis I & II*. Translated into Korean by Jin-Hong Kim. Seoul: Packhap.

Lapin, Daniel. (2001). *Buried Treasure*. Sisters. OR: Multnomah Publishers, Inc.

_____. (2002). *Thou Shall Prosper(Ten Commandments for Making Money)*. Hoboken, NJ:

John Wiley & Sons, Inc.

_____. (2004). 선한 부자를 위한 10계명[원제]: *Thou Shall Prosper(Ten Commandments for Making Money)*. Translated into Korean by Jae Hong Kim. Seoul: Siat Publishing Co.

Lee, Nam-Jong. (1992). *Christ in the Pentateuch*. Seoul: Saesoon Press.

Lee, Sang-Keun. (1989). *Genesis; the Lee's Commentary*. Seoul: Sungdung-sa.

_____. (1989). *Exodus; the Lee's Commentary*. Seoul: Sungdung-sa.

Lee, Sung Eun. (1985). *Conflict Resolution Styles of Korean-American College Student*. Ann Arbor, MI: University Microfilms International, A Bell & Howell Information Company.

Leedy, p. D. (1980). *Practical Research*. New York, NY: Mcmillan.

Leri, Sonie B. & Kaplan, Sylvia R. (1978). *Guide for the Jewish Homemaker*. New York, NY: Schocken Books.

Leupold, H. C. (1942). *Exposition of Genesis; Vol. I*. Grand Rapids: Baker.

_____. (1974). *Exposition of the Psalms*. Grand Rapids: Baker.

Levinson et al.. (1978). *The Season's of Man's Life*. New York, NY: Alfred A. Knopf.

Lipson, Eric-Peter. (1986). *Passover Haggadah*. USA: Thomas Nelson, Inc.

Los Angeles Times. Annual Income, Americans vs. Jews. April 13, 1988. p. 14.

_____. *Police Link Slain Honor Student to Theft Scheme*. January 6, 1993, A1, 13.

_____. *Slaying of Honors Student Detailed*. April 8, 1994, A3.

_____. *2 Rabbis Accused of Molesting Girl, 15*. June 2, 1995, B1.

_____. *Hostage Drama in Moscow*. Oct. 15, 1995, A1, 4.

Lowman, Joseph. (1984). *Mastering the Techniques of Teaching*. San Francisco, CA: Jossey-Bass.

Luther, Martin. (1962). *On the Jews and Their Lies; trans. Martin H. Bertram, in Martin Luther's Works; 47:268-72(1543)*. Philadelphia, Pa: Muhlenberg.

Luzzatto, Moshe Chaim. (1989). *The Ways of Reason*. Jerusalem, Israel: Feldheim Publishers Ltd.

MacArthur, John. (2001). *Successful Christian Parenting*. Translated into Korean by Ma Young Rae, Seoul: Timothy Publishing House.

Maertin, Doris & Boeck, Karin. (1996). *E.Q. Munchen*. Translated into Korean by Myong Hee Hong. Germany: Wilhelm Heyne, Veriag Gmbtt & Co.

Matzner-Bekerman, Shoshana. (1984). *The Jewish Child: Halakhic Perspectives*. New York, NY: KTAV Publishing House, Inc.

McGavran, Donald. (1980). *Understanding Church Growth*. Grand Rapid, MI: Zondervan.

Meier, Paul. (1988). *Christian Child-Rearing and Personality Development*. Translated into Korean by Jeoung Hee-Young. Seoul: Chongshin College Press.

Miller, Basil. (1943). *John Wesley*. Grand Rapid, MI: Zondervan Publishing House.

Miller Yisroel. (1984). *Guardian of Eden*. Spring Valley, NY: Feldheim Publishers.

Milwaukee Journal Sentinal, July 7, 1998.

Moment, No. 10, 8, 1985.

_____, January and February 1988.

_____, No. 9, 1988.

Morris, V. C. & Pai, Y. (1976). *Philosophy and American School*. Boston: Houghton Miffin.

Munk, Meir. (1989). *Sparing the Rod*. Brooklyn, NY: Mishor Publishing Co., Ltd.

Murray, Charles. (2007). *Jewish Genius*. Commentary, April, 2007, p. 30.

Narramore, Clyde M. (1979). *A Woman's World*. Grand Rapids, MI: Zondervan Publishing House.

'National Monument to the Forefathers(선조에게 드리는 국립 기념비])' : unknown.

Neath, Ian. (1998). *Human Memory*. Pacific Grove, CA: Brooks/Cole Publishing Co.

The New Compact Bible Dictionary. (1967). Editor: Alton Bryant. Grand Rapids, MI: Zondervan.

The New International Dictionary of New Testament Theology Vol. 1. Edited by Collin Brown, 1975, Grand Rapids, MI; Regency Reference Library, Zondervan.

Nye, Joseph Jr. (1990). *Bound to Lead: The Changing Nature of America Power*. Translated in Korean by No-Woong Park. (21세기 미국파워). Seoul: The Korea Economic Daily.

Orlowek, Rabbi Noach. (1993). *My Child, My Disciple*. Nanuet, NY: Feldheim Publishers.

Oxford Advanced Learner's Dictionary of Current English as Hornby(혼비영영한사전). (1987). 서울: 범문사.

The Outlook, Rabbi's Aide Gets 22 Months in Prison. 1996, Jan. 20. B1.

Payne, J. B. (1954). *An Outline of Hebrew History*. Grand Rapid, MI: Baker Book House.

Pervin and John. ed. (1999). *Handbook of Personality*. New York, NY: The Guilford Press.

Piaget, Jean. (1972). *Biology and Knowledge*. Chicago, IL: The University of Chicago Press and Edinburgh: Edinburgh University Press.

Pilkington, C. M. (1995). Judaism. Lincolnwood, Il: NTC Publishing Group.

Paloutzian, R. F., & Ellison, C. W. (1982). Loneliness, *Spiritual Well-Being and Quality of Life. In L. A. Peplau and D. Perlman (Eds). Loneliness: A Sourcebook of Current Theory, Research and Therapy*. New York: Wiley Interscience.

Hiebert, Paul G. (1985). *The Missiological Implications of an Epistemological Shift*. Theological Students Fellowship. 8(5): 12-18.

Radcliffe, *Robert J. Bloom's Taxonomy-Cognitive Domain Levels of Critical Thinking*: Peabody Journal of Education, 3/70.

Radcliffe, *Sarah Chana, (1988). Aizer K'negdo: The Jewish Woman's Guide to Happiness in Marriage*. Southfield, MI: Targum Press Inc.

Radcliffe, Sarah Chana. (1989). *The Delicate Balance*. Southfield, MI: Targun Press Inc.

Rashi. (1996). *The Metsudah Chumash. vol. V*. Hoboken, NJ: KTAV Publishing House.

Ratner, J. (1928). *The Philosophy of John Dewey*. New York, NY: Henry Holt and Co.

Rausch, David A. (1990). *A Legacy of Hate: They Christians Must Not Forget the Holocaust*. Grand Rapids: Baker.

Reuben, Steven Carr. (1992). *Raising Jewish Children In A Contemporary World*. Rocklin, CA: Prima Publishing.

Sanders, E. P. (1995). *Paul, the Law, and the Jewish People*. Translated by Jin-Young Kim, Seoul: Christian Digest.

Scherman, Nosson. (1992). *The Complete ArtScroll Siddur*. NY: Mesorah Publication, Ltd.

Scherman, *Nosson & Zlotowitz, Meir; Editors (1994). The Chumash*. Brooklyn, NY: Mesorah.

Schlessinger, B. & Schlessinger, J. (1986). *The Who's Who of Nobel Prize Winners*. Oryx Press.

Seitz, Ruth. (1991). *Amish Ways*. Harrisburg, PA: RB Books.

_____. (1989). *Pennsylvania's Historic Places*. Intercourse, PA: Good Books.

Seymour Sy Brody, Art Seiden(Illustrator), (1996). *Jewish Heroes and Heroines of America: 150 True Stories of American Jewish Heroism*. New York, NY: Lifetime Books.

Shapiro, Michael. (1995). *The Jewish 100*. Secaucus, NJ: Carol Publishing Group.

Shilo, Ruth. (1993). *Raise A Child As A Jew*. Translated and edited by Hyun-Soo Kim, Gae-Sook Bang. Seoul: Minjisa.

Singer, Shmuel. (1991). *A Parent's Guide to Teaching*. Hoboken, NJ: Ktav Publishing House, Inc.

Skinner, B. F. (1969). *Contingencies of Reinforcement*. Meredith.

Solomon, Victor M. (1992). *Jewish Life Style*. Translated into Korean by Myung-ja Kim, Seoul: Jong-ro Books.

Stalnaker, Cecil. (1977). *The Examination and Implications of Hebrew Children's Education Through A. D. 70. A Unpublished ThM Thesis*, Biola University, Talbot School of Theology.

Stevenson, William. (1977). *90 minutes at Entebbe Airport*. Translated into Korean by Yoon Whan Jang, Seoul: Yulwhadang.

Swift, Fletcher H. (1919). *Education in Acient Israel from Earliest Times to 70 A. D*. The Open Court Publishing Company.

Talmud. Babylonian Edition.

_____. Jerusalem Edition.

TANAKH, *The Jewish Bible*. The Holy Scriptures by JPS, 1985.

Telushkin, Joseph. (1991). *Jewish Literacy*. New York, NY: William Morrow and Company, Inc.

_____. (1994). *Jewish Wisdom*. New York, NY: William Morrow and Company, Inc.

Theological Dictionary of the Old Testament Vol. 1. Edited by Botterweck & Ringgren, 1977, Grand Rapids, MI: Eerdman Publishing Company.

Thurow, Lester. (1985). *The Zero Sum Solution: "Is America a Global Power in Decline?"* Boston Globe, 20 March 1988, p. A22. New York, NY: Simon & Schuster.

Tillich, Paul. (1950). *Der Protestantismus: Prinzip und Wirklichkeit*. Stuttgart: Evangelisches Verlagswerk.

Times. Armed & Dangerous. April 27, 1998.

Tokayer, Marvin. (2016). 탈무드와 모세오경. 현용수 편역. 서울: 쉐마.

＿＿, (2016). 탈무드 잠언집. 현용수 편역. 서울: 쉐마.

＿＿, (2017). 탈무드의 지혜. 현용수 편역. 서울: 쉐마.

＿＿, (2017). 탈무드의 처세술. 현용수 편역. 서울: 쉐마.

＿＿, (2017). 탈무드의 생명력. 현용수 편역. 서울: 쉐마.

＿＿, (2017). 탈무드의 웃음. 현용수 편역. 서울: 쉐마.

Touger, Malka. (1988a). *Sefer HaMitzvot Vol. 1*. New York, NY: Moznaim Publishing Corporation.

＿＿, (1988b). *Sefer HaMitzvot Vol. 2*. New York, NY: Moznaim Publishing Corporation.

Tournier, Paul. (1997). The Gift of Feeling. 서울: 한국기독학생회출판부(IVP).

Towns, Elmer. L, Editor. (1984). *A History of Religious Education*. Translated into Korean by Young-Kum Lim. Seoul: The Presbyterian Church of Korea, Department of Education.

Toynbee, Arnold J. (1958a). *A Study of History*. New York, NY: Oxford University Press.

＿＿, (1958b). *A Study of History*. New York, NY: Oxford University Press.

Twerski, Abraham J. (1992). *Living Each Week*. Brooklyn, NY: Mesorah Publications, Ltd.

Twerski, Abraham & Schwartz, Ursula. (1996). *Positive Parenting: Developing Your Child's Potential*. Brooklyn, NY: Mesorah Publications, Ltd.

Unger, M. F. (1957). *Unger's Bible Dictionary*. Chicago: Moody Press.

Unterman, Isaac. (1973). *The Talmud*. New York, NY: Bloch Publishing Company.

Vilnay, Zev. (1984). *Israel Guide*. Jerusalem: Daf-Chen.

Vine, W. E. (1985). *An Expository Dictionary of Biblical Words*. Nashville: Thomas Nelson Publishers.

Wagschal, S. (1988). *Successful Chinuch*. Jerusalem, Israel: Feldheim Publishers Ltd.

Walder, Chaim. (1992). *Kids Speak Children Talk About Themselves*. Jerusalem, Israel: Feldheim Publishers.

Walker,. et al. (1985). *A History of the Christian Church*. New York, NY: Charles Scribner Sons.

Washington Post. *Dole Plan on Shutdown*. 1996, Jan. 3.

_____, *Malaysia Prime Minister Warns Jews' Influence*. October 16, 2003.

Webster New Twentieth Century Dictionary. (2nd ed.). (1983). New York, NY: Simon & Schuster.

Widiger, *Verheul and Brink*. (1999). Personality and Psychopathology. Handbook of Personality. Edited by Pervin and John. pp. 347-366, New York, NY: The Guilford Press.

Wilson, Marvin R. (1993). *Our Father Abraham, Jewish Roots of the Christian Faith*. Grand Rapid, MI: William B. Eerdmans Publishing Company.

World Book Encyclopedia Vol. 2. (1986). Chicago, IL: Field Enterprises Educational Corp.

World Book Encyclopedia Vol. 11. (1986). Chicago, IL: Field Enterprises Educational Corp.

Young, R. (1982). *Young's Analytical Concordance to the Bible*. Nashville: Thomas Nelson.

Zlotowitz, Meir. (1989). *Pirkei Avos Ethic of the Fathers*. Brooklyn, NY: Mesorah Publications, Ltd.

Zuck, Roy B. (1963). *The Holy Spirit in Your Teaching*. Scripture Press.

한국 자료

국민일보, "'자유민주주의 염원' 국민적 합의에 따라 대한민국 건국, 2022년 6월 2일.

_____, "나는 '문화적 기독교인'" 리처드 도킨스 고백에 복음주의자들 "기독교 허무는 새로운 방법" 비판, 2024년 4월 9일.

고용수, (1994). 만남의 기독교교육신학. 서울: 장로회신학교 출판사.

고영주, 전교조 참교육의 실체, 조갑제닷컴, 2012년 7월 12일.

과천향교, 바른 생활 멘토, 2012, p. 29.

교육학 교과서(고등학교, 서울시 교육감 인정): 교학사(1998).

김무현. (2003). 명심보감 강의록. 발간되지 않은 강의 노트.

김영재. (2004). 쉐마지도자클리닉 간증문. 2004년 10월 21일.

김석환. 범죄 소굴로 변한 러시아 대도시. 중앙일보, 1995년 10월 16일, p. 3.

김종욱. (1998). 민족 번영을 위한 준비. 공군 정신교육원 횃불지 23호. 1998년.

김충남. 건국과 이승만. 조선일보, 2008년 7월 24일.

뉴스21, 외국인 주민 1년새 35% 증가…인구 1.5% 차지. 2007년 8월 2일.

동아대국어사전 (1983). 서울: 동아출판사.

동아 메이트 국어사전. (2002). 서울: 두산동아.

동아일보. 한국 유학생 5만 명 돌파… 중국 이어 세계 3위. 2003년 11월 5일.

_____, 2006년 외국인 인력정책, 인류애-국익 조화를. 2006년 6월 9일.

_____, "시골학교선 다문화 아이들이 한국 아이 왕따시켜…학교는 못 본 척", 2021년 8월 18일.

_____, 수출 7000억 달러 목표를 넘어서, 2024년 4월 5일).

데지마 유로. (1988). 유대인의 사고방식. 고계영, 이시준 역, 도서출판 남성.

디지털 성결. 한국교인 76.5%, 교회 이동 경험 있다! 2004년 1월 17일.

매일노동뉴스, 이달의 독립운동가 '이승만', 2024년 1월 12일.

미주복음신문. 메아리 칼럼 연재. 1994년 12월 11일.

_____, 캠퍼스 기도 부활 움직임. 1994년 5월 15일.

_____, 미국, 세계 최대의 채무국으로 전락. 1996년 1월 7일.

미주 크리스천 신문. 세계 속 한인의 어제와 오늘을 조명한다. 1995년 10월 7일, p. 5.

_____, 모유와 우유의 차이점. 윤삼혁 건강 칼럼. 1996년 2월 3일, p. 6.

박미영. 아이 기르기를 즐기는 이스라엘식 육아법을 아세요? 라벨르(labelle), 1995년 8월호, pp. 381-393.

_____, (1995). *유대인 부모는 이렇게 가르친다*. 서울: 생각하는 백성.

박우희. 현대교육의 문제점. 중앙일보, 1994년 10월 14일.

박윤선. (1980). *성경주석, 창세기 출애굽기*. 서울: 영음사.

_____, (1980). *성경주석, 레위기 민수기 신명기*. 서울: 영음사.

박태수(Thomas Park, MD). (1994). *미국은 과연 어디로 가고 있는가?* 서울: 하나의학사.

박형룡. (1988). *박형룡 박사 저작전집 I. 서론, 교의신학*. 서울: 한국기독교교육연구소.

박희민. (1996). '*IQ는 아버지 EQ는 어머니 몫이다.*' 서평에서. 1997년 10월 26일.

변태섭. (1994). 한국사 통론. 서울: 도서출판 삼영사.

솔로몬. (2012). 옷을 팔아 책을 사라. 서울: 쉐마.

성경: (1984). 현대인의 성경. 생명의 말씀사.

성경: (1956). 한글판 개혁. 대한성서공회.

신동아. 김태촌 조양은 40년 흥망사. 2007년 6월 1일.

안희수. 100년 전 8월 1일의 치욕을 잊었는가. 국방일보, 2007년 8월 1일.

양용희. 미국의 기부문화. 두란노 뉴스, 2003년 11월 5일.

양춘자. 세상 과외공부 대신 성경 과외공부. 신앙계, 1993년. 7월호, p. 51.

SBS스페셜. 젖과 꿀이 흐르는 땅. 유대인의 귀국. 2005년 9월 26일.

엣센스 국어사전. (1983). 서울: 민중서림.

연합뉴스. 동북아 균형자론은 한·미동맹 기반. 2005년 5월 12일.

_____, '한국 디지털 혁명, 세계에 두 번째 선물'. 2005년 5월 19일.

_____, 초중고 조기유학 출국 3만명 육박 '최다'. 2007년 9월 26일.

_____, (대한민국 60년) 세계 10위로 도약한 증시. 2008년, 7월 27일.

오마이 뉴스, 불쏘시개로 사라지는 족보? 그 속에 답이 있다. 1915년 6월 24일.

유의영. 2세의 눈에 비친 1세의 모습. 한국일보, 1991년 9월 8일. 미주판.

윤종호. 망국 백성의 슬픈 노래. 크리스천 포스트, 1995년 8월 12일.

이기백. (1983). 한국사 신론. 서울: 일조각.

이상근. (1990). 갈. 히브리 주석(8). 서울: 성등사.

_____, (1989). 창세기 주석. 서울: 성등사.

_____, (1990). 출애굽기 주석. 서울: 성등사.

_____, (1990). 레위기 주석(상). 서울: 성등사.

_____, (1994). 잠언·전도·아가서 주석. 서울: 성등사.

이야기 신한국사. (1994). 신한국사연구회, 서울: 태을출판사.

이원기. 세계 속 한국 새 패러다임 모색 필요해. 크리스천 투데이, 2003년 6월 11일.

이원설. 한국인의 병리 현상. 총신목회신학원 특강, 1995년 1월 9~20일, 서울: 한강호텔.

이회창. 정치가 법을 만들지만 법치는 정치의 위에 있다. 월간조선, 1995년 1월호.

일요신문. 사랑 못 받으면 세포 손상. 1997년 11월 8일, p. 8.

전인철. 책읽기 운동이 생활로 바뀌어야. 크리스천 신문(USA), 1995년 8월 19일, p. 12.

정수잔. 엄마 옛날 얘기해 주세요. 크리스천 헤럴드, 200년 9월 23일.

정훈택. (1993). 열매로 알리라. 서울: 총신대학 출판부.

조갑제닷컴, 전교조 참교육의 실체, 2012년 7월 12일.

조선일보. 이혼시 편부 부양 증가. 1996년 11월 19일.

_____, '오빠' 찾는 10대 소녀 50만 명. 2000년 1월 10일.

_____, '대도 조세형' 치과의사집 털다 들통. 2005년 3월 25일.

_____, 미군정 당시 국민 85%, 대의 민주주의 지지, 2005년 10월 3일.

_____, '양은이파' 전 두목 조양은 씨 긴급 체포. 2007년 4월 14일.

_____, 친구 혼내 달라 중1 여학생이 성폭행 청부. 2007년 4월 16일.

_____, 유엔 "한국 인종차별 없애라". 2007년 8월 20일.

_____, 140개 신생국 중 유일한 제도개혁 성공 국가 기록. 2008년 7월 24일.

_____, 윤 대통령의 '정체성'이 의심받는 순간, 2024년 5월 17일.

조종남. 한국 교회 갱신과 성령운동의 방향(웨슬리 갱신 운동의 조명). 2006년 7월 15일. http://sgti.hehc.org/aula/qurson/wesley/ll.htm

중앙일보, 용서의 심리학 발표, 1994년 11월 19일.

_____, 제2 박한상, 교수인 아들이 범행, 1995년 3월 20일.

_____, 국립 서울대학교 수재 뽑아 범재 만드는 교육 실상, 1995년 3월 20일.

_____, 서강대 신입생 조사, 1995년 3월 24일.

_____, 박석태 전 제일은행 상무 자살, 1995년 4월 29일.

_____, 신촌 유흥가 무기한 단속, 1995년 6월 3일.

_____, 1천만 명이 전과자였다니, 1995년, 8월 14일.

_____, 한국인 인질 9시간 만에 구출, 김석환, 1995년 10월 16일.

_____, 범죄 소굴로 변한 러시아 대도시, 김석환, 1995년 10월 16일.

_____, 모유 먹여야 산모 아기 모두 건강, 1995년 10월 18일.

_____, 치안 공백 동구권 곳곳에 위험, 1995년 10월 23일.

_____, 20대 흑인 40%가 전과자, 1996년 2월 13일, 미주판.

_____, 미국의 정직도 이젠 옛말, 1996년 2월 24일, 미주판.

_____, 대학 캠퍼스 범죄 온상화, 1996년 4월 23일, 미주판.

_____, '한 유대인 어머니,' 전서영 칼럼, 1996년 4월 29일, 미주판.

_____, 여성 46%, 남성 28% 종교 집회 참석, 1996년 5월 9일.

_____, 세대차 세계 최고, 1996년 10월 4일, p. 8.

_____, 한인 2세 여성 66.5%, 타인종과 결혼, 1997년 2월 14일.

_____, 먼저 용서하니 기쁨이 충만, 1998년 2월 13일, 미주판.

_____, 나이 들수록 남자 뇌 여자보다 더 축소, 1998년 2월 13일, 미주판.

_____, 권영빈 칼럼, 역사 文盲이 늘고 있다, 1998년 4월 24일.

_____, 19세 미만 청소년 출입금지, 1998년 8월 9일.

_____, 전 세계 한국어 사용 인구 7500만 명, 2000년 7월 24일.

_____, 68%가 성씨와 본관을 모른다, 2000년 8월 17일.

_____, 한국문화 홍보는 한국인들의 몫, 2001년 10월 29일, 미주판.

_____, 해외 출생 한인 중 34만 100명 시민권 취득. 2002년 2월 6일, 미주판.

_____, 2001년 국내외 유학생 통계. 2002년 5월 1일.

_____, 인터뷰, 고홍주 예일대 법대 차기 학장. 2003년 11월 17일.

_____, 초·중·고 '나홀로 유학' 1만 명. 2004년 1월 1일.

_____, 해외동포 663만 8338명, 2005년 9월 9일.

_____, 한인 혼혈 입양 출신 김군자씨 '친부모 얼굴 한번만이라도'. 2005년 12월 14일, 미주판.

_____, 사론 5%의 오류와 95%의 공헌. 현용수. 2005년 12월 21일.

_____, 김태춘 씨 '신앙으로 회개' 위선이었나. 2007년 2월 7일.

_____, "메이 아이 해브 어 캔디?" 채수호. 2007년 9월 13일. 미주판.

_____, 세계 한인 네트워크, 윈―윈의 지혜로. 2007년 10월 8일.

_____, 1948년…해방 후 5년의 선택이 대한민국 운명 갈랐다. 2008년 7월 19일.

_____, "당신 초등학교 졸업 맞아?" 김성혜. 2007년 11월 16일. 미주판.

_____, 종교계 대북지원, 기독교가 절반. 2008년 3월 19일.

_____, 여든 넘어서도 출소 뒤 빈집털이…'대도' 조세형 또 실형 확정, 2023년 2월 25일.

_____, 2023 재외동포현황 통계, LA 한인 3명중 2명 시민권자, 2023년 10월 20일. (미주판).

최찬영. 이민 목회와 21세기 기독교 선교의 방향. 크리스천 헤럴드, 1995년 9월 29일. USA.

크리스천 저널. 3·1 운동과 기독교. 1995년 2월 23일. (미주판).

KBS 뉴스 대담. EQ와 학업 성취도. 1997년 5월 26일.

KBS 뉴스, 외국인 노동자가 내국인 일자리를 빼앗고 있나, 2023년 6월 3일.

크리스천 뉴스위크. 정기적인 예배자가 더 많은 선행 실천. 2003년 7월 25일.

크리스천 투데이. 인본주의 교육의 특징. 1998년 2월 20일.

_____, 영어권 목회, 2001년 말 242개 교회. 2001년 12월 12일.

_____, 북한 주민 최다 300만 명이 굶어 죽어. 2003년 7월 3일.

_____, 이스라엘 유대인 44% "종교와 무관". 2006년 5월 10일.

크리스천 포스트, Single Mother의 문제들. 헨리 홍. 1993년 2월 16일.

크리스천 헤럴드. 장로 교단이 집계한 교세 현황. 1995년 9월 29일. USA.

____, 수잔 정. 엄마 옛날 얘기해 주세요. 2001년 9월 23일.

____, 교갱협, 목회자 의식조사, 한국 교회 최대과제 "신앙과 삶 불일치". 2005년 11월 9일.

토카이어. (2016). 탈무드와 모세오경. 현용수 편역. 서울: 쉐마.

____, (2016). 탈무드 잠언집. 현용수 편역. 서울: 쉐마.

____, (2017). 탈무드의 지혜. 현용수 편역. 서울: 쉐마.

____, (2017). 탈무드의 처세술. 현용수 편역. 서울: 쉐마.

____, (2017). 탈무드의 생명력. 현용수 편역. 서울: 쉐마.

____, (2017). 탈무드의 웃음. 현용수 편역. 서울: 쉐마.

피종진, 한국 교회의 미래. 나성영락교회 대예배 설교에서 발췌. 1995년 2월 26일.

하야시 다케히코(林建彦). (1989). 남북한 현대사. 서울: 삼민사.

한국경제, 천안함과 함께 침몰한 '햇볕정책'.. 인도적 지원 대가가 무력도발!. 2010년 5월 28일.

한국일보. 흑인 20대 초반 절반이 갱. 1992년 5월 22일, 미주판.

____, 섹스 미디어 범람 가장 큰 요인. 1993년 3월 23일, 미주판.

____, 남녀 성격 유전적으로 다르다. 1993년 5월 11일, 미주판.

____, 실록 청와대, '지는 별 뜨는 별'. 제 34회. 1993년 8월 24일.

____, 친부모와 사는 미성년자, 백인 56.4, 흑인 25.9%. 1994년 8월 30일, 미주판.

____, 무엇이 한국적인가. 1997년 1월 27일.

한국인만 잘 모르는 한글의 우수성. 대한민국 독도사랑회 전체 메일에서, 2005년 5월 21일.

____, 해외토픽, 러 10대 女 25% '매춘부 희망.' 1997년 12월 8일.

____, "오늘만이라도 학교 안 갔으면…". 2005년 11월 25일.

한국통계청. 2005 인구주택총조사. 2006년 5월 25일.

한승홍. (1991). 한국신학 사상의 흐름. 서울: 한국신학사상 연구원.

현용수. 시론 5%의 오류와 95%의 공헌. 중앙일보. 2005년 12월 21일.

_____. (2007). 문화와 종교교육. 서울: 쉐마.

_____. (2006). 잃어버린 구약의 지상명령 쉐마, 제1권. 서울: 쉐마.

_____. (2006). 잃어버린 구약의 지상명령 쉐마, 제2권. 서울: 쉐마.

_____. (2006). 잃어버린 구약의 지상명령 쉐마, 제3권. 서울: 쉐마.

_____. (2006). 유대인 아버지의 4차원 영재교육. (아버지 신학 제1권). 서울: 동아일보.

_____. (2009). IQ는 아버지 EQ는 어머니 몫이다, 제1권. 서울: 쉐마.

_____. (2009). IQ는 아버지 EQ는 어머니 몫이다, 제2권. 서울: 쉐마.

_____. (2009). IQ는 아버지 EQ는 어머니 몫이다, 제3권. 서울: 쉐마.

_____. (2010). 자녀의 효도교육 이렇게 시켜라, 1권. 서울: 쉐마.

_____. (2010). 자녀의 효도교육 이렇게 시켜라, 2권. 서울: 쉐마.

_____. (2010). 자녀의 효도교육 이렇게 시켜라, 3권. 서울: 쉐마.

_____. (2011). 신앙명가 이렇게 세워라, 제1권. 서울: 쉐마.

_____. (2011). 신앙명가 이렇게 세워라, 제2권. 서울: 쉐마.

_____. (2012). IQ · EQ 박사 현용수의 쉐마교육 개척기(저자의 자서전). 서울: 쉐마.

_____. (2013). 한국형 주일가정식탁예배 예식서. 서울: 쉐마.

_____. (2013). 한국형 주일가정식탁예배 순서서. 서울: 쉐마.

_____. (2013). 가정 해체로 인한 인성교육 실종 대재앙을 막는 길. 서울: 쉐마.

_____. (2013). 성경이 말하는 어머니의 EQ 교육, 제1권. 서울: 쉐마.

_____. (2013). 성경이 말하는 어머니의 EQ 교육, 제2권. 서울: 쉐마.

_____. (2014). 하나님의 독수리 자녀교육(고난의 역사교육 1). 서울: 쉐마.

_____. (2015). 유대인의 고난의 역사교육(고난의 역사교육 2). 서울: 쉐마.

_____. (2015). 승리보다 패배를 더 기억하는 유대인(고난의 역사교육 3). 서울: 쉐마.

_____, (2015). *자녀들아, 돈은 이렇게 벌고 이렇게 써라: 경제교육. (아버지 신학 제3권)*. 서울: 쉐마.

_____, (2016). *쉐마교육을 아십니까? (쉐마교육의 파워 증언록)*. 서울: 쉐마.

_____, (2018). *고난을 기억하는 유대인 절기교육의 파워(고난의 교육 신학 4)*. 서울: 쉐마.

_____, (2019). *유대인의 고난의 역사 현장 교육(고난의 교육 신학 4)*. 서울: 쉐마.

_____, (2021). *실패한 다음세대 교육 왜 유대인 교육이 답인가(구, 부모여 자녀를 제자 삼아라1)*. 서울: 쉐마.

_____, (2021). *세계선교의 한계 왜 유대인 교육이 답인가(구, 부모여 자녀를 제자 삼아라2)*. 서울: 쉐마.

_____, (2021). *이스라엘을 모델로 좌파 논리 쪼개기(대한민국 국가관)*. 서울: 쉐마.

_____, (2021). *제2의 이스라엘 민족 한국인 (유대인과 한국인의 유사점 107 가지)*. 서울: 쉐마.

_____, (2021). *유대인의 성교육*. 서울: 쉐마.

_____, (2021). *하브루타식 4차원 영재교육의 비밀*. 서울: 쉐마.

_____, (2022). *하브루타 유대인 아버지의 IQ교육*. 서울: 쉐마.

_____, (2022). *유대인의 리더십 개발 원리(우리 아이 모세처럼 독수리 리더로 키우는 방법)*. 서울: 쉐마.

_____, (2022). *한국인 아버지의 유대인 자녀교육 보고서*. 서울: 쉐마.

_____, (2023). *AI시대 유대인의 효교육법 1*. 서울: 쉐마.

혼비 영영한 사전(Oxford Advanced Learner's Dictionary of Current English as Hornby). (1987). 서울: 범문사.

홍성철, 대한민국의 헌법 뿌리는 하나님 나라, 코람데오닷컴, 2024년 3월 10일.

홍인규. (1994). 바울은 율법을 잘못 전하고 있는가. 목회와 신학. 12월호, 통권 66호, pp. 287-301. 서울: 두란노서원.

홍일식. (1996). *한국인에게 무엇이 있는가*. 서울: 정신세계사.

인터넷 자료

Alarming facts about the Cybersex Industry. http://www.enough.org, http://www.protectkids.com, 2003년 7월 29일.

곽근우. 일본 선교: http://www.hanbyul. 2003년 9월 1일.

_____. 일본 선교: http://www.sion.or.kr. 2003년 9월 2일.

http://la.koreadaily.com/Asp/Article.asp?sv=la&src=life&cont=life51&typ=1&aid=20080318151801600651

국사편찬위원회: http://contents.history.go.kr/front/tg/view.do?treeId=&levelId=tg_003_1170&ganada=&pageUnit=10.

과천향교, 바른 생활 멘토, https://memory.library.kr/files/original/4e1aacbbb0268bc0b07fd228fc225fc7.pdf.

"다문화 가정 아이들이 왕따를 주도한다…" 시골 학교에서 충격받은 교수. https://www.wikitree.co.kr/articles/679976, 2021년 8월 18일.

다음백과: https://100.daum.net/encyclopedia/view/26XXXXX00862

다음사전. (2023).

북한의 보통교육, https://www.google.co.kr/search?q=%EA%B3%B5%EC%82%B0%EC%A3%BC%EC%9D%98%EC%99%80+%ED%95%99%EC%8A%B5&sca_esv=406b6ec45eefbae5&biw

브라질 한인이민의 역사, https://story.kakao.com/_hXOpZ0/gDJafkHmMDA

리처드 도킨스(Richard Dawkins): namu.wiki

손석춘, 대속죄(代贖罪), 〈출처: http://goeul.kr, http://goeul.kr/print_paper.php?number=23702〉

신언서판(身言書判)의 유래, https://forseason.tistory.com/7407

우남소사이어티 http://woonamsociety.org/site_1/chronology.html

위키백과 https://ko.wikipedia.org/wiki/%EC%9D%B4%EC%8A%B9%EB%A7%8C

외국인 주민 수 통계; https://eiec.kdi.re.kr/policy/materialView.do?num=244511.

외국인 주민 자녀(국제결혼 가정 자녀) 수 통계; http://nationalatlas.ngii.go.kr/pages/page_1925.php.

이동호, 전 박정희 대통령에게 "당신이 옳았고, 제가 틀렸습니다." https://zaeu881.tistory.com/887

이정식 교수는 「이승만의 구한말 개혁운동」이란 책에서 '기독교로 나라 세우기'〈이승만의 '기독교 입국론(立國論)〉'이라고 평했다. 출처: https://blog.naver.com/pugok00/223376433720

위키백과: https://ko.wikipedia.org/wiki/삼강오륜.

재외동포 수 통계: https://wisdomagora.com/점점-감소하는-재외동포-인구/

조갑제 칼럼, 2018.07.12. http://www.newdaily.co.kr/site/data/html/2018/07/12/2018071200002.html

주희의 삼강오륜, https://m.cafe.daum.net/songteacher/7sUa/1781?

한국안의 이스라엘, 이스라엘 사회의 다양성, 2016년 2월 1일, https://blog.naver.com/embisrael/220614786275.

이 책에 사용한 사진의 출처

- Shema Education Institute, ⓒ Yong-Soo Hyun, 3446 Barry Ave Los Angeles, CA 90066 USA. (각 사진에 출처가 표기 안 된 모든 사진들)

- Solomon, Victor M. ⓒ (1992). Secret of Jewish Survival. Translated into Korean by Yong-Soo Hyun, Seoul: Shema Books (각 사진에 출처가 표기돼 있음).

- Wiesenthal Center Museum of Tolerance, ⓒ Jim Mendenhall, 9786 West Pico Blvd. Los Angeles, CA USA. 90035-4792 Tel. (310)553-8403 제공 (각 사진에 출처가 표기돼 있음)

- Yad Vashem, P.O. Box 3477, Jerusalem, Israel. Tel. 751611 (각 사진에 출처가 표기돼 있음)

- 교육학 교과서(고등학교, 서울시 교육감 인정): 교학사(1998).

참고 사항

1. 본 책자에 사용된 사진의 불법 복사 및 사용을 금합니다.

2. 만약 독자가 본서에 포함된 사진을 사용하기를 원할 때에는 반드시 사진작가의 허가를 받아야 합니다.

3. 본 책자의 저자 이외의 사진은 저자가 권한을 갖고 있지 않으므로 위의 주소로 직접 연락하시기 바랍니다.

교육 혁명이 시작되었습니다!
- 가정교육 · 교회교육 · 교회성장 위기의 대안 -

자녀교육 + 교회성장, 고민하지요?

Q1: 왜 현대 교육은 점점 발달하는 데 인성은 점점 더 파괴되는가?
Q2: 왜 자녀들이 부모와 코드가 맞지 않아 갈등을 빚는가?
Q3: 왜 대학을 졸업하면 10%만 교회에 남는가? 교회학교의 90% 실패 원인은?
Q4: 왜 해외 교포 자녀들이 남은 10%라도 부모교회를 섬기지 않는가?
Q5: 왜 현대인에게 전도하기가 힘든가?

근본 대안은 유대인의 '인성교육+쉐마교육'에 있습니다

- 어떻게 유대인은 위의 문제를 4,000년간 지혜롭게 해결하고 세계를 지배하고 있는가?
- 어떻게 유대인은 아브라함 때부터 현재까지 세대차이 없이 자손 대대로 말씀을 전수하는데 성공했는가?

■ 쉐마교육연구원은 무슨 일을 하나?

1. 2세 종교교육 방향제시
혼돈 속에 있는 2세 종교교육의 방향을 성경적이고 과학적인 연구에 의해 옳은 방향으로 제시해 준다.

2. 성경적 기독교교육 재정립
유대인의 자녀교육과 기존 기독교교육 자료를 중심으로 백년대계를 세울 수 있도록 한국인에 맞는 기독교교육 방법을 재정립한다.

3. 한국인에 맞는 기독교교육 자료(내용) 개발
현 한국 및 전 세계 한국인 디아스포라를 위해 한국인의 자녀교육에 맞는 기독교교육 내용을 개발한다.

4. 해외 및 기독교교육 문제 연구
시대와 각 지역 문화의 변화에 대처하기 위해 계속 연구하고 대안을 제시한다.

5. 교회교육 지도자 연수교육
각 지교회에 새로운 교회교육 지도자를 양성 보충하며 기존 지도자의 필요를 충족시켜준다.

6. 청소년 선도 교육 실시
효과적인 청소년 교육 프로그램을 개발하여 선도교육을 실시한다.

7. 효과적 성경 연구 및 보급
성경을 교육학적으로 보다 깊이 연구하고 효과적인 전달 방법을 개발하여 이를 보급한다.

8. 세계 선교 교육
본 연구원의 교육 이념과 자료가 세계 선교로 이어지게 한다.

■ '쉐마지도자클리닉'이란 무엇인가?

쉐마교육연구원은 세계 최초로 현용수 교수에 의해 설립된, 인간의 인성과 성경적 쉐마교육을 가르치는 인성교육 전문 교육기관이다. 본 연구원에서 가르치는 핵심 교육의 내용 역시 현 교수가 하나님이 주신 지혜로 계발한 것들이며, 거의 모두가 세계 최초로 소개된 인성교육의 원리와 실제를 함께 가르치는 성경적 지혜교육이다. 본 연구원은 바른 인성교육 원리와 쉐마교육신학으로 가정교육·교회교육·교회성장 위기의 대안을 제시해 준다.

쉐마교육연구원에서 주관하는 '쉐마지도자클리닉'은 전체 3학기로 구성되어 있다. 1주 집중 강의로 3차에 걸쳐 제1학기는 '유대인을 모델로 한 인성교육 원리', 제2학기는 '유대인의 쉐마교육'이 국내에서 진행된다. 제3학기는 '유대인의 인성 및 쉐마교육 미국 Field Trip'으로 미국에서 진행되며 현용수 교수의 강의는 물론 L.A.에 소재한 유대인 박물관, 정통파 유대인 회당 및 안식일 가정 절기 견학 등 그들의 성경적 삶의 현장을 견학하고, 정통파 유대인 랍비의 강의, 서기관 랍비의 양피지 토라 필사 현장 체험을 한 후 현지에서 졸업식으로 마친다.

3학기를 모두 마친 이수자에게는 졸업 후 쉐마를 가르칠 수 있는 'Teacher's Certificate'를 수여하여 자신이 섬기는 곳에서 쉐마교육을 가르칠 수 있도록 도와준다.

■ 누가 참석해야 하는가?

- 기존 교육에 한계를 느끼고 자녀교육과 교회학교 문제로 고민하시는 분.
- 한국 민족의 후대 교육을 고민하며 그 대안을 간절히 찾고자 하시는 분.
- 하나님의 말씀을 자손에게 물려줄 수 있는 비밀을 알고자 하시는 분.
- 유대인의 효도교육의 비밀과 천재교육+EQ교육의 방법을 알고자 하는 분.

미국 : 3446 Barry Ave. Los Angeles, California 90066 USA
　　　쉐마교육연구원 (310) 397-0067
한국 : 02)3662-6567, 070-4216-6567, Fax. 02)2659-6567
　　　www.shemaiqeq.org shemaiqeq@naver.com

IQ·EQ 박사 현용수의 유대인 교육 총서 〈전48권〉

분류				
총론 〈6권〉	인성+쉐마교육론의 총론 IQ는 아버지 EQ는 어머니 몫이다 〈전3권〉	IQ·EQ 박사 현용수의 쉐마교육 개척기 〈자서전〉	아들을 미법부부 차관보로 키운 한국인 아버지의 유대인 자녀교육 보고서	쉐마교육의 파워 증언록 쉐마교육을 아십니까?
인성교육 시리즈 〈11권〉	문화와 종교교육 〈저자의 박사 학위 논문〉	현용수의 인성교육 원리 시리즈 〈전5권〉	가정해체로 인한 인성교육 실종 대재 앙을 막는 길 〈논문〉	유대인이라면 박근혜의 위기 어떻게 극복할까 〈대한민국 국가관〉
	이스라엘을 모델로 좌파논리 쪼개기 〈기독교인의 바른 국가관과 정치관〉	제2의 이스라엘 민족 한국인 〈유대인과 한국인의 유사 점 107가지〉	유대인의 리더쉽 개발 원리	

쉐마교육 시리즈 〈24권〉

기독교에 유대인 교육이 필요한 이유 시리즈 〈전2권〉

실패한 다음세대 교육, 왜 유대인 교육이 답인가 〈부모여 자녀를 제자 삼아라1〉	세계선교의 한계, 왜 유대인 교육이 답인가 〈부모여 자녀를 제자 삼아라2〉

구약의 지상명령 시리즈 〈전3권〉

잃어버린 구약의 지상명령 쉐마 제1권 〈교육신학의 본질〉	잃어버린 구약의 지상명령 쉐마 제2권 〈교육신학의 본질〉	잃어버린 구약의 지상명령 쉐마 제3권 〈교육신학의 본질〉

유대인 아버지 교육 시리즈 〈전4권〉

유대인 아버지의 4차원 영재교육 〈아버지 교육 종합편〉	하브루타, 유대인 아버지의 IQ 교육 〈아버지 신학 제1권〉	하브루타식 4차원 영재교육의 비밀 〈아버지 신학 제2권〉	자녀들아, 돈은 이렇게 벌고 이렇게 써라 〈경제 신학〉

유대인 어머니 교육 시리즈 〈전3권〉

유대인의 성교육 〈부부·성 신학〉	성경이 말하는 어머니의 EQ 교육 〈전2권〉 〈어머니 신학〉

유대인 효교육 시리즈 〈전3권〉 / 유대인 신앙명가 시리즈 〈가정신학, 전4권〉

자녀의 효도교육 이렇게 시켜라 〈전2권〉 AI시대 유대인의 효교육법 (수정증보 제1권) 〈효 신학〉	신앙명가 이렇게 시켜라 〈전2권〉 〈가정 신학〉	한국형 주일가정식탁 예배 예식서 + 순서지

유대인의 고난의 역사교육 시리즈 〈전5권〉

하나님의 독수리 자녀교육 〈고난교육신학 1〉	유대인의 고난의 역사교육 〈고난교육신학 2〉	승리보다 패배를 더 기억하는 유대인 〈고난교육신학 3〉
고난을 기억하는 유대인 절기 교육의 파워 〈고난교육신학 4〉	유대인의 고난의 역사 현장교육 〈고난교육신학 5〉	

탈무드 시리즈 〈7권〉

탈무드 1 : 탈무드의 지혜 (원저 마빈 토카 이어, 편저 현용수)	탈무드 2 : 탈무드와 모세오경 (원저 마빈 토 카이어, 편저 현용수)	탈무드 3 : 탈무드의 처세술 (원저 마빈 토카 이어, 편저 현용수)	탈무드 4 : 탈무드의 생명력 (원저 마빈 토카 이어, 편저 현용수)
탈무드 5 : 탈무드 잠언집 (원저 마빈 토카 이어, 편저 현용수)	탈무드 6 : 탈무드의 웃음 (원저 마빈 토카이 어, 편저 현용수)	옷을 팔아 책을 사라 (원저 빅터 솔로몬, 편저 현용수)	

이런 순서로 읽으세요 〈전48권〉
- 인성교육론과 쉐마교육론 -

- 전체 유대인 자녀교육에 대한 총론을 알려면
  - 《IQ는 아버지 EQ는 어머니 몫이다》 〈전3권〉
- 유대인을 모델로 한 인성교육의 원리를 이해하려면
  - 《현용수의 인성교육 원리》 〈전5권〉
- 인성교육론이 나오게 된 학문적 배경을 이해하려면
  - 《문화와 종교교육》 (현용수의 박사학위 논문)
  - 《IQ·EQ 박사 현용수의 쉐마교육 개척기》 (현용수의 자서전)
- 왜 기독교교육에 유대인 교육이 필요한지를 알려면
  - 《실패한 다음세대교육, 왜 유대인 교육이 답인가》
  - 《세계선교의 한계, 왜 유대인 교육이 답인가》
- 쉐마교육론(교육신학)이 나오게 된 성경의 기본 원리를 알려면
  - 《잃어버린 구약의 지상명령 쉐마》 〈전3권〉
- 가정 해체와 인성교육과의 관계를 알려면
  - 《가정 해체로 인한 인성교육 실종 대재앙을 막는 길》
- 대한민국 자녀의 이념교육 교재
  - 《이스라엘을 모델로 좌파 논리 쪼개기》 (기독교인의 바른 국가관과 정치관)
- 쉐마교육에 대하여 자세히 알고 싶으시면
  - 〈쉐마교육을 아십니까〉
- 유대인의 리더쉽 교육 원리와 방법을 알려면
  - 〈유대인의 리더쉽 개발 원리〉
- 한 권으로 보는 쉐마교육 실천기
  - 〈한국인 아버지의 유대인 자녀교육 보고서〉

각 쉐마교육론을 더 깊이 연구하려면 다음 책들을 읽으세요

- 아버지 신학 《하브루타, 유대인 아버지의 IQ교육》 〈제1권〉
- 아버지 신학 《하브루타식 4차원 영재교육의 비밀》 〈제2권〉
- 경제 신학 《자녀들아, 돈은 이렇게 벌고 이렇게 써라》
- 효 신학 《자녀의 효도교육 이렇게 시켜라》 〈전3권〉
- 가정 신학 《신앙명가 이렇게 세워라》 〈전2권〉
- 부부·성 신학 《유대인의 성교육》
- 어머니 신학 《성경이 말하는 어머니의 EQ 교육》 〈전2권〉
- 가정예배 《한국형 주일가정식탁예배 예식서》 (별책부록: 순서지)
- 고난교육신학 1 《하나님의 독수리 자녀교육》
- 고난교육신학 2 《유대인의 고난의 역사교육》
- 고난교육신학 3 《승리보다 패배를 더 기억하는 유대인》
- 고난교육신학 4 《고난을 기억하는 유대인 절기교육의 파워》
- 고난교육신학 5 《유대인의 고난의 역사현장교육》